"역사 대중화의 선두에 있는 우리 시대의 탁월한 역사학자다."_⟨중앙일보⟩

"글로 승부하는 역사 분야 최고의 저술가."_⟨한겨레⟩

"고대사부터 근현대사까지 아우르는 파워라이터."_⟨경향신문⟩

"짜임새 있는 구조를 만들어내는 데 탁월한 능력을 지니고 있다."_⟨시사저널⟩

"넓이와 깊이를 두루 ███

"역사 ████████████████████████████ ██⟩

"역사에 ████████████████████████ 헤럴드경제⟩

"역사책█████████████████ ██ 없다."_⟨세계일보⟩

"굴절된 역사관을 정확한 근거와 관련 사료를 바탕으로 뒤집어낸다."_⟨내일신문⟩

"시대와 인물을 읽어내는 뛰어난 통찰력을 가진 저자."_⟨독서신문⟩

이덕일의
고금통의

이덕일의 고금통의 ❷

1판 1쇄 발행 2014. 7. 25.
1판 2쇄 발행 2014. 8. 12.

지은이 이덕일

발행인 김강유
책임 편집 성화현
책임 디자인 길하나
제작 안해룡, 박상현
제작처 민언프린텍, 신안제책사, 금성엘엔에스

발행처 김영사
등록 1979년 5월 17일(제406-2003-036호)
주소 경기도 파주시 문발로 197(문발동) 우편번호 413-120
전화 마케팅부 031)955-3100, 편집부 031)955-3250
팩스 031)955-3111

값은 뒤표지에 있습니다.
ISBN 978-89-349-6841-2 04910
     978-89-349-6842-9 (세트)

독자 의견 전화 031)955-3200
홈페이지 www.gimmyoung.com
이메일 bestbook@gimmyoung.com

좋은 독자가 좋은 책을 만듭니다.
김영사는 독자 여러분의 의견에 항상 귀 기울이고 있습니다.

이 도서의 국립중앙도서관 출판시도서목록(CIP)은 서지정보유통지원시스템 홈페이지
(http://seoji.nl.go.kr)와 국가자료공동목록시스템(http://www.nl.go.kr/kolisnet)에서
이용하실 수 있습니다.(CIP제어번호 : CIP2014020440)

이덕일의
고금통의

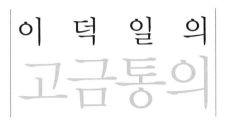

古今通義

②

내일을 살아갈 통찰

이덕일 지음

김영사

어제의 역사는
오늘에도 그 뜻이 통한다

지금 처음 일어나는 일 같지만 과거에도 그와 유사한 사건이 있었던 경우가 흔하다. 《장자莊子》〈외편外篇〉에 예나 지금이 다르지 않다는 '고금불이古今不二'라는 말도 그래서 나왔다. 솔로몬도 〈전도서〉에서 "해 아래 새것이 없다"라면서 "새것이라 할 것이 있으랴. 우리 오래전 세대에도 이미 있었다"라고 말했다. 시대는 달라졌어도 사람 사는 세상은 마찬가지인 까닭이다. 이 때문에 선현들은 역사를 앞선 수레바퀴라는 뜻의 전철前轍이라고도 불렀다.

거복車覆, 복거覆車는 전철에서 나온 말로, 수레가 엎어진다는 뜻이다. 또 여기에서 '복거지계覆車之戒'라는 사자성어가 나왔다. 앞서 가던 수레가 뒤집혔으니 경계하라는 뜻이다. 《한서漢書》〈가의賈誼 열전〉 중 "속담에 '앞 수레가 뒤집히니 뒤 수레가 조심한다'고 했습니다. 진秦 나라가 빨리 망한 것은 그 수레바퀴 자국轍跡으로 알 수 있습니다. 그런데도 피하지 않으면 이는 또 엎어질 것입니다"라고 한 데서 나온 말이다. 그래서 같은 실수를 거듭하지 않는 현명한 사람을 '상궁지조傷弓之鳥'라고 한다. 화살에 상했던 새라는 뜻인데, 《전국책戰

國策》〈초책楚策〉의 "화살에 상했던 새는 시위가 울리는 소리만 들어도 높이 난다"라는 말에서 나온 것이다.

그런데 세상을 살다 보면 앞의 수레가 엎어졌다는 이야기를 듣고도, 아니 심지어 눈앞에서 엎어지는 것을 보고도 다시 그 길로 가는 사람이 비일비재하다. 자신이 타는 수레가 아니니 괜찮으리라 생각하기 때문이다. 그러나 그 길을 좇는 진짜 이유는 이익이 있기 때문이다.《맹자孟子》첫머리는 맹자와 양梁 혜왕惠王 사이의 이利와 의義에 대한 이야기로 시작한다. 원래는 위魏 혜왕이지만 하남성, 섬서성, 산서성 등지에 걸쳐 있던 강국 위나라가 서쪽의 강국 진秦에 쫓겨 대량大梁, 지금의 개봉으로 천도한 후 양 혜왕으로 불렸다. 패권 탈환에 절치부심하던 혜왕은 맹자에게 "선생께서 천리를 멀다 않고 오셨으니 장차 우리나라에 무슨 이익이 있겠습니까?"라고 물었다. 맹자는 "왕께서는 하필 이익을 말씀하십니까? 오직 인仁과 의義가 있을 따름입니다"라고 답했다. 이익에 눈이 멀면 사물이 제대로 보이지 않는 법이다.

《사기史記》〈삼왕세가三王世家〉에 나오는 '고금통의古今通義'는 예나 지금이나 관통하는 의義는 같다는 뜻이다. 지금 벌어지는 일의 미래도 옛일에 비추어 알 수 있다는 의미다. 의義는 원칙, 이利는 편법을 뜻하기도 한다.《태종실록太宗實錄》5년 6월 조에는 경처京妻, 서울에서 얻은 부인 강씨 소생의 어린 아들을 후사로 세우려는 이성계에게 배극렴裴克廉

이 "적장자를 세우는 것이 고금에 통하는 의리입니다古今通義"라고 말하자 이성계가 좋아하지 않았다는 기록이 나온다. 태조 이성계가 적장자를 세우는 고금의 원칙을 버리고 사적 총애라는 편법을 선택한 결과 제1차 왕자의 난이 발생해 자신이 선택했던 그 아들이 죽고 만 것은 이런 원칙이 왕실에도 그대로 적용됨을 말해준다. 그래서 《세종실록太宗實錄》 11년 4월 조에서 사간원이 "벼슬로써 공을 보답하고 벌로써 악을 징치하는 것이 고금통의입니다"라고 말했던 것이다. 이것이 바로 국가 경영의 원칙이지만 이利를 보고 의義를 잊는 견리망의見利忘義에 수레는 지금도 자주 엎어진다. 내가 탄 수레나 내가 모는 수레만은 엎어지지 않으리라고 생각하는 사람은 항상 많았고 이런 사람들 때문에 세상은 늘 시끄러웠다. 그래서 공자가 이利를 보거든 의義를 생각하라는 '견리사의見利思義'를 가르쳤던 것이다.

《고금통의》를 다시 읽어보니 몇 년 전에 썼던 글인데도 마치 오늘 새로 쓴 듯한 내용이 적지 않은 이유도 글자 그대로 '고금통의'이기 때문이다. 인재 발탁의 중요성을 강조한 부분만 열거해도, "인재 탓을 하기보다는 인재를 알아보는 안목이 없음을 탓해야", "새로 장관이 된 인물은 표절 문제로 시끄러운", "인재를 보는 인사권자의 눈이 부족한 것인지 주위에 겨울 매미들만 있는지", "참신한 인재 발탁 없는 분위기 쇄신은 불가능", "성호 이익은 인재를 미리 확보해두었다가 쓰는 '저인대용貯人待用'을 제안"했다는 등 지금 한 말처럼 생생하다.

현재 쓸 만한 인재가 없다는 변명은 들리지만 '종당과 사돈붙이'를 넘어서 인재를 찾는다는 소식은 들리지 않는다. 민초의 시각으로 바라보면 어찌 인재가 없겠는가.

– 본서 1권 257쪽

그러나 그때나 지금이나 세상은 종당과 사돈붙이의 놀이판이지 '복거지계'를 외치는 사람들의 장은 아니다. 그래서 공자도 황하를 앞에 두고 "아름다운 물이 넓고도 넓구나. 내가 이 강을 건너지 못하는 것이 운명인가!"(《사기》〈공자세가〉)라고 말하지 않았던가? 그래도 고금이 통하는 것이 인간의 역사이고, 언젠가는 금今의 사事를 고古에 비춰서 의義를 찾는 날이 올지도 모르겠다는 희망을 버리지 않았기에 이 편적篇籍을 세상에 상재한다.

2014년 7월

천고遷固 이덕일 기記

차
례

저자의 글 4

1__ 성공과 실패를 가르는 차이

이념에 경도되면 나라를 망친다 14 │ 바쁘기만 해서는 아무 소용 없다 16 │ 천자가 제후들에게 달력을 나누어준 까닭 18 │ 왕조의 마지막 장면 20 │ 민의를 하늘로 삼지 못하면 22 │ 나라 흥성은 선정에 달려 있다 24 │ 혹정은 전염병도 부른다 26 │ 여인 천하 28 │ 전세난 30 │ 하늘이 벌을 내릴 징조 32 │ 평생 일해도 집 한 칸 장만할 수 없는 사회 34 │ 노자와 《도덕경》 36 │ 전통 법사상 38 │ 예의염치 40 │ 이름표를 바꿔 달아도 42 │ 종교는 민족의 고난과 함께 할 때 성장한다 44 │ 실패한 국왕도 스승이 된다 46 │ 권력이 아니라 백성을 보아라 48 │ 임금의 친경 50 │ 무엇을 후세에 전하려 하는가 52 │ 고리대와 수쿠크법 54 │ 정치만 비대해진 사회 56 │ 그들만의 리그 58 │ 희생양이 되고 싶은 사람은 없다 60 │ 위조 62 │ 과와 공을 함께 돌아보라 64 │ 마음의 눈이 멀지 않아야 66 │ 지방관 고소 금지법 68 │ 실력보다 간판을 중시하는 사회 70 │ 권력에 눈이 멀면 눈뜬장님이 되는지도 모른다 72 │ 거부할 권리도 필요하다 74 │ 덕을 기르며 때를 기다려라 76 │ 정보기관의 역설적 숙명 78 │ 병역에 예외는 없다 80 │ 구태를 반복하지 마라 82 │ 지행합일 84 │ 견해는 사실에서 도출돼야 한다 86 │ 한국 천주교를 민족 종교로 만든 힘 88 │ 위기는 곧 기회다 90 │ 아직 시간은 있다 92 │ 가혹한 정치는 범보다 무섭다 94 │ 반복되는 친일 미화 96 │ 도대체 무슨 쓸모가 있겠는가 98 │ 자신의 돈보다 무거운 것 100 │ 때에 따라 갓끈을 씻고 발을 씻어야 한다 102 │ 법은 백성의 것이다 104

│ 조선은 왜 임금과의 독대를 금했나 106 │ 정약용이 쓴 묘지명들 108 │ 한순간의 오판으로도 모든 것을 잃는다 110 │ 포도청의 수사권 112 │ 봄꽃 한 송이 114 │ 호랑이 등에 올라탄 왕위 116 │ 초기 대응 매뉴얼 118 │ 지방이 살아야 중앙이 안정된다 120 │ 백성은 밥을 하늘로 삼는다 122 │ 어둑할 때 우는 닭 한 마리가 있는가 124 │ 신바람 전략 126

2 ── 이인가, 의인가

한국 민족주의의 본령 130 │ 인심을 잃으면 독부가 된다 132 │ 정의란 무엇인가 134 │ 표류 136 │ 진대법과 대동법 138 │ 직접 행동과 도덕성 140 │ 피의 대가로 쟁취한 결과물 142 │ 자유를 극대화하되 균등을 추구하라 144 │ 과연 좋은 세상은 돌아왔는가 146 │ 티베트는 정권을 되찾을 수 있을까 148 │ 국왕의 반성 150 │ 도둑맞으려면 개가 짖어도 들리지 않는다 152 │ 선양인가, 방벌인가 154 │ 제노 포비아 156 │ 역사는 사실대로 기록되어야 한다 158 │ 사람과 사물의 본성은 다른가 160 │ 대의는 고사하고 소절을 찾기도 어렵다 162 │ 조선을 뒤흔든 부동산 열풍 164 │ 타인의 손짓 하나에도 생사가 갈린다 166 │ 색계 168 │ 산중 불교 170 │ 12억 중국인이 부끄러워할 일 172 │ 하늘이 알고 귀신이 알고 내가 안다 174 │ 공생공영의 철학 176 │ 홍문관 늙은 아전의 눈물 178 │ 이해관계에 매이지 않아야 시각이 자유롭다 180 │ 기풍 쇄신 182 │ 권도와 정도 184 │ 법과 이익은 상호 모순 관계다 186 │ 예가 아니거든 188 │ 예수의 공생애 190 │ 무엇이 되기 전에 먼저 인간이 되라 192 │ 형세가 아니라 대의에 줄서라 194 │ 도움을 줄 때는 그 사람의 자존심까지 살펴라 196 │ 인자한 사람에게는 적이 없다 198 │ 전체의 이익 추구가 바른길이다 200 │ 군자는 편벽됨이 없다 202 │ 나는 비록 수척해져도 천하는 살찐다 204

3__ 소통과 교류 속에서

천주교와 제사 208 | 고구려냐, 고구리냐 210 | 만주어는 한국어와 닮은꼴이다 212 | 조선 통신사의 옛길을 따라서 214 | 한자 원음 표기의 문제점 216 | 문명의 충돌은 불가피한가 218 | 문화는 서로 오가기 마련이다 220 | 선조들의 외교 정책 222 | 상대가 곤경에 처하면 자신의 것부터 나눠라 224 | 다름을 인정해야 차별도 없다 226 | 사노비의 거액 기부 228 | 바둑 외교 230 | 불만도 운치 있게 표현하라 232 | 망명객을 대하는 우리의 자세 234 | 사회 불안과 정부의 무능이 겹칠 때 236 | 원문이 중요하다 238 | 용광로처럼 모든 것을 용해해라 240 | 어찌 생물에까지 당색을 씌우려 하는가 242 | 신라에서 당나라에 보낸 가발 244 | 사민도 246 | 보복 근절은 피해자의 용서에서 시작된다 248 | 도량형 통일 250 | 진정한 화해를 이끌어내는 법 252 | 권력과 언론의 긴장 관계 254 | 세종의 세법 개정 과정 256 | 모든 문명은 소통과 교류 속에서 발전한다 258 | 어려운 사람은 당장 지금이 급하다 260 | 강제 반출 도서 262 | 아래의 말부터 들어라 264 | 고통 분담 266 | 노인을 위한 나라는 없다 268 | 소통은 생각이 다른 사람과 하는 법이다 270 | 양극은 따로 떨어져 존재할 수 없다 272 | 영원한 우방도 적방도 없다 274 | 냉철히 바라보면 분열의 원인이 드러난다 276 | 싸움은 이해관계에서 발생한다 278 | 사회 대통합 280 | 일본식 한자어 282 | 널리 모든 것을 포용하라 284 | 풍문 탄핵제 286 | 언론의 역할 288

4__ 역사와 반복 그리고 사람들

역사는 어떻게 무기가 됐나 292 │ 부자 정승 294 │ 조선의 투표 제도 296 │ 심양관과 소현세자 298 │ 흑룡강가에 묻힌 조선인 300 │ 명궁수 302 │ 지폐 도안 304 │ 사천성과 인천 이씨 306 │ 양만춘과 당 태종 308 │ 남경에서 돌아오지 못한 세 명의 사신 310 │ 모란이 피기까지는 312 │ 보이지 않고 들리지 않더라도 314 │ 종갓집 제사 316 │ 소설에 담긴 역사관 318 │ 가동 320 │ 목마와 북벌 322 │ 숭례문 편액 글씨의 주인공 324 │ 수영을 즐긴 선비들 326 │ 애주가들 328 │ 얼음 도둑 330 │ 여성 장사 332 │ 셋방살이의 서러움 334 │ 대필 사건 336 │ 만약의 역설 338 │ 남강 이승훈과 기독교 340 │ 역사는 반복될 수밖에 없는가 342 │ 금강산을 사랑한 사람들 344 │ 삼의사 346 │ 선잠 348 │ 공주는 언제부터 공주였나 350 │ 신사임당은 현모양처인가 352 │ 문종과 예종은 왜 급서했는가 354 │ 흑룡을 죽인 정신 356 │ 이제는 사라지고 없는 것들에 대하여 358 │ 거풍과 즐풍 360 │ 동국진체 362 │ 정치와 교화 364 │ 효에도 지극한 경지가 있다 366 │ 사랑과 공경 중 어느 하나 버릴 것이 없다 368 │ 빛나는 해로 370 │ 분묘의 조건 372 │ 군자삼락 374 │ 도문대작 376 │ 고통이 없으면 영광도 없다 378 │ 지붕이 새면 우산으로 막는다 380 │ 검무 382 │ 세상은 배우의 등장을 기다려주지 않는다 384 │ 돈 나는 모퉁이가 죽는 모퉁이 386 │ 사자성어 388 │ 쨍하고 해 뜰 날 온다 390 │ 3·1운동 1주년 392 │ 비제도권 명의들 394 │ 창기 396 │ 혼란스러운 세상을 피해 은거하다 398 │ 종묘 역사 자료관 400 │ 조선의 CSI, 오작 402 │ 조선의 못난 사대주의 404 │ 고대 격투기, 각저 406 │ 서기전부터 한·중·일에서 유행한 축국 408 │ 백두산에는 호랑이가 산다 410 │ 수박과 태권도 412 │ 심미안 414 │ 꾸준한 연습 416 │ 수륙재 418

5 시절의 이치

더위를 먹지 않으려면 422 | 송편은 추석 음식일까 424 | 감귤에 담긴 역사 426 | 꿈은 육체에도 영향을 준다 428 | 조선 후기의 냉면 열풍 430 | 담배의 격세지감 432 | 따오기 434 | 땔감 구하기 436 | 향수를 달래주는 명주 438 | 봄을 부르는 옛시조 440 | 탁주와 친해지니 소주가 멀어지네 442 | 성묘의 유래 444 | 과거에는 귀했던 음식 446 | 길을 걸어 푸른 봄을 즐길 수 있다면 448 | 런치 노마드 450 | 치통 452 | 시대와 고락을 함께하는 노래 454 | 단풍 구경 456 | 꽃놀이 458 | 라면과 건면 460 | 겨울철 운송 수단 462 | 소가 대접받던 시절 464 | 정월 대보름 달맞이 466 | 달을 친근하게 여긴 민족 468 | 추위가 오기를 비는 제사 470 | 봄이 왔어도 봄 같지 않으니 472 | 혀는 과연 뇌를 이길까 474 | 한식에 불을 금한 이유 476 | 구제역 478 | 봄을 알리는 선비의 꽃, 매화 480 | 황복과 제독 요리법 482 | 영혼을 위로하는 풍속 484 | 고향 생각 486 | 타향 처소 488 | 연종회 490 | 한 해를 보내는 마음 492 | 나눔으로 시작하는 새해 494 | 나무는 고요하려 하나 바람이 그치지 않는다 496 | 인간도 자연의 일부다 498 | 장마 500 | 덕담과 세화 502 | 바람이 매서워도 꽃은 핀다 504 | 삼짇날의 단상 506 | 자연의 순리에 순응하라 508

부록: 이 책에서 인용한 서적 510

古今通義

1__

성공과 실패를
가르는 차이

이념에 경도되면 나라를 망친다

인조 14년(서기 1636년) 12월 9일 청淸 태종은 청군淸軍 7만 명, 몽고군蒙古軍 3만 명, 한군漢軍 2만 명 등 12만 명의 대군을 이끌고 압록강을 건넜다. 인조는 15일 새벽 강화도로 피신하려 했으나 실록에 "눈보라가 심하게 몰아쳐서 산길이 얼고 미끄러워 말이 발을 디디지 못했으므로 상이 말에서 내려 걸었으나 끝내 도착할 수 없을 것을 헤아리고는 마침내 성으로 되돌아왔다"라고 적은 대로 남한산성으로 되돌아갔다.

한겨울의 남한산성은 농성 장소로 적당하지 않았다. 한겨울에 비가 내렸는데, 《연려실기술燃藜室記述》의 "장수와 군사가 모두 비를 맞아 젖은 가운데 심하게 얼었다"라는 기술처럼 동사자凍死者가 잇따랐다. 기다리던 구원군은 오지 않았고, 인조는 이듬해 1월 30일 소현 세자와 백관을 거느리고 삼전도三田渡, 지금의 송파구로 나가 황옥黃屋을 펼치고 앉은 청 태종에게 항복했다.

청나라는 '대청황제공덕비' 건립을 요구했고, 인조는 비변사의 추천을 받아 장유張維, 이경전李慶全, 조희일趙希逸, 이경석李景奭에게 비문을 짓게 했으나 모두 사양했다. 《인조실록仁祖實錄》은 국왕이 강권하자 "세 신하가 마지못해 지어 바쳤는데 조희일은 고의로 거칠게 지어 채용되지 않기를 바랐고 이경전은 병 때문에 짓지 못했다"(인조 15년 11월 25일)라고 전한다. 청나라는 장유와 이경석의 글 중에서 이경석의 글을 개찬해 사용하라고 명했고, 인조는 이경석에게 "지금 저들이 이 비문으로 우리의 향배向背를 시험하려 하니 우리나라의 존망이 여기에 의해서 판가름 난다"라면서 고칠 것을 명했다.

이경석은 일부를 고치고는 공부를 가르쳐준 형 이경직李景稷에게 "글공부를 한 것이 천추의 한"이라는 내용의 편지를 보냈다. 이경석은 나라의 보존이라는 대의를 위해 자신의 명예라는 소절小節을 버린 것이다.

몇 년 전 이 삼전도비를 스프레이로 훼손했던 사람이 있었다. 일부에서는 삼전도비를 청와대나 국회 등으로 옮기자고 주장하기도 한다. 삼전도비는 숭명반청이란 사대주의 이념에 경도돼 나라를 망쳤던 한 시대에 대한 교훈을 준다. 미국뿐만 아니라 중국이 지구촌 슈퍼 파워로 부상하는 지금 우리는 어떤 선택을 해야 하는지에 대한 고민도 함께 주는 거울이기도 하다.

바쁘기만 해서는 아무 소용 없다

대동大同과 소강小康보다 못한 사회가 난세亂世다. 전국戰國 시대 공
양고公羊高가 《춘추공양전春秋公羊傳》에서 분류한 것으로 태평太平, 대동,
승평升平, 소강, 난세라고도 한다. 고려 말 목은牧隱 이색李穡은 〈함창
음咸昌吟〉이라는 시에서 "어지러운 천하에 몇 개의 진나라 지났던
가天下紛紛過幾秦"라고 읊었다. 송宋나라 왕안석王安石의 〈도원행桃源行〉
에 "중화重華, 순임금 한 번 갔으니 어찌 다시 오겠는가. 어지러운 천
하에 몇 개의 진나라 지났던가重華一去寧復得 天下紛紛經幾秦"라는 시구에
서 딴 것이다. 역사를 돌이키면 순임금이 다스리던 대동 사회는
짧았던 반면에 진秦나라 같은 난세가 이어져왔다는 한탄이다.

　　난세에는 기존 질서가 무너지면서 내전內戰이 벌어지거나 내전
에 가까운 분열分裂이 발생한다. 난세에는 군자君子가 해를 입거나
세상을 피해 숨는 반면 소인들이 득세한다. 《초사楚辭》 〈복거卜居〉에
"황종은 버려지고, 질솥이 우레처럼 울린다黃鐘毀棄 瓦釜雷鳴"라는 구
절이 있다. 십이률려十二律呂의 기준이 되는 황종은 버림받고 진흙
으로 만든 솥이 울리는 것은 군자는 배척되고 소인이 득세한다는

16

뜻한다. "내 발을 다치다", "해바라기만 못하다"라는 말은 난세에 처신을 잘 못한다는 뜻이다. 《춘추좌전春秋左傳》 성공成公 17년 6조에 제齊나라 포견鮑牽이 경극慶克의 비행을 국무자國武子에게 고발했다가 되레 발이 끊기는 월형刖刑을 당했는데, 공자孔子가 "포장자鮑莊子, 포견의 지혜는 해바라기보다도 못하구나. 해바라기는 오히려 잎사귀로 제 다리를 가려서 보호할 줄 아는데(……)"라고 논평한 데서 나온 말이다. 두예杜預는 "해바라기는 잎과 꽃이 해를 향하게 해서 햇빛이 뿌리에 닿지 않게 한다"라고 주석을 달았다. 난세에는 벼슬아치가 아둔하고 소인이 득세하기 때문에 함부로 정의감을 드러내면 되레 해를 입는다는 뜻이다.

음악도 그 시대를 표현한다. 《예기禮記》 〈악기樂記〉에 "난세의 음악은 원망하고 분노하니 그 정치가 인심에 어긋났기 때문이다亂世之音, 怨以怒, 其政乖"라는 구절이 있다. 우리 사회는 언제부터인가 극심하게 분열되어 있고, 대부분의 사람들이 느끼는 분노가 하늘을 찌르니 난세에 가깝다. 《한서漢書》를 편찬한 반고班固의 〈답빈희答賓戲〉에 '공석불난孔席不暖'이라는 말이 있다. "공자의 자리는 따뜻할 틈이 없다는 뜻"으로 "묵자의 집 굴뚝은 그을릴 틈이 없다"라는 뜻의 '묵돌불검墨突不黔'과 함께 쓰인다. 난세를 바로잡기 위해 바쁘게 다니는 군자라는 뜻이다. 바쁘기만 해서는 아무 소용 없다. 방향을 잘 잡아야 한다. 그 방향이란 물론 사회 양극화 해결을 통해 대동을 지향하는 길이다.

천자가 제후들에게 달력을 나누어준 까닭

다산 정약용은 흑산도에 유배 중인 형 정약전에게 보낸 편지에서 "《춘추春秋》의 봄 왕정월春王正月은 자월子月입니다"라고 말했다. 공자가 지은 역사서 《춘추》에 "봄 왕정월春王正月"이라는 표현이 나오는데, 이때의 정월은 자월인 11월을 뜻한다. 제왕帝王이 국가를 창업하면 어느 달을 한 해의 시작인 세수歲首로 잡을지를 결정하고 신력新曆, 달력을 만들어 반포한다. 대개 자子·11월, 축丑·12월, 인寅·정월 중에서 결정하는데 각각 천天, 지地, 인人이 열리는 시점이기 때문이다. 하夏나라는 인월寅月·정월을 세수로 삼고, 은殷나라는 축월丑月·12월, 주周나라는 자월子月·11월을 세수로 삼았다.

매년 연말 천자가 제후들에게 신력을 나누어주면 제후는 종묘에 양을 제물로 바치고 시행하는데 이것이 곡삭告朔이다. 필자가 어린 시절에는 국회 의원이나 후보 들이 한 장짜리 달력을 지역 구민에게 배포하면 벽에 붙여서 사용하는 일이 흔했다. 천자가 제후들에게 달력을 나누어주던 정삭正朔을 본뜬 행위다. 정작 본인들은 달력 배부에 이런 역사적 뿌리가 있는지 잘 몰랐겠지만.

지구가 태양 주위를 공전하는 것을 기준으로 만든 양력陽曆을 서양인 작품으로 생각하지만 실제는 이집트인이 처음 만들었다. 매년 나일 강이 범람할 때 동쪽 하늘에 뜨는 해의 위치가 일정하다는 사실에서 착안한 것으로 추측된다. 이것이 로마로 전파되면서 서양인이 양력을 만든 것처럼 곡해됐다. 정작 서양인인 그리스인은 음력陰曆을 사용했다.

우리나라는 갑오개혁 와중인 고종 32년(서기 1895년) 9월 9일, 개국 504년 11월 17일을 505년 1월 1일로 삼으면서 양력 시대를 열었다. 그러나 그 전에 사용하던 달력도 순음력이 아니라 북경에서 활약한 예수회 선교사 아담 샬Adam Schall, 탕약망湯若望이 음력과 양력을 조화시켜 만든 시헌력時憲曆이었다. 시헌력은 인조仁祖 22년(서기 1644년) 김육金堉이 가져와 10년간 연구 끝에 효종孝宗 4년(서기 1653년)부터 시행했다.

정월에는 국왕을 비롯한 벼슬아치들이 하늘에 제사를 지내며 신정新政을 다짐하게 된다. 그런데《시경詩經》〈소아小雅〉정월正月조는 "백성들은 죄가 없는데 아울러 모두 종이 되는 세상이라네(……) 백성들은 지금 위태로운데 하늘을 보면 흐리멍텅하네民之無辜 幷其臣僕 (……) 民今方殆 視天夢夢"라고 노래했다. 백성은 삶에서 고통받는데 하늘, 곧 임금은 백성을 편안하게 할 의지가 안 보인다는 비난이다. 임금뿐만 아니라 벼슬아치를 포괄하는 비난일 것이다. 지금 우리나라 상황을 말한 것같이 여겨진다.

왕조의 마지막 장면

2011년 카다피의 후계자였던 차남 사이프 알이슬람이 체포되자 "총으로 머리를 쏴달라"라고 요청했다 한다. 살려달라고 애원했던 아버지 무아마르 카다피와는 다른 모습이다. 신라의 마지막 장면이 겹쳐진다.

《삼국사기三國史記》신라 경순왕敬順王 9년(서기 935년) 조는 항복하려는 경순왕에게 왕자가 "나라의 보존과 멸망은 반드시 천명이 있는 것"이라면서 결사 항전을 주장했다고 전한다. 경순왕이 끝내 시랑 김봉휴金封休에게 국서를 주어 항복하게 하자 왕자는 울면서 개골산皆骨山, 금강산으로 들어가 삼베옷을 입고 풀뿌리를 캐어 먹다가 죽었다. 마의 태자다. 일연은 《삼국유사三國遺事》에 같은 기사를 실으면서 소제목을 경순왕이 아니라 김부대왕金傅大王으로 적었다. 고려에서 정해준 경순이라는 시호 대신 김부라는 휘諱를 그대로 쓴 일연의 역사관이 돋보인다.

우리나라 역대 왕조의 마지막 장면은 한결같이 비장미가 없다. 백제 의자왕이나 고구려의 보장왕도 모두 포로의 길을 택했으며, 고려의 마지막은 공손하게 양보한 공양왕恭讓王이다. 조선의 선조는 임진왜란이 발생하자 나라를 버리고 만주로 도주하는 요동내부遼東內附를 꿈꿨다가 "대가大駕가 동토東土, 조선를 한 걸음만 떠나면 조선은 우리 것이 아니게 됩니다"(《선조수정실록宣祖修正實錄》, 25년 5월 1일)라는 유성룡의 반대로 저지됐다.

반면 명나라 의종毅宗은 이자성의 군대가 자금성으로 밀려들자 "나의 백성이 괴로움을 당하는구나苦我民耳"라고 탄식하고 태자와 영왕永王, 정왕定王은 명明의 재건을 위해 보냈다. 그런 뒤 황후 주씨周氏와 후비들을 자결시켰다. 《명사明史》〈장평長平 공주 열전〉은 의종이 장평 공주를 찾아가 "너는 어찌 내 집에서 태어났느냐?"라면서 내리쳐 왼쪽 팔이 끊어졌다고 전한다. 의종은 여섯 살 소인昭仁 공주마저 벤 후 자결했다. 《명사明史》〈장렬제莊烈帝 본기〉는 의종이 "짐은 죽어서 조종祖宗을 볼 면목이 없으니 관을 벗고 머리카락으로 얼굴을 가리라"라고 유언했다고 전한다. 복명復明 운동이 끈질겼던 것은 의종의 이런 장렬한 최후 때문이기도 했다.

대한제국의 마지막 황태자 영왕英王, 영친왕이 1919년 유럽과 미주 지역을 순방하면서 느낀 바를 적은 수첩이 국립고궁박물관에 전시되었던 기억이 난다. 그에게 필요한 것은 유럽과 미주에 대한 감회가 아니라 탈출해서 망명 정부를 세우는 것이었다. 이런 노블레스 오블리주를 실천했다면 지금쯤 대한민국은 입헌 군주국이 됐을지도 모른다.

민의를 하늘로 삼지 못하면

동양 사상은 때로 모순처럼 보인다. 그중 하나가 '천명天命'이다. 사마천司馬遷의 《사기史記》 〈오제五帝 본기〉에는 요堯임금이 나이가 들자 순舜에게 정치를 대신하게 하고, 이것이 천명에 부합하는지를 살폈다는 기록이 있다. 임금은 선왕先王의 총애가 아니라 천명이 있어야 될 수 있다는 뜻이다. 여기에서 군주는 하늘이 낸다는 천명 사상이 생겼다.

　　그러나 최충헌崔忠獻의 사노私奴 만적萬積은 노비들에게 "장수와 재상이 어찌 씨가 따로 있겠느냐?王侯將相 寧有種乎"라고 선동했다. 《고려사高麗史》 〈최충헌 열전〉에 나오지만 원래 출처는 사마천의 《사기》다. 《사기》 〈진섭陳涉 세가〉에는 고용 머슴에 불과했던 진승陳勝, 진섭이 농민들에게 봉기를 부추기며 '왕후장상이 어찌 씨가 따로 있겠느냐'라고 한 말이 나온다. 천명과 진승의 이 말 사이의 간격은 크다. 사마천이 이런 말을 한 진승의 사적을 국왕, 제후들의 사적인 세가世家에 기록해놓았다는 사실 자체가 의미심장하다.

《논어論語》〈헌문憲問〉 편에서 공자는 "그 지위에 있지 않으면 그 정사를 꾀하지 말라不在其位 不謀其政"라고 했다. 그러나 공자의 도통道統을 이은 맹자는 왕조를 갈아치우는 '역성혁명'을 정당화했다. 이 거대한 간극을 메우는 열쇠가 바로 민심이다.

《순자荀子》〈왕제王制〉 편에는 "임금은 배이고, 백성庶人은 물이다. 물은 배를 띄우기도 하지만 엎어버리기도 한다水則載舟 水則覆舟"라는 말이 나온다. 순자는 〈애공哀公〉 편에서 "임금이 이로써 위태로움을 미리 생각한다면 앞으로는 위태로운 지경에 처하지는 않을 것"이라고 경고하고 있다. 정조의 어록인 〈일득록日得錄〉에는 "임금이 백성이 아니면 누구와 나라를 다스리겠는가. 그래서 임금은 백성을 하늘로 삼는다"라는 말이 나온다.

《맹자孟子》〈진심盡心〉 장에 "들판에서 일하는 백성들의 마음을 얻으면 천자가 되고, 천자의 마음을 얻으면 제후가 되고, 제후의 마음을 얻으면 대부가 된다是故得乎丘民而爲天子 得乎天子爲諸侯 得乎諸侯爲大夫"라는 말이 있다. 그다음 문장이 "제후가 사직을 위태롭게 하면 갈아세운다諸侯危社稷則變置"이다. 과거에는 갈아치우는 주체가 하늘이었지만 지금은 백성이고, 그 수단이 선거다.

나라의 흥성은 선정에 달려 있다

수양대군이 단종의 왕위를 빼앗을 때 예방禮房 승지 성삼문成三問이 국새國璽를 붙들고 통곡하자 왕위를 사양하는 척하던 수양이 고개를 들고 노려보았다고 남효온南孝溫의 《육신전六臣傳》은 전한다. 인조반정 와중에 국새가 사라져 소동이 일었는데 새벽녘에 한 군인이 후원에서 습득해 바친 사건도 있었다.

국새는 언제부터 사용됐을까? 사마천의 《사기史記》〈진시황秦始皇 본기〉 주석은 진秦나라 이전에는 민간에서도 금옥金玉으로 인장을 만들어 사용했으나 진 통일 이후에는 천자만 새璽라고 쓰고 신하들은 감히 사용하지 못했다고 전한다. 진시황의 국새에 대해 《사기정의史記正義》는 최호崔浩의 말을 빌려 "이사李斯가 화벽和璧을 갈아서 국새를 만들었는데 한漢나라의 여러 황제도 대대로 전했기 때문에 전국새傳國璽라 한다"라고 설명했다. 진의 승상 이사가 만든 국새의 재료였던 화벽이 화씨벽和氏璧이다. 춘추 시대 변화卞和는 초나라 여왕厲王, 무왕武王에게 옥돌을 바쳤는데 가짜라는 이유로 두 발이 잘렸다. 《한비자韓非子》는 화씨벽은 문왕文王 때 비로소

보옥寶玉으로 인정받았다고 전한다. 훗날 진 소왕昭王이 화벽을 가진 조왕趙王에게 15성城과 바꾸자고 제안했으나 거절해서 연성벽連城璧이라고도 불린다. 진시황이 통일 후 화벽으로 국새를 만들었으니 한漢의 황제들도 세전世傳했다.

우리나라는 언제부터 국새를 사용했을까?《삼국사기三國史記》고구려 신대왕新大王 즉위년(서기 165년) 조는 연나부椽那部의 명림답부明臨答夫가 차대왕을 죽이고 그 동생 백고伯固, 신대왕를 추대할 때 재상인 좌보左輔 어지류菸支留가 무릎 꿇고 국새를 바쳤다고 기록하고 있다. 이 역시 고구려 개국 초부터 전하던 전국새였다. 사마천은《사기》에서 고조선 황실의 후계자를 태자太子라고 썼으니 고조선도 국새가 있었을 것이다. 진시황은 국새에 "하늘의 명을 받았으니 수壽, 장수하고 영창하리라受命于天 旣壽永昌"라고 새겼으나 사후 4년 만에 나라가 망했다. 황실 홍성의 비결은 화벽으로 만든 국새가 아니라 선정善政임을 알 수 있다. 지금도 마찬가지다.

혹정은 전염병도 부른다

원인 모를 전염병이 괴질怪疾이다. 순조 21년(서기 1821년) 8월 13일 평안 감사 김이교金履喬는 평양 안팎에서 괴질이 발생해 열흘 동안 1,000여 명이나 사망했다고 보고했다. 병상病狀은 토하면서 설사하는 토사吐瀉와 관격關格이었다. 《동의보감東醫寶鑑》〈관격증關格證〉에 따르면 관關은 소변을 못 보는 것이고 격格은 토하는 것이다. 토사와 관격이 콜레라를 뜻하는데, 청나라에 가 있던 서장관 홍언모洪彦謨는 8월 21일 "연로沿路에 운기運氣가 크게 유행해서 산해관山海關 이남부터 연해안 수천 리 사이에 죽고 상한 백성이 수를 헤아릴 수 없습니다"라고 보고했다. 중국을 통해 조선까지 콜레라가 들어온 것이다.

이 콜레라는 1917년 인도의 콜카타에서 일어나 1923년에 이르러 아시아 전역과 아프리카에까지 유행했다. 일본은 1822년, 즉 분세이文政 5년 창궐했다고 해서 분세이 콜레라文政コレラ라고 부르는데, 조선이나 유구琉球를 통해 들어왔다고 추측한다. 일본도 병명을 몰랐다가 네덜란드 상인에게 콜레라라는 명칭을 듣고 호

열자虎列剌라고 음역音譯했다. 호랑이가 물어뜯는 것처럼 고통이 심하다는 뜻이다.

같은 해인 순조 22년(서기 1822년) 4월 서울 안팎에도 괴질이 유행했다. 비변사備邊司는 "떠돌아다니는 백성들流民이 가장 먼저 전염된다"라면서 "의탁할 곳이 없는 무리들이 거리에서 넘어져 많이 죽고 있으니 듣고 보기에 참혹하다"라고 보고하고 있다. 세도 정치기에 생계 대책을 잃고 떠도는 사람들이 감염 경로였으니 전염병 확산도 혹정酷政의 산물임을 알 수 있다. 비변사는 병들지 않은 유민은 넓은 공터에 모아 식량과 옷을 준 다음 고향으로 돌아가 농사를 짓게 해야 한다고 보고했다. 이런 귀향자歸鄕者에 의해 콜레라가 전국적으로 확산됐을 텐데, 이때 전 백성의 10퍼센트가량이 희생된 것으로 보기도 한다.

전염병이 돌면 국가에서는 도성 북쪽에서 여제厲祭를 지내는데,《대학연의보大學衍義補》에 따르면 '삼대三代, 하·은·주'부터 이 제사가 있었다고 전한다. 민간에서는 굿을 하기도 하는데, 역귀疫鬼에게 여비를 줄 때 편도 비용만 준다. 가서 돌아오지 말라는 뜻이다.

최근 660년 만에 독일, 캐나다 연구팀이 유럽에서 7,500만 명의 목숨을 앗아간 '흑사병'의 병원균의 정체를 밝혀냈다. 지금의 콜레라균과 크게 다르지 않다니 영장류의 영원한 적이 세균인지도 모른다.

여인 천하

신라에만 여왕이 존재했던 것은 신라만 유독 여성의 지위가 높았기 때문은 아니다. 《신당서新唐書》〈신라〉 조는 "시장市에서 사고파는 것은 모두 여성들이 한다"라면서 신라 여성이 가정 경제권을 장악하고 있음을 말해준다. 그러나 이런 현상은 비단 신라만의 것이 아니라 고대 삼국 공통의 풍습이었을 것이다. 그만큼 고대에는 여성의 지위가 높았다.

신라에만 여왕이 존재했던 이유는 신라는 성골聖骨, 즉 '성스러운 뼈다귀'의 혈통을 남녀의 성별보다 더 중요한 가치로 봤기 때문이다. 유학자 김부식金富軾은 《삼국사기三國史記》〈선덕왕〉 조에서 "신라는 여자를 세워 왕위에 있게 했으니 진실로 난세亂世의 일이며 이러고도 나라가 망하지 않은 것이 다행"이라고 혹평했다. 그러나 나라가 망할 뻔한 것은 선덕의 전왕들 때의 일이었다. 전왕인 진평왕 30년(서기 608년) 고구려가 북쪽 국경을 침범해 8,000명을 사로잡아 갔다. 동왕 재위 46년(서기 624년) 10월에는 백제군이 속함速含, 지금의 함양 등 여섯 성을 공격해 세 성이 함락되고 급찬 눌

최눌催가 전사했다. 이듬해(서기 625년)에는 진평왕이 당나라에 고구려가 당나라로 가는 길을 막고 자주 침범한다고 호소했고, 그 다음 해(서기 626년)에는 주재성主在城 성주 동소東所가 백제군에게 전사했다. 선덕여왕 즉위 때 신라는 고구려와 백제의 틈바구니에서 생존조차 불투명한 상태였다.

그러나 《삼국유사三國遺事》〈탑상塔像〉편은 선덕여왕이 재위 14년(서기 645년) 황룡사皇龍寺 9층탑을 완성했는데, '1층은 일본, 2층은 중화, 3층은 오월吳越 (……) 9층은 예맥濊貊'을 진압할 수 있기 때문에 쌓았다고 전하고 있다. 남자 국왕들은 당나라에 사신을 보내 도와달라고 울었지만 선덕여왕은 중화까지도 진압하기 위해 황룡사 9층탑을 쌓았던 것이다. 선덕여왕은 주변 9개국 복속이라는 남자 왕들이 꿈도 못 꾸던 새로운 어젠다를 제시하고 그 실현을 위해 폐출당한 진지왕의 손자 김춘추와 소외받던 가야계 김유신 같은 비주류를 전격적으로 발탁했다.

이제 여인의 사회 진출은 전혀 낯설지 않다. 특히 겉으로나마 남녀평등으로 포장해야 할 정치권에서 여인의 부상이 두드러진다. 아직도 '유리 천장'이란 말이 남아 있는 만큼 구색 갖추기 수준이다. 하지만 이제 여기에서 벗어나 남성이 만든 사회와는 다른 사회를 만들고, 약자를 보듬는 어머니의 시각으로 한국 사회의 그늘에도 햇볕이 드는 인간 사회를 이루면 좋겠다.

전세난

옛날에는 서울에 벼슬 살러 오면 대부분 셋집에 묵었다. 퇴계退溪
이황李滉도 "서울 셋집 동산 빈 뜰에 해마다 온갖 나무 붉은 꽃이
피누나漢陽賃屋園院空 年年雜樹開繁紅"라고 노래했다. 그러나 정원까지 있
는 이런 좋은 셋집은 드물었다. 점필재 김종직金宗直은 "때로 셋집
에서 쫓겨나 동서로 자주 떠돌아다녔네有時被驅逐 東西漂轉頻"라고 읊
고 또 "셋집이 시끄럽고 습해서 병이 생겼네賃屋囂湫病已生"라고 한탄
했다. 김종직은 지인인 임수창林壽昌의 명례방明禮坊, 명동 언덕 집에
세 들고 나서야 "셋집은 남산 아래 있는데 나귀 타고 출퇴근할 만
하구나賃屋南山下 騎驢堪卯申"라고 기뻐하고 있다. 오세 기동奇童으로
불렸던 이산해李山海도 이덕형李德馨이 지은 묘지명에 따르면 "일찍
정승이 됐으나 집 한 칸 밭 한 자락이 없어서 항상 셋집을 얻어
살았다"라고 전한다. 화를 피하기 위해 일부러 셋집에 사는 경우
도 있었다. 서거정徐居正이 《필원잡기筆苑雜記》에서 예문관 제학 조오
趙珸가 "방위를 피해 셋집에 살았다避方賃屋"라고 적은 것이 이런 경
우다.

임대료는 얼마나 했을까? 선조 때 유희춘柳希春은 《미암일기眉巖日記》에서 "포육脯肉 한 조각과 말린 꿩을 심봉원의 집에 보냈다. 달마다 반찬거리를 몇 번씩 보내니 셋집에 대한 보답이다"라고 쓰고 있는데 쌀 한 말을 보냈다는 기록도 있다. 조선 시대는 쌀과 부식으로 집세를 치렀다. 조선 후기 노론 일당 독재로 법이 문란해지면서 사대부가 상민의 집을 빼앗아 무상으로 사용해 원성이 잦았다. 그래서 영조는 "사대부가 상한常漢, 상민의 집을 빼앗아 살면서 처음부터 집세를 주지 않다가 사실이 드러나자 전세 문서賣文까지 위조해 죄를 면하려 한다《국조보감國朝寶鑑》, 영조 즉위년)"라며 인심이 착하지 못하다고 한탄하고 있다.

이익李瀷의 《성호사설星湖僿說》에는 〈재상이 셋집에 살다宰臣賃屋〉라는 글이 있다. 이 글에서 이익은 "송나라 초에는 재상들도 모두 셋집에 살다가 신종神宗, 재위 1067~1085년 때부터 자기 집을 크게 짓게 됐다"라면서 "먼 시골 인재가 조정에 나갈 수 없고, 송나라가 천하를 잃게 된 것도 이로부터 비롯됐다"라고 진단하고 있다. 현재의 전세난에 정부가 속수무책인 것은 셋방살이의 아픔과 무관한 사람들이 정책을 다루기 때문이 아닌가라는 생각이 든다. 이익의 분석이 옛말 같지 않다.

하늘이 벌을 내릴 징조

하늘이 벌天罰을 내릴 징조를 구징咎徵이라고 한다.《서경書經》〈홍범洪範〉조에 나오는 말이다. 하늘이 상을 내릴 조짐은 휴징休徵이다.《서경》〈홍범〉조는 휴징과 구징을 각각 다섯 가지 항목으로 나누어 설명하고 있다. 휴징은 때맞춰 비가 내리고時雨, 때맞춰 볕이 들며時暘, 때맞춰 따뜻하고時燠, 때맞춰 춥고時寒, 때맞춰 바람이 부는 것時風이다. 반대로 구징은 '언제나' 비가 오고恒雨, 볕이 들며恒暘, 덥고恒燠, 춥고恒寒, 바람이 부는 것恒風을 뜻한다. 자연 현상이 순리에 어긋나면 천벌이 내릴 징조로 해석한 것이다.

구징은 누구를 겨냥했을까? 임금이 정사를 잘못하면 그에 대한 하늘의 경고로 받아들였다. 북벌과 민생 폐단 해소를 주창했던 백호白湖 윤휴尹鑴가 〈홍범 독서기讀書記〉에서 휴징과 구징을 언급하면서 "임금 한 사람에게 경사가 있으면, 모든 백성이 여기에 힘입고, 온 나라萬邦에 죄가 있으면 그 죄가 임금의 몸朕躬에 있다'라고 쓴 것이 이를 말해준다.

구징이 내리기 전에 미리 예견하는 방법은 없었을까? 해 부근에 있는 구름 빛깔인 운물雲物을 통해 구징을 예견했다. 《좌전左傳》 희공僖公 5년 조에 "무릇 분지分至, 춘분·추분, 하지·동지의 계폐에는 반드시 운물을 기록한다凡分至啓閉 必書雲物"라는 기록이 있다. 춘분·추분, 하지·동지에 해가 지고 뜰 때 해 부근의 구름 빛깔을 보고 하늘의 징조를 예견한다는 뜻이다.

세종은 재위 5년(서기 1423년) 정양正陽, 음력 정월에 가뭄이 들자 "임금이 부덕不德하고 정치가 고르지 못하면 하늘이 재앙을 내려서 경계한다", "천벌의 징조咎徵를 조용히 살펴보니 죄가 진실로 내게 있었다"(《국조보감》)라고 자책했다. 세종이 그냥 성군聖君이 된 것이 아님을 알 수 있다. 임금뿐만 아니라 정승 다음 판서 식으로 직책이 높은 순서로 구징을 책임지게 돼 있었다.

이시하라 신타로石原愼太郎 전 도쿄 도지사나 조용기 목사가 일본 대지진을 '천벌'이라고 말한 적이 있는데, 이것은 '당해도 싸다'는 식의 뜻은 아니겠지만 최소한 천벌에 책임이 있는 지도층이라는 사실을 망각한 발언이다. 정작 피해자인 종군 위안부 할머니들은 "일본인들, 힘내세요"라고 격려하지 않았는가? 《서경書經》 〈대우모大禹謨〉에는 수재水災가 요堯임금 때 일어났지만 우禹임금은 자신의 책임으로 여겼다는 말이 있다.

평생 일해도 집 한 칸 장만할 수 없는 사회

《고려사高麗史》〈식화지食貨志〉는 "요즘 들어 간악한 도당들이 남의 토지를 심하게 겸병해서 그 규모가 한 주州보다 크기도 하고, 군郡 전체를 포함해 산천으로 경계를 삼는다"라고 전한다. 한 집안의 토지가 한 주보다 크고 산천으로 경계를 삼을 정도라는 뜻이다. 소수에게 토지가 집중되는 현상은 납세와 군역의 부담자인 자영 농민의 몰락을 낳았고, 이는 곧 국가 멸망의 신호였다. 고려 말 충선왕과 공민왕 등이 개혁에 나섰던 것은 이 때문이지만 모두 실패했다.

이런 상황에서 등장한 인물이 풍운아 정도전鄭道傳이었다. 정도전은 《조선경국전朝鮮經國典》〈부전賦典〉에 "전하(이성계)께서 잠저潛邸에 계실 때 (······) 식구를 헤아려 토지를 나누어주어서 옛날의 올바른 전제田制를 회복하려고 하셨다"라고 썼다. 모든 백성에게 토지를 나누어주는 계구수전計口授田 방식의 토지 개혁안을 구상했던 것이다. 모든 국토는 임금의 것이라는 '왕토王土 사상'이 배경이었다. 1388년 위화도 회군을 단행한 이성계와 정도전은 1390년 전국의 공사전적公私田籍, 토지 문서을 개경 한복판에 모아 불사르는데, 《고려사》〈식화지〉는 "그 불이 여러 날 동안 탔다"라고 전한다.

이런 토대 위에서 1391년 제정된 것이 새로운 토지 제도인 과전법科田法이다. 모든 백성에게 토지를 나누어주지는 못했지만 정도전의 "고려조의 문란했던 전제에 비하면 어찌 몇만 배나 낫지 않겠는가"라는 자평처럼 농민의 지지를 받았다. 이듬해(서기 1392년) 배극렴裵克廉 등 군신群臣들이 이성계를 추대하면서 새 왕조가 개창된다. 500년 고려 왕조가 사라지는데 '두문동杜門洞 72인'이니 하는 소극적 반발밖에 없었던 것은 농민이 새 왕조 개창을 지지했기 때문이다.

부동산 경기가 위축되었다고 하지만 아직도 많은 사람이 평생 일하고도 집 한 칸 없거나 앞으로도 마련하기 힘들 것이다. 또한 젊은 사람들의 희망을 빼앗아 가는 것도 월급을 저축해서는 집 한 칸 마련하기 어렵다는 현실이다.

노자와 《도덕경》

사마천司馬遷의 《사기史記》 〈노자老子 한비韓非 열전〉에는 노자老子와 공자孔子의 유명한 만남이 전한다. 주周나라 수장실守藏室의 사관史官이던 노자에게 공자가 찾아와 예禮에 대해서 묻자 "그대의 교만과 탐욕, 허세와 지나친 욕망을 버리라"라고 충고했으나, 공자는 돌아와 제자들에게 "노자는 용과 같은 사람이었다"라고 칭찬했다. 노자는 혼란스러운 세상을 바로잡으려는 공자의 노력이 효과 없음을 말한 것이고, 공자는 그럼에도 불구하고 끊임없이 세상을 바로잡으려고 노력해야 한다고 생각한 것이다. 주나라를 떠난 노자는 은거하기 전 저서를 남겨달라는 관령關令 윤희尹喜의 요청을 받고 《도덕경道德經》 5,000여 자를 서술하고 사라지는데, 아무도 그의 최후를 몰랐다고 《사기》는 전한다.

고대 중국에는 제자백가諸子百家라 불렸던 수많은 사상이 있었지만 중국인의 사상을 지배했던 것은 유가와 도가였다. 임어당林語堂이 "유가儒家와 도가道家는 중국인의 영혼의 양면"이라며, "공직에 나가면 유가가 되고, 집에 돌아오면 도가가 된다"라고 말한 것에서 이 사실을 알 수 있다.

유가는 진시황의 분서갱유焚書坑儒와 문화 대혁명 때 임표林彪와 공자를 비판한 비림비공批林批孔에서 알 수 있듯이 많은 억압을 받았지만 그때마다 살아남았다. 한漢나라를 세운 유방劉邦도 유학자의 유관儒冠에 오줌을 눈 일화가 전할 정도였으나 황제가 된 후에는 유학이 왕권 강화에 유용함을 알아차리고 표변했다. 서기전 196년 공자의 고향 노魯를 지나며 소, 양, 돼지를 희생물로 바치는 태뢰太牢를 지낸 최초의 황제가 유방이었다.

도가는 당나라 때 국가 권력과 결부되는데, 노자와 당 황실이 같은 이李씨였기 때문이다. 수년 전 1만 3,839명의 홍콩 시민이 홍콩 대학교 대운동장에서 14분 동안 《도덕경》을 낭독해 이 분야 세계 신기록을 세웠다는 소식이 있었고, 중국 본토에도 도교 사원이 급속도로 늘어나고 있다. 정치로 인간의 영혼까지 지배하려던 문화 대혁명을 겪으며 극도로 황폐해진 중국인의 정신 세계를 노자의 《도덕경》이 위로해주었으면 싶다. 정치 과잉에 빠져 있는 우리 사회도 마찬가지다.

전통 법사상

동양 법사상의 두 줄기는 유가儒家와 법가法家다. 유가는 맹자의 성선설性善說에, 법가는 순자荀子의 성악설性惡說에 뿌리를 두고 있다. 성선설은 《맹자孟子》〈등문공滕文公〉 조에 맹자는 "사람의 본성은 선하다면서 말마다 요순堯舜을 지칭했다"라는 데에, 성악설은 《순자》〈성악〉 조에 "사람의 성性은 악惡이니, 선이란 것은 거짓僞이다"라는 데 뿌리를 두고 있다. 유가는 인仁을 강조하고 법가는 인간 개조를 위한 엄단嚴斷을 강조하는데, 단기적 효과는 역시 법가가 좋았다.

전국戰國 시대 진秦의 효공孝公은 법가의 상앙商鞅을 등용해 부국강병책을 시행했다. 백성은 상앙의 엄격한 법 집행에 불만이 많았지만 사마천司馬遷은 《사기史記》〈상군商君 열전〉에서 10년 후에는 "크게 기뻐하며 길에 물건이 떨어져도 줍지 않았으며, 산에는 도적이 없었다"라고 썼다. 그러나 상앙은 효공 사후 정적에게 몰려 도주하고, 엄한 법 때문에 아무도 재워주지 않는 바람에 체포돼 거열형車裂刑에 처해졌다. '자신이 만든 법에 죽은 것作法自斃'이다.

법가 이론으로 전국戰國을 통일한 진나라는 금방 무너지고 유가 이론의 한漢이 장수하면서 유가와 법가를 절충하는 법사상이 형성된다. 한나라 양웅揚雄이 《법언法言》에서 "사람의 성性은 선악이 섞여 있어서 선한 측면을 닦으면 선인이 되고, 악한 측면을 닦으면 악인이 된다"라고 했던 성선악혼설性善惡混說의 현실적 변용이었다. 이렇게 유가와 법가의 장점을 딴 법이 역대 중국과 고려·조선의 법사상이 됐고, 임금도 복종해야 하는 법치 체제가 일찍이 수립됐다.

　　사실 법학이 지배 학문으로서 각광받은 것은 일제 강점기 때부터다. 각지에 법학전문대학원도 많이 생겼고, 법학대학도 많지만 우리 전통 법을 연구한다는 소식은 들리지 않는다. 현행 법철학은 우리 선조들이 수천 년 동안 갖고 있던 법철학에 뿌리를 둔 것이 아니라 일제 강점기 때 일본 제국주의가 독일 법을 모체로 만든 것이다. 우리 조상은 법을 어떻게 생각하고 그런 생각을 어떻게 현실에 적용했는지 연구할 때 법률도 비로소 독립될 수 있을 터이며, '그들만의 리그'에서 벗어나 국민에게 사랑받을 수 있게 될 것이다.

예의염치

사유四維라는 것이 있다. 유維란 벼리인데 이 경우 뼈대라는 뜻으로 사용한다. 《관자管子》〈목민牧民〉 편에서는 나라에는 네 벼리四維가 있는데, 한 벼리가 끊어지면 기울고, 두 벼리가 끊어지면 위태하고, 세 벼리가 끊어지면 전복顚覆되고, 네 벼리가 끊어지면 멸절滅絕된다고 말했다. 관자는 사유에 대해 "첫째가 예禮이고, 둘째가 의義이며, 셋째가 염廉이고, 넷째가 치恥"라고 사유를 예의염치禮義廉恥라고 정리했다. 관자는 예禮란 절도를 넘지 않는 것不踰節이고, 의義란 스스로 나아가지 않는 것不自進, 염廉이란 악을 감추지 않는 것不蔽惡, 치恥란 굽은 것을 좇지 않는 것不從枉인데, 스스로 나아가지 않는 의義는 벼슬하기 위해 갖은 수단을 사용해서는 안 된다는 뜻이다.

《세종실록世宗實錄》 1년(서기 1419년) 4월 12일 자의 길재吉再의 졸기에는 "집안에 양식이 자주 떨어져도 흔연해 염려하는 기색이 없었고, 학도學徒들을 가르칠 때는 효제충신孝悌忠信과 예의염치를 가장 먼저 가르쳤다"라고 적고 있다. 조선의 상소문에는 "사유가 없으면 나라가 아니다" 또는 "사유가 없으면 사람이라 할 수 없다"라는 식의 구절이 많다. 예의염치는 특히 벼슬아치에게 강조됐다. 성종 1년(서기 1470년) 대사헌 한치형韓致亨이 "사람을 쓸 때는 차라리 어리석은 이를 쓸지언정 탐貪하는 이를 쓰지 않으니 처음부터 사유四維를 우선하지 않음이 없었고 (……) 비록 백 사람의 재주를 겸했다고 하더라도 염치가 한번 무너지면 다른 것은 볼 것도 없습니다"라고 상소한 것이 이를 말해준다. 중종이 재위 13년(서기 1518년), 청렴한 관리를 쓸 것을 강조하자 참찬관參贊官 조광조趙光祖는 "사람이 만일 청렴하지 못하다면 무슨 일인들 잘하겠습니까? 청렴은 사대부의 보통 일이지 특이한 행실이 아닙니다"라고 답했다.

청렴은 사대부의 보통 일이지 특이한 행실이 아니라는 조광조의 언명이 새삼 다른 별에서 온 사람의 말같이 들린다. 해방 이후에도 친일 세력이 한국 공직 사회를 장악한 것이 염치가 사라지게 된 구조적 요인이다. 나라를 위해 목숨을 바쳤던 독립운동가의 공직관으로 바뀔 때만이 염치가 되살아날 것이다.

이름표를 바꿔 달아도

조선에서도 신당 창당은 여러 번 있었다. 선조 말엽 집권 북인들
이 대북大北과 소북小北으로 나뉜 것은 열린우리당 창당과 비슷하
다. 대북은 광해군의 즉위를 지지했고 소북은 반대했는데, 광해
군 즉위 후 대북은 권력을 독차지했다. 대북은 전란 극복에 많은
공을 세웠으나 정치에서는 반대 당파를 모두 배제했고, 그 결과 인
조반정을 맞았다. 인목대비 폐모廢母에 반대하는 서인 이항복李恒福
과 남인 이원익李元翼을 귀양 보낸 것은 반대 의견을 아우를 줄 몰
랐던 정치력의 한계를 잘 보여준다. 숭명반청崇明反淸을 명분으로
집권한 이념 우위의 인조·효종 정권에서 민생 문제를 두고 당파
가 갈린 것도 이채롭다.

김육金堉은 충청도 관찰사였던 인조 16년(서기 1638년) 대동법
大同法을 충청도에 확대 실시할 것을 주장하고, 효종 즉위년(서기
1649년) 우의정에 제수되자 상차를 올려 "왕자王者의 정사政事는 백
성을 편안하게 하는 것보다 우선할 일이 없다"라며 대동법 확대
실시를 다시 강력 주장했다. 이를 두고 집권 여당은 둘로 갈라져

대동법 확대에 찬성하는 한당漢黨과 반대하는 산당山黨으로 나뉘었다.

정적政敵 탄압에 반대해 당파가 갈리는 경우도 있었다. 숙종 6년(서기 1680년) 경신환국으로 재집권한 서인은 남인의 재기를 막기 위해 남인 허새許璽, 허영許瑛 등을 역모로 몰아 제거했다. 승지 조지겸趙持謙 등 젊은 서인들이 반대 당파라 해서 정치 공작으로 제거하면 안 된다고 주장하자 남인 제거의 불가피성을 인정하는 중진은 노론老論이 되고, 반대하는 신진은 소론少論이 된다.

한국 정치의 고질병이 신당 창당병이다. 기존 가치관에서 벗어난 신당의 탄생이라면 물론 환영해 마지않는다. 근본적으로 가치관이 비슷한 기존 양당 체제야말로 한국 사회가 진정으로 미래로 가는 갈을 막는 주범이기 때문이다. 그러나 그간 숱하게 있었던 신당 창당은 기존 정당이 문패만 바꿔 다는 수준의 이름만 신당이었다. 그런 식의 '무늬만 신당'보다는 한국 정당이 불신받는 이유를 근본적으로 성찰해 당의 체질을 본바탕부터 바꾸는 것이어야 한다.

종교는 민족의 고난과 함께할 때 성장한다

3·1 운동 이듬해인 1920년 결성된 조선청년총동맹 창립 총회의 임원 명단에는 윤자영尹滋瑛, 이영李英 같은 사회주의자, 안확安廓, 장덕수張德秀, 장도빈張道斌 같은 민족주의자와 함께 경남 창원 웅천청년운동단의 대표로 주기철朱基徹도 올라 있다. 주기철이 웅천에서 1,500리 떨어진 평북 오산중학교로 진학해 교장 조만식을 만난 것을 아들 주광조는 《나의 아버지 순교자 주기철 목사》(JCR KIDS, 2007년)에서 '하나님의 섭리'라고 썼다. 주기철은 1935년 5월 금강산 온정리 수양관에서 250여 명의 목회자 앞에 '중단된 설교'로 더 유명한 '예언자의 권위'라는 설교를 한다. "지금 목사들은 선지자 예레미야와 달리 왜 이 사악한 시대에 맞서 싸우지 않는가"라고 절규하다 경찰에 강제로 끌려 내려졌다.

마산 문창교회에서 은사 조만식의 요청으로 1936년 평양 산정현교회 담임 목사로 간 주기철은 1938년 전국 27개 노회 대표가 "신사 참배는 종교가 아니라 국가 의식"이라며 찬성 결의를 할 때 예비 검속돼 갇혀 있었다. 1939년 7월 경북 의성에서 발생한

농우회農友會 사건으로 다시 구속된 주기철은 1940년 2월 석방돼 산정현교회에서 〈다섯 종목의 나의 기원〉이라는 유언 설교를 한다. "죽음의 권세를 이기게 해달라, 오랜 고난을 견디게 해달라"라면서 노모와 처자를 부탁한 주기철은 일사각오—死覺悟의 의지를 밝힌다. 일사각오는 일제의 살인적 탄압에 몸으로 맞설 수밖에 없는 한 종교인의 신앙 고백이었다.

이 설교 직후 다시 검거돼 황실 불경죄 및 치안 유지법 위반으로 10년 형을 언도받고 복역 중 1944년 4월 옥사했다. 주기철 목사를 비롯해 최봉석崔鳳奭, 최상림崔尙林, 박관준朴寬俊 등 50여 명이 순교했다. 이는 한 개인의 신앙을 넘어 십자가의 고난을 민족의 고난에 일치시킨 것이었다. 해방 당시 신자가 50만 명이 채 안되던 기독교의 급속한 성장은 이런 순교자의 희생이 민중에게 기독교를 민족 종교로 인식하게 만든 덕분이다. 이달의 독립운동가로 선정되기도 했던 주기철 목사야말로, 교회 세습과 성장 제일주의 같은 비기독교적 행보로 비난받는 한국 기독교가 눈물로 비춰 보아야 할 반성의 거울이다.

실패한 국왕도 스승이 된다

성공한 국왕의 공통점은 어렵게 즉위했다는 점이다. 예문관 대제
학 변계량卞季良이 찬한 태종의 신도비문神道碑文은 "태종이 정사定社,
왕자의 난할 때에 형세가 심히 외롭고 위태로웠다"라고 적고 있듯이
태종은 수많은 정변을 치른 후에야 즉위할 수 있었다. 이런 태종
에게 아무 어려움 없이 세자가 된 양녕의 처신은 미흡했다. 태종
은 재위 18년 6월 3일 "충녕대군은 몹시 추운 때나 더운 때도 밤
새 글을 읽는다"라며 충녕을 세자로 선택했다. 사냥을 좋아했던
양녕과 달리 새 왕조의 기틀을 잡는 데는 충녕의 학문이 필요하다
고 본 것인데, 3자子라는 불리한 상황을 뚫고 즉위한 세종은 과연
새 왕조를 반석 위에 올려놨다.

　　사도세자를 죽인 노론 벽파는 "죄인의 아들은 임금이 될 수
없다罪人之子 不爲君王"라는 '팔자흉언八字凶言'을 조직적으로 유포하며
세손世孫, 정조의 즉위를 방해했다. 영조가 대신들에게 "세손에게
당파와 나랏일과 병조·이조 판서를 누가 할 수 있는지 가르치고
싶다"라고 말하자 혜경궁 홍씨의 숙부 홍인한洪麟漢은 "동궁은 당

파를 알 필요가 없고, 이조·병조 판서를 누가 할 수 있는지 알 필요가 없으며, 나랏일은 더욱 알 필요가 없습니다"(《영조실록英祖實錄》 51년 11월 20일)라고 반박했다. 한마디로 세손은 왕이 될 수 없다는 말이었다. 이런 어려움을 뚫고 즉위한 정조는 미래 지향적 개혁 정치로 조선 후기 최대의 성공한 군주가 됐다.

어렵게 즉위했다고 모두 성공한 국왕이 되는 것은 아니다. 임진왜란 후 선조는 광해군이 문안하면 "앞으로 문안하지 말라"라고 꾸짖었고, 세자 광해군은 "피를 토했다"라고 《당의통략黨議通略》은 전한다. 어렵게 즉위한 광해군은 외교 방면에서는 탁월한 업적을 남겼으나 자신을 지지했던 소수 당파 대북大北에만 의지해 정국을 운영하다가 거대 당파 서인과 남인이 연합으로 일으킨 인조반정을 만났다.

새 대통령이 취임할 때마다 그에게 성공한 국왕과 실패한 국왕, 특히 실패한 전임자들을 반면교사로 삼아야 5년 후 성공한 대통령으로 평가받을 수 있으리라고 말했지만 이미 실패가 예견된 길을 가는 것은 여전하다. 실패가 반복된다면 대통령 탓뿐만 아니라 투표를 거듭 잘못한 국민의 책임도 커진다.

권력이 아니라 백성을 보아라

흉년, 전염병, 천재지변 등으로 발생한 재앙을 상란喪亂이라고 한다. 숙종 21년(서기 1695년)부터 3년간 거듭 흉년이 드는 상란이 발생했다. 숙종은 재위 21년 비망기備忘記를 내려 권분勸分을 권유했다. 부자들이 가난 구휼에 나서는 것이 권분인데, 양곡을 푸는 경우도 있고, 북송北宋의 범중엄范仲淹이 항주杭州의 부자들에게 "임금이 쌀 때 토목 역사를 일으키라"라고 권한 것처럼 민간 자본으로 토목 공사를 벌여 빈민을 구제하는 경우도 있다.

3년째 흉년이 계속된 재위 23년 4월 숙종은 비망기에서 "길에는 굶어 죽은 사람이 즐비하고 아버지가 자식을 죽이고 사람이 서로 잡아먹는다"라면서 "관창官倉의 곡식도 다 떨어지고 개인의 비축도 거덜 났으니 그들이 죽는 것을 서서 보고 있어야만 한단 말인가?"라고 한탄했다.

굶주린 백성은 집단행동에 나섰다. 숙종 23년(서기 1697년) 4월 광주廣州 백성 수백 명이 서울로 몰려와 출퇴근하는 대신들을 붙잡아 곡식을 달라고 호소하고 광주 수어사守禦使 이세화李世華의 집에 쳐들어가 욕하면서 군관을 구타하는 사건이 발생했다. 그러나 숙종 20년(서기 1694년)의 갑술환국으로 남인들로부터 정권을 되찾은 서인의 가장 큰 관심사는 기근이 아니라 권력 유지에 있었다.

국내에 곡식이 없으면 임진왜란 때 유성룡柳成龍이 압록강에 국제 무역 시장인 중강개시中江開市를 열어 명明의 곡물을 들여온 것처럼 국외의 곡식을 들여와야 했다. 숙종 23년 5월 12일 대사간 박태순朴泰淳이 개시開市를 허용할 것을 주장했으나 조정은 4개월 후인 9월 21일에야 이 문제를 논의했다. 그간 굶주린 백성이 수없이 개시 허용을 요청했으나 벼슬아치들은 남의 일로 여겼다. 그해 9월부터 수차례에 걸쳐 개시 문제를 논의한 대신들은 '우리나라가 소식蘇息, 숨통이 트임되기를 기다려 매매하자'는 것으로 결론 내렸다. 당장 죽어가는 백성의 존재는 모른 체했다.

전 세계적 경제 위기가 계속되고 있다. 이런 위기를 극복하는 길도 역사에 다 나와 있다. 대내외적으로는 개방적 마인드를 갖고 위기 극복에 나서는 것이고, 내부적으로는 가진 자들의 기득권 수호 조직인 온갖 카르텔을 해체하는 것이다. 그 카르텔 밖에서 백성은 굶주리고 죽어가기 때문이다.

임금의 친경

임금이 농사의 신인 신농씨神農氏와 토지의 신인 후직씨后稷氏에게 제사 지내는 선농제先農祭는 경칩驚蟄 뒤 첫 해일亥日에 임금이 농사의 신인 신농씨神農氏와 토지의 신인 후직씨后稷氏에게 제사 지내는 것이다. 이날 왕이 직접 밭을 갈고 곡물을 심는 친경親耕을 행하는데, 때로는 얼음이 채 녹지 않는 때도 있었다. 그래서 성종 때는 얼음 위에 흙을 깐 뒤 갈기도 했다. 농사철이 시작되기도 전에 임금이 먼저 선농제를 지내는 데는 물론 유래가 있다.

《사기史記》〈주周 본기〉에는 "선왕宣王이 천무千畝에 있는 적전籍田을 갈지 않으므로 괵문공虢文公이 간쟁했으나 듣지 않았다"라는 구절이 있다.《사기》주석자인 응소應劭는 이 구절에 대해 "옛날 천자는 천무의 적전을 경작하는데, 천하를 위해 가장 먼저 경작한다"라고 해석했다. 임금이 가장 먼저 농사하는 모범을 보인다는 뜻이다.

선농제를 지내는 장소가 선농단先農壇인데, 동서東西 적전 두 군데가 있었다. 서울시 동대문구 제기동의 선농단은 동적전이고,

개성부 전농동의 선농단은 서적전이었다. 서적전은 고려 국왕들이 선농제를 지내고 친경을 행하던 장소였다. 《경국대전經國大典》〈적전〉 조는 적전 부근에 사는 농부 세 명에게 적전 1결을 경작하게 했는데, 이들에 대해서는 공부貢賦 외의 잡다한 부역을 면제해 주는 특혜를 주었다고 규정하고 있다.

농사철 이전에 행하는 임금의 친경은 의례儀禮일 수밖에 없었지만 백성에게는 성대한 구경거리였다. 임금이 백성과 함께했으니 은전이 없을 수 없었다. 《세종실록世宗實錄》〈오례五禮〉 조에는 친경 의식을 행한 후인 포시晡時, 오후 3~5시경에 전사관典祀官이 난도鑾刀로 희생犧牲을 베고, 털과 피를 제한 후 가죽 채로 삶아 익힌다고 적고 있다. 이것이 백성과 나누어 먹은 선농탕先農湯으로서 나중에 설렁탕이 됐다고 구전口傳으로 전해온다. 국왕이 먼저 친경함으로써 천하 사람들의 생계를 가장 먼저 걱정하고 가장 열심히 노력한다는 의미가 선농제였다. 천하 사람들의 밥 문제 해결이 임금의 의무인데 지금도 마찬가지일 것이다.

무엇을 후세에 전하려 하는가

1918년 조선의 미술가들은 서화협회書畵協會를 발족하고 1921년
부터 매년 약칭 협전協展이라 불린 서화협회전람회를 개최했다.
그러자 조선총독부는 '조선의 미술 발달을 비보'한다는 미명으로
1922년부터 약칭 선전鮮展이라 불린 조선미술전람회를 개최해 협
전을 압박했다. 소정小亭 변관식卞寬植과 이당以堂 김은호金殷鎬는 협
전과 선전에 모두 출품하다가 1925년 이용문李容汶의 후원으로 함
께 일본 유학길에 오른다. 이당이 귀국 후는 물론 일본에 머물 때
도 선전에 계속 출품한 반면 소정은 1929년 귀국 후에는 협전에
만 출품하고 선전은 외면했다.

　소정은 1936년 일제의 압력 때문에 15회로 중단되는 마지
막 협전에 출품하고 난 후 세상과 인연을 끊고 해방 때까지 8년
동안 전국을 방랑한다. '변 고집쟁이'로 불리던 변관식은 현실과
는 단절한 대신 조선 숙종부터 영조 때의 화가였던 겸재謙齋 정선
鄭敾의 〈진경산수화眞景山水畵〉의 맥을 잇는다. 변관식은 〈나의 회고
록〉(1974년)에서 겸재 정선에 대해 "그와 나는 이제 불가분의 하

나가 됐다고 할 수 있겠다"라고 말했다. 그가 현실을 버리고 사라진 조선의 〈진경산수화〉를 잇게 된 것은 외조부이자 스승이고 조선 도화서圖畵署의 마지막 화원畵員이었던 소림小琳 조석진趙錫晉, 1853~1920년의 영향인지도 모른다.

자신의 묏자리는 잡을 줄 몰라도 그림의 구도는 잡을 줄 알아야 화가라는 말처럼 소정은 구도의 대가였다. 입체파처럼 시점을 여러 군데로 나누어 그린 시각의 복수화는 이채롭다. 요즘 같은 때 보릿고개는 있었어도 지금보다 행복해 보이는 소정의 옛 농촌 진경 그림을 보고 있으면 마음이 절로 평안해진다. 김은호와 걸은 길은 달랐으되 교유는 평생 지속했던 것도 대가의 정신세계를 보여준다.

1976년 사망한 소정의 묘소는 광릉수목원 근처의 포천시 소흘읍에 있는데, 몇 년 전 찾아갔더니 폐분廢墳과 다름없었다. 얼마 전 찾았던 서울 숭교방길의 장면 국무총리 가옥도 마찬가지였다. 위인들의 양택陽宅도 음택陰宅도 모두 버려둔 채 우리 사회는 무엇을 후세에 전하려는지 답답함이 밀려왔다.

고리대와 수쿠크법

이자利子를 자전子錢이라고도 하는데 자子 자를 쓰는 데는 이유가 있다. 중국 춘추 시대 역사서인《국어國語》경왕景王 21년 조에는 모권자母權子, 자권모子權母라는 이름의 돈이 나온다.《한서漢書》〈식화지食貨志〉에도 나오는 화폐 이름으로, 후한後漢 때의 학자인 응소應劭는 "모母는 무겁고 크기가 두 배이며, 자子는 가볍고 반으로 작다"라고 두 돈의 성격을 풀이했다. 어머니인 본전에서 이자가 나왔기 때문에 자子 자를 쓰는 것이다.《회남자淮南子》〈만필술萬畢術〉에는 흥미로운 기록이 있다. 새끼를 잡아오면 어미가 스스로 잡히는 청부靑蚨라는 푸른 곤충 이야기다. 어미의 피를 81문의 돈에 바르고, 새끼의 피도 81문의 돈에 바른다. 자혈子血을 바른 돈은 가지고 있고 모혈母血을 바른 돈만 사용하면 사용한 돈이 나중에 다시 돌아온다는 것이다.

이자 놀이를 하는 돈이 자모전子母錢, 곡식이 자모곡子母穀이다. 고려 문인 이규보李奎報의《동국이상국 후집東國李相國後集》에는 자모지법子母之法이라는 말이 나오는데, 돈이나 곡식을 빌려주고 이자를 받는 법이다. 이때 1년 이자는 2할을 넘지 못했다. 고구려 고국천왕은 재위 16년(서기 194년) 진대법賑貸法을 실시해 봄에 관곡官穀을 백성에게 빌려주고 10월에 돌려받는데 무이자였다. 고려 때의 흑창黑倉, 의창義倉도 마찬가지였다. 조선《태조실록太祖實錄》1년(서기 1392년) 9월 조에도 "가을 추수 후에는 다만 본 수량만 받는다"라고 이자가 없었음을 말해주고 있다.

그러나 조선 중기 명종 때 부족분을 채운다는 명분으로 1할의 이자를 받는 일분모회록一分耗會錄으로 됐다가 병자호란 후에는 3할의 이자를 받는 삼분모회록三分耗會錄으로 변질되면서 백성에게 강제로 떠넘기는 고리대가 됐다. 새와 쥐가 축내는 분량을 미리 떼고 주는 선이자 성격의 작서모雀鼠耗까지 횡행했으니 국가가 가난한 백성을 상대로 악질 고리대 놀이를 한 셈이다.

이슬람 채권에 면세 혜택을 주는 수쿠크법이 논의되자 개신교계에서 크게 반발했던 적이 있다. 코란뿐만 아니라 성서에도 "이자를 받지 말 것이며"(《출애굽기》 22장), "네가 형제에게 꾸어주거든 이자를 받지 말지니"(《신명기》 23장), "우리가 그 이자 받기를 그치자"(《느헤미야》 5장) 등 이자를 금지하는 구절이 많다. 한국 개신교는 그 막강한 자본력으로 성서의 이런 이상을 실현하기 위해 어떤 노력을 기울였는지 반문할 때다.

정치만 비대해진 사회

"신체발부身體髮膚는 수지부모受之父母"라는 말이 있다.《효경孝經》〈개종명의장開宗明義章〉에 나오는데, "불감훼상不敢毁傷이 효지시야孝之始也"라는 말이 뒤따른다. 즉 '몸과 터럭과 피부는 모두 부모에게 받은 것이니 감히 상하게 하지 않는 것이 효도의 시작이다'라는 뜻이다. 좋은 말이다. 이 말만 제대로 외워도 자살 따위의 극단적 자기 파괴 행위는 사라질 것이다. 문제는 "몸을 세워立身 도를 행해 후세에 이름을 날려揚名 부모를 드러나게 하는 것이 효도의 끝"이라는 다음 구절이다. 여기에서 입신양명立身揚名이라는 사자성어가 나왔다. 몸을 세워 도를 행해서 이름을 날리는 입신양명이 과거 급제로 출세한다는 뜻으로 변질되면서 고질적인 정치 올인 사회가 시작됐다.

조선 초기 문신 변계량卞季良은 〈은혜에 감사하는 글謝恩箋〉에 "소시少時 때 급제해서 입신양명을 기약하려 했습니다"라고 썼다. 입신양명이 과거 급제와 동의어가 된 것이다. 심지어 정약용丁若鏞 같은 인물도 유배 가기 전에는 제자들에게 준 〈여러 학생에게 주는 말爲茶山諸生贈言〉에서 "노나라 노인魯之叟, 공자과 추나라 노인鄒之翁, 맹자이 위란危亂의 세상을 만나서도 사방을 두루 돌아다니면서 벼슬하기에 급급했던 것은 진실로 입신양명이 효도의 극치이고, 새나 짐승과는 함께 무리지어 살 수 없기 때문이었다'라면서 과거 공부에 전념하라고 말하고 있다. 그 후 유배형에 처해져 자제들이 과거 응시 자체가 거부되는 폐족廢族이 된 후 두 아들에게 보낸 편지에서 과거 공부가 아닌 "독서, 이것이야말로 인간의 제일가는 깨끗한 일讀書是人間第一件淸事"이라면서 독서, 즉 학문을 강조했다. 정약용의 정신과 학문이 크게 성장하는 데는 유배라는 시련이 결정적 역할을 했음을 말해주는 사례다.

　　조선 후기 노론 일당 독재와 세도 정치가 일제 식민 통치 시대와 군부 독재 시대로 이어지면서 정치권력만 잡으면 모든 것을 다 갖는 후진적 정치 체제가 계속된 것이 입신양명을 최고의 처세로 여기는 잘못된 관념을 우리 사회에 깊숙이 자리 잡게 했다. 그러니 사회 각 분야에서 조금 성취한 인물은 물론 권력을 감시해야 할 시민운동가도 블랙홀처럼 정치에 빨려드는 정치 비대 사회가 됐다. 선거철에는 책이 팔리지 않는다는 말이 출판계의 속설이 된 지 오래다. 정치를 들여다보느라 책을 멀리한다는 것이다. 언제나 이런 후진적 관행을 깨고 다른 분야가 정치와 어깨를 나란히 할 수 있을까? 정치가 모든 것을 가져가는 정치 독점 구조를 해체해야 이런 이상이 실현될 것이다.

그들만의 리그

중공중앙당사中共中央黨史 연구실은《중국 공산당 역사》(1991년)에서 당 창건일을 1921년 7월 23일로 못 박았다. 그런데 왜 창건 기념식은 7월 1일에 치를까? 1941년 6월 30일 중공중앙이 〈중국 공산당 탄신 20주년, 항전 4주년 기념 지시〉라는 문건에서 7월 1일을 창건 기념일로 규정했기 때문이란다. 그때는 항일 전쟁 시기라서 정확한 날짜를 알기 어려웠다지만 제 날짜를 안 이후에도 칠일七—을 유지하는 이유는 알 수 없다. 1921년 7월 23일 상해 법조계法租界 이한준李漢俊 집에서 북경 대표 장국도張國燾, 상해 대표 이달李達, 무한 대표 동필무董必武, 장사 대표 모택동 등 불과 열두 명이 모여 결성한 중국 공산당이 30여 년도 못돼서 전 중국을 차지하리라고 예상한 사람은 거의 없었다. 소련의 스탈린도 중국 국민당의 장개석蔣介石이 승리하리라고 판단한 것이 이를 말해준다.

공산당이 승리한 것은 1937년 장학량張學良이 장개석을 감금한 서안사변西安事變이 결정적 계기였다. 그런데 미국의 중국사 연구자인 로이드 이스트먼Lloyd Eastman은 1984년《파멸의 씨앗

Seeds of Destruction》(《장개석은 왜 패하였는가》, 지식산업사, 1990년)에서 공산당의 승리 원인에 대해 흥미롭게 분석했다. 공산당이 국민당을 무너뜨린 것이 아니라 국민당 스스로 무너졌다는 것이다. 낡은 정치 제도를 물려받은 국민당 정권이 대중이 요구하는 정치·경제 개혁을 실행하지 못해 무너졌다는 것이다. 《맹자孟子》〈이루離婁〉장은 "사람은 스스로 모독한 이후에 남이 모독하고, 나라는 스스로 친 이후에 남이 친다人必自侮然後人侮之 國必自伐而後人伐之"라고 말했다. 《상서尚書》(《서경》)〈주서周書〉는 "무릇 사방의 크고 작은 나라들이 멸망한 것은 스스로 지은 죄의 결과가 아님이 없다凡四方小大邦喪 罔非有辭于罰"라고도 말했다.

이스트먼의 분석은 역대 한국 정권에 적용해도 잘 들어맞는다. 들어서는 정권마다 초반기만 지나면 민심의 바다을 헤매는 것이 한국 정치가 보여주는 하나의 현상이 되었다. 야당은 대응축을 형성하고 있다는 이유만으로 수혜자가 됐을 뿐이다. 대응축이 생기는 것 자체가 두려운 중국 공산당도 문제이지만 대응축이라는 이유만으로 어부지리漁父之利를 반복하는 한국 정치 지형도 문제다. 백성이 소외된, 그들만의 리그이기는 마찬가지이기 때문이다. 국민의 자리에서 정치를 바라보는 정당이 등장해서 기존판을 흔들 때 이런 악순환이 반복되지 않을 것이다.

희생양이 되고 싶은 사람은 없다

희생犧牲은 제사 때 제물로 바치는 동물을 뜻한다. 《주례周禮》는 고대 주나라 때 여섯 가지 희생을 기르는 목인牧人이라는 관직이 있었다고 전한다. 소, 말, 양, 돼지, 개, 닭이 여섯 희생이다.

가장 귀한 희생인 소도 제사 지내는 신분에 따라 등급이 나뉘어 있었다. 《예기禮記》〈곡례曲禮〉는 "천자는 희우犧牛를 사용하고, 제후諸侯는 비우肥牛를 사용하고, 대부大夫는 색우索牛를 사용하고, 사士는 양과 돼지를 사용한다"라고 분류하고 있다. 《상서商書》〈미자微子〉편은 "천자는 제사 때 희생으로 반드시 순색純色을 사용하기에 색이 순수한 것을 희라고 한다色純日犧也"라고 적고 있다. 천자는 털빛이 하나인 순색純色의 소를 희생으로 사용했다. 제후는 살찐 얼룩소, 대부는 송아지, 사士는 양이나 돼지를 사용했다는 뜻이다.

《맹자孟子》〈양梁 혜왕惠王〉 조에는 제齊 선왕宣王이 흔종釁鍾, 희생의 피로 종의 틈에 바르는 것에 쓰일 소가 끌려가며 떠는 모습을 보고 소 대신 양을 사용하라고 명한 이야기가 나온다. 사람들이 소가 아까워서 양으로 바꾼 것이라고 수군대자 맹자는 "군자는 짐승들의 살아 있는 꼴을 보면 그 죽는 꼴은 차마 보지 못하고, 죽을 때의 비명을 들으면 차마 그 고기는 먹지 못합니다"라고 옹호했다. 여기에서 '사람에게는 모두 어쩌지 못하는 마음이 있다人皆有不忍人之心'는 성선설性善說 개념이 나온다.

《장자莊子》〈열어구列御寇〉에 '희생용 소犧牛'에 대해 "비단옷에 맛있는 음식을 실컷 먹다가 태묘太廟로 끌려 들어갈 때 후회한들 무슨 소용이 있겠는가?"라고 탓하는 이야기가 나온다.《춘추좌씨전春秋左氏傳》〈소공昭公〉 조에는 꼬리가 고우면 종묘宗廟 제사에 희생으로 쓰일 것을 우려해 제 꼬리를 물어뜯는 닭 이야기도 나온다. 짐승들도 희생으로 죽기를 원하지 않는다는 뜻이다.

하물며 남에 의해 억지로 희생양이 되기를 원하는 사람은 없다. 노르웨이의 이민자 2세 무슬림 소녀 소피아가 "제가 다른 나라로 가면 이런 일이 다시는 벌어지지 않을까요?"라는 글을 올리자 "(테러는) 네가 아닌 우리 모든 어른의 책임이야"라는 답글 등이 올랐다는 기사는 소득 수준 못지않게 정신 수준이 선진국의 주요 기준임을 알려준다. 사건이 발생할 때마다 희생양 찾기에 열심인 우리 사회의 현 주소를 되돌아보게 하는 사례다.

위조

조선에서 심심찮게 위조 사건이 발생하는 분야는 사조四祖 단자單子
였다. 과거에 응시하는 거자擧子들은 친가와 처가 쪽의 증조부,
조부, 부친, 외조부의 명단과 이력이 담긴 사조 단자를 제출해야
했다. 사조 단자를 제출하게 한 것은 부패 관료들의 명단인《장오
인녹안贓汚人錄案》에 기록된 인물의 자손이 관직에 진출하는 것을
막으려는 뜻도 있었지만 본질은 양반 사대부 가문이 관직을 독점
하려는 의도였다. 양반 사대부의 필수 교양이 족보에 대한 지식
인 보학譜學이었던 것도 마찬가지였다. 가짜 양반을 가려내 배타
적 특권을 유지하겠다는 의도였다.

  임진왜란 때 전비戰費 마련을 위해 이름을 비운 관직 임명장
인 공명첩空名帖을 판매하면서 양인도 양반 지위를 살 수 있었다.
국왕 선조가 "승지를 보내 공명첩을 가지고 민간에 드나들면서
곡식을 모으게 하면 반드시 소득이 있을 것이라 여겨진다(《선조실
록宣祖實錄》 27년 10월 18일)"라고 말한 데서 그 실상을 짐작할 수 있
다. 그러나 공명첩을 산 양인의 자식들은 과거에 응시할 수 없었

다. 공명첩을 산 부친 이외의 조상들은 양반이 아니었기 때문이다. 공명첩은 양반은 면제였던 군포軍布 납부의 의무에서만 벗어나게 해줬을 뿐이다.

조선 후기 농업 생산력이 발달하면서 공명첩으로 양반 지위를 산 양인은 물론 양반 못지않은 실력을 갖춘 중인, 서얼, 양인이 늘어났어도 사조 단자 때문에 과거에 응시하지 못했다. 이 때문에 생긴 편법이 타도他道에 가서 과거에 응시하는 것이었다. 숙종 24년(서기 1698년) 10월 강원도의 감시監試 때 다른 도의 유생들이 사조 단자를 위조해 응시했는데도 시관試官이 금지하지 않았다고 유생 이후李垕가 상경해 상소한 것이 이를 말해준다. 사회 밑바닥에서는 폐쇄적인 신분제 철폐 움직임이 강해졌으나 양반은 요지부동이었다. 실력보다 신분만을 중시했던 조선의 국력 약화는 필연이었다.

현재에도 문제가 되고 있는 학력 위조 사건의 본질은 우리 사회의 폐쇄적인 구조에 있다. 이런 구조를 해체하지 않는 한 한국 사회에는 미래가 없다.

과와 공을 함께 돌아보라

1907년 만 17세의 소년 육당六堂 최남선崔南善은 일본 와세다 대학교 고등사범부 지리역사학과를 중퇴하고 도쿄의 슈에이샤秀英社에서 인쇄 시설과 기술자 다섯 명을 데리고 귀국했다. 관상감觀象監에 근무했던 부친 최헌규崔獻圭는 농력農曆과 한약재 판매로 축적한 거금을 약관의 아들에게 선뜻 대주었고 최남선은 '신문관新文館'이라는 출판사를 차렸다. 신문관은《소년》같은 잡지 외에 한국 문고본의 효시인 6전錢 소설을 기획해《홍길동전》,《심청전》,《사씨남정기》,《전우치전》등을 펴냈다. 일제가 조선의 진귀한 서적들을 반출하자 최남선은 현채玄采, 박은식朴殷植 등과 함께 조선광문회를 조직해 고전 간행 및 보급 운동에 나선다.《삼국사기》,《삼국유사》,《발해고》등의 역사서,《택리지》,《산경표》등의 지리서,《용비어천가》,《성호사설》,《경세유표》등의 고전과《이충무공전서》같은 전집류가 조선광문회에서 간행됐다. 조선광문회가 없었다면 많은 고전은 흔적을 찾을 수 없었을 것이다.

신문관과 조선광문회는 독립운동가의 사랑방이기도 했다.

1927년경 경성 복심 법원 검사국에서 작성한 것으로 추정되는 요시찰 명부인 《왜정 시대 인물 사료倭政時代人物史料》에서는 최남선을 "신문관을 설립하고, 광문회를 조직했으며, 독립 선언문을 작성했다"라면서 "배일사상을 가지고 불온 잡지 등을 발행하고, 필연筆硯으로 배일사상과 조선 독립사상을 고취할 우려가 있는 자"라고 했다. 그러나 최남선의 만년 행적은 친일로 돌아섰다. 조선 사편수회에 가담하고, 중추원 참의를 맡았으며, 각종 친일 논설을 썼다. 또한 만주 건국대학교 교수로서 항일 무장 세력에 대한 귀순과 투항 공작을 전개했던 동남지구특별공작후원회 고문으로도 활동했다. 그런데 그를 다른 친일파와 달리 봐야 한다는 주장도 있었다. 《사상계》 편집위원회는 1957년 12월 호에 "뜻을 문화의 소장과 민족의 명운에 두는 모든 인사들과 더불어" 육당 기념호로 엮는다면서, 광복군 출신의 발행인 장준하張俊河의 "사람을 사赦하는 법이 없고, 인재를 자기 눈동자같이 아낄 줄 모르는" 우리 사회의 풍조를 안타까워하는 권두언을 실은 것이 대표적이다.

과와 공을 함께 돌아보는 것이 성숙한 사회의 지표다. 그러나 이는 과 있는 자가 먼저 통절하게 반성하고 사과하는 것이 우선되어야 한다. 조선광문회 건물을 복원해야 한다는 움직임이 있었는데, 별다른 소식이 없다. 아직은 그의 과가 더 크기 때문인가? 그보다 과가 많은 친일파도 버젓이 행세하는 것을 보면 단지 공과의 크기 때문만은 아닌 듯하다.

마음의 눈이 멀지 않아야

전통 시대에 시각 장애인은 운명 등을 연구하는 명과학命課學과 의학이나 음악 등에서 전문가로 인정받았다. 세종 27년(서기 1445년) 명과학에 밝은 시각 장애인課命盲 열 명을 서운관書雲觀, 천문·역학 연구 기관에 소속시켜 연구하게 했다. 정조가 〈춘저록春邸錄〉에서 "한 기예에 전념하면 문득 신에 통해서 화복을 사전에 예측해 해소할 수 있으니專心一藝却通神 禍福先機能稍解"라고 읊은 것처럼 국가에서 이들의 전문성을 인정했던 것이다. 사림파 김정국金正國이 편찬한 《기묘록己卯錄》에는 의술과 이학理學에 정통했던 명의 안찬安瓚이 사화에 연루돼 장배杖配됐다가 연서역延曙驛에서 죽었다는 사실을 싣고 있다.

성종 때는 왕비가 주최하는 내연內宴에 시각 장애인 악사를 썼는데, 성현成俔의 《용재총화慵齋叢話》에는 현금玄琴은 악공 이반李班이, 가야금은 정범鄭凡이 가장 능했다고 전한다. 《홍재전서弘齋全書》 〈경사강의經史講義〉 편에는 정조가 경연에서 시각 장애인들이 왜 음악에 능한지를 묻자 이곤수李崑秀가 "대개 그들의 정신이 전일하기 때문에 기예에 대해 반드시 정통했고 성음聲音에 대해 반드시 잘 살펴 알았음을 취했기 때문입니다"라고 답하고 있다. 《시경詩經》〈주송周頌〉에는 "맹인 악사여! 맹인 악사여! 주나라 종묘 뜰에 서 있네 (……) 선조께서 들으시고 우리 손님도 오셔서 곡이 끝날 때까지 길이 들으시네有瞽有瞽 在周之庭 (……) 先祖是聽 我客戾止 永觀厥成"라는 시가 있다.

최한기崔漢綺는 《인정人政》〈교인문敎人門〉에서 "시각 장애인들이 남의 언어를 잘 들어 생각함이 상당히 넓고, 손으로 배우는 데手敎 밝아서 사물의 형체로 상상想像한다. 무릇 인도人道와 인사人事에 대해서도 모두 참작하고 헤아려, 때로는 눈은 있지만 마음이 눈먼 사람보다는 나은 경우가 있다"라고 말했다.

몇 해 전 두 시각 장애인이 사법시험에 합격해 화제가 되었는데, 그중 한 명은 판사로 임용되었다. 사람이 육체가 아니라 인격과 능력으로 평가받고 대접받는 사회로 나아가는 계기가 돼야 할 것이다.

지방관 고소 금지법

성군聖君으로 알려진 세종은 금부민고소법禁部民告訴法, 즉 '지방관 고소 금지법'이라는 뜻밖의 법도 제정했다. 부민部民, 관할 백성들은 지방 수령을 고소할 수 없다는 법인데, 심지어 수령의 불법 행위에 대해서도 고소를 금지했다. 이 악법 제정을 주도한 예조 판서 허조許稠는 지방관이 "비록 죄가 있다 하더라도 종사宗社의 안위나 불법 살인이 아니라면(《세종실록世宗實錄》, 2년 9월 13일)" 일체 고소할 수 없게 해야 하고 고소한 부민은 더 큰 처벌을 받아야 한다고 주장했고, 세종 역시 "허 판서가 이 계모計謨를 진술했을 때 (……) 뜻을 심히 아름답게 여겨 이민吏民으로 하여금 다시는 수령을 고소하지 못하게 했다(《세종실록》, 5년 6월 23일)"라며 적극 찬동했다. 어사나 내신內臣, 승지나 환관을 보내 수령들을 감독하면 된다는 것이 세종의 찬동 논리였다.

행정, 사법, 군사권을 쥔 지방관을 고소하는 것을 일체 금지하자 물의가 많이 일어났다. 강음江陰, 황해도 금천현의 백성 조원曹元이 "지금 임금이 착하지 못해서 이런 수령守令을 임용했다(《세종실록》, 6년 4월 4일)"라고 세종을 직접 비난하는 일까지 발생했다. 어떤 백성들은 죽기를 각오하고 대들었다. 세종 10년(서기 1428년) 5월 좌사간 김효정金孝貞이 "요사이 간혹 상민常民이 수령을 구타한 자가 있고, 혹은 역리驛吏가 조신朝臣을 능욕한 자도 있다"라면서 앞으로 하극상 사건은 일체 윗사람의 책임은 묻지 말자고 상소한 것이 이를 말해준다. 이 악법 때문에 왕조에 대한 민심 이반은 심각해졌다. 세종이 재위 27년(서기 1445년) 《용비어천가龍飛御天歌》를, 이듬해 《훈민정음訓民正音》을 반포한 것은 이반된 민심을 되돌리려는 목적도 있었다.

결국 세종 29년(서기 1447년) 2월 의정부의 계청에 따라 이 악법은 전면 철폐돼 백성의 지방관 고소가 허용됐다. 그만큼 백성의 반발이 컸기 때문이다.

주민 소환제를 둘러싸고 주민과 지방 자치 단체장 사이에 갈등이 빚어진 적이 있다. 수령 고소 금지법이 존재하는 시대도 아니므로 소환제의 취지를 살리고 지방 자치 단체장의 정치적 반대파에 의한 남용을 막는 장치도 필요할 것이다.

실력보다 간판을 중시하는 사회

이덕무李德懋와 유득공柳得恭은 당대 최고의 지식인이었지만 서얼이라는 이유로 출사길이 막혀 있었다. 유득공의 문집인《고운당필기古芸堂筆記》에는 이덕무가 붓을 던지고 한숨을 쉬며 "서울에는 깨진 쟁반과 솥뚜껑, 찢어진 망건 등을 말끔히 고쳐 생계를 꾸리는 온갖 수선공이 있는데 우리도 앉아서 굶어 죽기를 기다리지 말고, 필운대와 삼청동 사이를 오가며 잘못된 시破詩를 고치라고 하면 어찌 술과 안주를 얻을 수 없겠는가"라고 말해 크게 웃었다는 기록이 있다. 신분제 사회의 슬픈 일화다.

정조가 즉위 초 개혁 문신 양성 기구인 규장각奎章閣을 설립하고 검서관檢書官에 이덕무, 유득공, 박제가朴齊家, 서이수徐理修를 임명하면서 상황은 달라졌다.《정조실록正祖實錄》3년(서기 1779년) 3월 27일 자가 "내각內閣, 규장각에 처음 검서관을 두었는데 서류庶類 가운데 문예文藝가 있는 사람으로 차출해 4원員을 두었다"라고 전하는 것처럼 이들은 모두 서얼이었다. 신분제의 벽이 한 번 타파되자 이들은 규장각 사검서四檢書라는 보통 명사로 불리며 조선 후기의 학문·사상계를 주도했다.

정조 아들 순조 때 인왕산 옥류천玉流川가에 살던 천수경千壽慶은 중인이었지만 유명한 학자이자 시인이었기에 집 근처 석벽에 추사秋史 김정희金正喜가 예서체로 '송석원松石園'이라는 그의 호를 써주었다. 이를 본 중인 시인 수헌睡軒 김태욱金泰郁은 술에 취해 칼로 자신의 팔을 그으면서 "이 팔을 잘라야 하리라. 이 글자를 쓸 사람이 없어 남의 손을 빌어 쓰게 한단 말이냐?"라며 통곡했다고 《이향견문록里鄕見聞錄》은 전한다. '남의 손'이란 물론 양반을 뜻하는데 이런 학문적 자부심을 가진 인물들을 신분제로 가로막은 사회가 발전할 수 없었음은 물론이었다.

동국대학교 신정아 씨와 유명 영어 강사 이지영 씨의 학력 파문은 실력보다 '증'을 중시하는 우리 사회의 병든 민낯을 드러낸 것이다. 실력 가지고 두 사람에 대해서 문제를 제기했다는 이야기는 들어본 적이 없다. 실력이 있으니까 그 자리에까지 간 것이다. '증'이 없다고 비난한다면 실력 위주의 사회를 지향해야 한다고 했던 것이 모두 속에 없는 수사修辭에 지나지 않는 것 아닌가. 우리 사회가 선진국에 진입하지 못하는 가장 큰 원인이 학벌이 신분이 돼 있는 전근대성에 있다고 해도 과언이 아닐 것이다.

권력에 눈이 멀면 눈뜬장님이 되는지도 모른다

중국 성도成都 출신의 양웅揚雄, 서기전 53~서기전 18년은 〈해조解嘲〉라는 글에서 "아침에 권력을 잡으면 재상이 되지만 저녁에 권세를 잃으면 필부가 된다旦握權則爲卿相 夕失勢則爲匹夫"라고 말했다. 조선 왕조 참여를 거부했던 목은牧隱 이색李穡은 〈군자의 지킴君子守〉이라는 시에서 "아침에 재상 권력 잡았어도 한 번 기울면 재앙이 미친다當朝 秉鈞衡 一傾災禍延"라고 더 강하게 권력 무상을 노래했다. 왕조 교체기를 살아야 했던 경험의 산물이리라.

조선 중종 때 수찬 민세량閔世良이 혼인집에서 권신權臣 김안로金安老의 집에 출입하던 한 벼슬아치를 보았다. 그는 햇볕이 내리쪼이는 것을 빙자해 자리 아래로 피하면서 "당양이라 일컬을 수 있군"이라고 말했다. 양陽은 해日와 같은 뜻으로서 천자가 남쪽을 바라보고 앉아 천하를 다스리는 것을 당양이라고 한다. 권신 김안로에게 붙어 권세를 누리는 것을 풍자한 말인데, 이 말이 김안로의 귀에 들어가 곽산郭山으로 귀양 갔다. 그러나 김안로는 얼마 후인 중종 32년(서기 1537년) 절도로 유배 갔다가 사약을 마신

반면 민세량은 승지로 복귀했다.

오릉五陵은 중국 한漢나라 고조高祖 유방劉邦을 비롯한 다섯 황제의 무덤으로, 때로는 권력 무상의 뜻으로 사용된다. 당나라 시선詩仙 이백李白은 "오릉의 소나무, 잣나무는 사람을 슬프게 하네五陵松栢使人哀"라고 노래했는데, 그보다 한 세기 뒤의 시인인 두목杜牧은 "한나라 왕실은 무슨 사업 벌렸나. 오릉에는 나무도 없고 가을바람만 부누나看取漢家何事業 五陵無樹起秋風"라고 왕업의 쓸쓸함을 읊었다. 그 100년 사이 안록산安祿山 난 등으로 오릉의 송백마저 사라졌는지도 모르겠다.

세조의 왕위 찬탈을 반대했던 생육신 김시습金時習의 시구에도 "오릉에 주인은 없고 풀만 우거졌네五陵無主草芊芊"라는 구절이 있다. 앞서 인용한 이색의 시에 "군자는 지킴이 가장 크다. 지키지 못하면 몸을 보전하지 못한다君子守爲大 身非守不全"라는 구절도 있다.

정권이 바뀌면 전 정권의 실세들은 감옥에서 동창회를 하는 것이 상례가 되고 있다. 예전에는 권불십년權不十年이라고 10년 이상 못 간다고 말했지만 요즘은 '권장오년權長五年'이라고 길어야 5년으로 바꿔야 할 것 같다. 저잣거리의 식자識者들은 몇 년 전부터 예견했던 모습인데 본인들은 몰랐으니 권력에 눈이 멀면 눈뜬장님이 되는지도 모른다. 그렇게 나쁜 역사가 또 반복된다.

거부할 권리도 필요하다

선거 때마다 불거지는 문제가 후보들의 논문 표절, 전과, 막말 시비 등이다. 그러나 이런 후보들도 일단 당선됐을 경우 다른 방법이 없다. 옛날에는 이런 경우를 막기 위한 제도로 서경署經이라는 것이 있었다. 관직 임용자의 고신告身, 임명장에 대간臺諫, 사헌부·사간원·홍문관에서 서명해야 관직에 나갈 수 있게 한 제도다. 이를 고신서경告身署經이라고도 하는데, 설사 임금이 재가했어도 대간에서 동의하지 않으면 취임할 수 없었다. 그만큼 인사에 신중을 기하기 위한 제도였다. 후보자 본인뿐만 아니라 부친, 조부, 증조부와 외조부를 뜻하는 사조四祖의 행적까지 조사했다. 그래서 부적합 사유가 발견되면 '작불납作不納'이라고 써서 서명을 거부하거나 '정조외政曹外'라고 단서를 붙여 문무관의 인사권이 있는 자리에는 나가지 못하게 했다. 서경 제도는 고려 때 더 강력했다. 《고려사高麗史》 〈이공승李公升 열전〉에는 의종 12년(서기 1158년)에 의종이 갓난아기 때부터 자신을 돌본 환관 정함鄭諴을 권지합문지후權知閤門祗候에 임명했으나 3년 동안이나 서명을 거부했다고 전한다. 화가 난 의

종이 "만약 서명하지 않는다면 너희를 모두 죽여 젓醯을 담글 것이다"라고까지 위협했으나 이공승은 끝내 서명을 거부했다.

서경의 문제도 있었다. 명가 출신 사대부가 대부분인 대간에서 한미寒微한 출신의 진출을 막기 위해 악용하는 경우다. 《태종실록太宗實錄》8년(서기 1408년) 2월 조에서 서경할 때 "조상들의 게보를 상고해서 혹 한미寒微한 데서 나왔거나 혹 흠이 있을 때 반드시 '작불납作不納' 세 자를 쓰고, 심한 자는 '정조외政曹外' 세 자를 썼다"라고 전하는 것이 이를 말해준다. 세종 17년(서기 1435년) 함길도 도절제사 김종서金宗瑞가 박욱朴彧을 도사都事로 천거했다. 도사는 관찰사나 절도사를 보좌하고 유고 시 그 직을 대신하기 때문에 2인자라는 뜻에서 아사亞使, 또는 아감사亞監司라고도 부르는데 인사권이 있었다. 《태종실록》은 박욱을 초래草萊, 초야에서 일어났다고 전하고 또한 그 부친 박계생朴桂生도 요언妖言에 연좌돼 경주에 구금된 적이 있었기 때문에 대간에서 정조외로 서경하려 했다. 그러자 세종은 "김종서가 천거했는데 어찌 선대先代의 하자 때문에 사람을 버릴 수 있겠는가?"라면서 정조외 글자를 없애게 했다.

고려는 모든 관리에게 서경이 적용됐지만 《경국대전經國大典》에 따르면 조선에서는 5품 이하의 관원들에게만 적용되는 것으로 후퇴했다. 국왕의 인사권을 제한하기 때문이었다. 유권자 다수의 현명한 선택에 따를 수밖에 없겠지만 서경처럼 거부하는 권리도 필요하리라는 생각이 든다.

덕을 기르며 때를 기다려라

《장자莊子》〈열어구列禦寇〉에는 용과 관련된 일화가 여럿 나온다. 주평만朱泙漫은 지리익支離益에게 용 잡는 기술을 배우느라 천금千金 짜리 집을 바쳤다. 3년 동안 배웠지만 그 기술을 쓸 곳이 없었다는 이야기다. 황하黃河가에서 돗자리 짜는 가난한 집 아들이 잠수해서 천금짜리 진주를 구했다. 이것이 뜻대로 다 된다는 여의주如意珠인데 정작 그 부친은 "돌로 깨뜨리라"라고 말했다. 천금 진주는 깊은 못 속 흑룡驪龍의 턱頷 아래 있는 것으로, 용이 잠자고 있었기 때문에 얻을 수 있었다는 것이다. 용이 잠자지 않았다면 잡아먹혔으리라는 경고다.

이런 용을 잡을 수 있는 존재가 상제上帝다. 《묵자墨子》〈귀의貴義〉 편에는 묵자가 북쪽 제齊나라로 가다가 일자日者, 점치는 사람를 만난 이야기가 전한다. 일자가 "상제께서 오늘 북방에서 흑룡을 죽이시는데, 선생은 얼굴색이 검으니 북쪽으로 가시면 안 됩니다"라고 말렸다. 묵자는 무시하고 북쪽 치수淄水까지 갔다가 되돌아오고 말았다. 그러자 일자가 "내가 선생은 북쪽으로 못 간다고 말하지 않았습니까?'라고 말했다는 일화다. 묵자는 "그대의 말은 쓸데없다"라고 일축했지만 묵자도 상제가 날짜와 방위에 따라 갑을甲乙일에는 동쪽에서 청룡青龍을 죽이고 (……) 무기戊己일에는 중앙에서 황룡黃龍을 죽인다는 이야기 등은 잘 알고 있었다.

흑룡은 대학자와 관련이 깊다.《논어위찬고論語緯撰考》는 "숙량흘叔梁紇이 안징재顏徵在와 니구산尼丘山에서 기도하다가 흑룡의 정기에 감응해서 공자仲尼를 낳았다"라고 전한다.《율곡 연보栗谷年譜》는 신사임당이 흑룡이 침실로 날아드는 꿈을 꾸고 이이李珥를 낳아서 어릴 때 자字를 현룡見龍이라고 했다고 전한다. 잠곡潛谷 김육金堉과 함께 대동법大同法 확대 시행을 적극 주청했던 포저浦渚 조익趙翼도 흑룡이 현몽現夢하고 태어났다고 묘지명에서 전한다. 청장관青莊館 이덕무李德懋의 시구에 "깊은 못의 흑룡이 여의주를 감추고 있네珠藏頷下養潛驪"라는 구절이 있다. 흑룡이 덕을 기르면서 때를 기다린다는 뜻이다.

2012년이 흑룡의 해였다. 2012년을 앞두고 새해에 대한 많은 기대가 있었던 것이 기억난다. 장삼이사들이 기대했던 것은 혹시나 흑룡이 혼탁한 세상을 구해줄 수 있지 않을까 하는 바람이었을 것이다. 그러나 메시아는 오지 않았다. 우리 스스로가 자신을 구원해야 한다는 메시지가 아닐까 싶다.

정보기관의 역설적 숙명

하늘을 우러러 떳떳한 정치를 표방한 조선은 따로 정보기관을 두지 않았으나 예외를 인정한 분야가 군사였다. 그래서 정보기관원을 뜻하는 용어는 대부분 군사 관련이다. 정보를 염탐하는 군사를 정후偵候, 척후斥候, 원후遠候라고 불렀다. '후候' 자는 '살피다, 염탐하다'라는 뜻이다. '엿볼 사伺' 자를 써서 사망伺望이라고도 한다. 당보수塘報手, 당보아塘報兒, 당보군塘報軍도 정보 군사를 가리키는 말인데, 당塘에는 둑이라는 뜻이 있기에 둑이 무너지는 것을 막는다는 의미에서 사용된 듯하다. 한자 어원語源 사전인 《사원辭源》은 당보塘報를 "긴급 군정軍情 보고"라고 적고 있다. 총으로 무장한 정보 군사가 당보포수塘報砲手다. 《만기요람萬機要覽》〈군정軍政〉편 금위영禁衛營 조에는 "국왕이 교외로 거둥해 밤을 지낼 때는 높은 봉우리에 척후를 파송한다"라면서 금위영과 어영청이 교대로 파견한다고 했다. 금위영과 어영청 산하에 정보 부대가 있었다는 뜻이다.

《동국여지승람東國輿地勝覽》〈한성부漢城府〉조에는 백악산, 무악산, 목멱산(남산)에 척후斥候가 있었다고 전하고 있으니 남산 정보부의 유래가 오래됐던 셈이다. 《만기요람》의 군사 정원에 대한 기록인 〈군총軍摠 각색군各色軍〉 조에는 훈련도감訓鍊都監 소속 당보수塘報手 73명이 기록돼 있다. 금위영에는 52명, 북영北營에는 네 명이 있었으니 중앙 군사 기관에는 알려진 것만 모두 129명의 정보 군사가 있었다. 《순조실록純祖實錄》 11년(서기 1811년) 12월의 평안 감사의 보고에 따르면 당보군塘報軍 및 화병火兵, 취사병 또는 소총수이 44명이 있었다. 그러나 숙종 때 서인이던 외척外戚 김석주金錫冑가 사설 정보기관을 운영해 남인 허새, 허영 등을 역모로 몰아 제거했다. 이 사실이 알려지자 젊은 서인들이 "남을 역모로 꾀어 죽인 것은 자신이 역모한 것보다 더 나쁘다"라면서 반발했다. 급기야 김석주의 공작 정치를 찬성하는 노장 서인들이 노론老論이 되고, 이에 반대하는 젊은 서인들이 소론少論으로 분당됐다.

정보기관이 민간 정치에 개입할 경우의 부작용은 고금이 같았다. 국가정보원이 창설된 지 50년이 넘었지만 세계 4대 정보기관에 들어도 국민들이 있는지 없는지 모른다는 영국의 MI6 같은 정보기관의 길은 멀어 보인다. 노신영 전 안기부장은 "국가 정보기관장이 누구인지 모를수록 사회는 안정되고 정보기관도 잘된다"라고 말했다. 국가 정보기관은 꼭 필요하지만 그 존재 자체를 국민이 모를수록 훌륭한 조직이 되는 역설적 숙명을 잘 말해준다. 대통령이 국정원을 국내 정치에 활용할 생각 자체를 하지 않는 것이 훌륭한 정보기관이 되는 첩경이다.

병역에 예외는 없다

조선이 임진왜란과 병자호란 때 속수무책으로 무너졌던 근본적이유는 병역 제도의 문란 때문이었다. 조선은 개국 초에는 국민개병제國民皆兵制의 원칙에 따라 16세부터 60세까지 모든 남성을 정규 군인 정병正兵과 정병에게 경제적인 보조를 하는 보인保人으로 편성했다. 《경국대전經國大典》〈병전兵典〉 '군역 면제' 조항에는 "60세 이상과 불치병자篤病, 장애인廢病, 병든 부모와 70세 이상 된 부모를 모시는 아들 한 사람, 90세 이상 된 부모를 모시는 아들들만 군역에서 면제"됐을 뿐 양반 사대부라고 면제되지는 않았다.

그러나 양반들은 갖가지 방법으로 군역에서 면제됐다. 관직에 종사하는 동안은 군역이 면제됐는데, 음서蔭敍 제도를 많이 이용했다. 명가자제들이 종9품에 지나지 않는 능참봉陵參奉을 마다하지 않았던 이유가 여기에 있었다. 2품 이상은 퇴직 후에도 군역에서 면제됐고, 성균관成均館, 사학四學, 향교鄕校의 학생도 면제됐다. 별시위別侍衛, 내금위內禁衛, 충순위忠順衛 같은 서반西班 특수직이나 명목뿐인 '여旅 외의 정병旅外正兵'으로 이름을 걸어놓는 방법으로도 군역에서 빠져나갔다.

담당 아전들과 결탁해서 군적軍籍에서 빠지거나 노자奴子, 남종에게 군역을 대립代立시키거나 명목상의 보인保人이 되는 방법으로 빠져나가기도 했다. 합법과 불법이 뒤섞인 이런 현상들이 광범위하게 퍼지다 보니 양반 사대부는 으레 병역을 지지 않는 것으로 인식됐고, 중종 36년(서기 1541년) 제정된 군적수포제軍籍收布制의 징수 대상에서 양반들은 제외돼 합법적으로 병역 의무에서 면제됐다. 전란이 발생했을 때 일반 백성이 모두 도망간 것이나 일본군이 파죽지세로 밀고 올라온 것은 당연한 일이었다.

검찰의 병역 특례 수사 관련 보도에 따르면 고위 공직자 자녀들과 부유층 자녀 중 일부가 갖가지 편법으로 사실상 병역 면제의 혜택을 누렸다고 한다. 심지어 결혼 정보 업체나 엔터테인먼트 회사들도 병역 특례 대상이었다니 기가 차다. 병역 관련 범죄에 대해서는 가중 처벌법이라도 만들어 국민개병의 원칙을 흔들지 못하도록 해야 할 것이다.

구태를 반복하지 마라

사신길은 왕복 6개월이 걸리는 고달픈 길이었다. 광해군 13년(서기 1621년) 4월 만주에서 후금後金이 흥기하는 바람에 육로가 끊어져 뱃길로 명나라에 갔던 박이서朴彛敍와 유간柳澗은 귀국길에 폭풍으로 익사했다. 폭풍 때문이니 명나라에 항의할 수도 없었다. 《광해군일기光海君日記》는 "이때부터 사람들이 사신으로 가는 것을 피하려고 뇌물을 써 면하는 사람이 많았다"라고 전한다.

소현 세자가 인질로 잡혀가 살던 심양관瀋陽館은 사실상 주청駐淸 조선 대사관이었는데 장소는 좁고 사람은 많아 자주 병이 돌았다. 심양관에서 서울의 승정원에 보낸 《심양장계瀋陽狀啓》인조 16년 6월 조는 돌림병 때문에 문신 박황朴潢과 선전관 이해룡李海龍의 종과 평양 군뢰軍牢, 죄인 다루는 현병 등 여러 명이 죽었다며 의원과 약품을 빨리 들여보내달라고 호소하고 있다. 이 경우도 인질 신분이니 청나라에 항의할 수 없었다.

중국 사신이 조선에 와서 죽는 경우도 있었다. 성종 14년(서기 1483년) 10월 명나라 사신 정동鄭同이 조선에 왔다가 병이 났다.

조선에서는 최고의 의료를 제공하고 심지어 요동 의관遼東醫官 왕근王謹까지 초빙해 치료하게 했으나 그는 귀국 도중 황주黃州 생양관生陽館에서 죽고 말았다. 조선은 아무런 책임도 없었으나 성종은 대신들과 정사를 의논하는 상참常參과 경연經筵을 중지하는 것으로 조의를 표했다.

성종 21년(서기 1490년) 1월 일본 사신 일행 중 충주忠州에서 병사하는 사람이 나왔다. 이들은 대마도에서 보낸 사신이었기에 대마도주 종정국宗貞國은 범하선사梵賀禪師 등을 보내 항의했고 성종은 구완을 담당했던 역졸驛卒을 이들이 보는 데서 엄하게 다스리는 것으로 일본인들의 마음이 풀어지도록 조치했다.

중국 당국이 참치 샌드위치를 먹고 북경의 한 병원에서 링거를 맞다가 사망한 황정일 주중 정무공사의 사인이 심근경색이라고 발표한 적이 있었다. 한국 정부는 이때에도 중국 앞에만 서면 한없이 작아지는 사대주의성 구태를 반복했다. 정부도 사연이야 있겠지만 조선과의 교역으로 먹고살던 대마도주가 왜 항의 사절단까지 보냈는지 생각해봐야 할 것이다.

지행합일

《성종실록成宗實錄》15년(서기 1484년) 8월 6일 조는 도승지로 임명받은 김종직金宗直과 그 문인門人들에 대해 "사람들이 이를 비평해 '경상도 선배당慶尙先輩黨'이라고 했다"라고 적고 있다. 김종직도 자신을 전별餞別하는 문인들을 '우리 당吾黨'이라고 불렀는데 김종직을 종주로 삼았던 정치 세력이 사림士林이다. 재야 사림은 집권 훈구파와 100여 년에 걸친 투쟁 끝에 정권을 잡았으나, 그 직후인 선조 8년(서기 1575년) 동인과 서인으로 분당함으로써 조선 정당사의 문을 연다.

서인보다 젊었던 동인은 선조 24년(서기 1591년) 이산해李山海 중심의 대對서인 강경파인 북인과 온건파인 유성룡柳成龍 중심의 남인으로 분열된다. 광해군 때 집권당이었던 북인은 32년간 존속하다가 인조반정(서기 1623년)으로 강제 해산된다.

남인은 숙종 5년(서기 1679년) 대對서인 강경파인 윤휴尹鑴 중심의 청남淸南과 온건파인 허적許積 중심의 탁남濁南으로 분열하는데, 이때까지만 따져도 88년간 존속했다. 그러나 청남과 탁남의 분열은 일시적이었고 1905년 을사늑약乙巳勒約으로 일제에 국권을 빼앗길 때까지 계산하면 무려 314년간 존속했다.

　서인들은 인조 1년(서기 1622년) 인조반정을 주도한 공서功西와 반정에 가담하지 않은 청서淸西로 나뉘기는 하지만 실제로는 숙종 9년(서기 1683년) 송시열宋時烈 중심의 노론老論과 윤증尹拯 중심의 소론少論으로 나뉠 때까지 108년 동안 단일 정당으로 존재했다. 이후 노론과 소론으로 갈린 이후에도 1905년까지 각각 222년 동안 존속했다. 노론, 소론, 남인은 왕권과 신권 문제, 신분제나 토지 문제에 대한 당론黨論이 서로 달랐던 명실상부한 정당이었다. 때로는 집권하기도 했지만 정권을 빼앗기면 재야로 돌아가 당파적 정체성을 유지하며 학문을 닦고 후학을 기르면서 때를 기다렸다. 권력을 빼앗길 것 같다고 탈당하거나 다른 당에 입당하면 사류士類로부터 버림받고, 사론士論으로부터도 배척받아 설 자리가 없어졌다. 탈당과 창당을 일삼는 현재의 일부 정치인과 지행합일知行合一이 기본이었던 조선 선비들을 비교하는 자체가 무리겠지만.

견해는 사실에서 도출돼야 한다

역사의 준엄한 심판을 뜻하는 말이 춘추필법春秋筆法이다. 공자孔子
가 춘추 시대 노魯나라 역사서 《춘추春秋》에서 여러 사건에 엄정
한 비판을 가한 후 생겨난 말이다. 그러나 공자가 그런 비판을 도
출하는 과정을 보면 엄격하기 그지없다.

공자는 첫 번째 근거가 있어야 믿는다는 족징足徵, 또는 근거
가 없으면 믿지 않는다는 무징불신無徵不信의 자세를 갖고 있었다.
견해opinion는 사실fact의 바탕 위에서 도출돼야 한다는 말이다.
《논어論語》〈팔일八佾〉 편에서 공자는 "하夏나라의 예는 내가 능히
말할 수 있지만 기杞나라의 예는 실증하기가 부족하다. 은殷나라
의 예는 내가 능히 말할 수 있지만 송宋나라는 실증하기가 부족한
데, 문헌이 부족하기 때문이다. 문헌이 충분하다면 내가 실증할
수 있다夏禮 吾能言之 杞不足徵也 殷禮 吾能言之 宋不足徵也 文獻不足故也 足則吾能徵之
矣"라고 말했다.

두 번째는 술이부작述而不作이다. 《논어》〈술이述而〉 편에서 공
자는 "나는 앞에서 말한 것을 뒤로 전할 따름이지 창작하지 않으

며, 믿고 옛것을 좋아하니 속으로 나를 노팽에 비교한다述而不作 信而好古 竊比於我老彭"라고 말했다. 술述이란 앞사람의 말을 뒤로 전한다는 뜻이고, 작作은 자신이 새로 창작한다는 뜻이다. 노팽은 상商나라 현인賢人으로 알려져 있지만 분명하지 않다.

세 번째로 공자는 《논어》〈술이〉 편에서 "괴이한 것, 힘, 어지러운 것, 귀신에 대해서는 말하지 않았다不語怪力亂神"라고 하며 실증할 수 없거나 자신의 인식 범위를 넘어가는 것은 말하지 않았다. 《논어》〈옹야雍也〉 편에서 공자가 "귀신을 공경하되 그것을 멀리하는 것이 지知라고 할 수 있다"라고 말한 것이 이런 예다. 공자는 춘추 시대의 정치 현실에 대해서 누구보다 강한 비판 의식을 갖고 있었으나 엄격한 사실 검증을 거친 후에야 자신의 견해를 밝혔다.

우리 사회는 종종 견해가 사실을 압도한다. 견해가 앞서면 사실은 설 자리가 없다. 그러니 대화가 곧 싸움이 된다. 상호 인정의 토대인 사실이 무시되면 사회 통합도 설 자리가 없어진다.

한국 천주교를 민족 종교로 만든 힘

정조 7년(서기 1783년) 말 북경에 간 이승훈李承薰은 북당北堂의 그라
몽中國名 양동림梁棟林 신부를 찾아가 영세받기를 자청한다. 이것이 선
교사 파견 전에 스스로 영세받기를 자청한 세계 천주교상 최초의
사례다. 노론老論에서는 정조에게 여러 차례 사학邪學, 천주학 탄압을
주장하는데, 그때마다 정조는 "정학正學, 성리학이 바로 서면 사학은
저절로 소멸한다"라는 논리로 천주교를 사실상 용인했다.

정조가 재위 24년(서기 1800년) 6월 의문사하자마자 정권을
잡은 노론 벽파의 수장 정순왕후는 순조 1년(서기 1801년) 1월 10일
이른바 사학 엄금 교서를 내려 천주교 대박해의 문을 열었다. "선
왕께서는 매번 정학이 밝아지면 사학은 저절로 종식될 것이라고
하셨지만 지금 사학이 옛날과 다름이 없어서(……)"라고 정조의
논리를 부정하는 것으로 시작되는 이 교서의 핵심은 천주교도를
"역률逆律로 다스릴 것"이었다. 정조 사망 당일 영의정으로 승진한
심환지는 2월 5일 "이 무리들에게 일률—律, 사형을 적용하지 않는
다면 징계해 면려할 방도가 없다"라고 가세했다. 천주교 박해 기록

인 《신유사옥 죄인 이가환 등 추안辛酉邪獄罪人李家煥等推案》에 따르면 이때 정약용의 형 정약종丁若鍾은 국청에서 "저는 본래 이것(천주교)을 정학으로 알았지 사학으로 알지 않았습니다"라고 항거했다.

클로드샤를 달레Claude Charles Dallet, 1829~1878년의 《한국천주교회사》(1874년)는 정약종이 처형장에서 "하늘을 쳐다보며 죽겠다"라면서 하늘을 향해 누웠다고 전하는데, 《황사영 백서黃嗣永 帛書》는 "그는 칼에 맞아 목과 머리가 반쯤 잘렸는데도 일어나서 성호를 긋고 다시 엎드렸다"라고 전한다. 이때 정약종과 아들 정철상, 그리고 이가환, 이승훈, 권철신, 홍낙민, 최창현, 최필공, 홍교만 등 수많은 신자가 순교한다.

외부의 선교宣敎가 아니라 내부에서 천주교를 수용受容했던 한국 천주교회의 역사는 순교의 역사였다. 2009년 선종善終한 김수환 추기경의 조부 김보현金甫鉉도 고종 5년(서기 1868년) 무진戊辰 박해 때의 순교자로 알려져 있다. 이런 주체적 수용의 정신과 순교의 피가 한국 천주교를 건강한 민족 종교의 반열로 올려놓은 거름일 것이다.

위기는 곧 기회다

위기는 기회라는 말이 있다. 난세亂世는 소수 야심가에게 바라마지않는 기회다. 조조曹操가 그런 인물이다. 《후한서後漢書》 〈허소許劭열전〉에 따르면 허소가 조조에게 "그대는 태평 시대에는 간적이될 것이고, 난세에는 영웅이 될 것이다君淸平之姦賊 亂世之英雄"라고말하자 조조가 크게 기뻐하면서 갔다고 전해진다. 《삼국지三國志》〈위魏 태조太祖 본기〉에는 "그대는 치세에는 유능한 신하가 될 것이고, 난세에는 간사한 영웅이 될 것이다子治世之能臣 亂世之姦雄"라고말하자 태조가 크게 웃었다고 조금 달리 전한다.

난세를 뜻을 펼칠 공간으로 여긴 조조는 후한 말의 난세 때위나라를 창업했다. 난세는 하늘이 만드는 것이어서 인간의 힘으로는 어쩔 수 없다는 말도 있다. 《사기史記》 〈오자서伍子胥 열전〉에는 "사람이 많으면 하늘을 이기기도 하지만 하늘의 뜻이 정해지면 역시 사람을 깨뜨린다人衆者勝天 天定亦能破人"라는 말이 있다. 송나라 문인 소식蘇軾, 1936~1101년은 이를 "하늘의 뜻이 정해지면 역시사람을 이긴다天定亦勝人"라고 조금 바꾸어 말했다. 난세에 영웅 난

다는 말이 있는데, 《주역周易》에 근거를 둔다. 난세를 음우陰雨라고
도 한다. 《주역》〈둔괘屯卦〉는 "구름과 우레가 둔인데 군자는 이때
천하를 경륜한다雲雷屯 君子以經綸"라고 말한 것이다. 《주역》의 괘卦를
가지고 난세와 치세治世를 말하기도 한다. 《주역》의 천지부괘天地否卦
는 하늘과 땅의 기운이 서로 막혀서 통하지 않는 것을 뜻하는데,
이것이 바로 난세다. 반대로 지천태괘地天泰卦는 땅과 하늘이 서로
통하므로 치세를 상징한다.

　박극필복剝極必復이라는 말이 있다. "박(난세)이 극에 달하면 반
드시 치세가 돌아온다"라는 뜻이다. 《주역》의 산지박괘山地剝卦와
지뢰복괘地雷復卦에서 박剝과 복復을 땄으므로 박복이라고도 한다.
박은 음도陰道가 극성한 난세를 뜻하고 복은 양陽이 다시 생기는
치세를 뜻하는데, 난세가 극도에 달하면 치세가 온다고 본다. 난
세를 극복하고 치세를 만드는 인물이 천명을 받은 진주眞主다.

　성호星湖 이익李瀷은 〈구루비가岣嶁碑歌〉에서 "천하는 원래 공공
의 물건이니 하늘이 주고 사람이 따르면 진주가 될 수 있네天下元來
公共物 天與人歸乃眞主"라고 노래했다. 구루비는 고대 하우씨夏禹氏가 9년
홍수를 다스릴 때에 썼던 오래된 석각石刻을 뜻한다. 하우씨는 9년
홍수를 다스려 천명을 받았다. 한국도 이제 진영 투표 하지 말고
난세를 치세로 바꿀 인물에게 천명을 내릴 때가 되었다.

아직 시간은 있다

죽은 사람이 사는 공간, 즉 무덤이 음기陰基, 음택陰宅이라면 산 사람이 사는 공간, 즉 집은 양기陽基, 양택陽宅이다. 택宅과 기基는 같은 뜻이지만 풍수에서 택은 사람이 사는 건축물, 기는 그 건축물이 자리한 터를 뜻하게 됐다.

우리 옛 조상이 도성에도 높은 건물을 짓지 않은 것은 이유가 있었다. 《고려사高麗史》 충렬왕 3년(서기 1277년) 7월 조는 원元나라의 건축물을 본떠서 개경에도 높은 누각을 지으려 하자 천문天文과 역수曆數 등을 담당하는 관후서觀候署에서 반대했고 전한다. 관후서는 "삼가 《도선비기道詵密記》를 상고하니 '산이 드물면 높은 누각을 짓고, 산이 많으면 낮은 집을 지으라稀山爲高樓 多山爲平屋'라고 했습니다"라면서 "우리나라는 산이 많으니 높은 집을 짓는다면 반드시 지기地氣를 손상시킬 것"이라고 반대했다는 것이다. 태조 왕건도 이를 따라서 민간은 물론 대궐도 높은 건물을 짓지 못하게 했던 것이다.

그러나 단순히 풍수 때문만이 아니라 고려 현종 20년(서기

1029년) 태묘太廟, 종묘의 변두籩豆, 제기를 늘리려고 하자 예부禮部에서 《예기禮記》〈왕제王制〉편에 '제사는 풍년이라고 사치해서는 안 되고 흉년이라고 너무 검소해서도 안 된다祭豐年不奢 凶年不儉'라고 반대했던 것처럼 사치를 금하는 데도 중요한 목적이 있었다. 그래서 고려나 조선은 궁궐 건축도 높고 화려하지는 않지만 주변의 자연환경과 조화를 이루는 것을 높게 평가했다.

중국에는 양택삼요陽宅三要라는 말이 있다. 문門, 주主, 주거지, 조竈, 부엌가 주택의 중요한 세 요소라는 뜻이다. 택지宅地는 동東이 높고 서西가 낮아야 하고, 봄에는 동쪽, 겨울에는 북쪽으로 문을 열지 말아야 한다는 등 양택 풍수에도 수많은 이론이 분분하다.

역대 대통령들이 퇴임 후 돌아갈 사저를 두고 말들이 많았다. 정치가의 미래를 보장받는 가장 좋은 방법은 재임 시의 선정善政뿐이다. 《후한서後漢書》〈곽급郭伋 열전〉에는 병주목사幷州牧使 시절 선정을 베풀었던 곽급이 다시 부임하자 고을 노약자들이 서로 도로로 나와 영접하고 어린이 수백 명이 죽마를 타고 환영했다는 이야기가 전한다. 우리도 곽급처럼 백성이 퇴임을 아쉬워하는 성공한 대통령을 두게 되는 날이 오기를 바라는 마음은 비단 필자만이 아닐 것이다. 아직도 시간은 있다.

가혹한 정치는 범보다 무섭다

임금의 학정에 대항할 수 있는 백성의 무기가 탈국脫國이었다. 《삼국사기三國史記》 고구려 대무신왕大武神王 2년(서기 19년) 1월 조는 "백제 백성 1,000여 호가 고구려에 의탁했다"라고 전하고 있다. 중국으로 가는 백성도 있었다. 고구려 민중왕閔中王 4년(서기 47년) 10월 조는 고구려 잠우蠶友 부락의 대가大家 대승戴升 등 1만여 가家가 만주 서쪽의 한漢나라 낙랑樂浪에 의탁했다고 전한다. 1만여 가家는 약 5만여 명 정도인데 《후한서後漢書》는 1만여 구口, 즉 1만여 명이라고 전하고 있다. 고구려 고국천왕故國川王 19년(서기 197년)에는 "중국에 대란이 발생해 한漢나라 사람들이 고구려로 의탁하는 이가 매우 많았다"라고 전하고 있다. 지배층도 망명했다. 백제 개루왕蓋婁王 28년(서기 155년)에 신라의 아찬阿飡 길선吉宣이 백제로 망명했는데, 신라 아달라왕의 소환 요청을 거부하자 전쟁까지 발생했다. 그러나 백제가 성을 굳게 방어하자 신라 군사들은 군량이 떨어져 돌아갔다.

《삼국사기》 신라 시조 혁거세왕 17년(서기전 41년) 조는 왕이 왕비 알영과 6부를 돌며 농사와 누에치기를 권장했다고 전하고 있고, 남해왕 재위 15년(서기 18년)에는 누리蝗 때문에 백성이 굶주리자 창고를 열어 구제했다고 전하고 있다. 임금이 농사를 권장하고 세금을 감면해주고 창고를 열어 백성에게 곡식을 나누어준 것은 인정仁政의 표현이지만 그렇게 하지 않으면 백성이 탈국하기 때문에 나온 고육책이기도 했다.

공자孔子는 서른다섯 살 때인 서기전 517년 고국인 노魯 소공昭公이 나라 안의 권신들인 삼손三孫씨를 제거하려다가 실패해 제齊 나라로 망명하자 뒤따라갔다. 공자 일행이 태산을 지날 때 한 부인이 무덤 앞에서 슬프게 곡했다. 까닭을 물으니 "시아버지와 지아비가 범에게 죽었는데, 지금 아들이 또 범에게 죽었기 때문"이라고 답했다. 공자가 "왜 다른 나라로 가지 않습니까?"라고 묻자 "여기는 가혹한 정치苛政가 없습니다"라고 답했다. 《예기禮記》〈단궁檀弓〉에 나오는 이야기로서 가혹한 정치는 범보다 무섭다는 가정맹호苛政猛虎의 유래다. 탈국은 백성의 권리였고, 왕은 이를 막기 위해 더욱 좋은 정치를 펼치려고 노력했다.

굶주림에 못 이겨 북한을 탈출한 사람들을 중국이 강제 북송해 국제 사회 문제가 된 적이 적지 않다. 중국에서 공자 열풍이 불고 있다는데 공자의 가르침 어디에 굶주리는 백성을 가정苛政의 나라로 강제 송환하라는 말이 있는지 묻고 싶다. 우리도 탈북자나 북한 사람의 굶주림을 방관한다면 이것도 일종의 가정이다.

반복되는 친일 미화

필자가 일제 강점기 보통 일본인의 처지도 생각하게 됐던 계기는 오제 아키라尾瀨あきら의 만화 《명가의 술夏子の酒》 2부를 읽고서였다. 전통 양조장 사에키 집안으로 시집 온 나츠코가 여자는 술 광에 들어가서는 안 된다는 금기를 깨고 '달의 눈물'이라는 최고의 음양주吟釀酒를 만드는 이야기다. 나츠코가 술 광에 들어가게 되는 계기는 양조장 사장인 남편과 모든 양조釀造 기술자가 전쟁터로 끌려가기 때문이다. 천부적 그림 실력이 있지만 창녀로 팔려가 종군 위안부가 되는 소작농의 딸 마키도 등장한다. 일본인을 가해자가 아니라 피해자로 그렸다고 반발하는 독자도 있지만 좋은 음양주 제조에 인생을 걸었던 사람들이 강제 징집되면서 한 마을이 해체되는 과정은 보통 일본인 역시 군국주의의 피해자였다는 생각을 하게 해주었다.

그러나 요코 가와시마 왓킨스Yoko Kawashima Watkins의 《요코 이야기So Far from the Bamboo Grove》는 다르다. 패전 후 청진에서 귀국길에 오르는 한 소녀와 가족의 이야기인 《요코 이야기》는 역사 왜

곡이 아니면 자신에게 불리하거나 부정하고 싶은 기억을 무의식 중에 바꾸어 기억하는 '회상성 조작retrospective falsification'이라는 정신 질환의 결과물이다. 고위 관리, 외교관, 만철滿鐵 간부 등으로 오락가락하는 부친 가와시마 요시오의 직업은 어느 것이든 마키처럼 팔려온 사람들은 아니다. 더욱이 시베리아에서 6년을 복역한 요코의 부친은 전범戰犯임에 틀림없다. 따라서 《요코 이야기》는 전범의 가족이었기에 전후 세상을 두려워했던 어머니의 시각이 어린 요코에게 피해자라는 망상으로 인식된 것에 불과하다. 《명가의 술》과 《요코 이야기》의 차이는 바로 이것이다. 피해자의 시각과 전범의 시각.

아베의 종군 위안부 관련 망언은 1급 전범이었던 외조부 기시 노부스케岸信介의 시각으로 바라본 과거사일 뿐이다. 보통의 친절한 일본인에게 느꼈던 호감을 고위 정객들의 망언 한마디로 깨뜨리는 악순환은 1급 전범과 그 핏줄이 거듭 총리가 되는 일본의 정치 구조를 일본 국민이 바꾸는 방법밖에는 없다. 대다수 일본인이 전범이 아니라 전쟁에 내몰렸던 부친의 시각으로 망언에 분노하고 행동할 때 화해와 평화의 아시아는 다가올 것이다. 또한 국내에도 일제 식민 지배가 옳았다고 생각하는 신新친일파가 여기저기 숨어서 암약하고 있다. 이들을 색출해 최소한 공직에서 추방하는 것도 우리가 화해와 평화의 아시아를 만들기 위해서 할 일이다.

도대체 무슨 쓸모가 있겠는가

실사구시實事求是는 '사실에 의거해 진리를 탐구한다'는 뜻이다. 이용어는 서기 1세기경 후한後漢 반고班固가 쓴 《한서漢書》 〈하간헌왕河間獻王 유덕劉德 열전〉에 처음 나온다. 유덕이 옛것을 좋아해 학문을 닦고修學好古 사실에 의거해 진리를 탐구했다는 것이다. 조선의 영조는 재위 5년(서기 1729년) 2월 종부시정宗簿寺正 양득중梁得中이 '실사구시'가 진정한 격언格言이라고 말하자 승지에게 써 오게 해서 벽에 걸어놓았다. 당시 노론老論에서 자신들의 당파 이익 옹호를 "세도를 떠받치고 사문斯文, 성리학을 보위한다扶世道衛斯文"라고 포장하는 것은 허위이자 가식이라면서 양득중은 반대 논리로 실사구시를 제시했다.

청나라 건륭乾隆, 1736~1795년, 가경嘉慶, 1796~1820년, 도광道光, 1821~1850년 연간의 고증학자考證學者들을 건가학파乾嘉學派라고 부른다. 이들은 《논어論語》를 비롯한 경서經書에 대한 고증을 주요 학문 대상으로 삼으면서 훈고학訓詁學을 중시하는 학문 태도를 실사구시라고 주장했다. 그러나 만주족이 통치하는 상황에서 경전 해석의 가장 중요한 의리義理 문제는 현실 정치 비판으로 연결될 수밖에 없었기에 뒤로 미루었다는 한계가 있었다. 그래서 청 말의 개혁 사상가 강유위康有爲는 《자편연보》에서 "집에 대동원戴東原, 1723~1777년 같은 고증학자의 저서가 가득했지만 '도대체 또 무슨 쓸모가 있겠는가'라는 생각이 들어서 (……) 고증학을 버리고 진심으로 수양했다"라고 말하고 있다. 강유위가 《공자개제고孔子改制考》에서 공자를 개혁 사상가로 규정한 것이나 중국의 전통과 제도까지 바꾸어야 한다는 변법자강變法自强을 주창한 데는 이런 사상적 배경이 있었다.

북경 행정학원 입구에 '실사구시實事求是'라는 대형 비석이 서 있다는 보도를 본 적이 있다. 모택동은 1938년 10월 〈민족 전쟁에 있어서 중국 공산당의 지위中國共產黨在民族戰爭中的地位〉라는 연설에서 "공산당원은 마땅히 실사구시의 모범이 돼야 한다"(《모택동 선집》 제2권)라고 말했다. 모택동은 집권 후 실사구시의 전專보다는 이념인 홍紅을 앞세운 대약진 운동과 문화 혁명 등으로 중국을 나락에 빠뜨리지만 그의 뒤를 이은 등소평이 실사구시를 제창하면서 현재까지 중국 공산당의 주요 지주가 됐다. 아직도 전專보다 홍紅에 매달리는 우리 정치권이 음미할 대목이다.

자신의 돈보다 무거운 것

국왕의 개인 재산이 내탕고內帑庫인데 왕자나 공주 들의 혼례 비용은 여기에서 나갔다. 심지어 차기 국왕인 세자의 가례嘉禮 비용도 상당액은 내탕고에서 나갔다. 국왕도 사람인지라 개인 재산에 더 애착이 가기 마련이다. 중종은 재위 31년(서기 1536년) 6월 청연루淸燕樓 아래 내탕고의 물건에 불이 붙은 것을 나인內人 전金 씨가 발견하고 진화하자 크게 기뻐하고 정5품 상궁으로 승진시켰다. 나인에서 정5품 상궁으로 승진하려면 보통 15년이 걸렸다.

재정이 부족할 경우 신하들은 내심 내탕고가 열리길 기대하기도 했다. 성종 22년(서기 1491년) 가벼운 화살인 마전磨箭이 효력이 없자 긴 장편전長片箭이 대안으로 떠올랐는데, 임금의 개인 재산인 내탕고에 있었다. 허종許琮 등이 "내탕內帑에 간직된 것이라 신들이 감히 청하지 못하겠습니다"라고 말하자 성종은 선뜻 내주었다. 그러나 어떤 임금은 내탕고를 열어 진휼에 사용하자는 청에 묵묵부답으로 거절하는 경우도 있었다.

내탕고를 아끼지 않았던 군주는 정조다. 그는 부친 사도 세자 추숭 사업은 철저하게 내탕고를 사용했다. 사도세자의 무덤인 현륭원 조성 때 내탕고 2,000민緡으로 인부의 비용을 댔으며, 조경 공사에도 1,000냥을 내놓았다. 이뿐만 아니라 재위 19년(서기 1795년)에는 《충무공이순신전서忠武公李舜臣全書》 발간 비용으로 내탕고의 500민을 내놓기도 했다. 정조는 자신이 확신하는 정책 사업을 백성이 반대하면 내탕고로 처리하기도 했다. 화성에 저수지 만석거萬石渠를 만들고 대농장인 대유둔大有屯을 설치해 농업 혁명을 선도하려 했으나 백성이 반대하자 내탕고 수만금을 내어 건설했다. 대유둔은 백성이 더 크게 만들지 못한 것을 원망할 정도로 크게 성공했다.

국민 세금을 눈먼 돈처럼 생각하는 풍조가 되레 확산되고 있다. 주위를 조금만 돌아보면 안 해도 될 관급 공사가 여기저기 널려 있고, 적자 난 공기업까지 거액의 보너스를 나누어 갖는 현상이 그리 낯설지 않다. 공직자의 기본은 국민 세금을 제 돈보다 무겁게 여기는 것이다.

때에 따라 갓끈을 씻고 발을 씻어야 한다

단경短檠이라는 말이 있다. 짧은 등잔대라는 뜻인데 당唐나라 시인 한유韓愈의 〈단등경가短燈檠歌〉라는 시 때문에 유명해진 말이다. 한유는 "여덟 자 긴 등잔대는 쓸데없이 길지만 두 자 짧은 등잔대가 편하고 또 밝구나長檠八尺空自長 短檠二尺便且光"라고 노래했다. 두 자짜리 등잔대는 가난하던 시절 독서하던 등잔대이고 여덟 자짜리 등잔대는 과거 급제 후 새로 산 비싼 등잔대다. 그래서 단경은 한미했던 시절의 초심을 잃은 벼슬아치를 풍자하는 말로 사용된다. 한유는 이 시에서 "하루아침에 부귀하게 되니 도리어 방자해져서 긴 등잔대 높이 걸고 진주와 비취 비춰보네. (······) 담 구석에 버려진 짧은 등잔대를 그대는 보았는가─朝富貴還自态 長檠高張照珠翠 (······) 牆角君看短檠棄"라고 노래했다.

부귀해지면 가난했던 시절의 경험을 담 구석에 버리는 이가 많다. 그러나 벼슬길은 그리 순탄하지 않다. 그래서 벼슬길을 환해宦海라고 부른다. 큰 파도가 이는 바다라는 뜻이다. 청나라 때 육이첨陸以湉이 쓴 《냉려잡지冷廬雜識》에 "환해 파도 깊이는 측량할 수 없구나. 안온하게 배를 거둔 자 몇 사람인가宦海波濤深莫測 幾人安穩 得收帆"라는 구절이 있다. 벼슬길의 파도는 깊어서 안온하게 항해를 마치는 사람이 거의 없다는 뜻이다. 고려 말기 문신 이규보李奎報 는 "술 취한 고향으로 가는 길은 평탄하지만 환해는 분노한 파도 가 미친 듯이 몰아치누나醉鄕歸路坦 宦海怒濤狂"라고 노래했다. 낙향길 은 평탄하지만 벼슬길에는 미친 파도가 몰아친다는 뜻이다.

환해를 피하는 좋은 처신이 탁영탁족濯纓濯足이다. 때에 따라 갓끈을 씻기도 하고, 발을 씻기도 한다는 뜻으로서 굴원屈原의 〈어 부사漁父詞〉에 나온다. 벼슬에서 추방당해 낙담해 있는 굴원에게 한 어부가 "창랑수가 맑구나, 내 갓끈을 씻으리, 창랑수가 흐리구 나, 내발을 씻으리滄浪之水淸兮 可以濯吾纓 滄浪之水濁兮 可以濯吾足"라고 노래 했다는 것이다. 그러나 이런 처신은 쉽지 않다. 허균은 〈동정부東 征賦〉에서 "저 벼슬길은 근심뿐인데 환해의 치솟는 파도 두렵도다 彼軒裳之足憂兮 怵宦海之湧波"라고 노래했지만 끝내 벼슬길의 미련을 버 리지 못하고 사형당했다.

무오사화戊午士禍 때 사형당한 사관史官 김일손金馹孫의 호가 '갓 끈을 씻는다'는 뜻의 탁영濯纓이다. 김일손은 훈구 세력이 판치는 흐 린 조정을 맑게 바꾸려다 사형당했지만 호대로 살다 갔다. 선거가 끝나는 것과 동시에 두 자짜리 단경을 담 구석에 버리는 행태가 반 복되고 있다. 진영 투표, 지역 투표를 배제하지 않으면 선거 때만 주인이 되고 나머지 나날은 노예가 되는 악습이 반복될 것이다.

법은 백성의 것이다

태조 이성계는 즉위 교서에서 "지금부터 서울과 지방의 형刑을 판결하는 관원은 공사公私 범죄에 대해 《대명률大明律》에 의거해 처벌하라"라고 명했다. 이에 따라 조선은 《경제육전經濟六典》 등에 해당 법조문이 없을 경우 명나라 형법인 《대명률》에 의거해 처벌해 왔다.

《대명률》 중에 조선 실정에 맞지 않는 부분을 수정해서 번역한 것이 《대명률직해大明律直解》인데 이두로 번역했다는 점이 특이하다. 이두는 각 관아 중인들의 직역인 서리나 아전이 사용하던 언어였다. 이는 조선에서 실제로 판사 역할을 한 인물들은 형조나 의금부의 서리나 아전이었음을 뜻한다. 형조 판서는 이들이 해당 범죄에 대한 《대명률》 조항을 조사해 보고하면 이를 국왕에게 아뢰어 윤허받는 데 지나지 않았다. 서리나 아전이 판결하다 보니 기계적으로 적용되는 경우가 대부분이어서 같은 범죄에는 유사한 처벌이 행해져야 한다는 양형 기준제가 일찍이 실시됐던 셈이다.

《대명률》에도 해당 조항이 없으면 비부比附했다. 비부란 정확한 법조문이 없을 경우 그에 가까운 법조문을 적용하는 것이다. 세종 때 군사들이 거리에서 말을 몰다 사람이 상하는 경우가 많았음에도 처벌 조항이 없었다. 이때 "거리街, 시장市, 진鎭, 상가店에서 수레나 말을 달리다가 사람을 다치게 한 자는 《대명률》의 싸우다가 사람을 상하게 한 것보다 한 등等을 감해 처단하고, 사람의 목숨을 상하게 한 자는 3,000리 밖 귀양"(《세종실록世宗實錄》, 7년 4월 4일)으로 처벌한 것이 비부의 한 사례다. 해당 법조문보다 과중하게 판결하는 것이 실입失入이고, 가볍게 판결하는 것이 실출失出로서 담당자는 모두 처벌 대상이 됐다.

조선은 판결에 있어 법조인의 재량권을 거의 인정하지 않았다. 법은 법조인의 것이 아니라 만백성의 것이라 여겼기 때문이다. 로스쿨법이 확정되기까지 수많은 논란이 있었다. 그 핵심 원인에 일부 법조인의 사익 보호 추구도 들어 있음은 물론이다. 법 제정이나 적용이 일부 법조인이나 유력자의 이익에 휘둘리는 한 '유전무죄, 무전유죄'는 계속 국민의 상식이 될 터이고, 법을 통한 우리 사회의 통합은 요원할 것이다.

조선은 왜 임금과의 독대를 금했나

조광조趙光祖, 김정金淨 등의 사림들이 화禍를 입은 기묘사화己卯士禍를 '신무문神武門의 변變'이라고도 한다. 중종이 재위 14년(서기 1519년) 11월 신무문으로 남곤南袞 등을 불러 밀지密旨를 내린 것이 시작이기 때문이다. 다른 궐문의 열쇠는 승정원에서 관장했지만 북문인 신무문만은 환관들이 관장했기에 승지들을 따돌리기 위해 신무문으로 부른 것이었다. 중종은 남곤 등을 신무문으로 불러들여 추자정楸子亭에서 몰래 만나고 난 후 합문閤門으로 대신들을 불러 마치 조정에서 조광조 등을 죄주기를 청한 것처럼 꾸미려 했다. 승지承旨 성운成雲은 중종에게 "승지와 사관이 이 일을 몰라서야 되겠습니까? 임금의 호상好尙, 좋아하고 숭상하는 것은 자연스러워야지 이렇게 비밀스러워서는 안 됩니다"라고 반박했다. 중종은 몰래 추진했던 기묘사화 때문에 역사의 용군庸君으로 전락했다.

　숙종은 재위 43년(서기 1717년) 7월 19일 노론 영수인 좌의정 이이명李頤命과 독대했다. 이해가 정유년이기에 정유독대丁酉獨對라고 부른다. 승지 남도규南道揆와 기사관記事官 권적權橋이 입시하려

하자 환관이 "좌의정 혼자 입시하라는 명"이라고 막았고 기사관 권적이 "죄벌을 받더라도 들어가는 것이 마땅하다"라고 들어가려 하자 겁을 낸 남도규가 말렸다. 옥신각신하는 사이 독대가 진행 됐는데, 사관史官은 "이날 임금과 나누었던 말은 전하지 못하게 됐 다"라고 쓰고 있다. 독대 직후 숙종이 장희빈의 아들인 세자 경종 의 대리청정을 명했는데, 《당의통략黨議通略》에서 "노론이 세자의 대리청정을 찬성한 것은 장차 이를 구실로 세자를 넘어뜨리려고 하는 것"이라고 적고 있는 것처럼 독대는 세자 교체 음모였다. 이 때 82세의 노구로 와병 중이던 소론 영수 영중추부사 윤지완尹趾完 은 관을 들고 상경해 "독대는 상하가 서로 잘못한 일입니다. 전하 께서는 어찌 상국相國, 정승을 사인私人으로 삼을 수 있으며 대신大臣, 이이명 또한 어찌 여러 사람이 우러러보는 지위로서 임금의 사신私臣 이 될 수 있습니까?"(《숙종실록肅宗實錄》, 43년 7월 28일)라고 격렬하게 비판했다.

조선에서는 임금과 신하의 독대가 엄격히 금지됐고, 반드시 승지와 사관이 배석해 대화를 기록했다. 하늘의 일을 대신하는 국정國政은 해 아래 떳떳해야 한다는 철학의 반영이었다. 선거 때 만 되면 되살아나는 사찰 정치나 경찰과 정보기관의 정치 공작을 종식시키기 위해서는 조선처럼 독대 자체를 금하고 대통령의 모 든 언행을 기록으로 남겨야 한다. 언제까지 후진국 정치의 망령 이 반복돼 대한민국 국민임을 부끄럽게 여겨야 하겠는가?

정약용이 쓴 묘지명들

정약용丁若鏞이 여유당與猶堂이라 자호自號한 것은 정조 의문사 직후였다. 《노자老子》의 "망설이면서與 겨울에 냇물을 건너는 것같이 주저하면서猶 사방의 이웃을 두려워한다"라는 구절에서 따온 것이다. 정조가 급서한 세상이 어떻게 변할지 그는 알고 있었다. 그의 예견대로 노론이 정권을 독차지하면서 정조의 24년 치세를 부정하는 폭정이 자행됐다. 막내 형 정약종丁若鍾은 사형당하고 다산茶山과 함께 유배된 중형仲兄 정약전丁若銓은 흑산도에서 죽어야했다. 다산 홀로 18년의 유배 생활 끝에 살아남아 글을 남겼다.

그러나 노론 집권 아래에서 그의 글은 시대의 금기였다. 그의 글이 해금解禁된 것은 사후 50여 년 후인 갑신정변 이듬해(서기 1885년) 고종이 그의 글을 보고 싶다고 명한 것이 계기였다. 그러나 후손들은 고종에게 올릴 어람본御覽本 《여유당전서與猶堂全書》에 일부 글을 의도적으로 누락했다. 다산 자신의 〈자찬自撰 묘지명〉과 형 정약전과 이가환李家煥, 권철신權哲身, 이기양李基讓, 오석충吳錫忠 등의 묘지명 등 비본秘本이 그것이다. 묘지명의 내용이 알려질 것을 두려워했다.

정약용은 매형 이승훈李承薰이나 형 정약종의 묘지명은 쓰지 않았다. 천주교 관계가 명백하다고 보았기 때문이다. 나머지 사람들은 노론의 정적 제거로 살해당했다는 생각에 묘지명을 썼다. 이가환에 대해 정약용은 "증거도 없고 감춘 것도 없는데無證無臟 곧바로 장살杖殺하고 기시棄市. 시신을 전시함"한 것은 기축옥사(정여립의 옥사) 때도 없던 일이라고 서술했다. 나머지 사람들도 억울한 죽음임을 후세에 알리려고 묘지명을 남긴 것이다.

정조 사후 노론 일당 독재도 모자라 노론 한두 가문이 모든 권력을 장악하는 세도 정치가 자행되면서 조선이 멸망했음은 주지의 사실이다. 세계 조류는 물론 조선 내부 사회 발전과도 동떨어진 폐쇄 정치가 자행되면서 국력은 약화되고 민생은 도탄에 빠졌다. 순조 11년(서기 1811년)의 서북농민항쟁(홍경래의 난)이나 철종 13년(서기 1862년)의 삼남三南 진주농민항쟁은 이런 반역사적 폭정에 대한 민초의 저항이었다. 가끔 사회를 거꾸로 돌리려는 시도를 목격하기도 한다. 근래 노론 후예 학자가 세도 정치가 개혁 정치 시기였다는 희한한 주장까지 했다. 다산이 이 소식을 들으면 '묘지명을 다시 감추라'고 말할지도 모르겠다.

한순간의 오판으로도 모든 것을 잃는다

역사는 이름 없는 대다수 민초가 만들어가는 거대한 대하大河지만 때로는 한두 사람의 권력자에 의해 물줄기가 바뀌기도 한다. 때로는 한순간의 오판誤判으로 모든 것을 잃기도 한다. 고려 제32대 우왕禑王도 그런 인물이다. 명 태조 주원장朱元璋이 우왕 14년(서기 1388년) 철령위鐵嶺衛를 설치해 고려 영토인 만주 요동遼東을 명나라 영토로 삼겠다고 통보했다.《고려사高麗史》〈우왕〉조는 우왕이 밀직제학密直提學 박의중朴宜中을 명나라로 보내 "철령부터 북쪽으로 문주文州, 고주高州, 화주和州, 정주定州, 함주咸州 등 여러 주를 지나 공험진公嶮鎭까지는 원래 우리나라 땅自來係是本國之地"이라고 반박했다고 전한다. 만주 지역의 문주, 고주 등지부터 두만강 북쪽 700리 지점의 공험진까지가 고려 강역이라는 반박이었다.

공험진은 윤관尹瓘이 〈고려지경高麗之境〉이라는 비석을 세운 곳이다. 우왕은 요동 정벌군을 조직해 최영崔瑩을 8도 도통사, 조민수曹敏修를 좌군 도통사, 이성계李成桂를 우군 도통사로 삼았다. 그런데《고려사高麗史》〈최영 열전〉에는 최영이 직접 출병하겠다고 보고하자 우왕이 "그대가 가면 누구와 함께 정치하겠는가?"라면서 만류했다고 전한다. 이때 최영이 요동 정벌군을 이끌고 압록강을 건넜으면 위화도 회군도 없었을 터이고, 우왕은 폐출돼 살해당하는 대신 만주 강역을 획득한 국왕으로 역사에 기록됐을지 모른다.

광해군도 마찬가지였다. 광해군은 쿠데타 당일인 재위 15년(서기 1623년) 3월 12일 광평대군의 후손 이이반李而攽에게 오늘 쿠데타가 일어날 것이라는 고변을 받았다. 이이반은 이날 아침 길에서 만난 친족 이후원李厚源이 "오늘 반정에 함께 참가하자"라고 요청하자 고변했다. 고변 소식이 전해지자 쿠데타군의 거의대장擧義大將 김류金瑬는 현장에 나타나는 대신 집에서 근신할 정도로 공포에 휩싸였다. 이때 광해군이 즉각 군사를 출동시켜 진압했다면 인조반정은 실패했을 것이다. 그러나 《광해군일기光海君日記》가 "왕이 마침 여러 여인과 어수당魚水堂에서 연회를 하며 술에 취해 있다가 오랜 뒤에 그 상소를 보았지만 대수롭지 않게 여겼다"라고 전하는 대로 상황을 오판했고, 결과는 비참했다.

거대 행정 기관인 서울시가 교육 기관의 무상 급식이라는 문제를 두고 주민 투표라는 큰 칼을 뽑은 것 자체가 무리수였다. 진영 논리나 이념에 사로잡히면 일의 선후先後나 경중輕重을 판별하지 못하게 된다는 사례의 하나일 것이다.

포도청의 수사권

조선에서 강절도 사건은 주로 포도청에서 다뤘다. 《성종실록成宗實錄》 1년(서기 1470년) 조에 '포도장捕盜將'이라는 표현이 나오는 것으로 봐서 성종 때 이미 설치됐으리라 추측된다. 《만기요람萬機要覽》은 포도청에 대해 "도둑과 간악한 소인奸細을 잡으며 시간을 나누어 야간 순찰을 맡는다"라고 규정했다. 간악한 소인이란 양반 사대부 이외의 범죄자들을 뜻한다. 《명종실록明宗實錄》 13년(서기 1558년) 8월 조는 지경연사 홍섬洪暹이 "무뢰배들이 밤중에 여인을 끼고 가다가 (……) 포도청의 군사를 맞닥뜨리면 모두 유사儒士, 사대부라고 자칭하니 감히 대항하지 못한다"라고 말해서 사대부는 포도청의 권한 밖이었음을 말해준다.

범인의 신분은 낮지만 범죄가 중대할 경우는 어디에서 처리했을까? 임진왜란 때 풍저창豊儲倉의 종 팽석彭石이 일본군을 안내해 선릉宣陵과 정릉靖陵을 도굴하게 했다. 《대명률大明律》에 따르면 능묘陵墓 도굴은 십악十惡 중 두 번째 모대역謀大逆에 해당하는 중죄였다. 그래서 선조 26년(서기 1593년) 10월 포도대장 이일李鎰은 "팽석은 중죄인이므로 포도청에서 추국하기가 미안하다'라면서 의금부로 이첩했다. 반면 죄의 종류에 따라 영의정도 수사한 사례가 있다. 숙종 5년(서기 1679년) 3월 서인들은 남인 영상 허적許積의 아들 허견許堅이 서역만의 아내 이차옥을 납치했다고 주장했다. 서인 병조 판서 김석주는 "남의 부녀자를 도둑질한 자도 도둑이니 포도청에서 수사해야 한다'라고 포도청 관할이라고 내세웠다. 남인들이 의금부를 장악한 반면 포도대장 구일具鎰은 서인이었기 때문에 남의 아내 강탈도 절도라는 법리를 내세워 포도청에서 수사하게 했던 것이다.

포도청의 수사 대상이 평민이다 보니 권력을 남용한 사례가 적지 않아서 설립 초기인 성종 21년(서기 1490년) 2월 혁파됐다가 두 달 후 복설復設되기도 했다. 이때 성종은 "포도대장 등이 죄 없는 사람을 억울하게 구속해서 그 폐단이 작지 않기에 폐지했었다'라고 말했다.

몇 해 전 국회 사법제도개혁특별위원회에서 경찰의 수사 개시권을 명문화한다고 발표했는데, 그간 명문조차 없었다는 사실이 놀랍다. 수사권 획득은 경찰의 숙원 사업으로, 그 당위성은 인정하면서도 많은 국민이 흔쾌하게 동의하지도 않는 상황이다. 아마도 권위주의 정권 시절의 잔영殘影이 남아 있기 때문일 것이다. 뼈를 깎는 노력으로 경찰 수사권에 대한 국민의 지지도를 대폭 끌어올리는 길이 유일한 해법으로 여겨진다.

봄꽃 한 송이

봄꽃을 연화煙花라고 한다. 안개烟 속에 피는 꽃花이란 아지랑이 속에서 피는 꽃을 뜻하리라. 연화는 시성詩聖 두보杜甫의 〈상춘오수傷春五首〉에서 나온 말이다. "천하에 전란은 가득 찼어도 봄볕은 날로 짙어가네. 서경西京, 서안은 끝없는 전쟁에 피로한데도 대궐은 흉한 무리들이 차지했네. 관새關塞, 변방 요새 삼천리에는 연화가 일만 겹으로 피었네天下兵雖滿 春光日自濃 西京疲百戰 北闕任群凶 關塞三千里 煙花一萬重"라는 시다. 전란 속에서도 봄꽃은 피어난다는 애상哀傷을 노래한 시다. 연화는 새 왕조의 일어남을 뜻하기도 한다.

신라 마지막 임금 경순왕이 고려에 항복하자 동경東京, 경주에 살던 동경 노인은 새 왕조를 거부하고 숨어버렸다. 조선 후기 순암順菴 안정복安鼎福은 《동사강목東史綱目》에 이 이야기를 전하면서 고려 성종成宗, 960~997년이 경주로 순행해 숨은 사람들을 찾아내 그들의 신라에 대한 충효를 기리자 동경 노인이 나타나 내상內相 왕융王融에게 시 세 편을 전했다고 전한다. 그중에 "잎이 누런 계림은 이미 쓸쓸하게 저물었고 연화가 지금 상림원上林園, 임금의 정원에 다시 피니 봄이로구나黃葉鷄林曾索莫 烟花今復上園春"라는 구절이 있었다. 누런 황엽과 계림은 신라를 뜻하고 연화는 고려를 뜻하니, 비로소 고려가 천명을 받아 개창한 것을 동경 노인도 인정했다는 뜻이다. 안정복은 이를 성종 16년(서기 997년)의 일이라고만 기록하면서 동경 노인의 이름은 적지 않았다.

그런데 《삼국사기三國史記》〈최치원崔致遠 열전〉은 최치원이 고려 태조가 천명을 받을 것을 알고 "계림은 누런 잎이고, 곡령은 푸른 소나무鷄林黃葉鵠嶺靑松"라는 글을 지어 왔다고 적고 있다. 누런 황엽 계림은 곧 망할 신라이고 푸른 소나무 고려가 들어서리라는 뜻으로 안정복은 최치원을 동경 노인이라고 암시한 것이다. 그런데 조선 중기 정극후鄭克後, 1577~1658년는 최치원을 제향하는 경주 서악동 서악서원西岳書院에 대한 〈서악지西岳誌〉를 쓰면서 "최치원이 청송靑松 황엽黃葉의 구절을 가지고 은밀히 고려의 왕업을 도왔다고 하는 것은 사가史家의 식견이 좁아서 그렇게 전해진 것"이라면서 동경 노인은 최치원이 아니라고 부정했다.

아지랑이 속에 피어오르는 봄꽃 한 송이, 누런 나뭇잎 하나로 왕조의 흥망성쇠까지 노래한 선조의 식견이 놀랍다. 역사의 긴 흐름으로 보면 황엽이었던 세력이 봄꽃으로 부활하고 봄꽃이었던 세력이 황엽으로 몰락한 사례가 적지 않았던 사실을 알기 때문일 터다. 인간사도 자연의 이치에서 벗어나지는 않는다.

호랑이 등에 올라탄 왕위

조선 국왕의 선위 선언은 신하들의 충성심을 확인하거나 정치적 난국 타개를 위한 깜짝쇼였다. 태종은 재위 6년(서기 1406년) 8월 하늘의 재변이 잇따르자 자신이 부덕한 탓이라며 세자 이제李禔, 양녕대군에게 양위讓位하겠다고 선언했다. 태종 못지않은 정치 고수인 신하들이 이것이 그의 본심이 아니라는 사실을 모를 리 없었다. 태조 이성계의 이복동생 이화李和와 영의정부사領議政府事 성석린成石璘이 원로들과 백관百官을 이끌고 여러 날 동안 명命의 환수를 요청하자 태종은 마지못해 받아들였고 소동은 끝났다.

그러나 1년 후 태종의 처남 민무구閔無咎와 민무질閔無疾이 선위 소동 때 "기뻐하는 빛을 얼굴에 나타냈다喜形于色"라는 등의 이유로 이화李和 등 백관과 대간臺諫 들의 집중적인 탄핵을 받은 끝에 제주도로 유배됐다가 태종 10년(서기 1410년) 3월 유배지에서 목숨을 끊어야 했다. 양위 소동의 행간을 읽는 정치 식견이 부족했던 탓이다.

난국 타개의 수단으로 선위 소동을 벌였던 임금이 선조다.

임진왜란 중인 선조 29년(서기 1596년) 명나라 찬획주사贊劃主事 정응태丁應泰는 조선이 일본과 손잡고 명나라를 배신할 것이라고 명나라 신종神宗에게 모함했다. 함께 조선에 온 명나라 장수 양호楊鎬와 주도권 다툼 때문에 선조를 걸고넘어진 것이다. 이는 그렇잖아도 전란 대처에 무능해서 수세에 몰렸던 선조의 처지를 크게 약화했다. 선조는 동궁東宮, 광해군에게 모든 정사의 결재를 받으라며 국왕직 파업을 선언했다. 이때의 대리청정 소동은 왕권의 동요가 전란 극복에 도움이 되지 않는다고 판단한 영의정 유성룡柳成龍이 백관百官을 거느리고 국왕직 복귀를 거듭 주청해 겨우 가라앉혔다.

지난 날 노무현 전 대통령이 임기 1년 3개월을 남겨두고 하야를 시사하는 발언을 해서 정가가 시끄러웠던 적이 있었다. 그때 필자는 노 전 대통령이 탄핵 때 읽었다는 이순신의 좌우명, "생즉사生卽死 사즉생死卽生"의 각오로 임해 임기 뒷부분에는 성공한 대통령이 되어달라는 글을 썼다. 만약 그때 실제로 하야했다면 형식은 자살이지만 내용은 타살로 생을 마감하는 비극을 막을 수 있었을까? 태종은 왕위를 호랑이 등에 올라탄 것이라고 표현했다. 그가 성공한 임금이 된 것은 왕위가 호랑이 등에 탄 것이란 사실을 알았기 때문일 터다.

초기 대응 매뉴얼

《고려사절요高麗史節要》 정종 12년(서기 1046년) 조에는 "병부낭중 김경金瓊을 보내 동해부터 남해까지 바닷가를 끼고 내려가며 성보城堡와 농장을 쌓아 해적의 공격을 억눌렀다"라는 기록이 있다. 현재 동해안의 긴 철책처럼 1,000년 전에는 해적의 침략을 막기 위해 긴 방어선을 쳤던 것이다.

　　중국인 해적도 있었다. 고려 선종 10년(서기 1093년) 서해도 안찰사가 연평도를 순검하다가 해적선 한 척을 나포했는데 일본 해적 열아홉 명과 송나라 해적 열두 명이 타고 있었다. 안찰사는 "이는 두 나라 해적이 공동으로 우리나라 변경을 침입하려던 것"이라며 병장기는 압수하고 해적들은 영외嶺外에 귀양 보냈다. 원나라의 일본 정벌에 고려가 협력했던 데는 해적 소탕의 의미도 들어 있기 때문이다. 일본 정벌은 실패했지만 이익李瀷이 《성호사설星湖僿說》 〈왜구시말倭寇始末〉 조에서 "이로부터 왜적의 환란이 그쳤으니 원나라를 두려워했기 때문인데, 원나라가 쇠약해지자 왜적은 또다시 침략했다"라고 말한 것이 이를 말해준다.

해적의 소굴은 대마도였다. 원종 4년(서기 1263년) 해적이 세금 수송 선박인 공세선貢稅船을 노략질하자 원종은 대관서승大官署丞 홍저洪泞 등을 일본의 가마쿠라鎌倉 막부에 보내 항의했고, 막부 조사 결과 대마도 해적의 소행으로 밝혀져서 배상을 받아 돌아왔다. 인정복安鼎福은《동사강목東史綱目》에 이 내용을 적으면서 "신라 이후부터 왜적이 침입하고 횡포를 부리는 것은 모두 이 대마도에서 조종한 것이기 때문에 왜국을 제어하려면 반드시 먼저 대마도의 왜를 제어하는 방책을 알아야 할 것이다"라고 평하고 있다. 상왕 태종이 세종 1년(서기 1419년) 대마도를 정벌하고, 이듬해 대마도를 경상도에 예속隸屬한 것도 마찬가지 조치였다. 대마도를 압박하는 것이 해적 문제를 푸는 매뉴얼이었던 셈이다.

이미 세계화 대열에 접어든 한국이 국외 납치 사건에 대한 매뉴얼이 없다니 큰 문제다. 여론이 정부 개입의 기준이 돼왔을 뿐이다. 몇 해 전 일어났던 소말리아 해적에 의한 마부노호 납치 사건 등은 동일 사건에 대한 국가 차원의 매뉴얼이 있어야 함을 말해주는 것이다.

지방이 살아야 중앙이 안정된다

지방 자치가 활발했던 때는 고려 시대였다. 그러나 고려의 임금들이 마음이 넓어서 지방에 재량권을 대폭 이양한 결과 지방 자치가 발달한 것은 아니었다. 태조 왕건王建은 모두 29명의 후비后妃를 두었는데, 《고려사高麗史》 〈후비 열전〉에서 한미한 가문 출신이라고 기록하고 있는 나주에서 빨래하던 여인 장화莊和왕후 오씨를 빼고는 모두 유력 가문 출신이었다. 임금은 지방의 유력 호족에게 후한 예물과 함께 자신을 낮추는 글을 보내는 '중폐비사重幣卑辭'를 통한 정략혼인의 결과로 많은 부인을 두었던 것이다.

태조는 재위 23년(서기 940년) 각 지역의 백성과 토지의 문적文籍을 작성하고, 그 지역의 유력한 호족들에게 성씨를 부여하는 토성분정土姓分定 정책을 실시했다. 씨성氏姓이라고도 불리는 토성土姓의 '씨'와 '토'가 바로 본관을 의미한다. 유력 호족에게 본관本貫을 줌으로써 그 지역의 지배권과 자율성을 인정해준 것이다. 왕건은 신라의 폐쇄적 골품제에서 소외된 지방 호족들을 규합해 고려를 건국했으므로 지방 호족 연합 정권이었다. 바로 이 호족들을 본

관제를 통해 국가의 지배 질서 속에 편입한 것이다. 국가에서 그 지역의 지배 세력임을 인정한 본관제 자체가 지방 자치의 상징인 셈이다.

《고려사高麗史》〈지리지地理志〉는 고려의 지방 제도를 서울을 뜻하는 개성부開城府, 경기京畿와 5도道 양계兩界라고 서술하고 있다. 나라 서북방의 서북계西北界와 동쪽의 동북계東北界, 그리고 나머지 5도 체제였던 것이다. 그런데 이 외에도 계수관界首官이라는 특수한 지방 조직이 있었다. 조선 초까지 존속했던 계수관은 지방의 중심이 되는 대읍을 뜻한다. 관하에 영군領郡, 영현領縣, 속군屬郡, 속현屬縣을 갖고 있는 경京, 목牧, 도호부都護府 등이 바로 계수관이다. 이 계수관은 고려 후기에 약 34개소가 있었는데, 도와 군현의 중간쯤 되는 지방 조직이었던 셈이다.

지방 행정 체제 개편에 대한 다양한 의견이 나오고 있다. 기형적인 중앙 비대 현상을 해소하고 지방을 살리자는 의도일 텐데 계수관을 비롯한 우리 역대 지방 행정 조직의 역사를 살펴보면 도움이 될 것이다.

백성은 밥을 하늘로 삼는다

이명박 전 대통령은 당선자 시절 시화연풍時和年豐이란 사자성어를 꼽은 적이 있다. "시절이 화평하고 해마다 풍년이 든다"는 뜻으로 《조선왕조실록朝鮮王朝實錄》에 나온다지만 원래는 《모시정의毛詩正義》〈소아小雅〉 편에 나온다. "만물이 성다하고 인민들이 충효한 즉 시화연풍에 이른다萬物盛多, 人民忠孝, 則致, 時和年豐"는 말이다. 《예기주소禮記注疏》〈곡례曲禮〉 편에는 "성왕成王 때에는 시절이 태평하고 시화연풍해서 가을의 보제報祭 때 사방의 신들이 다 와서 즐겼다太平時和年豐至秋報祭招來四方之神禮繫祭祀引之者證四方之義也"라는 구절이 나온다.

시화연풍은 단독으로 사용되기보다 '천하무사天下無事' '백성락업百姓樂業'이라는 구절과 함께 사용된다. 《진서晉書》〈식화지食貨志〉와 《송서宋書》〈공림지孔琳之 열전〉에 똑같이 "천하가 무사하고 시절이 화평하고 해마다 풍년이 드니 백성들이 즐겁게 생업에 종사한다天下無事 時和年豐 百姓樂業"라는 구절이 실려 있다. 이 구절은 백성의 먹을 것이 그만큼 중요하다는 뜻으로 사용된다. 《구오대사舊五代史》〈예지禮志〉에는 "시절이 화평하고 해마다 풍년이 든 후에야 자신을 닦고 상례로 돌아갈 수 있다^{時和年豐 然後克修常禮}"라고 전하고 있다.

백성에게는 경제가 가장 중요하다는 뜻으로 조선 왕조에서 시화연풍보다 더 자주 사용한 말은 '식위민천食爲民天'으로 "백성은 밥을 하늘로 삼는다"라는 뜻이다. 세종이 재위 29년(서기 1447년) 경기 감사 김세민金世敏에게 이 말을 한 것을 비롯해서 성종도 재위 6년(서기 1475년) 백관의 하례를 받을 때 "백성은 밥을 하늘로 삼는다"라고 똑같은 말을 했다. 강원도 관찰사 고형산高荊山은 중종 7년(서기 1512년) "신이 듣기에 백성은 나라의 근본이요, 백성은 밥을 하늘로 삼습니다"라고 상소를 올렸다. 중종 20년(서기 1525년) 사헌부 대사헌 손중돈孫仲暾도 "신이 듣기에 백성은 나라의 근본이요, 백성은 밥을 하늘로 삼습니다"라고 똑같은 상소를 올렸다.

똑같은 말을 한 군주는 정조다. 정조는 재위 7년(서기 1783년) 경기도에 흉년이 들자 구언하고 3일 동안 감선減膳하라는 교서를 내리면서 "오호라! 백성은 나라의 근본이요, 백성은 밥을 하늘로 삼는다. 나의 한결같은 생각은 다만 백성들의 먹을 것에 있다"라고 말했다. 말로만 민생이 아니라 실제로 백성의 먹을 것을 가장 우선하는 정권을 구경하는 날이 오기는 할 것인가?

어둑할 때 우는 닭 한 마리가 있는가

권신權臣을 두려워하지 않고 그를 제거하라고 직언直言하는 것을 매륜埋輪, 수레바퀴를 묻음이라고 한다. 후한後漢 순제順帝 때 대장군 양기梁冀가 권신이었지만 누구도 말을 하지 못했다. 그때 장강張綱이 순안어사巡按御史로 임명되자 수레바퀴를 땅에 파묻으면서埋輪, "지금 늑대와 승냥이가 길을 막고 있는데, 어찌 여우와 살쾡이를 따지겠는가?豺狼當路, 安問狐狸"라면서 양기를 탄핵했다. 권신을 그대로 둔 채 작은 탐관오리를 적발하는 것이 무슨 의미가 있겠냐는 뜻으로,《후한서後漢書》〈장강張綱 열전〉에 나온다.

성종 9년(서기 1478년) 4월 흙비土雨가 내렸다. 이런 자연재해가 발생하면 군주에 대한 하늘의 견책譴責으로 여겼기에 성종은 자신의 잘못을 지적해달라고 구언求言했다. 사림士林의 상소가 잇따르자 비서실장 격인 도승지 임사홍任士洪이 "천지의 재변은 운수運數에 있으니 운성隕星, 별똥도 역시 운수이며 지금의 흙비도 때의 운수이지 어찌 재변이겠습니까?"라면서 하늘의 경고가 아니라고 반박했다. 양관兩館, 홍문관과 예문관의 관원 20여 명이 "임사홍의 말은

124

모두 옛 간신의 말"이라고 재차 반박해 큰 소동이 발생했다. 성종은 이때 임사홍 부자를 유배형에 처했기에 그나마 실패한 군주가 되지 않을 수 있었다.

'투서기기投鼠忌器'라는 말이 있다. 돌을 던져서 쥐를 잡고 싶어도 곁의 그릇이 깨질까 걱정한다는 뜻으로, 임금에게 피해가 갈까 두려워 손쓰지 못할 때의 비유로 사용된다. 그러나 그릇이 깨질까 두려워 간쟁하지 않으면 임금이 더 큰 해를 입게 된다. 정의正義는 원래 바른말, 바른 뜻을 의미한다. 성악설性惡說을 주창했던 순자荀子는 《순자》〈불구不苟〉편에서 "군자는 타인의 덕을 높이고, 타인의 아름다운 행실을 칭찬하지만 그것은 아첨이 아니고, 바른말正義로 타인의 잘못을 들어 비판하지만 헐뜯는 것이 아니다君子崇人之德 揚人之美 非諂諛也 正義直指 舉人之過 非毀疵也"라고 말했다.

이명박 정부 때 국무총리실 공직윤리지원관실이 "VIP께 일심一心으로 충성하는 별도 비선"이라고 자칭하며 광범위한 불법 사찰을 자행했다. 목숨이라도 던질 듯한 기세였지만 문제가 발생하자 혼자 살아남기 위해 일심으로 발버둥쳤다. 충성의 목적이 자신의 사익私益 추구에 있었기 때문이다. 《시경詩經》〈정풍鄭風〉에 "비바람 몰아쳐 어둑한데 닭 울음소리 그치지 않네. 이미 군자를 보았으니 기쁘지 않겠는가風雨如晦 雞鳴不已 旣見君子 云胡不喜"라는 시가 있다. 어둑할 때 우는 닭 한 마리의 존재 여부가 한 정권의 미래를 예측할 수 있는 주요 지표다.

신바람 전략

'기氣'라는 말처럼 다양한 뜻을 가진 언어를 찾기도 어렵다. 철학적으로는 만물 생성의 근원이 되는 힘을 뜻한다. 조선 후기 패동浿東 최한기崔漢綺는 〈하늘과 사람의 기天人之氣〉에서 "천지를 채우고 물체에 푹 젖어 있어 모이고 흩어지는 것이나 모이지 않고 흩어지지도 않는 것이나 기氣 아닌 것이 없다'라고 말했다. 비단 철학뿐만 아니라 우리 언어 곳곳에 '기氣'가 스며들어 있다. 사람의 성질을 말할 때 '끈기'나 '욱기'(일시의 기운)라는 표현을 쓴다. '거름기'처럼 땅에도 사용한다. '기 나다, 기막히다, 기죽다, 기차다' 등은 기운이 있고 없고를 뜻하는 말이다.

기氣는 한자어지만 '~기'라고 덧붙이면 '바람'과 비슷한 순수 우리말이 된다. 신 나는 기운이 신기神氣, 곧 신바람이다. 신바람이 나는 것을 신흥神興이라고 하는 경우도 있다. 숙종 38년(서기 1712년) 사신 일행을 따라서 북경으로 간 김창업金昌業의 《연행일기燕行日記》에 그런 기록이 있다. 만주 요양遼陽 부근에 999개 봉우리가 있는 천산千山을 가다가 "나는 신바람이 나서 날아가고 싶었는데神興飛往 말은 오히려 더디 가서 괴이하게 여겼다"라는 글이 그 것이다.

우리 민족은 원래 신기, 영기靈氣가 강했다. 중국 요령성遼寧省 서쪽 끝 부분인 능원시凌源市와 건평현建坪縣 사이에 서기전 3,500~ 3,000년경의 동이족의 유적인 우하량牛河梁 유적이 있다. 제단祭壇 과 여신묘女神廟 등이 발견됐고 부근의 동산취東山嘴 유적에서도 둥 근 제단터가 발견됐다. 중국은 동북공정 논리대로 중화 민족의 유적이라고 주장하지만 발견된 것은 농업 중심의 왕권 국가였던 중국의 황하黃河 문명과는 전혀 다른 신권 국가의 모습이었다. 동 이의 일원인 만주족이 작성한 《대청개국방략大淸開國方略》에는 "장 백산長白山. 백두산은 높이가 200여 리이고, 1,000여 리에 걸쳐서 뻗 어 있다. 웅대한 모습으로 우뚝 솟아 있어 영기가 모인 곳이다"라 고 표현하고 있다. 신기, 영기 등이 밖으로 뿜어져 나오는 것이 신바람이다.

언제부터인가 한국 젊은이들이 국제 대회에서 크게 신통한 성적을 올리지 못하고 있다. 필자가 보기에는 기성세대가 젊은이 들의 기를 꺾어버린 탓이 크다. 이미 석양인 기성세대는 떠오르 는 태양에게 자리를 물려줘야 한다. 다만 인생과 세상을 사는 지 혜도 물려주어야 할 텐데, 그렇지 못하니 세대 충돌이 걱정된다.

古今通義

2___
이인가, 의인가

한국 민족주의의 본령

'한국 민족주의'의 대표 선수를 꼽으라면 백범白凡 김구金九, 단재丹齋 신채호申采浩, 도산島山 안창호安昌浩 등은 탈락하지 않을 것이다. 길은 조금씩 달랐지만 셋은 일제와 끝까지 비타협적으로 투쟁했던 민족주의자였다. 백범은 대한민국임시정부의 법통을 끝까지 사수했고, 《조선상고사朝鮮上古史》를 저술한 단재는 '민족주의 사학자'라는 호칭에 가장 어울리며, 도산은 "독립운동을 계속하겠느냐"라는 일제 검사의 질문에 "밥을 먹는 것도, 잠을 자는 것도 대한의 독립을 위해서 한다"라고 대답했던 인물이다.

민족주의의 화신이란 공통점 외에 셋은 국제주의자와 문화주의자라는 공통점도 있다. 김구는 〈나의 소원〉에서 "내가 원하는 우리 민족의 사업은 (……) 오직 사랑의 문화, 평화의 문화로 우리 스스로 잘 살고 인류 전체가 의좋게 즐겁게 살도록 하자는 것이다"라고 말했다. 일본인에게 공포의 대상이었던 직접 행동 단체 한인애국단의 단장이 아니라 종교가의 발언 같다. "조선 민족의 생존을 유지하자면, 강도 일본을 쫓아내야 할 것이며, 강도 일본을 쫓아내려면 오직 혁명으로써 할 뿐이다"라는 신채호의 유명한 의열단 선언문은 식민지 통치 체제에서 평화는 요원하다는 인식의 소산이었다. 그 또한 민족주의자였지만 인류 공영의 신세계 건설을 열망했던 국제주의자였다.《독립신문》1920년 1월 13일 자의 신년사에서 안창호는 "우리 민족의 독립 정신과 문명文明한 품격을 실현하며 우리의 주의를 선전해 우리 각 개인의 행동으로 말미암아 세계만방의 친선과 동정이 있게 해야겠습니다"라고 동포에게 호소했다.

종로에서 10년을 살았다는 J. 스콧 버거슨 씨는《대한민국 사용후기》(갤리온, 2007년)에서 한국에는 천박한 민족주의가 넘친다고 비판했다. "정치가들은 천박한 민족주의에 불을 지피고 문화는 파괴됐다"라며 탈북자에게는 도도하면서도 축구 경기 때는 한민족의 수호자처럼 흥분한다는 예도 들었다. 백범, 단재, 도산 등으로 대표되는 한국 민족주의의 본래 모습은 이렇지 않았다. 가장 민족적이면서도 바깥을 향해 활짝 열려 있었던 한국 민족주의의 본령本領을 되살려야 할 때다.

인심을 잃으면 독부가 된다

《대명률大明律》에서 규정한 가장 큰 죄가 십악+惡이다. 그중 첫 번째가 모반謀反으로서 종묘사직을 위태롭게 하는 죄였다. 왕조 교체를 꾀하는 것이 십악 중에서 가장 큰 죄로서 이 죄를 범하면 온 몸을 찢어 죽이는 능지처사에 처했다.

그럼에도 왕조 교체는 계속됐다. 왕조 교체의 논리 또한 분명했기 때문이다. 그것이 바로 일부론-夫論이다. 《맹자孟子》〈양혜왕〉 조는 제齊 선왕宣王이 "탕湯이 걸桀 임금을 쫓아내고, 무武가 주紂 임금을 정벌했는데, 그런 일이 있었습니까?"라고 물었다고 전한다. 맹자가 그런 사료가 있다고 대답하자 선왕은 "신하로서 그 임금을 시해弑害하는 것이 옳습니까?"라고 따져 물었다.

당연히 '신하가 임금을 죽였으니 잘못'이라고 대답할 줄 알았지만 맹자의 대답은 달랐다. 맹자는 "인仁을 해치는 자를 적賊이라 하고, 의義를 해치는 자를 잔殘이라고 하는데, 잔적殘賊은 일부-夫, 한 사내에 불과합니다. 일부인 주紂를 죽였다는 말은 들었어도 임금을 시해했다는 말은 듣지 못했습니다"라고 대답했다. 인의仁義를

132

해치는 자는 임금이 아니라 잔인한 도적에 불과하다는 뜻이다.

《모시주毛詩注》〈상송商頌〉은 "무왕이 주를 정벌한 것을 혁명革命이라고 이른다"라고 역성혁명易姓革命의 정당성을 천명했다. 일부一夫를 독부獨夫라고도 한다. 《모시주》〈대아大雅 문왕文王〉 조는 "주紂를 독부라고 하는데, 다시 천자로 복위하지 못했다"라고 전한다. 《상서尚書》(《서경》)〈태서泰誓〉에는 "나를 어루만져주면 임금이지만, 나를 학대하면 원수다"라는 말까지 나온다. 정치를 잘못하면 임금이 아니라 원수라는 내용이 경전에 버젓이 등장하니 임금으로서는 뜨끔하지 않을 수 없다.

태종은 재위 5년(서기 1405년) 8월 세자 양녕에게 "걸주桀紂를 왜 독부라고 부르는지 아느냐?"라고 물었다. 세자가 "인심을 잃었기 때문입니다"라고 대답하자 "걸주는 천하의 주인이었지만 인심을 잃자 하루아침에 독부가 되고 말았다. 하물며 너와 내가 인심을 잃으면 하루도 이 자리에 있지 못하게 될 것이다"라고 깨우쳐주었다. 부모에게 왕위를 물려받은 왕조 국가에서도 임금이 인심을 잃으면 독부가 되고 원수가 됐다.

선거로 뽑힌 역대 대통령들이 임기 후반으로 가면 거의 예외 없이 독부로 전락한다. 선거 때만 지나면 민심 무서운 줄 모르기 때문이다.

정의란 무엇인가

정의란 무엇인가? 원래는 경전經典이나 역사서의 옳은 뜻풀이를 뜻했다. 사마천司馬遷의 《사기史記》에 당나라 장수절張守節이 주석을 달고 제목을 《사기정의史記正義》로 붙인 것이 이를 말해준다. 청淸나라 건륭제乾隆帝의 명으로 편찬한 《흠정 사고전서欽定四庫全書》 중의 《주역정의周易正義》는 "여러 경전의 정의正義는 전적典籍에 근거해야 한다"라고 기록하고 있는데 이 역시 정의가 경전의 뜻풀이임을 말해준다. 당나라 때 공영달孔穎達이 《시경詩經》, 《서경書經》, 《역경易經》, 《예기禮記》, 《춘추春秋》에 주석한 책 제목이 《오경정의五經正義》인 것도 마찬가지다.

　　그러나 현재 사회에서 인식하는 정의는 올바른 일이 실현된 상태를 뜻한다. 예나 지금이나 의義를 실천하기 위해서는 손해를 감수해야 한다. 공자는 《논어論語》 〈이인里仁〉 편에서 "군자는 의義에 밝고 소인은 이利에 밝다"라고 말했다. 세상은 항상 군자보다는 소인이 많기 때문에 그때도 의를 추구하는 군자는 현실적으로는 손해를 봤다는 뜻이다. 그래서 공자는 《논어》 〈위정爲政〉 편에서 "의를 보고도 행하지 않는 것은 용기가 없는 것이다"라고까지 의의 실천을 권했다. 의를 실천하기 위해서는 때로 목숨까지 걸어야 한다. 《사기史記》〈채택蔡澤 열전〉에 "이렇게 군자는 난세에 의로써 죽는데, 죽음을 집으로 돌아가는 것처럼 여긴다視死如歸"라는 구절이 있다. 때로는 죽음을 집으로 가는 것처럼 여겨야 의를 실천할 수 있다.

그런데 《묵자墨子》는 〈경상經上〉 편에서 "의는 이利이다義利也"라고 말했다. 사회주의 사상의 일종인 겸애설兼愛說을 주장한 묵자의 이 말은 천하를 이롭게 하는 의義가 이利라는 뜻이다. 청말淸末의 사상가 양계초梁啓超는 묵자를 "작은 예수이자 큰 마르크스"라고 평가했는데, 이런 의가 실현되는 사회를 만드는 것이 쉬울 리가 없다. 묵자에게는 의가 이利가 되는 사회 실현을 위해 목숨 거는 결사 집단이 있었다. 《회남자淮南子》〈태족훈泰族訓〉에 "묵자의 일을 따르는 자服役者가 180명인데, 불에 뛰어들고 칼을 밟고 죽는 한이 있어도 한 발도 물러나지 않았다"라고 전하고 있다. 이런 결사 집단이 있었어도 사회 정의 실현은 미미했다. 사회 정의는 늘 미완이기에 목숨 걸고 추구할 가치가 있는지도 모른다. 결과뿐 아니라 과정도 중요하다는 뜻이다.

표류

해양 사고에 대한 국제 협약이 없던 시절에는 타국인이 관련된 해양 사고를 어떻게 처리했을까? 비록 정식 조약은 없었지만 조선, 중국, 일본, 유구琉球, 오키나와 등이 속해 있던 동아시아에는 확고한 국제 관례가 존재했다. 최선을 다해 구조한 후 고국으로 돌려보내는 것인데, 송환 비용까지 구조국救助國에서 책임졌다는 점이 놀랍다.

《승정원일기承政院日記》에 따르면 고종 8년(서기 1871년) 9월 나주羅州 가가도可佳島에 유구인 22인이 표류해 오자 의정부는 "놀라움과 두려움 끝에 살아남은 목숨인 만큼 속히 돌아가기를 바라는 마음이 간절할 것"이라며 가장 튼튼한 조운선漕運船을 주어 돌려보냈으니 인도주의의 구현이었다. 태종 6년(서기 1406년)에는 충청도 순성蓴城, 태안에 시득施得 등 중국인 84인이 표류해 오자 구호는 물론 의복, 갓, 신靴까지 내려주고 사역원 부사副使 최운崔雲에게 북경까지 호송하게 했다.

자국민 송환에 후하게 답례하는 것 또한 국제 관례였다. 세조는 재위 2년(서기 1456년) 표류 조선인들을 돌려보낸 일본인 신사야문信沙也文에게 쌀과 콩 50석石, 정4품 호군護軍 벼슬, 그리고 김신문金信文이라는 이름까지 하사했다. 중국도 마찬가지여서 이식李植, 1584~1647년의 《택당집澤堂集》에 실린 〈표류 중국인을 송환하자 칙서를 보낸 데 사은한 표문漂海唐人解送降勅謝恩表〉에는 명明 희종熹宗이 중국인 송환에 관련된 조선인 전원에게 내부內府, 왕실의 창고의 황금과 폐백으로 답례했다는 내용이 실려 있다.

조선은 외국에서 죽은 시신이라도 찾기 위해 최선을 다했다. 중종 37년(서기 1542년) 6월, 40명의 표류인 중 네 명이 중국에서 죽자 중종은 사신에게 반드시 시신을 찾아 가족에게 돌려주라고 엄하게 전교하고 있다. 표류인의 구호를 소홀히 하거나 재물을 빼앗을 경우 엄한 형벌을 받았다. 국가의 품격 문제로 인식했기 때문이다. 몇 년 전 한국 화물선 골든로즈호가 중국 컨테이너선 진성호와 부딪쳐 침몰한 사건이 있었다. 이때 중국 측 조사단장인 왕진푸王金付 중국 교통부 해사국 부국장이 진성호의 책임이 더 크다는 결론을 내렸다. 중국이 국가의 품격을 지킨 사례라고 해야 할 것이다.

진대법과 대동법

고구려 고국천왕이 사부四部에 인재 천거를 명했을 때 추천받은 인물은 동부東部의 안류晏留였다. 그러나 안류는 사양하면서 대신 서압록곡西鴨淥谷의 농부 을파소乙巴素를 천거했다. "성질이 강의하고 지혜가 깊으나 세상에서 쓰이지 못해 힘들여 밭을 갈아 살아가는데, 대왕께서 만약 나라를 다스리려 하신다면 이 사람이 아니고는 할 수 없습니다"라는 것이었다. 유리왕 때의 대신 을소乙素의 손자였던 을파소는 몰락한 명가 후손이었다. 고국천왕이 중외대부中畏大夫로 임명하자 을파소는 이런 관직으로는 국사 처리에 부족하다고 생각해 거절했다. 그러자 고국천왕은 을파소를 국상國相으로 임명했다. 이렇게 중용된 을파소가 구신舊臣들의 반대를 무릅쓰고 시행한 법이 빈민 구호법인 진대법賑貸法이다.

조선의 김육金堉은 중종 때 조광조趙光祖와 함께 귀양 갔다가 거창居昌에서 자결한 기묘명신己卯名臣 김식金湜의 종손이었다. 그는 성균관 태학생 시절인 광해군 때 집권 대북大北 영수에 맞섰다가 과거 응시 자격이 박탈됐다. 그는 경기도 가평의 잠곡潛谷에 들어가 10년 동안 스스로 농사짓고 숯을 구워 팔아 생계를 꾸렸다.

인조반정 이후 등용된 김육은 백성의 고통을 잊지 않았다. 효종 즉위년(서기 1649년)에 우의정에 제수되자 "왕자王者의 정사는 백성을 편안하게 하는 것보다 우선할 일이 없으니 백성이 편안한 연후에야 나라가 안정될 수 있습니다"라며 충청도와 전라도에 대동법大同法을 시행하겠다면 출사하겠다고 조건을 내걸었다. 대동법은 대토지 소유자는 세금을 많이 내고 빈자貧者는 면제하는 조세 정의의 세법이었다. 당연히 대토지 소유자들의 반발이 거셌지만 김육의 주장대로 대동법을 시행하자 백성의 살림이 나아지고 나라도 안정됐다.

을파소나 김육은 한때 불우한 처지였기 때문에 백성의 질고를 잘 알고 진대법과 대동법을 시행했던 것이다. 국가 정책은 늘 사회적 약자의 자리에서 바라보고 시행해야 할 것이다. 한때 내각과 청와대 비서진이 부자들로 채워져 문제가 된 적이 있는데, 이런 사람들의 시각으로 진대법과 대동법은 나올 수 없는 정책이다.

직접 행동과 도덕성

한국 독립운동의 주요한 특징은 높은 도덕성이다. 일본인이라도 민간인이거나 식민 지배에 직접 연관되지 않았으면 어떠한 위해도 가하지 않았다. 유혈 투쟁을 직접 행동이라 하는데 직접 책임자들만 겨냥하다 보니 희생이 컸다.

1925년 상해에서 결성된 임시정부 외곽 조직 병인의용대丙寅義勇隊의 김창근金昌根 등은 대원 두 명이 일본 총영사관에 체포되자 1926년 삼엄한 경계 중인 총영사관 뒤쪽 길을 자동차로 질주하면서 폭탄 세 개를 던졌다. 김창근은 또 1935년 독립운동가를 체포 고문하는 총영사관의 후지이藤井 경부보를 제거하기 위해 관사 정문에 폭탄을 설치했으나 불발하는 바람에 실패했다. 체포된 김창근은 1937년에 평양형무소에서 사형이 집행돼 순국했다.

아나키스트인 구파鷗波 백정기白貞基는 결핵에 걸린 의열단원을 돕다가 감염돼 상해 근교의 요양 병원에 입원했는데, 일본 처녀와 사랑에 빠졌다. 정화암鄭華岩의 회고록《이 조국 어디로 갈 것인가》는 사랑을 뿌리치고 다시 독립운동에 나선 백정기가 가끔 우울할 때면 "그 소녀의 맑은 눈망울에 눈물이 글썽거리던 모습이 아른거린다"라고 회고했다고 전한다. 백정기는 1933년 아리요시有吉 공사와 일본군 장성들을 폭사시키려던 상해 육삼정六三亭 사건으로 체포됐다. 이때 함께 체포됐던 이강훈의 《민족해방운동과 나》(제삼기획, 1994년)에는 백정기가 자신은 병 때문에 오래 살지 못할 테니 모든 것을 자신에게 떠넘기고 가벼운 형을 받아 나가라고 했다고 전한다. 백정기는 1936년 옥사했다.

엄순봉嚴舜奉(엄형순)은 우당 이회영의 아들인 이규창李圭昌과 상해의 친일 거두인 거류민단장 이용노李容魯를 제거했다가 체포됐다. 이규창은 자서전 《운명의 여진》에서 사형을 선고받은 엄형순이 13년 형을 받은 이규호에게 "좋은 세상이 오면 어머니 모시고 잘 살라"라고 웃으며 말했다고 전한다. 그는 1938년 사형당했다. 한국 독립운동사가 자랑스러운 것은 지난한 투쟁 끝에 독립을 쟁취했다는 결과뿐만 아니라 그 과정이 성직자 못지않게 도덕적이었기 때문이다. 그래서 한국 독립운동을 무고한 민간인을 납치해 살해하는 탈레반 같은 테러 조직에 비교하는 것은 한국 독립운동사에 대한 모독이자 친일 청산이 제대로 되지 못한 그릇된 교육의 부산물일 뿐이다.

피의 대가로 쟁취한 결과물

대한민국임시정부는 1940년 중경重慶에서 창설된 광복군 이외에는 군사 조직이 없다고 인식하는 사람이 많다. 그러나 임시정부의 군사 활동은 1920년대가 절정기였다. 1920년 7월 임시정부 국무 회의는 만주에 광복군 사령부(총영總營이라고도 함)를 설치하기로 의결했는데, 이때 상해에서 무기를 공급했던 광복군 군정국장 김승학金承學은 회고록《망명객행적록》(희산김승학선생기념사업회, 2011년)에서 1920년 8월경부터 연말까지 일제의 발표로도 교전 78회, 주재소 공격이 56회나 돼 "압록강 연안 일대와 평북 지방을 일시 전장화戰場化해 적측에서도 상당히 당황했다"라고 전하고 있다.

광복군 사령부는 1924년 5월에는 대한민국임시정부 육군주만참의부(약칭 참의부)로 재편되는데, 그 직후 조선 총독 사이토 마코토齋藤實를 저격해 큰 충격을 주었다. 참의장 백광운白狂雲 장군은 사이토가 1924년 5월 19일 압록강 상류에서 신의주로 내려온다는 정보를 입수하고 저격을 지시했다. 소대장 장창헌張昌憲과 대원들은 고구려 국내성 아래의 집안현集安縣 소랑곡小浪谷에서 총독이 탄 무장 경비선 아스카마루飛鳥丸와 유희마루雄飛丸에 총격을 퍼부었고 두 배는 황급히 도주했다. 일제 경무국警務局에서 작성한 〈총독 저격 사건에 관한 건〉은 '흉한兇漢', 즉 참의부 독립군 열 명이 40~50발을 발사했고, 일제는 72발을 응사했다고 보고하고 있다. 참의부는 1924년 6월에만 17회에 걸친 국내 진공 작전을 전개하는 등 1929년 한국독립군, 조선혁명군과 통합할 때까지 헤아릴 수 없는 국내 진공 작전을 전개해 일제의 간담을 서늘하게 했다.

그 과정에서 비극도 있었다. 대표적인 사건이 1925년 3월 16일의 고마령古馬嶺 참변이다. 밀정의 밀고를 받은 평북 초산경찰서 소속 65명이 집안현 산중에서 회의 중이던 참의부를 습격해 치열한 총격전 끝에 참의장 최석순崔碩淳 이하 29명이 전사한 비극이다. 고마령 참변의 현장을 답사한 적이 있었는데, 그 치열한 총소리가 들리는 듯했다. 8·15 광복이 거저 얻어진 것이 아니라 독립군의 투쟁과 피의 대가로 쟁취한 결과물이란 사실을 잊는다면 대한민국의 미래는 없다.

자유를 극대화하되 균등을 추구하라

대한민국 헌법 전문은 "3·1 운동으로 건립된 대한민국임시정부의 법통과 불의에 항거한 4·19 민주 이념을 계승한다"라고 천명하고 있다. 대한민국임시정부는 1941년 11월 28일 중경重慶에서 발표한 〈대한민국 건국 강령〉 총칙에서 "대한민국의 건국 정신은 삼균 제도三均制度에 역사적 근원을 두었다"라고 선언했다.

삼균 제도란 조소앙趙素昻이 제창한 삼균주의三均主義로서 정치의 균등화, 경제의 균등화, 교육의 균등화로 요약된다. 조소앙의 삼균주의는 서구식 자본주의의 경제·교육의 불평등과 소련식 공산주의의 정치 독재라는 단점을 극복한 신민주주의 이론이었다. 조소앙은 〈자전自傳〉에서 "1926년에 이르러 한국유일당촉성회를 조직하고 〈삼균 제도〉 일문一文을 저술했다"라고 써서 그 구상은 건국 강령 훨씬 이전임을 시사한다.

조소앙은 삼균주의보다 삼균 제도라는 말을 더 자주 사용했는데 주의가 일종의 선언이라면 제도는 구체적 정책 시행을 뜻하기 때문이었다. 김구, 이동녕, 안창호, 조소앙, 조완구 등 저명한 독립운동가들이 참가해 1930년 1월 상해上海에서 결성한 한국독립당은 당의黨義에서 "국토와 주권을 완전 광복하고 정치, 경제, 교육의 균등을 기초로 한 신민주국을 건설한다"라고 밝혔다. 삼균주의는 나라 안에서는 개인과 개인 사이의 평등을 뜻하는 인균人均으로 나타나고, 나라 밖에서는 나라 사이의 평등을 뜻하는 국균國均, 민족 사이의 평등을 뜻하는 족균族均으로 나타남으로써 세계가 평등하고 평화롭게 지내는 세계 일가 사상으로 승화된다.

광복 후 남북 협상을 통한 통일 정부 수립 운동에 나섰던 조소앙은 1948년 8월 15일 수립된 정부에 대해 "주권과 영토가 완성되지 못했다는 이유로 대한민국을 거부할 이유가 발견되지 않는다"라면서 임시정부의 법통을 계승한 정부라고 인정했다.

헌법재판소는 개인의 자기결정권에 속해야 할 간통죄에 대한 형사처분은 합헌이라고 규정하고, 사회적 합의의 대상인 종합부동산세(종부세) 세대별 합산 과세는 위헌이라고 판결했다. 이 판결을 '대한민국 건국 강령'에 비춰보면 어떤 결과가 나올까? 간통죄는 위헌, 세대별 합산 과세는 합헌이 나오리라 생각한다. 간통처럼 개인의 자기결정권에 속하는 부분은 자유를 극대화하되 종부세처럼 경제의 균등을 추구한 제도는 제한을 가하는 것이 임시정부의 건국 정신이기 때문이다. 이것이 또한 대한민국의 헌법 정신이어야 한다.

과연 좋은 세상은 돌아왔는가

대한제국은 1903년 이범윤李範允을 북변간도관리사北邊間島管理使로 임명해 간도 영유권을 행사했다. 이범윤은 한인韓人들을 중심으로 사포대私砲隊를 조직해 청의 관리와 군인 들에게 맞섰다. 청의 거듭된 항의에 대한제국은 이듬해 이범윤을 소환했으나 간도 영유권은 계속 주장했다.

　일제는 1909년 남만주 철도 부설권과 무순撫順 탄광 개발권을 받고 간도를 불법적으로 청에 양도했다. 그 10년 후 국내에서 3·1 운동이 일어나자 만주 전역으로 만세 시위가 요원의 불길처럼 번진 것은 간도 협약에 대한 분노도 한몫했다.

　1919년 3월 12일 간도의 만세 시위가 유하현柳河縣 삼원보三源堡에서 처음 일어난 것도 유래가 있다. 1910년 8월 말 일제가 대한제국을 강점하자 서울의 소론 명가였던 이회영李會榮 일가는 그해 12월 얼어붙은 압록강을 건넜다. 이듬해 정월에는 안동의 남인 명가 이상룡李相龍과 김대락金大洛도 같은 길을 걸었다. 이상룡은 "삭풍은 칼날보다 날카로와 차갑게 내 살을 에는구나. (……) 이

146

머리는 차라리 자를 수 있지만 이 무릎 꿇어 종이 될 수는 없도다 朔風利於劍 隸隸削我肌 此頭寧可斫 此膝不可奴"라는 시를 읊으며 압록강을 건넌다. 두 세력은 유하현 삼원보 추가가鄒家街에서 만나 자치 기관인 경학사耕學社를 조직한다. 〈경학사 취지서〉의 "부여의 옛 땅은 눈강嫩江, 송화강 지류에 달했은즉 이곳은 이국의 땅이 아니요, 고구려의 유족들이 발해에 모였은즉 여기 있는 사람들은 모두 옛 동포들이 아닌가"라고 선포했다. 독립운동가들의 역사관이 응축돼 있다. 경학사는 청산리 승첩勝捷의 근간이었던 신흥무관학교의 산파이기도 했는데, 이런 기반이 있었기에 삼원보에서 가장 먼저 만세 시위가 일어난 것이다.

북간도에서는 3월 13일 용정龍井에서 먼저 만세 시위가 일어났는데, 맹부덕孟富德이 지휘하는 중국군 사이에서 총이 발사돼 기수旗手 박문호朴文鎬 등 열일곱 명이 학살당한다. 일본 영사관 경찰이 중국군 사이에 숨어서 쐈다는 주장도 있다. 이상룡은 고향을 떠나면서 "다른 날 좋은 세상에 돌아와 살리라昇平他日復歸留"라는 시도 지었다. 간도 협약은 이미 100주년이 지났고, 3·1 운동은 100주년을 향해 달려가고 있다. 과연 좋은 세상은 돌아왔는가?

티베트는 정권을 되찾을 수 있을까

일본 관동군 참모부의 이시와라 간지石原莞爾는 1929년 "재만在滿 3,000만 민중의 공동의 적인 군벌 관료를 타도하는 것은 우리 일본 국민에게 부여된 사명使命"(《石原莞爾資料》)이라고 말했다. 1931년 9월 18일 관동군이 만주 사변을 일으킨 것은 이런 명분의 발현이었다. 물론 그는 "만몽滿蒙, 만주와 몽골 문제의 해결은 일본이 동 지방을 영유하는 것으로 해결된다"라는 말도 남겨 '민중의 적' 운운이 영토 야욕의 다른 표현임도 숨기지 않았다.

중화인민공화국 외교부는 1950년 1월 대변인 담화에서 "서장西藏, 티베트 인민은 중화인민공화국 민주 대가정의 일원이 되기를 요구한다"라고 주장했다. 티베트의 친중파인 판첸 라마는 모택동毛澤東과 주덕朱德에게 "서장 인민을 대표해 신속히 정의로운 군대를 파견해서 서장西藏을 해방하고 반동분자를 숙청해 (……) 서장 인민을 해방하기를 삼가 청한다"(《인민일보人民日報》, 1950년 2월 7일)라고 요청했다.

1909년 일진회의 이용구李容九 등은 조선 통감 소네 아라스케曾禰荒助에게 "대한국 2,000만 민중을 대표해"라고 시작하는 합방 청원서를 올려, "황실과 신민이 종시일천終始一天 길이 신성 무궁한 은혜를 입도록 해주심을 황송히 머리 숙여 감히 소원하나이다"라면서 합방을 청원했다.

판첸 라마나 이용구나 때와 장소만 다를 뿐 같은 인종이다. 전 세계의 이목이 한국 전쟁에 집중돼 있던 1950년 10월 중국 인민해방군은 티베트를 침공해 점령했다. 중국은 이 침략을 '서장西藏 인민 해방'이라고 주장했다. "재만 3,000만 민중의 공동의 적인 군벌 관료 타도"를 운운한 이시와라와 같은 논리다.

1919년 3월 1일 우리 민족이 "아我 조선의 독립국임과 조선인의 자주민임을 선언"하면서 3·1 운동을 일으켰듯이 1959년 3월 17일 티베트인도 티베트가 독립국임을 선포했다. 양자는 모두 혹독한 유혈 진압을 당했다. 〈3·1 독립 선언서〉는 '인류 평등과 민족자존의 정권'을 요구했다. 우리는 정권正權을 되찾았으나 티베트는 그렇지 못하다. 티베트인도 역사의 정체성을 잃지 않는다면 언젠가는 정권을 되찾을 것이다. 그것이 역사의 순리다.

국왕의 반성

소의간식宵衣旰食이란 말이 있다. 줄여서 소간宵旰이라고 하는데 새벽宵에 옷을 입고 해 진 후旰에야 식사를 할 정도로 국왕이 정사에 부지런하다는 뜻이다. 소간지우宵旰之憂라는 말은 그래서 국왕의 나랏일 걱정을 뜻한다. 그러나 임금 자리는 부지런하다고 성공하는 자리가 아니다. 오히려 너무 부지런해서 일을 망치기도 한다. 《노자老子》〈거위居位〉편에 "큰 나라를 다스리는 일은 작은 생선 삶듯이 하라治大國. 若烹小鮮"라는 말이 있다. 작은 생선 삶을 때 자꾸 뒤집고 뒤적이면 먹을 것이 없어진다. 이 말에는 백성을 괴롭히지 말라는 뜻과 국왕이 작은 일에 시시콜콜 간섭하지 말라는 뜻이 담겨 있다. 백성에게 선거권이 없던 시절에 국왕이 되는 것을 천명天命을 받았다고 보았다. 그러나 국왕이 실정하면 하늘은 천명을 다른 사람에게 넘긴다. 이것이 역성혁명易姓革命의 논리다.

　그런데 천명天命을 어떻게 알 수 있을까? 《송계삼조정요宋季三朝政要》라는 책에 "민심의 향배가 곧 천심이다民心之向背卽天心"라는 말이 있다. 민심을 얻는 자가 곧 천명을 얻는 것이다. 그러나 왕조가 자주 교체되는 것도 바람직하지 않으므로 임금이 정치를 잘못하면 하늘은 먼저 가뭄이나 홍수 같은 천재지변으로 경고한다. 그러면 국왕은 반성해야 한다.

은殷나라 탕왕湯王이 폭군인 하夏나라 걸왕桀王을 치고 천자가 됐는데 7년 동안 큰 가뭄이 들었다. 탕왕은 몸에 흰 띠白茅를 두르고 상림桑林에 나가서 기우제를 지내며 통절하게 반성했다. 그런데 자책 내용이 여섯 가지로 구체적이었다. "정사에 절도가 없었습니까政不節與, 백성을 괴롭게 했습니까使民疾與, 궁궐이 사치스러웠습니까宮室榮與, 측근의 청탁을 받았습니까婦謁盛與, 뇌물이 오갔습니까苞苴行與, 남을 헐뜯는 것이 성했습니까讒夫興與"(《순자荀子》〈대략大略〉). 그러자 말이 끝나기도 전에 비가 내렸다고 전한다. 고려 선종宣宗도 재위 5년(서기 1088년) 여름에 가뭄이 들자 백관을 거느리고 남교南郊에 나가서 기우제祈雨祭를 지내면서 이 여섯 가지 일로 자책하고 궁실에서 나와 더운 바깥에 앉아서 정사를 봤다는 기록이 《고려사高麗史》에 있다.

대통령이 실패할 조짐이 보일 때 취할 수 있는 가장 좋은 방책은 실정을 구체적으로 자책하고 같은 실수를 반복하지 않는 것이다. 탕왕과 고려 선종이 자책한 여섯 가지를 현재의 정치에 대입해보면 여러 가지가 해당될 것이다. 묵자墨子는 나라의 일곱 가지 환난患難 중에서 다섯 번째 오환五患을 "임금이 스스로 신성하고 총명하다고 여겨 일을 할 때 묻지 않는 것君自以爲聖智而不問事"이라고 말했다.

도둑맞으려면 개가 짖어도 들리지 않는다

약 400년 전의 인조반정과 50여 년 전의 5·16 군사 쿠데타는 여러 공통점이 있다. "도둑을 맞으려면 개도 짖지 않는다"라는 속담은 두 정변의 경우 "도둑을 맞으려면 개가 짖어도 들리지 않는다"라고 바꾸어야 할 것이다.

쿠데타 당일인 광해군 15년(서기 1623년) 3월 12일, 광평대군의 후손 이이반李而攽은 길에서 만난 친족 이후원李厚源에게 "오늘 반정이 있으니 참가하자"라는 권유를 받고 급히 광해군에게 보고했다. 그러나 《광해군일기光海君日記》는 "어수당魚水堂에서 술에 취한 광해군이 대수롭지 않은 일로 여겼다"라고 전한다. 5·16 때도 쿠데타 관련 정보가 입수됐지만 장면 정부는 신속하게 대응하지 않았다. 광해군 때 집권 북인이 대북과 소북으로 분열되었듯이 민주당 정권도 신파와 구파로 분열돼 있었다. 또한 광해군이 의관 안국신安國信의 집에 숨었듯이 장면도 카르멜 수녀원으로 숨어 나타나지 않았다. 두 사람이 쿠데타 초기 목숨 걸고 저항했다면 사태는 예측 불허였을 것이다. 광해군이 정원군定遠君의 아들인 능양군綾陽君이 쿠데타의 주역일 줄 몰랐듯이 장면도 박정희 소장이 쿠데타를 일으킬 줄 몰랐다. 《선조실록宣祖實錄》35년(서기 1602년) 6월 조에서 "여러 왕자 중 임해군과 정원군이 일으키는 폐단이 한이 없어 남의 농토를 빼앗고 남의 노비를 빼앗았다"라고 전하듯이 정원군은 악명 높은 왕자였다. 심지어 정원군의 하인들은 선조의 형이자 정원군의 백모伯母인 하원군河原君 부인을 납치해 사간원에서 "인간의 도리상 절대로 있을 수 없는 일"이라고 비난하기도 했다. 장면 정권도 좌익 경력의 박정희 소장이 '국시를 반공'으로 삼는 정변을 일으키리라고 예상하지 못했다. 예상을 뒤엎는 곳에서 반전이 싹트는 법이다.

인조반정은 시대착오적이었다. 떠오르는 후금(청)을 부인하고 망해가는 명나라를 섬기는 숭명배금崇明排金 정책으로 정묘·병자호란을 불렀다. 신분제 완화를 요구하는 사회의 흐름과는 달리 신분제를 강화하고, 주자학 외의 모든 사상을 사문난적斯文亂賊으로 몰아 학문 사상의 자유를 억압했다. 한마디로 역사의 시계추를 거꾸로 돌린 잘못된 쿠데타였다. 동기도 과정도 결과도 모두 나빴다. 5·16도 헌정 질서를 무력으로 뒤엎은 동기와 과정은 나빴다. 그러나 농업 국가를 산업 국가로 탈바꿈하는 결과를 낳았다. 동기와 과정에 주목하느냐, 결과에 주목하느냐에 따라 평가가 극명하게 갈리는 이유가 여기에 있다.

선양인가, 방벌인가

죽기 전에 왕위를 물려주는 것이 선양禪讓이다. 혈족에게 물려주는 게 내선內禪, 남에게 물려주는 게 외선外禪이다. 《상서尚書》《서경》는 요堯임금이 타성他姓인 순舜에게, 순왕舜王도 타성인 우왕禹王에게 선양했다고 전한다. 반면 무력으로 폭군을 내쫓는 것이 방벌放伐이다. 은殷 시조 탕왕湯王이 폭군인 하夏나라 걸왕桀王을 쫓아낸 것이 방放이고, 주周 시조 무왕武王이 은나라 주왕紂王을 죽인 것이 벌伐이다.

그러나 선양과 방벌에 대해서는 많은 의문이 제기됐다. 《순자荀子》는 〈정론正論〉에서 "무릇 요순선양이라는 것은 허언虛言"이라고 비판했고, 고대 사서인 《죽서기년竹書紀年》은 "순舜이 요堯를 가두고 아들 단주丹朱도 못 만나게 했다"라고 하며 찬탈簒奪이라고 전한다. 심지어 《한비자韓非子》는 〈설의說疑〉에서 순·우·탕·무왕 네 명을 "인신人臣으로서 군주를 시해한 자들"이라고 격렬하게 비판했다.

《송사宋史》〈도곡陶穀 열전〉에는 후주後周 병부시랑兵部侍郎 도곡이 자기 소매 속에서 후주 임금의 선양 조서詔書를 내놓자 송 태조가 야박하게 생각하면서 즉위했다고 전한다. 그러나 도곡은 송나라에서 예·형·호 삼부三部의 상서尙書까지 올랐다. 조선 초의 권근權近이 〈천문도지天文圖誌〉에서 "태조에게 고구려의 천문도를 바친 자가 있는 것이 천명의 증거"라면서 "선양으로써 나라를 갖게 됐다以禪讓而有國"라고 주장하고, 세조가 즉위년(서기 1455년) 10월 명나라에 보내는 국서에서 "단종에게 선양을 받았다"라고 주장한 것처럼 대부분의 선양은 사실상 찬탈이었다.

그럼에도 불구하고 방벌은 백성에게 절대 왕권을 무너뜨릴 수 있는 논리를 제공했다는 가치가 있다. 맹자는 제齊 선왕宣王에게 "일개 필부一夫인 주紂를 죽였다는 말은 들었어도 임금을 죽였다는 말은 듣지 못했다"라면서 폭군은 임금이 아니라는 역성易姓 혁명의 논리를 제공했다. 희발姬發, 무왕은 "신하가 임금을 죽이는 것이 옳으냐"라고 말리는 백이伯夷, 숙제叔齊에게 "우리를 어루만져 주면 임금이지만 우리를 학대하면 원수撫我則后 虐我則讎"라면서 주왕紂王을 죽이고 주周나라를 개창했다.

세계 각지에서 방벌의 불길이 거세다. 천하의 공물公物인 국가를 제 가족 소유라고 우기던 지구 상의 모든 권력이 방벌에 떠는 형국이다.

제노 포비아

《삼국유사三國遺事》〈가락국기駕洛國記〉는 시조 수로왕首露王이 서기 48년 바다 서남쪽에서 붉은 깃발 배를 타고 온 여인을 왕후로 맞았다고 전한다. 여인은 수로왕에게 "아유타국阿踰陀國의 공주 허황옥許黃玉"이라고 말하는데, 아유타국이 어디인지는 오랜 논란거리였다. 인도 갠지스 강 상류의 아요디아라는 설, 태국 메남강가의 아유티아라는 설, 허황후의 시호 '보주태후普州太后'에 착안해 중국 사천성 가릉강 유역 보주普州의 소수 민족 파족巴族 출신이란 설도 있었다. 북한의 김석형은 일본에 있던 가락국의 분국分國으로 보았다. 어느 것이든 먼 외국 출신인 것은 분명한데 그 출신에 대한 반감이 전혀 없었다. 반감은커녕 둘 사이의 맏아들 거등은 김씨로 사성賜姓해 가락국의 왕통을 잇게 했지만, 다른 두 아들은 어머니를 사성해 허씨가 됐다. 현재 600만 명에 달하는 김해 김씨와 양천 허씨, 태인 허씨, 하양 허씨, 김해 허씨와 인천 이씨 등은 모두 김수로왕과 허황후의 후예다. 인천 이씨는 신라 경덕왕 14년 (서기 755년) 아찬 허기許奇가 당나라 사신으로 가서 안녹산安祿山의 난으로 피신하는 황제를 따라간 덕분에 당唐의 황성皇姓을 사성받아 이씨가 됐다(김병기,《가락국의 후예들》, 역사의아침, 2008년).

경주의 괘릉掛陵 호석護石 중의 무인석武人石은 서역인이라 불렸던 아랍인의 형상이다. 아랍 지리학자 이븐 쿠르다지바Ibn Khurdadhibah, 820~912년는《도로 및 왕국 총람》에서 "중국의 맨 끝에 있는, 금이 많은 신라라고 하는 나라에 들어간 무슬림은 이 나라의 훌륭함 때문에 정착했으며 절대로 떠나지 않았다'라고 전한다. 많은 아랍인이 신라에 정착했음을 엿볼 수 있는 대목이다. 서역인이 왕릉의 호석이 된 것은 최고위 무장의 지위까지 올랐다는 뜻이다.

1923년의 관동 대지진 때 일본 군부와 경찰, 극우파는 재일 한국인을 희생양으로 삼아 혼란을 극복하기 위해 한국인 학살을 자행했는데, 임시정부 산하《독립신문》특파원의 조사에 따르면 무려 6,661명이 피살됐다고 전하고 있다. 상해 프랑스 조계 공무국工務局 문서文書, 낭트 소장 사료에 따르면 "한국인을 잡을 때마다 무시무시한 목소리로 '조센징들이다. 조센징들이다'라고 외쳤으며, 그러면 많은 일본인이 뛰쳐나와 공격하는 데 앞장섰다'라고 전한다.

필리핀 출신의 비례대표 국회의원 당선자 이자스민에 대해 일부 네티즌이 제노 포비아(외국인 혐오증) 수준의 공격을 한 적이 있다. 인간에 대한 차별 의식은 그 자체로 정신병이다. 그것도 우리처럼 차별에 시달렸던 아픈 역사를 가진 민족에게는 반역사적인 자기 부정이 아닐 수 없다.

역사는 사실대로 기록되어야 한다

《춘추春秋》는 공자가 지은 역사서다. 사마천의《사기史記》〈공자 세
가〉에는 공자가 춘추를 지은 계기가 전한다. 공자가 "안 된다! 안
된다!"라고 탄식하면서 "군자는 죽은 후에 이름이 전해지지 않는
것을 걱정하는데, 나의 도道가 시행되지 않았으니 나는 무엇으로
후세에 스스로 드러나 보이겠는가"라면서《춘추》를 지었다고 한
다. 공자는 현실을 바꾸는 정치가가 되고 싶었지만 어느 군주도
그의 도道에 관심이 없었기에 대신 역사를 기록했다는 것이다.
사마천이 "오나라와 초나라의 군주들이 왕을 자칭했지만《춘추》
에서는 그것을 낮추어 자작子爵으로 칭했다"라고 적고 있듯이 공
자의 붓끝은 매서웠다. 맹자孟子는 "공자가《춘추》를 완성하니 난
신적자들이 두려워했다孔子成春秋 而亂臣賊子懼(〈등문공藤文公〉)"라고 평했
고, 사마천도 "《춘추》의 의리가 행해지자 천하의 난신적자들이 두
려워했다"라고 높게 평가했다. 공자의 사서史書 집필 방식이 춘추
필법春秋筆法으로서 이후 사서 서술의 전범이 됐다.
　　조선도 마찬가지였다. 김종직金宗直의 〈조의제문弔義帝文〉은 신

하인 수양대군이 임금인 단종을 시해弑害했음을 춘추필법으로 기록한 것이다. 〈조의제문〉을 《성종실록成宗實錄》에 실으려던 제자 김일손金馹孫은 체포될 때 "지금 내가 잡혀가는 것이 과연 역사 기록史事 때문이라면 반드시 큰 옥사가 일어날 것이다(《연산군일기》, 4년 7월 12일)"라고 예견했고, 실제로 그와 권오복, 권경유, 이목, 허반 등이 목이 잘려 죽는 무오사화(연산군 4년, 1498년)가 발생했다.

《세조실록世祖實錄》은 "노산군魯山君이 스스로 목매어 졸卒하니 예禮로써 장사 지냈다(《세조실록》, 3년 10월 21일)"라고 단종이 자살했다고 주장했다. 그러나 동시대 인물인 이자李耔, 1480~1533년는 《음애일기陰崖日記》에서 "실록에 노산이 영월에서 금성군의 실패를 듣고, 자진했다고 한 것은 모두 당시 호서배狐鼠輩, 여우와 쥐의 무리의 간악하고 아첨하는 붓장난이다"라고 성토했다. 단종은 자살한 것이 아니라 수양이 시해했다는 것이다.

역사는 이처럼 사실대로 직필直筆하면 된다. 독재자는 독재를 했다고 쓰면 되고, 자유 민주주의를 추구했다면 또 그렇게 직필하면 된다. 팩트는 사실대로 서술하되 해석은 관점에 따라 다를 수 있다. 21세기 개명開明 천지에 팩트까지 바꾸려는 호서배들의 붓장난이 다시 재연되는 것은 아닌지 주시하고 있다.

사람과 사물의 본성은 다른가

조선 후기 성리학의 가장 큰 논쟁은 사람과 사물事物. 짐승과 식물의 본성이 같은가 다른가였다. 이를 '인물성동이人物性同異 논쟁'이라고 하는데 영남의 남인 집안인 이휘일李徽逸, 이현일李玄逸, 이숭일李崇逸 형제 사이에서 시작됐다가 서울과 충청도 지역의 노론 계열 학자에게 이어져 100년 이상 계속됐다. 사람과 짐승·식물의 본성이 같다고 보는 것이 동론同論이고 다르다고 보는 것이 이론異論인데, 대체로 연소자가 동론을 주장했고, 연장자가 이론을 주장했다. 이를 진보·보수 논쟁으로도 보는 이유는 사람을 중화中華, 짐승을 오랑캐(청나라)로 해석해 청나라가 지배하는 현실을 인정할 것이냐 거부할 것이냐의 문제가 배후에 있기 때문이다.

　이보다 훨씬 전 고려 말 이규보李奎報는 〈슬견설虱犬說〉에서 개가 맞아 죽는 것을 보고 앞으로 개·돼지고기는 먹지 않겠다는 사람에게 개의 죽음은 슬퍼하면서 왜 이虱의 죽음은 슬퍼하지 않느냐며 "무릇 혈기가 있는 것은 사람부터 소, 말, 돼지, 양, 곤충, 개미까지 모두 삶을 원하고 죽음을 싫어하는 마음은 동일하다"라고 충고했다. 이규보도 인간과 짐승이 같은 측면이 있다고 생각했던 것이다. 이익李瀷도 《성호사설星湖僿說》에 "짐승에게도 한 가닥 이치가 있다"는 뜻의 '금수일로禽獸一路'라는 같은 뜻의 글을 썼다. 이익은 명나라 왕기王圻의 《속통고續通考》 의물과義物科에 의로운 개義犬, 의로운 원숭이義猴, 고양이義猫, 망아지義駒, 거위義鵝, 돼지義猪 등이 실려 있는데, "천지 사이에 짐승에게 이런 일을 권할 수 없는 것"이라고 해서 짐승의 의로운 행위도 본성의 발로로 보았다. 그중에서도 개는 예부터 사람과 비슷한 대접을 받아왔다.

미국의 한 부동산 부호가 애견에게 115억 원의 유산을 남겼다는 소식을 들었다. 이 돈이면 제3세계 빈곤 아동 수십만 명이 굶주리지 않고 교육을 받을 수 있다는 점에서 거꾸로 사람의 본성도 개 못지않다는 새로운 논쟁이라도 전개해야 할 판국이다.

대의는 고사하고 소절을 찾기도 어렵다

소절小節은 대의와는 상관없는 작은 절조를 뜻한다. 그러나 소절을 지키는 것도 쉬운 일은 아니다. 폭군 연산 때도 3정승, 6판서, 6승지承旨로 권세를 누리던 이들이 물론 있었다. 그러나 연산군 12년(서기 1506년) 9월 중종반정이 일어나자 승지 윤장尹璋 등은 "바깥 동정을 살핀다는 핑계로 차차 흩어져 모두 수챗구멍으로 달아났는데, 더러는 실족해 뒷간에 빠지는 자도 있었다"라고 《연산군일기》가 기록하고 있다. 모두 제 살길 찾기에 바빴던 것이다.

연산군 말년의 영의정 유순柳洵, 우의정 김수동金壽童, 무령군 유자광柳子光 등은 되레 중종을 추대한 정국靖國 공신에 책봉됐다. 한성 판윤이었던 구수영具壽永은 연산군의 딸 휘순徽順 공주의 시아버지였고 "미녀를 사방으로 구해 바쳐" 연산군의 사랑을 받은 인물임에도 역시 공신이 됐다. 중종반정에 아무 공이 없었음은 말할 것도 없다. 좌의정 신수근愼守勤만 연산군 부인의 오빠라는 이유로 처형당했을 뿐 모두 연산군을 버리고 중종을 떠받들었다.

기사 본말체 역사서인 이긍익李肯翊의 《연려실기술燃藜室記述》

이 〈연산〉 조에만 유일하게 '절신節臣' 항목을 두어 홍언충洪彦忠, 유기창俞起昌, 김숭조金崇祖, 남세주南世周 등 중종 이후에도 벼슬을 거부한 네 사람을 적고 있는 이유는 이런 세태 때문일 것이다. 홍 귀달洪貴達의 아들 홍언충은 연산군에게 직언하다가 곤장을 맞아 피투성이가 된 채 귀양 갔으며 자손까지 모두 먼 변방에 정배됐 다. 연산군은 반정 보름 전에도 홍언충을 다시 잡아다 형신刑訊할 정도로 그를 미워했다. 그러나 반정이 성공하자 홍언충은 끝내 출 사를 거부하고 은거하다가 세상을 떠났다. 임금의 폭정에 직간直諫 으로 맞서는 대의와 자신이 섬겼던 임금에 대한 절개를 모두 지 킨 드문 사례다.

지금은 대의와 절개는 고사하고 "소절을 찾습니다"라는 광고 라도 내야 할 판국이다. 전두환 전 대통령의 방중訪中 때 5공 시절 의 장관 여러 명이 수행한 적이 있다. 이들의 소절에 잠시나마 눈 길이 갈 수밖에 없었던 현실이 씁쓸하다.

조선을 뒤흔든 부동산 열풍

고려 말에도 약육강식의 부동산 열풍이 있었다. 목은牧隱 이색李穡이 〈죽은재기築隱齋記〉에서 "자리가 따뜻해지기도 전에 집을 옮기고, 벽도 마르기 전에 주인이 바뀌는 수도 있다"라고 탄식한 것이 이를 말해준다. 이색은 "오늘날 사대부가 처신하는데, 화려한 거처에 풍족한 음식으로 안으로는 자신의 욕망을 충족시키고 밖으로는 영달을 과시하면서도 날로 부족하게 여긴다"라고 물욕에 찌든 지배층을 비판했다. 또 "그런 재산을 요행히 아들에게 전하고 또 손자에게까지 전하는 자는 몇 사람 없을 것이다"라고 경계했다.

순암順菴 안정복安鼎福은 〈상헌수필橡軒隨筆〉에서 "옛날에는 죽은 사람의 장사葬事나 산 사람의 이사가 고향을 벗어나지 않았다. 부조父祖의 무덤이 사는 고향과 떨어져 있지 않아서 수시로 성묘해 신神과 사람이 서로 의지할 수 있었으니, 참으로 인간 도리의 지극한 낙이었다"라고 말했다. 죽은 조상과 산 후손이 서로 의지하는 삶을 최상으로 여겼던 것이다. 그는 "출세해서 귀하게 되면 선인이 살던 옛날 집을 살기 부족하다고 여기는데, 그 평계가 여러 가지"라면서 "가벼이 고향을 버리면서도 조금도 애석해하지 않는다"라고 실리를 찾아 이사하는 것을 비판했다.

이중환李重煥은 옥에서 나온 후 전국을 돌아다니며 사대부가 살 만한 곳을 찾았으나,《택리지擇里志》〈인심〉 조에서 "무릇 사대부가 사는 곳치고 인심이 무너져 내리지 않은 곳이 없다"라고 말했듯이 실패하고 말았다.

중국 동진東晉의 도연명陶淵明이 〈집을 옮기며〉라는 시에서 "옛날 남촌에 살려 한 것은 좋은 집터卜居 찾고자 함이 아니라 마음씨 고결한 사람들 많다기에 아침저녁 그들과 즐기려 함이었네"라고 노래했듯이 이사의 제일 조건은 인심이었다. 현재는 이사의 제일 기준이 집값 상승 여부다. 부자와 빈자가 부동산 매매 기술 차이로 결정 나니 전 국민이 예비 부동산 투기꾼이 되지 않을 도리가 없다. 한때 버블세븐이란 말이 유행했다. 강남, 서초, 송파, 목동, 분당, 용인, 평촌 등 부동산 가격이 급등한 7개 지역을 가리키는 말인데, 거주자를 조사해보니 버블세븐을 비판하던 정권 핵심부 사람들이 다수 살고 있어서 지탄의 대상이 된 적이 있다. 공公보다 사私를 앞세우면서 공직에 있으니 문제가 되는 것이다.

타인의 손짓 하나에도 생사가 갈린다

유럽의 신좌파인 프랑크푸르트학파의 테오도어 아도르노Theodor Adorno가 "아우슈비츠 이후 시를 쓴다는 것은 비인간적이다"라고 말한 이후 독일 문단에서는 시를 쓸 수 없다는 것이 하나의 상식이었다. 인간이 인간을 말살했던 아우슈비츠 이후에 어찌 인간이 시를 쓸 수 있느냐는 뜻이리라.

그러나 1952년 파울 첼란Paul Celan의 시 〈죽음의 푸가〉가 발표되자 아도르노는 "해를 거듭하는 고통은 고문당하는 사람의 울부짖음처럼 표현의 권리를 갖는다"라며 시를 쓸 수 없다던 발언을 취소했다. 파울 첼란이 아우슈비츠 출신이자 〈죽음의 푸가〉가 그 시절을 읊었기 때문이다. 〈죽음의 푸가〉에서 독가스를 '새벽의 검은 젖'이라고 부른 파울 첼란은 "우리는 그것을 저녁에, 한낮에, 아침에, 밤에 마신다"라고 썼다. 그는 아우슈비츠에서 두 줄로 나뉘 설 때 가스실행에 섰다가 보초가 숫자를 세느라고 정신이 없을 때 줄을 바꾸었고, 그 대신에 다른 줄의 가장 앞에 섰던 사람이 이송 책임자의 손짓에 따라 대신 가스실로 갔다. 타인의 손짓 하나에 생사가 오갔던 지옥이 아우슈비츠였다.

그러나 이란 대통령 마무드 아마디네자드는 "홀로코스트는 없었으며, 유대인들이 만들어낸 신화"라고 몇 차례나 주장했다. 인간이 증오에 사로잡히면 어디까지 갈 수 있는지를 잘 보여주는 사례다.

1986년 노벨 평화상 수상자 엘리 위젤Elie Wiesel도 아우슈비츠 출신의 문학가다. 아우슈비츠에서 어머니와 누이동생을 잃고, 부헨발트에서 아버지를 잃은 그는 소설 《나이트Night》(예담, 2007년)를 "부모님과 여동생 치포라의 영전"에 헌정했다. 서문에서 그는 아우슈비츠에 대해서 쓸 때는 '언어가 장애물'이었다며, "슬픈 미소를 머금은 아리땁고 정숙한 금발의 유대인 소녀가 도착한 날 밤에 어머니와 함께 처형돼 사라지는 것은? 온몸이 떨리고 가슴이 영원히 미어지지 않고 이런 것들을 어떻게 말할 수 있을까?"라고 괴롭게 썼다.

홀로코스트에서 살아남은 미국 버지니아 공과대학 리비우 리브레스쿠Liviu Librescu 교수가 학생들을 피신시키고 대신 희생당한 날이 마침 홀로코스트 추도일이었다. 살아남은 자의 진정한 용기가 무엇인지를 보여준 리브레스쿠 교수와 아무 죄 없이 희생당한 학생들의 명복을 빈다.

색계

판소리 〈춘향가〉에는 기생 점고點考 대목이 있다. 점고란 명부名簿를 대조해 하나하나 점을 찍는 데서 나온 이름이다. 기적妓籍에 올려진 관기官妓는 관노官奴처럼 관아 소속이었다. 수령들은 원하는 관기를 수청守廳 들게 할 수 있었는데 수령의 총애를 받는 기생을 방폐房嬖라고 했다.

그러나 정약용丁若鏞은 《목민심서牧民心書》에서 "수령이 된 사람은 결코 창기와 가까이해서는 안 된다"라면서 "한 번 가까이 하면 모든 정령政令이 다 의심과 비방을 받아 비록 공명정대한 일도 모두 기생의 부탁을 받은 것으로 의심받을 것이니 또한 딱하지 아니한가?"라고 수청을 말리고 있다.

실제 정약용은 충청도 도사都事로 보름 동안 청주에 나가 있는 동안 청주 목사牧使가 보낸 기생 강매絳梅를 가까이하지 않았다는 경험담을 전하고 있다. 가까이 모시지 못하면 목사가 죄를 주겠다고 협박했다는 사실을 안 정약용은 이불 속으로 들어오게 했으나 끝내 난잡한 일은 하지 않았다고 밝히고 있다. 떠나는 날 목사가 "강매는 좋지 않은 소문을 만년 동안 남기겠고, 사군使君, 왕명을 받은 신하은 꽃다운 이름을 백세 동안 남기겠네"라고 말했다고 전한다. 물론 이는 드문 경우였다.

예종 1년(서기 1469년) 경상도 도사였던 김초金貂는 자신의 첩을 안동 부사 한치의韓致義에게 빼앗겼다. 김초는 행 상호군行上護軍 이철견李鐵堅에게 "나는 누이를 팔아서 벼슬을 사지는 않았다"라고 불평했는데, 한치의의 부친이 한확韓確이고 그 누이가 의경 세자의 부인 한 씨(훗날의 인수대비)인 것을 빗댄 말이었다. 세조비 정희왕후 윤씨의 조카인 이철견이 고발하자 예종은 김초를 왕실 능멸죄로 능지처사하고 아들까지 교형絞刑으로 연좌시켰다. 부자가 처형되는 날 아들이 "이제는 여색女色을 좋아하는 폐해를 아셨습니까?"라고 묻자 대답하지 못했다고 전한다. 김초는 죽을 때 재상宰相들에게 "나는 죄가 없다"라고 소리쳤으나 이미 때는 늦었다.

한 여배우가 죽으면서 자신이 접대한 사람들을 적시한 유서를 남겨 세상이 시끄러웠다. 상호 합의에 의한 불륜不倫도 형사범으로 처벌되는 나라에서 권력을 이용해 강제로 여체를 탐했다니 놀라운 일이 아닐 수 없다. 이 나라는 언제 정상적인 사회가 되려는가?

산중 불교

조선 중기 문신 차천로車天輅는《오산설림초고五山說林草藁》에서 고려 수도 개성開城에만 300여 곳 이상의 사찰이 있었다고 전한다. 목은牧隱 이색李穡이 공민왕 원년(서기 1352년) 올린 상소문에서 "불가의 사찰과 백성들이 거주하는 곳이 서로 얽히고 섞여 있었다" 라고 말할 정도로 고려 시대 불교는 산사山寺가 아니라 시사市寺, 곧 시가市街의 종교였다. 고려 문종 10년(서기 1056년) 개성 근처 덕수현德水縣에 지은 흥왕사興王寺는 무려 2,800간이었다. 심지어 흥왕사를 짓기 위해 덕수현을 양천현陽川縣으로 옮겼는데, 시중侍中 이자연李子淵이 "이 때문에 백성들이 집을 짓고 지붕을 잇느라 편안히 지낼 사이가 없고, 남자는 지고 여자는 들고 가는 것이 길 위에서로 잇대 있습니다"(《고려사高麗史》〈식화지〉)라고 말할 정도였다.

공민왕이 재위 12년(서기 1363년) 흥왕사에 행차했다가 김용金鏞에게 암살당할 뻔한 '흥왕사의 변'은 고려 불교와 권력이 얼마나 얽혀 있었는지 단적으로 보여준다. 정도전鄭道傳은 살해당하기 석 달 전인 태조 7년(서기 1398년) 5월경 불교 비판서인《불씨잡변佛氏雜辨》

을 저술했다. 정도전은 보우普愚의 비문을 저술하고 여러 승려와
도 교류할 정도로 승려들과 가까웠으니 그의 비판의 핵심은 권력
화된 고려 불교의 폐단에 있었다. 조선의 유학자들이 불교를 공격
한 데는 불가의 막대한 재산 문제도 있었다. 태종 5년(서기 1405년)
금산사 주지와 진주 와룡사 주지가 전의 여종과 간통한 사건이 발
생하자 의정부는 개경과 서울에는 오교 양종五教兩宗 중 각 1사寺
씩만 허용하고 지방 각 도와 부府에도 선종과 교종 각 1사씩만
허용했다. 군현에서는 선교와 교종 중에서 1사만 허용하고 나머
지 모든 사찰의 막대한 토지와 노비는 국가에 귀속했다(《태종실록太
宗實錄》, 5년 11월 21일). 조선에서 억불책抑佛策을 시행한 이유 중의 하
나가 사찰 재산에 있었음을 말해주는 사례다.

이렇게 유학에 쫓긴 불교는 시가에서 산중으로 들어갈 수밖
에 없었고, 조선 후기 승려들은 칠반七般, 또는 팔반八般 천인으로
분류돼 도성에 출입도 할 수 없었다. 그러나 시가에서 쫓겨 산중
불교가 된 결과 불교는 물질문명의 폐해가 극대화된 현대 사회에
서 영성의 목소리로 다시 살아나게 됐다. 조계종 지도급 승려들
의 호텔 도박 사건에 대한 시중의 비난 여론이 들끓었던 적이 있
다. 한국 개신교가 쇠퇴기에 접어든 원인도 권력과 돈에 너무 가
깝기 때문이다. 그간 불교가 국민에게 걱정을 끼친 모든 사건의
원인은 돈이었다. 산중 불교의 공空의 정신으로 되돌아가지 않는
다면 이런 사건은 계속될 수밖에 없을 것이다.

12억 중국인이 부끄러워할 일

1909년 10월 안중근 의사가 하얼빈에서 이토 히로부미伊藤博文를 사살했다는 소식을 들은 중국의 문인 루쉰魯迅은 "중국 4억 인은 부끄럽게 여기고 죽어야 한다"라고 한탄했다. 저우수런周樹人이 본명인 그는 단재丹齋 신채호申采浩, 우당友堂 이회영李會榮 등 아나키즘 계열의 독립운동가들과 교류했다.

1932년 4월 자신의 6원짜리 시계를 백범 김구의 2원짜리 시계와 바꾸어 차고 떠난 윤봉길尹奉吉 의사가 상해 홍커우虹口 공원에서 상해 파견 일본군 총사령관 시라카와 요시노리白川義則 대장을 폭사시키자 장개석蔣介石 주석은 "중국 4억 인이 못 한 일을 조선인이 해냈다"라며 대한민국임시정부의 열렬한 후원자로 변했다. "후일 지하에서 만납시다"라며 목멘 소리로 윤봉길을 보냈다고 회상하는 백범은 그 3개월 전에도 이봉창李奉昌 의사를 보내 일황日皇에게 투탄投彈했던 터였다.

해방 후 일본 감옥에서 출옥한 박열朴烈, 이강훈李康勳 등은 일본 땅에 묻힌 열사들의 유해를 수습했는데, 이봉창, 윤봉길, 백정기白貞基의 삼열사三烈士 유해가 대표적이었다. 남화한인청년연맹의 백정기는 1933년 3월 상해 육삼정六三亭에서 아리요시有吉 일본공사公使 등을 처단하려다 체포돼 일본의 나가사키長崎에서 옥사했다. 백범은 일본의 박열, 국내의 조소앙趙素昻, 안재홍安在鴻 등과 함께 1946년 7월 삼열사 유해를 효창원孝昌園, 현 효창공원 정역淨域에 안장했다.

안중근 의사의 유해는 사형당한 여순형무소 부근에 묻혀 있는데, 남북이 유해 공동 발굴을 협의한다는 말이 들리더니 감감무소식이다. 중국 측의 협조가 관건인데 안중근의사숭모회가 하얼빈에 세운 동상을 중국이 철거한 것을 보면 쉬워 보이지는 않는다. 외국인 동상 설립 불허 방침 때문이라지만 중국 도처에 백구은白求恩. White Seek Grace이라 불렸던 캐나다 의사 노먼 베쑨Norman Bethune의 동상은 서 있다. 루쉰이 동상 철거 소식을 들으면 "12억 중국인이 부끄러워할 일"이라고 한탄하지 않겠는가? 동상도 세워지고 유해도 봉환될 그날을 기다린다.

하늘이 알고 귀신이 알고 내가 안다

정권 교체를 뜻하는 조선의 정치 용어는 시국이 바뀐다는 뜻의 환국換局이다. 같은 뜻의 당파적 용어가 출척黜陟과 경화更化다. 출척은 소인들을 물리치고黜, 군자들이 올라간다陟는 뜻이고, 경화更化는 잘못된 것을 고쳐 새롭게 한다는 뜻이다. 용어 사용을 보면 흥미로운 점이 발견된다. 남인들의 정권 획득은 기사환국己巳換局, 숙종 15년이라고 표현된 반면에 서인들의 정권 획득은 경신대출척庚申大黜陟, 숙종 6년, 또는 갑술경화甲戌更化, 숙종 20년라고 불렸다는 점이다. 서인들의 당파적 시각이 일반 명사화된 것은 조선 후기사가 승자의 논리로 서술됐음을 말해준다.

    인조반정을 주도한 서인들은 자신들이 체제 내 야당으로 끌어들인 남인들에게 정권을 빼앗긴 사실을 인정할 수 없었다. 절치부심하던 서인 핵심들은 남인 수상首相 허적許積의 아들 허견許堅을 역모로 몰아 정권을 빼앗고(경신환국), 나아가 남인들의 재기를 막기 위해 남인 허새許璽와 허영許瑛 등을 역모로 사형했다. 그런데 놀랍게도 조지겸趙持謙, 박태유朴泰維, 오도일吳道一 같은 젊은 서인들이 허새 등의 사형이 공작 정치 결과라고 비판하면서 책임자 처벌을 요구하고, 이것이 거부되자 탈당해 소론을 만든다. 서인 핵심은 남인들을 적당賊黨, 소인배의 당으로 몰면서 정당화했지만 소론은 반대 당이라도 공작 정치는 잘못이라는 원칙을 견지했다.

선거 때만 되면 정책은 사라지고 출처가 분명하지 않은 온갖 폭로와 비방이 난무하는 현상이 한국 정치의 고질병으로 사라지지 않고 있다. 그 배후가 묻히리라 생각하겠지만,《후한서後漢書》〈양진楊震 열전〉은 형주荊州 자사刺史 양진에게 왕밀王密이 몰래 찾아와 금 열 근을 내놓으며 아무도 모를 것이니 받으라고 하자 "하늘이 알고 귀신이 알고 내가 알고 그대가 아는데 어찌 모르겠는가天知 神知 我知 子知 何謂無知"라는 유명한 말을 전하고 있다. 각종 의혹에 시비를 가리는 것은 좋지만 정당한 방법으로 떳떳이 해야 한다. 그것이 정권을 주고, 빼앗는 유일한 권한자인 국민의 눈을 현혹하지 않는 길이다.

공생공영의 철학

조선 후기 호조戶曹 서리胥吏였던 김수팽金壽彭이 하루는 동생의 집에 갔더니 마당에 줄지어 선 동이에 검푸른 염료가 묻어 있었다. 무엇을 하느냐고 묻자 "제 처가 정염업紅染業, 염색업을 합니다"라는 답이 돌아왔다. 김수팽은 동생을 매질하면서 "우리 형제가 모두 후한 녹祿을 받고 있는데 이런 일을 한다면 가난한 사람들은 무얼 해 먹고 살란 말이냐?"라며 동이를 모두 엎어버렸다. 조선 후기 유재건劉在建이 쓴 《이향견문록里鄕見聞錄》에 나오는 이야기다. 중인 아전의 녹봉이 얼마나 되겠는가마는 자신보다 못한 사람들과 함께 사는 공생共生의 철학을 몸소 실천한 것이다.

조선 영조 때 실학자였던 유수원柳壽垣은 《우서迂書》에서 상공업 진흥을 외쳤다. 농업은 근본이고 상업은 끄트머리라는 농본상말農本商末 사상이 보편적이었던 당시에는 획기적인 주장이었다. 유수원은 먼저 "작은 것은 큰 것에 통합되고, 가난한 자는 부자에게 예속되는 것이 사리상 떳떳한 일"이라면서 형세의 강약을 인정했다. 그러나 "부상富商은 반드시 세약소민細弱小民, 서민의 힘을 얻어야 액점額店, 회사을 개설할 수 있다. 부상이 혼자서 경영할 수는 없다"라고 주장했다. 요즘 말로 대기업과 협력 하청 업체의 공생을 주장한 것이다. 그는 먼저 총량제 도입을 주장했다. 전체 상점의 수와 물품 수인 원액原額을 정해 몇 방房, 몇 점店, 몇 포鋪로 한정해서 그 액세額稅를 납부한 다음에 개설하게 하자는 주장이었다.

그러면서 유수원은 "비단 가게錦段房는 비단錦만 팔고 베布는 팔 수 없다"라는 식으로 문어발 확장을 금지했다. 그러면서 자기가 맡은 분야를 전문화하자고 주장했는데 그 핵심이 세약소민으로 구성된 분업화였다. 점주店主는 천금을 내어 점포를 개설해서 수많은 사람을 고용하고 물건을 납품받게 되면 전문성도 이룩하고 가난한 사람도 살아서 "한 시市에 100사肆가 있으면 한 사를 바라보고 생활하는 사람이 그 수를 알 수 없을 정도로 많게 될 것"이라는 주장이었다. 그는 부상과 빈상貧商의 제휴를 '동과同夥', 또는 합과合夥라고 불렀는데 과夥는 같은 뜻을 가진 동아리라는 뜻이다. 이렇게 전문화를 지향하면 부상도 살고 세약소민도 산다는 것이었다.

유수원은 이 주장이 세상에서 쓰이지 못할 것을 알고 자신의 책을 우활迂闊, 현실성이 떨어짐하다는 뜻의 《우서》라고 이름 지었다. 그러나 그가 주장했던 신분제 철폐 등은 지금 모두 실현됐다. 승자 독식의 금융 자본주의의 폐해로 전 세계가 신음하는 지금 300여 년 전 조선 선비 유수원의 공생공영의 지혜가 돋보인다.

홍문관 늙은 아전의 눈물

사림파士林派는 훈구파勳舊派와 오랜 권력 투쟁을 거쳐 정권을 잡자마자 동인과 서인으로 분당됐다. 율곡栗谷 이이李珥는 자신의 예상과는 달리 사림파가 분당되자 이를 부끄럽게 여기고 당론黨論 조제調劑, 즉 동서 양당 통합을 자신의 임무로 삼았다. 그러나 젊은 사림들로 구성된 동인들은 율곡이 자신들을 지지하지 않는다며 연일 공격했고 율곡은 본의 아니게 서인이 됐다. 서인 송강松江 정철鄭澈이 인빈 김씨의 둘째 아들 신성군을 후사後嗣로 삼고 싶어하는 선조의 내심과는 달리 광해군을 후사로 삼아야 한다고 주청했다가 실각한 후 동인이 정권을 잡았으나 곧 남인南人과 북인北人으로 다시 분당됐다. 서인에 대한 강경 처벌을 주장한 당파가 이산해李山海 중심의 북인이고, 온건론을 주장한 당파가 유성룡柳成龍 중심의 남인이었다.

김성일金誠一은 1590년 통신사로 일본에 갔다 와서 집권 동인의 당론에 따라 "일본의 침략 조짐이 없다"라고 말해 당쟁의 대명사처럼 인식되고 있으나, 선조 21년(서기 1589년) 조정에 나왔을 때는 당론을 주장하리라는 예상과 달리 "피차彼此, 동인과 서인를 논하지 말고 어진 사람을 임용하고 불초한 사람을 버리는 것이 옳다"(《선조수정실록》, 21년 8월 1일 조)라고 말해 한때는 당론을 조절하고자 했음을 보여준다.

임진왜란 때 다수의 의병장을 배출한 북인들이 집권했으나 북인은 세자 광해군을 지지하는 대북大北과 영창대군을 지지하는 소북小北으로 다시 나뉘었다. 이뿐만 아니라 대북은 골북骨北과 육북肉北, 중북中北으로 나뉘었고, 소북은 청북淸北과 탁북濁北으로 나뉘었다(《광해군일기》 2년 3월 23일). 집권 동인이 수도 없이 분열하는 동안 서인들은 당파적 일체성을 유지해서 숙종 때에야 노론老論과 소론少論으로 분당됐다.

우리나라 정당의 내분은 노선보다는 사적 이익 문제가 원인인 적이 많았다. 《선조실록宣祖實錄》33년(서기 1600년) 5월 19일 조는 우의정 이헌국李憲國이 선조에게 당쟁 때문에 "홍문관 관원이 서로 싸우고 헐뜯자 늙은 아전이 눈물을 흘리면서 한탄한다고 합니다"라고 아뢰고 있다. 나라 살림을 책임진 집권당의 내분을 지켜보는 국민들의 심정은 홍문관의 늙은 아전과 같다.

이해관계에 매이지 않아야 시각이 자유롭다

고려 4대 광종은 재위 6년(서기 955년) 후주後周 2대 세종世宗의 즉
위를 축하하기 위해 대상大相 왕융王融을 사신으로 보냈다. 이듬해
후주의 세종은 장작감將作監 설문우薛文遇를 보내 답례하는데 수행
원 중에 쌍기雙冀가 있었다. 쌍기는 병에 걸려 고려에 남았다. 광
종은 그에게 자신에게 필요한 개혁 이론이 있다는 사실을 알고,
후주 세종의 양해를 구해 쌍기를 원보한림학사元甫翰林學士로 삼았
다. 광종 7년 노비안검법奴婢按檢法으로 시작된 광종의 개혁은 쌍기
의 개혁 이론 실천 과정이었다. 광종 9년의 과거제와 광종 11년
백관의 공복公服 제정, 호족 숙청도 마찬가지였다.

　　외국인 쌍기가 주도하는 개혁 정책에 대한 반발은 거셌다.
《고려사高麗史》〈최승로崔承老 열전〉은 "쌍기가 귀화한 이후부터 문
사를 존중해 은혜와 예가 너무 융숭하니 재주 없는 자가 외람되
이 진출해 계급을 뛰어 갑자기 승진해 1년도 안 돼 바로 경상卿相
이 됐다. (……) 중국의 선비는 예로써 대접했으나 중국의 어진
인재는 얻지 못했다"라고 비판하고 있다. 쌍기의 개혁에 대한 고

려 호족의 비판적 시각을 잘 보여주지만 쌍기는 고려에 특별한 이해관계가 없었기에 과감한 개혁을 밀어붙일 수 있었다.

그런데 쌍기의 개혁 정책은 후주 태조太祖 곽위郭威와 세종世宗 시영柴榮의 개혁 정책을 벤치마킹한 것이었다. 후주의 태조와 세종은 유망 농민의 전토를 환원해 농민 생활의 안정을 기했는데, 이것이 노비로 전락한 농민을 양민으로 환원한 노비안검법의 모태였고, 호족을 억제하고 문신을 대거 등용해 우대한 것이 과거제의 모태였다. 후주의 태조와 세종은 각각 재위 3년과 6년 만에 아깝게 병사하지만 과감한 개혁 정책으로 농민 생활을 안정시켜 국부國富의 기초를 닦았다. 짧은 재위 기간에도 불구하고 역대 사가史家로부터 영명英名한 개혁 군주라는 평가를 받고 있는 이유다.

홍콩상하이은행그룹HSBC의 아·태 지역 회장을 역임한 데이비드 엘든David Eldon이 2008년 이명박 정권의 대통령직 인수위의 국가경쟁력강화특별위원회 공동위원장을 맡은 적이 있다. 쌍기처럼 개혁 정책을 펼쳐주기를 바랐지만 결과는 신통찮았다. 쌍기의 개혁은 고려 내 기득권 세력을 약화하는 데 초점이 있었다면 이명박 정권은 국내 기득권 세력을 제어하는 여러 장치를 개혁이란 이름으로 약화하려고 했던 데 원인이 있었던 것이 아닌가 생각된다.

기풍 쇄신

우리 역사상 최초의 사형제 국가는 고조선이다. 《한서漢書》〈지리지地理志〉는 고조선에서 "사람을 죽인 자는 마땅히 즉시 죽여 배상했다相殺以當時償殺"라고 전한다. "남을 상하게 한 자는 곡물로 배상하고, 남의 물건을 훔친 자는 그 집의 노비로 삼는데, 속죄하려면 50만 전을 내야 한다"라는 조항처럼 다른 죄는 재산형이 있었지만 살인은 무조건 사형이었다. 《후한서後漢書》〈부여〉조는 "사형당한 사람은 집안사람도 모두 노비로 삼는다"라고 전하며, 《삼국지三國志》〈고구려〉조도 "사형수의 처자는 노비로 삼는다"라고 전해 가족까지 연좌하고 있다.

이런 기조는 고려, 조선 때에도 달라지지 않았다. 다만 세종은 재위 3년(서기 1421년) 삼심제三審制를 채택해 오심誤審을 방지했는데, 이는 《경국대전經國大典》〈형전刑典〉에도 실렸다. 초복初覆, 재복再覆, 삼복三覆까지 실시한 후 국왕에게 보고하는 제도로, 이때 국왕이 다시 심리하니 사실상 사심제四審制였다.

일제 강점기 어느 석학은 세조가 사형 폐지를 주장했으나 의

정부 대신들의 반대로 무산됐다는 '사형 폐지론'을 쓴 적이 있다. 필자가 찾아보니 《세조실록世祖實錄》 7년(서기 1461년) 6월 조의 "임금이 《경국대전》에 정해진 사형을 할 때 의정부에 먼저 보고하는 법을 폐하려고 하자上定大典除死刑先報議政府之法 의정부에서 반대했다"라는 구절을 잘못 해석한 것이었다. 형주에서 의정부에 먼저 보고하라는 《경국대전》 조항을 폐지해 의정부의 권한을 약화하려던 의도를 오해한 것이다. 세조는 재위 4년(서기 1458년) 절도 세 번도 교형絞刑에 처할 정도로 되레 사형죄를 늘렸다.

최근 강력 범죄가 잇따르자 사형제 실시를 요구하는 목소리가 커지고 있다. 오심의 우려와 범죄자를 생산하는 사회 구조의 문제도 있지만, 사람의 생명을 뺏은 자는 그 자신의 생명으로 갚는 것이 오랜 형벌 원칙의 하나였다. 《한서》는 상해, 절도범 등이 "비록 배상하더라도 나라 풍속이 이를 수치로 여겨 혼인할 곳을 찾을 수 없었고, 백성들은 서로 도둑질하지 않아서 문을 닫지 않았다"라고 쓰고 있다. 이처럼 사회 기풍의 쇄신이 문제 해결의 근본임은 물론이다.

권도와 정도

제齊나라 순우淳于가 맹자孟子에게 예禮에 대해서 물으면서 "형수가 물에 빠지면 손을 뻗쳐 건져야 합니까?"라고 묻자 맹자는 "형수가 물에 빠졌는데 구원하지 않으면 곧 시랑豺狼, 승냥이와 이리이다"라고 단언한다. 《맹자孟子》〈이루離婁〉장의 이야기다. 이처럼 현실에 따라 응용하는 것을 권權, 또는 권도權道라고 하는데, 항상 지켜야 하는 경經, 즉 상도常道에 대한 상대어였다. 상도는 정도로도 쓰인다.

《맹자》〈진심盡心〉장에 노魯나라 자막子莫은 "오직 중中만 고집하고 권도를 모른다執中無權"라는 말이 있는데, 융통성 없는 고집불통을 뜻하는 말이다. 비슷한 말로 송양지인宋襄之仁이 있다. 춘추 시대 송宋나라 양공襄公은 초楚나라 군사가 정비하기 전에 공격하자는 건의에 "남이 곤경에 빠졌을 때 공격하는 것은 군자의 도리가 아니다"라며 반대했다가 되레 참패당한 데서 나온 고사다.

반면 유방劉邦을 도와 한漢나라를 건국한 장자방張子房이나 유비劉備의 군사君師 제갈량諸葛亮은 권도를 행하면서도 정도에서 벗어나지 않았다는 최고의 찬사를 받았다. 상황에 따라 응용한다고 모두 권도는 아니다. 혜강惠岡 최한기崔漢綺가 《기측체의氣測體義》〈변통조목變通條目〉에서 "선善을 따르는 변통이 곧 권도로서 이는 정正에서 벗어나지 않지만 악惡을 따르는 변통은 교활하고 사악함이 많다"라고 했다. 이처럼 권도는 정도를 실현하는 하나의 방법론이었다. 조선 초의 명신인 양촌陽村 권근權近은 〈재상서再上書〉에서 "천하의 일은 같아도 형세가 다른 것이 있으니 평화롭고 무사할 때에는 정도正道를 지켜야 하지만 위태롭고 다급할 때에는 권도權道를 행해야 합니다"라고 말했다.

상도가 원칙이지만 때로는 권도가 상도보다 더 큰 효과를 발휘하기도 한다. 문제는 그간 실시했던 권도는 대부분 소수 집단의 사적 이익의 실현으로 끝났다는 점에 있다. 과정의 유연성은 결과로 검증받는데, 결과의 순수성에 자신이 있는 큰 정치가만이 서슴지 않고 권도를 선택할 수 있을 것이다.

법과 이익은 상호 모순 관계다

조선의 사법 체계는 절묘했다. 수사권을 가진 수사 기관은 여럿 있었다. 중대 사건을 수사하는 사헌부司憲府와 왕명 사건을 수사하는 의금부義禁府가 있었다. 서울시에 해당하는 한성부漢城府도 수사권이 있었고 서민 관련 사건은 포도청捕盜廳 관할이었다. 지금의 법무부인 형조刑曹도 수사권이 있었다. 수사권을 여러 기관에 준 것은 실체적 정의를 찾기 위해서였다. 사헌부에서 대충 수사하면 곧바로 사간원司諫院이 탄핵에 나서고 의금부나 형조가 재수사에 나서므로 이른바 '봐주기'가 있을 수 없다.

반면 여러 수사 기관의 수사 내용은 모두 사율원司律院에서 판결했다. 특이한 점은 수사 기관에는 모두 대과大科 출신이 포진한 반면 사율원은 잡과雜科 출신이 포진했다는 것이다. 사율원은 때로 율학律學이라고 불렸는데, 수사 기관에서 문부文簿, 수사 기록를 보내오면 《경국대전經國大典》, 《대명률大明律》, 《율학해이律學解頤》, 《율해변의律解辨疑》 같은 법률서를 뒤져서 형량을 조율照律했다. 조율이란 법률서에 대조해 해당 형벌을 찾는 것이다. 정확한 법조문인 정률正律이 없을 경우 가장 비슷한 법조항을 끌어다 안율按律했는데, 이것이 비의比依다.

엘리트 사대부들이 수사한 내용을 중인 출신들에게 판결시킨 이유는 이른바 재량권을 막으려는 선조들의 지혜였다. 엘리트 사대부들의 수사 내용을 중인 출신 율학인律學人이 마음대로 재량할 수 없었다. 《맹자孟子》〈진심 상盡心上〉에서 도응桃應은 맹자에게 "고요皐陶가 법관士으로 있는데 순舜임금의 부친 고수瞽瞍가 사람을 죽였다면 어떻게 했겠는가?"라고 묻는다. 맹자는 "법대로 집행할 따름이다"라고 간단하게 답변했다.

《서경書經》〈우서虞書〉에 "믿는 구석이 있어서 다시 범행하면 도적으로 다스린다"라는 호종적형怙終賊刑이라는 말이 있다. 호怙는 믿는 구석이라는 뜻이고 종終은 재범이라는 뜻이다. 믿는 구석이 있어 재범하면 사형시킨다는 뜻이다.

영화 〈부러진 화살〉(2012년)에 대한 반응이 뜨거웠던 것은 유전무죄有錢無罪, 무전유죄無錢有罪, 전관예우 따위가 아직도 법원 관행에서 사라지지 않았다고 믿는 국민이 그만큼 많다는 뜻이다. 이익李瀷은 《성호사설星湖僿說》〈형법刑法〉조에서 "법法과 이利는 서로 승제乘除가 된다"라고 말했다. 법과 이利는 상호 모순 관계라서 이利가 무거우면 법이 가벼워지고, 이利가 가벼우면 법이 무거워진다는 뜻이다. 판검사가 이利를 중시하면 법은 갈 길을 잃는다. 어디론가 사라졌는지, 아니면 원래부터 없었는지 알 수 없는 '부러진 화살'처럼.

예가 아니거든

《논어論語》〈안연顔淵〉 편은 안회顔回가 인仁에 대해서 묻자 공자가 "자기를 이기고 예로 돌아가는 것이 인을 하는 것克己復禮爲仁"이라고 답하는 내용으로 시작한다. 극기복례克己復禮라는 사자성어의 유래다. 자기를 이기고 예禮로 돌아가는 것이 인仁의 실천이라는 뜻이다. 안연이 더 자세한 가르침을 청하자 공자는 "예가 아니거든 보지도 말고非禮勿視, 듣지도 말고非禮勿聽, 말하지도 말고非禮勿言, 움직이지도 말라非禮勿動"라는 사물론四勿論을 제시한다.

맹자孟子는 〈공손추 상公孫丑上〉에서 "측은하게 여기는 마음이 인의 실마리이고惻隱之心 仁之端也, 악을 미워하는 마음이 의의 실마리이고羞惡之心 義之端也, 사양하는 마음이 예의 실마리이고辭讓之心 禮之端也, 옳고 그름을 가리는 마음이 지혜의 실마리다是非之心 智之端也"라고 말했다. 이것이 인간 성선설의 근거인 사단四端이다. 인간의 마음에는 이 네 가지 실마리가 있기 때문에 본래 선하다는 것이다. 그 중 예禮는 사양하는 마음이다. 사양은 내가 하고 싶은 것, 갖고 싶은 것을 타인에게 양보하는 마음이다. 사단四端과 대립되는 것이

188

희喜, 노怒, 애哀, 락樂(구懼라고도 함), 애愛, 오惡, 욕欲의 칠정七情이다. 조선 후기 실학자 안정복安鼎福은 〈상헌수필 상橡軒隨筆上〉에서 "칠정 글자에는 심心 자가 많이 들어간다"라고 말했다.

사람들이 마음 심心 자가 많이 들어가는 칠정대로 행하면 세상은 시끄러워진다. 현재 우리 사회의 시끄러운 여러 문제는 일언이폐지一言以蔽之하면 예禮의 총체적 실종에 있다. 대기업이 커피, 빵집, 순대, 떡볶이까지 넘보는 것이나 대기업 소유의 기업형 슈퍼마켓SSM이 구멍가게와 전통 시장 영세 상인의 생계 수단을 잠식하는 행위도 비례非禮임은 물론이다. 조선 후기 수구적 유학자들이 기득권 수호를 위해 예학禮學을 악용하면서 잘못 알려져서 그렇지 예禮는 기본적으로 남과 더불어 살자는 공존의 지혜다. 나도 먹고 싶지만 남에게 양보해야 서로가 평화롭게 살 수 있다는 공존의 철학이다. 모두가 칠정七情대로 살면 인간은 짐승이 되고 세상은 지옥이 된다. 이를 방지하자는 것이 예禮이고 사양지심辭讓之心이다.

공자는 "하루라도 자기를 극복하고 예禮로 돌아가면 천하가 다 인仁으로 돌아갈 것이다"라고 덧붙였다. 우리 사회도 마찬가지다. 극기복례 네 자를 책상 앞에 써두어야 할 사람이 너무 많이 보인다.

예수의 공생애

예수는 왕궁에서 태어나지 않았다. 목수 요셉의 아들로 베들레헴의 마구간 말구유에서 태어났다. 하층민으로 태어났지만 상류층으로 편입된 것도 아니다. 평생 하층민이라는 자신의 정체성을 버리지 않았다. 권력자나 부자가 아니라 나병 환자, 정신 장애인, 창녀, 간음한 여자, 사마리아 사람들처럼 남들이 꺼리거나 천대했던 자들과 함께했다. 어부 베드로를 비롯한 제자들 중 신학 교육을 받은 사람은 없었다. 유일한 지식인 제자 마태는 적국敵國 로마를 위해 세금을 징수하는 세리稅吏였다. 사회의 하층민을 섬기는 것이 예수의 공생애公生涯였다.

세례 요한은 "나는 그의 신을 들기도 감당하지 못하겠노라"(《마태복음》 3장 11절)라고 높였으나 정작 예수는 남을 섬겼고 제자들에게도 그렇게 가르쳤다. "대야에 물을 떠서 제자들의 발을 씻으시고 그 두르신 수건으로 닦기 시작하여"(《요한복음》 13장 5절)라는 것으로 보아 제자들의 발을 씻겼음을 알 수 있다. 제자들에게 "내가 주와 또는 선생이 되어 너희 발을 씻었으니 너희도 서로 발을 씻어주는 것이 옳으니라. 내가 너희에게 행한 것 같이 너희도 행하게 하려 하여 본을 보였노라"(《요한복음》 13장 14~15절)라고 말했다. 또한 "앉아서 먹는 자가 크냐 섬기는 자가 크냐 (……) 나는 섬기는 자로 너희 중에 있노라"(《누가복음》 22장 27절)라고도 말했다. 이렇게 섬김으로써 높아진 인물이 예수였다.

예수는 평생 무소유였다. 말구유에서 태어난 예수는 "여우도 굴이 있고, 공중의 새도 거처가 있으되, 인자는 머리 둘 곳이 없다"(《마태복음》 8장 20절)라고 말한 것처럼 평생 집 한 칸 없었다. 제자들에게 "병든 자를 고치며 죽은 자를 살리며 나병환자를 깨끗하게 하며 귀신을 쫓아내되 너희가 거저 받았으니 거저 주라"(《마태복음》 10장 8절)라고 병 치유의 대가를 받지 말라고 가르쳤다. 심지어 제자들에게 전도 여행을 다닐 때도 "너희 전대에 금이나 은이나 동을 가지지 말고, 여행을 위하여 배낭이나 두 벌 옷이나 신이나 지팡이를 가지지 말라"(《마태복음》 10장 9~10절)라고 일렀다.

한국 사회의 일부 종교인이 사회의 등불과 소금은커녕 사회의 우환憂患이 된 지는 오래됐다. 그 근본 까닭은 남에게 대접받으려는 마음과 재물을 소유하고 자식에게 물려주려는 사욕私慾에 있다. 예수의 가르침이나 생애와는 정확히 반대편 끝 지점이다.

무엇이 되기 전에 먼저 인간이 되라

영조는 재위 33년(서기 1757년) 12월 평안도 순안順安에서 밤을 바쳤다는 소식을 듣고는 눈물을 흘렸다. 이 밤은 숙종의 계비 인원왕후가 왕비가 되기 전인 부친 김주신金柱臣의 순안 현감 시절 손수 심은 것이었다. 영조는 자신이 직접 작성한 인원왕후의 〈행록行錄〉에서 인원왕후가 "당론黨論은 나라를 망하게 하는 근본이므로 이 폐단을 매우 염려하셨다"라고 썼는데, 이는 인원왕후가 가문의 당파인 소론을 따르지 않고 노론인 자신을 지지했다는 칭찬이다.

인원왕후가 당론을 바꾼 것은 부친 김주신 때문이었다. 김주신 일가는 북촌 소론北村少論이라고 불렸지만 국구國舅, 임금의 장인가 된 후에는 노론과 가깝게 지냈다. 소론에서 편찬한 《경종실록景宗實錄》은 김주신이 "국구가 된 후 (……) 평소의 친구들도 혐의를 받을까 봐 왕래를 끊었지만 김창집金昌集만은 거리낌 없이 왕래했는데, 간혹 그에게 꾀여 그릇된 방면으로 인도되기도 했다"라고 노론 영수 김창집과 어울린 것을 비판하고 있다. 반면 노론에서 편찬한 《경종수정실록景宗修正實錄》은 "아! 종사가 오늘날 억만년 왕업의 기초를 세우게 된 것은 모두 김주신의 힘이다"라고 극찬하고 있다.

소론이 지지하는 장희빈의 아들 경종이 즉위하자 노론에서는 경종의 이복동생 언잉군延礽君, 영조을 이용한 경종 무력화에 나섰다. 연잉군을 왕세제로 책봉하고 나아가 대리청정을 시켜 경종을 무력화하려는 쿠데타 시도였다. 왕대비 인원왕후는 이때 '삼종의 혈맥三宗血脈, 효종·현종·숙종의 핏줄은 경종과 연잉군뿐'이라는 논리로 연잉군을 지지하고 그 결과 경종을 독살하려 한 혐의로 노론 4대신이 사형당했다. 연잉군이 수괴로 몰렸던 신임옥사辛壬獄事 때도 연잉군을 구해주었다. 인원왕후가 아니었다면 영조는 이때 사형당했을 가능성이 높았다.

부녀의 이런 정치적 행보에 대해서는 평가가 엇갈리지만 근래에 발견된 인원왕후의 한글 문집 《선군유사先君遺事》에 나오는 김주신의 자기 절제에 대해서는 정조도 "척리戚里, 임금의 외척 중에 세상에서는 김주신의 집만을 칭찬한다"라고 인정할 정도라 전한다. 정치가 이전에 먼저 인간이 되어야 한다는 뜻이다.

형세가 아니라 대의에 줄서라

원 황실이 고려 국왕에 대한 사실상의 임명권을 가지면서 임금도 줄서기 대상이 됐다. 충선왕이 즉위, 폐위, 복위를 반복했던 데는 원나라에 충선왕을 무고하거나 옹호했던 신하들이 있었기 때문이었다. 충선왕이 토번吐蕃, 티베트으로 유배돼 미래가 없어 보였을 때 많은 신하가 그를 버렸지만 이제현李齊賢은 1323년 감숙성甘肅省의 타사마朶思麻로 이배移配된 충선왕을 찾아간다. 목은牧隱 이색李穡이 지은 이제현 묘지墓誌는 "도중에서 읊은 시문에는 충성과 의분이 가득히 담겨 있었다"라고 평하고 있다. 이제현은 형세가 아닌 대의를 좇았던 것이다.

공민왕이 재위 5년(서기 1356년) 원나라 기황후의 동생 기철奇轍 일족을 주살한 것은 큰 모험이었다. 《원사元史》〈황후 기씨奇氏 열전〉에는 기황후가 태자에게 "너는 왜 나를 위해 복수하지 않느냐?"라고 꾸짖었다고 기록하고 있다. 이런 과정을 거쳐 원 황실이 1364년 공민왕을 폐하고 충숙왕의 아우인 덕흥군德興君을 왕으로 삼았을 때 공민왕의 미래는 없어 보였다. 더구나 원나라는 최유崔濡에게 1만의 군사까지 주어 덕흥군을 호종하게 했다. 원나라에 있던 나영걸羅英傑, 유인우柳仁雨, 문익점文益漸 등이 덕흥군에게 줄선 것은 형세를 좇은 것이었다. 고려군이 안주까지 퇴각한 상황에서 최영崔瑩, 이성계李成桂, 경복흥慶復興, 경부흥이 나섰다. 서북면 도원수 경복흥은 최유에게 "사람의 자식이 돼 난적亂賊의 이름을 면하지 못한다면 무슨 면목으로 천지 사이에서 설 것이냐"라는 격서檄書를 보내 꾸짖는데, 이들이 수주隨州, 평안북도 정주에서 승전함으로써 전세는 겨우 역전됐다.

《고려사절요高麗史節要》 공양왕 원년(서기 1389년) 조에 관리를 경복흥의 무덤으로 보내 "경卿과 최영이 충성을 발해 덕흥德興의 난을 격퇴해 우리 사직을 보존했다"라고 치제致祭했다는 기록은 그만큼 상황이 다급했음을 말해준다. 이들마저 덕흥군 편에 섰다면 공민왕은 왕위를 빼앗겼을 것이다. 대선 주자들에 대한 줄서기가 심하다는데 이들처럼 형세가 아니라 대의大義에 줄선다면 최소한 역사에서는 패배하지 않을 것이다.

도움을 줄 때는 자존심까지 살펴라

MBC 〈PD 수첩〉에서 을지로4가역 장애인 화장실에서 사망한 38세 홍 씨의 사연을 본 적이 있다. 우리 사회는 지금 여러 부분에서 혁명에 가까운 리모델링을 하지 않으면 미래가 없어질 만한 진통기에 있는데 그 중심에 복지 정책이 있다. 옛 선조들은 약자들을 지원할 때 지원받는 사람들의 자존심을 살폈다. 《맹자孟子》〈고자 상告子上〉에 "한 그릇 밥과 한 사발 국을 얻으면 살고 못 얻으면 죽는다 할지라도, 호통치면서 주면 길 가던 사람도 받지 않고 발로 차서 주면 거지도 더럽다고 여긴다―簞食 ―豆羹 得之則生 弗得則死 嘑爾而與之 行道之人弗受 蹴爾而與之 乞人不屑也"라는 말이 있다. 여기에서 꾸짖으면서 발로 차면서 돕는다는 뜻의 호축嘑蹴이라는 말이 나왔다. 조선 후기 가난했던 학자 이덕무李德懋는 《사소절士小節》에서 "굶어 죽을지라도 호축을 받아서는 안 된다"라고 말하고 있다.

《국조보감國朝寶鑑》 명종 3년(서기 1548년) 조에 의미심장한 구절이 있다. 흉년이 들자 나라에서 동서東西에 진제장賑濟場을 설치하고, 상평창常平倉을 열어 굶주린 백성에게 죽을 쑤어 먹였다. 그런데 "사족士族 과부들은 직접 나서서 구걸할 수 없을 것이니 관에서 직접 쌀을 갖다 주라"라고 명한 것이다. 사대부가 과부로서 남과 다투어가면서 진제장에 가서 죽을 얻어먹기는 힘들다는 속마음을 헤아려 쌀을 배달해준 것이다.

세종은 재위 26년(서기 1444년) 3월 굶주린 백성을 동서東西 활인원活人院과 진제장에 나누어 거처하게 하면서 병자는 다른 사람과 섞이지 못하게 따로 구호했다. 아무리 굶주린 사람이라도 병자가 뒤섞이면 전염될까 꺼리는 속마음을 헤아린 것이다. 연암燕巖 박지원朴趾源은 〈진정賑政에 대해 단성丹城 현감 이후李侯에게 답합니다〉라는 글에서 "굶주린 백성들에게 죽을 나누어줄 때 남자는 왼쪽, 여자는 오른쪽에 앉게 하고 나이든 사람과 젊은이도 따로 앉히고 사대부와 일반 백성들도 따로 앉혀서 서로 다투지 않게 해야 한다"라고 권하고 있다. 아무리 굶주린 사람이라도 사람의 염치를 생각하게 해야 한다는 것이다. 박지원은 이 글에서 "사람의 정으로 부끄럽게 여기는 것은 가난과 굶주림만 한 것이 없다常情所羞 莫如貧餓"라고 말하고 있다.

가난을 개인의 책임으로 여기는 분위기도 있지만 개인 못지않게 사회나 제도의 책임도 크다. 가난을 부끄럽게 여기는 속마음까지 헤아리는 복지 정책을 펼칠 때가 됐다.

인자한 사람에게는 적이 없다

임진왜란이 발생하자 선조는 장남 임해군臨海君을 함경도로, 여섯 번째 왕자 순화군順和君을 강원도로 보내 근왕병勤王兵을 모집하게 했다. 강원도로 간 순화군은 일본군이 북상하자 함경도로 올라가 임해군과 합류했는데, 두 왕자는 낮은 자세로 백성을 안심시키고 인심을 진무하기는커녕 왕자임을 내세워 백성에게 갖은 횡포를 부렸다. 그러다가 회령에 유배돼 있던 아전 출신 국경인鞠景仁에게 체포돼 가토 기요마사加藤淸正의 진영으로 넘겨지는 신세가 됐다. 《선조실록宣祖實錄》에는 순화군이 임해군에게 "내가 경망하게 사람을 구타하는 것이 형이 남의 전택田宅이나 장획臧獲, 노비을 빼앗는 것보다는 낫다"라고 했다고 전하는데, 사람들이 그 말은 맞다고 여겼을 정도로 두 왕자의 횡포는 극심했다(《선조실록》, 33년 11월 25일).

효종의 동생 인평麟坪대군의 세 아들을 '삼복三福'이라고 불렀다. 군호君號가 복창군福昌君, 복선군福善君, 복평군福平君이기 때문이다. 인조의 손자이자 효종의 조카였던 삼복은 세상에 거리낄 것이 없는 신분이었다. 이들은 남인들과 친했는데, 서인들이 정권을 탈환한 숙종 6년(서기 1680년)의 경신환국庚申換局 직후 복선군이 남인 영상 허적許積의 서자 허견許堅에게 국왕으로 추대받았다는 이유로 삼형제 모두 조카 숙종에게 사형당했다. 이는 정치 공작 혐의가 짙은 사건이었다.

이 참사慘死에 대해서 항간에는 '원비작요寃婢作妖'라는 말이 떠돌았다. '억울하게 죽은 여종이 요귀로 변했다'는 뜻으로, 질투가 심했던 복창군의 부인이 득옥得玉이라는 여종을 갖은 악형惡刑 끝에 죽게 했는데, 그 혼이 요괴로 변해 복수했다는 것이다. 인평대군의 세 아들이 모두 죽고 그 손자 한 명만이 듣지도, 말하지도 못하는 농아聾啞라는 이유로 겨우 살아 제사만은 끊이지 않았다. 성호星湖 이익李瀷은 요괴로 변한 득옥이 "온갖 요사와 변괴를 일으켜 결국 그 일족을 다 멸하고야 말았다"라고 적고 있다. 아랫사람의 원한이 그만큼 크다는 뜻이니 윗자리 사람들이 늘 명심해야 할 사례다. 인자무적仁者無敵이라는 말은 그래서 나온다.

전체의 이익 추구가 바른길이다

당黨이란 원래 고대 가호家戶를 묶는 단위였다. 다섯 가호가 린隣이고, 다섯 린이 리里다. 20리, 즉 500가호가 당黨이다. 고대에는 정치적 목적의 당黨을 만드는 것 자체를 부정적으로 봤다. 서기전 3세기 굴원屈原은 〈이소離騷〉에서 "당인들이 교활하게 즐기고 있으니 길은 어두컴컴하고 험하고 좁구나惟黨人之偸樂兮 路幽昧以險隘"라고 비판했다. 《서경書經》〈홍범洪範〉 장의 황극皇極 조에 "치우침이 없고 당이 없으니 왕도는 탕탕하며無偏無黨 王道蕩蕩,, 당이 없고 치우침이 없으니 왕도는 평평하다無黨無偏 王道平平"라는 구절이 있다. 당과 편이 없는 왕도를 노래한 것이다. 여기에서 왕도는 당도 없고 편도 없으니 두루 등용해야 한다는 탕평蕩平이라는 말이 나왔다.

　　사대부 계급이 집단적으로 진출한 북송北宋 때부터 당黨에 대한 인식이 바뀌기 시작했다. 북송의 구양수歐陽脩는 〈붕당론朋黨論〉에서 "군자君子는 군자와 더불어 도道를 행하지만 소인은 소인과 더불어 이익을 추구한다"라면서 대의를 추구하는 군자들의 당을 진붕眞朋, 사익을 추구하는 소인들의 당을 위붕偽朋으로 구분했다. 위붕은 군주가 멀리해야 하지만 진붕은 가까이 지내야 한다는 것이다. 조선의 형법 역할을 했던 《대명률大明律》〈간당奸黨〉조는 "붕당을 결성해 조정을 문란하게 하는 자는 모두 목을 베고, 처자는 종으로 삼고 재산은 관에 몰수한다"라고 규정해 붕당 결정을 사형으로 다스렸다. 영중추부사 이준경李浚慶은 선조 5년(서기 1572년) 죽음을 앞두고 유차遺箚를 올려 "사사로운 붕당을 깨뜨려야 한다破朋黨之私"라면서 그렇지 않으면 "끝내 국가의 구제하기 어려운 걱정거리가 될 것"이라고 예견했다. 이 유차는 사림들의 지지를 받던 이이李珥를 겨냥한 것으로 해석됐기 때문에 응교應敎 이이가 "진실로 군자라면 천백 사람이 무리를 짓더라도 다다익선多多益善이지만 소인이라면 한 사람도 용납해서는 안 된다"라고 반박 상소를 올렸다.

문제는 그때나 지금이나 자당自黨은 진붕眞朋이고 상대 당은 위붕偽朋으로 공격한다는 점이다. 지금 한국 정당들이 총체적 위기에 빠진 이유는 도道가 아니라 사익을 추구하는 위붕으로 보는 시각이 많기 때문이다. 사회 공동체 전체의 이익을 추구하는 정치가 도道다. 매년 새해에는 한국의 정당들이 진붕으로 거듭나 장삼이사들의 희망이 될 수 있기를 기대한다. 물론 요원한 기대라는 사실도 안다.

군자는 편벽됨이 없다

고려 공민왕은 재위 8년(서기 1359년) 원나라 기황후奇皇后를 믿고 위세를 부리던 기철奇轍 일당을 제거하는데, 공을 세운 열아홉 명을 안사공신安社功臣으로 책봉했다. 그중 한 명인 유숙柳淑은 여러 공신에게 "이 공신 철권鐵券, 공신녹권은 곧 죄안罪案이니 여러 공公들은 서로 힘쓰면서 한 가지 마음으로 왕실에 보답하고 다시는 사사로운 당파를 만들지 맙시다"라고 말했다. 목은牧隱 이색李穡이 쓴 유숙의 〈묘지명墓誌銘〉은 유숙이 "군자는 편벽되지도 당파를 만들지도 않는다고 하니, 나는 결코 남들과 붕당朋黨을 맺지 않을 것이다"라고 말했다고 전한다. 그러나 시골에 은거해 있던 유숙은 공민왕 17년(서기 1368년) 신돈辛旽이 보낸 자에게 교살당했으니 고려 말이 난세였음은 이로써도 알 수 있다.

조선 선조 때 사림士林이 동인과 서인으로 갈리면서 당쟁黨爭이 본격화됐다. 당쟁이 가장 문제되는 부분은 인사를 편파적으로 할 때일 것이다. 광해군 원년(서기 1608년) 4월 사간司諫 조정립趙正立은 "지금의 병을 구하려면 먼저 전형銓衡, 인사하는 사람을 선택할 때 반드시 공정하고 정직하고 독립해서 당파가 없는 사람과 사림土林의 제일류第一流를 얻어서 그 직을 나누어주어야 한다"라고 상소했다. 그렇게 "착한 무리들을 수습해서 공론을 주장하게 하면 저 시끄럽고 조용하지 못한 무리들은 저절로 물러가서 벼슬길이 깨끗하고 밝게 될 것"이라는 주장이었다. 조정립은 광해군 4년(서기 1612년) 12월 세상을 떠났는데, 사관史官은 "향리鄉里에 물러가서 살았는데 왕(광해군) 즉위 후에도 나오지 않자 왕이 자못 의심해서 억지로 관직에 나갔지만 얼마 되지 않아서 죽자 사대부들이 서로 조문하며 애석해했다"라고 전하고 있다.

《택리지擇里志》의 저자 이중환李重煥은 당쟁에 연루돼 사형 위기까지 몰렸다가 겨우 목숨을 건졌다. 그는 《택리지》에서 "하늘에 가득 찬 죄를 지은 사람도 다른 당파의 탄핵을 받으면 시비곡직是非曲直을 따지지 않고 떼거리로 일어나 변호하고 (……) 큰 덕을 쌓은 사람도 자기 당파가 아니면 먼저 그 사람에게 나쁜 점이 있는지 살핀다"라고 당쟁을 비판했다. 살 만한 곳을 찾아 전국을 다녔던 이중환은 '살 만한 땅은 사대부들 때문에 없다'는 결론 속에 죽었는데 어디에서 세상을 떠났는지조차 알려지지 않고 있다.

진영 논리가 횡행하면서 무소속의 자리가 없어지고 있다. 무소속이라는 말이 관청에 속하지 않은 장인이나 노비 등을 뜻하니 용어 자체가 차별이다. 아무도 주목하지 않는 한 여성 무소속 후보의 현수막이 바람에 흔들리는 것을 보고 든 단상이다.

나는 비록 수척해져도 천하는 살찐다

《논어論語》〈미자微子〉편은 지식인의 현실 참여 문제를 생각게 한
다. 은자인 장저長沮와 걸익桀溺이 밭을 갈고 있는데, 공자가 자로子路
에게 나루터를 물어 오라고 시켰다. 장저는 수레에 탄 이가 공자
라는 말에 "그러면 이미 나루터를 알고 있을 것이다"라고 동문서
답東問西答하고, 걸익은 "도도하게 흘러가는 것이 세상인데 어느 누
가 바꿀 수 있겠는가"라며 자로에게 "세상을 피하는 선비를 따르
라"라고 되레 충고했다. 《논어》는 이 말을 들은 공자가 "무연憮然, 크
게 뜻을 잃어 낙심함했다"라고 적고 있다. 그러나 공자는 곧 "사람이 새
와 짐승과 함께 살 수는 없으니 내가 사람과 더불어 살지 않으면
누구와 살겠는가?鳥獸不可 與同群 천하에 도가 있다면 내 어찌 굳이
바꾸려 하겠느냐天下有道 丘不與易也"라며 자신이 옳다고 다짐한다.

막상 현실에 참여하고 나면 이상과의 괴리에 시달리게 마련
이다. 송나라 신종神宗 때 정사에 참여했다가 호북성湖北省 황주黃州
적벽으로 귀양 간 소동파蘇東坡가 〈적벽부赤壁賦〉에서 "날개 단 신선
이 돼 하늘로 오르는 것만 같다"라고 읊어 '우화등선羽化登仙'이라는

사자성어를 낳은 것은 현실에 좌절한 지식인의 전형이다.

현실에 참여하려는 지식인이 생각해야 할 고사가 당唐 현종玄宗 때의 명신 한휴韓休의 이야기다. 《신당서新唐書》〈한휴 열전〉에 따르면 당 현종은 큰 잔치를 할 때면 혹시 한휴도 아느냐고 신경 썼다. 그만큼 식간으로 유명했기 때문이다. 주위에서 한휴가 입조入朝한 이래 폐하께서 수척해졌다며 축출을 권하자 현종은 "나는 비록 수척해졌어도, 천하는 살쪘다吾雖瘠天下肥矣"라며 거절했다. 그래서 한휴를 중용했던 시절 현종은 '개원開元의 치治'를 이룩했으나 한휴 사후 오국誤國의 군주가 됐으니 한 지식인의 무게는 이렇게 무거웠다.

그간 수많은 지식인이 정권에 참여했지만 덕분에 '천하가 살쪘다'는 소식은 별로 듣지 못했다. 그럼에도 일부 지식인은 또 다른 정권에 줄을 대느라 부산하기만 하다. 한휴처럼 주군은 수척해도 천하를 살찌울 자신이 있는지 스스로 반문할 일이다.

古今通義

3__

소통과 교류 속에서

천주교와 제사

조선 중기 이수광李睟光, 1563~1628년은 북경의 예수회 선교사 마테오 리치가 지은 《천주실의天主實義》를 소개하며 교황에 대해 "혼인하지 않으며, 세습하지 않고 현자賢者를 택해 세운다"라고 설명했다. 조선은 선교사가 전교하기 전 남인 사대부들을 중심으로 스스로 자생적인 천주교회를 만들어 이벽李蘗, 1754~1786년이 신부가됐는데, 이때를 가성직假聖職 시대라고 한다. 1784년 이승훈李承薰, 1756~1801년이 북경의 장 그라몽Jean-Joseph de Grammont, 1736~1812년 신부를 찾아가 영세받기를 자처한 것도 이벽의 권유에 따른 것이었다.

자생적 조선 천주교회가 교황청 소속의 북경 교구와 접촉함으로써 발생한 가장 큰 문제는 제사였다. 당초 동양 선교를 담당했던 예수회는 동양의 전통 사상과 문화를 이해하려는 전향적 자세를 갖고 있었으나 이를 영합주의迎合主義라고 비판하는 프란체스코파Francescan 등이 동양 전교에 나서고 교황 클레멘스 11세Clemens XI와 베네딕토 14세Benedict XIV 등이 이들을 지지하면서 조상 제사가 엄금되었다. 정조 14년(서기 1790년) 이승훈이 역관 윤유일尹有一을 보내 제사 문제에 관한 교황청의 해석을 물었을 때 북경 주교 알렉산드르 드 고베아Alexandre de Gouvea, 1571~1808년는 '우상 숭배'라며 엄금했고, 이 경직된 해석에 실망한 많은 신자가 천주교를 떠났다. 이듬해(서기 1791년) 전라도 진산의 양반 권상연權尙然과 윤지충尹持忠이 제사를 폐지하고 부모의 신주를 불태운 사건이 발생하면서 천주교는 무부무군無父無君의 사교邪敎로 몰렸다.

순조 1년(서기 1801년, 신유년) 섭정하던 대왕대비 김 씨가 정조 때 성장한 남인들을 제거하기 위해 천주교를 역률로 다스리는 사학 엄금 교서를 내렸을 때의 주요 명분도 무부무군無父無君의 사교라는 것이었다.

이 신유박해 때 이승훈, 이가환, 정약종 등 수많은 남인이 순교한다. 조선 전통과 괴리된 이 문제를 해결한 것은 교황 비오 11세Puis XI, 1922~1939년의 제사 금지 완화 조치였으나 이미 수많은 신도가 순교한 후였다. 가톨릭교회만이 유일한 교회라는 교황 베네딕토 16세의 교서가 한국 사회의 '종교 간 공존의 전통'을 훼손하는 쪽으로 기능해서는 안 되는 이유를 제사 문제의 역사는 말해준다.

고구려냐, 고구리냐

표의 문자表意文字인 한자로 외래어 발음을 정확하게 표기하는 것은 거의 불가능하다. 가령 히틀러의 나치는 한자로 '納粹나추이, nacui'인데, '순수함을 받아들인다'는 뜻이니 이상하다. 아르메니아는 亞美尼亞야메이니야, yameiniya로 쓸 수밖에 없다. 잘못 발음되고 있는 한자어를 깊이 연구한 이재호李載浩 부산대학교 명예 교수는 '복개覆蓋'는 '부개', '갹출醵出'은 '거출'이라고 써야 하며, '강감찬姜邯贊'은 '강한찬', 고려 말 시중侍中을 역임한 '경복흥慶復興'은 '경부흥'으로 써야 바르다고 역설한다.

이는 틀린 발음이 관습이 돼버린 경우인데, 손암巽庵 정약전丁若銓의 《자산어보玆山魚譜》는 기존대로 '자산어보'인지 아니면 '현산어보'가 맞는지 단정하기 어렵다. 정약전에게 자산玆山이라는 호를 지어준 인물은 동생 정약용丁若鏞이다. 정약용은 흑산도에 유배된 정약전에게 편지를 쓰면서 "흑산이라는 이름은 아득한 어둠이라는 뜻이어서 말로 지적하기 무서웠기 때문에 편지에는 자산玆山이라고 고쳐 썼는데, 자玆는 흑黑과 같다'라고 《역학서언易學緒

言》에서 밝히고 있다. 정약전도《자산어보》서문에 "자산玆山은 흑산黑山이다. 나는 흑산도에 유배돼 있어서 흑산이란 이름이 무서웠다. 집안사람들의 편지에는 흑산을 번번이 자산이라 쓰고 있었다"라고 했다. 중국의《사원辭源》은 석문釋文, 즉 고대 한자에는 '자玆' 자와 '자滋' 자가 통하는데 "자滋의 음音은 현玄과 같다"라고 쓰고 있다. 현이라고도 읽는다는 뜻이다. 이는 정약용이 '玆山'을 기존 발음대로 자산이라고 읽었는지 석문釋文대로 '자滋=자玆=현玄'이라고 읽었는지를 알아야 풀 수 있는 문제다.

고구려를 고구리라고 읽어야 한다는 주장이 다시 대두된 적이 있다. 려麗를 리로 읽어야 한다는 주장은 일리가 있지만 고高 자와 구句 자도 문제가 된다. 현재의 중국어 발음으로는 '가오쥐리' 또는 '가오거우리'가 된다. 백제百濟나 신라新羅도 마찬가지 문제가 있다. 우리 옛 지명의 발음 체계에 대한 종합적인 연구 후에 결론 내려야 할 문제다.

만주어는 한국어와 닮은꼴이다

현전現傳하는 세계 최고最古의 중국어 회화 학습서는 고려와 조선의 통역관 양성소인 사역원司譯院에서 사용하던 《노걸대老乞大》다. 《노걸대》는 고려 충렬왕忠烈王 때인 13세기 말 고려 상인이 원나라의 대도大都, 북경까지 가서 국제 무역을 할 때까지 벌어지는 갖가지 일화를 구어체로 엮은 책이다. 이보다 한 단계 높은 수준의 책이 《박통사朴通事》인데, 《노걸대》만 다 익혀도 일상 회화에는 불편함이 없었다.

흥미로운 점은 《청어노걸대淸語老乞大》, 즉 만주어 《노걸대》도 있었다는 사실이다. 만주어 통역관들은 이 외에도 《팔세아八歲兒》, 《소아론小兒論》, 《삼역총해三譯總解》 등의 만주어 교재를 더 공부했다. 조선의 헌법을 만주어로 쓴 《번역飜譯 경국대전經國大典》도 필수 교재여서 정체성이 분명한 역관을 길러냈다. 《천자문千字文》, 《오자吳子》, 《손자孫子》, 《십이제국귀수十二諸國貴愁》 등의 만주어판도 있었는데 《통문관지通文館志》는 전란 때 잃어버렸다고 전하고 있다.

신계암申繼黯은 만주어에 정통했던 역관으로서 인조 때 영의

정 오윤겸吳允謙, 1559~1636년의 후원으로 10년 동안 청나라를 왕래하며 기존 교재들과 실제 만주어의 차이를 바로잡아 역과譯科에 적용한 인물이다. 청나라가 붕괴하면서 만주어는 소멸의 길을 걸었지만, 일본은 식민 사학자 시라토리 구라키치白鳥庫吉의 제자로 교토 대학교 총장을 역임(서기 1938년)한 하네다 도루羽田亨가 1937년 《만화사전滿和辭典》(만주어-일어 사전)을 편찬한 데서 알 수 있듯이 만주어 연구에 공을 기울였고, 이는 현재까지도 이어지고 있다.

《뉴욕 타임스》가 만주어가 곧 사멸하리라는 만주 르포 기사를 보도하기도 했는데, 만주어는 한국어와 어순이 같고 관계 대명사가 없는 대신 동사가 관형형이 되면서 명사를 수식하는 등 한국어와 동질성이 많은 언어다. 만주족이 세운 금金의 정사正史인 《금사金史》〈목종영가穆宗盈歌〉 조는 "금나라 시조 함보函普는 처음에 고려국에서 왔다"라고 전하고 있다. 만주족은 동이족東夷族의 일원으로서 우리 민족의 한 지류이기 때문에 만주어를 연구하고 보존하는 것은 남의 일이 아니다.

조선 통신사의 옛길을 따라서

교토京都에서 에도江戸, 도쿄까지 '조선인朝鮮人 가도街道'라는 특별한 길이 있다. 도쿠가와가德川家가 도요토미가豊臣家를 세키가하라關ヶ原 전투에서 꺾어 열도의 패권을 장악한 후 상경할 때 이용했던 길로서 막부의 장군 외에는 사용할 수 없던 길도古道였다. 각 번주藩主와 네덜란드, 유구琉球의 사절들도 금지되고 조선통신사만 사용했기에 붙은 이름이다. 임진왜란 이후 조선이 사신 파견을 허용한 목적은 피로인被擄人, 포로 쇄환刷還에 있었으나 도쿠가와 막부는 새 정권의 정통성을 인정받는 일로서 중시했다는 증거다. 조선은 임진왜란 후 인조 14년(서기 1636년) 전까지는 과거의 통신사라는 표현 대신 '근수사跟隨使' 또는 '회답겸쇄환사回答兼刷還使'라는 표현을 써서 도쿠가와 막부를 내심 인정하지 않고 있었다.

조선인 쇄환은 쉽지 않았다. 광해군 9년(서기 1617년) 종사관 從事官 이경직李景稷의 《부상록扶桑錄》에는 조선인들이 귀국을 거부하는 사례가 여럿 담겨 있다. "왜경倭京, 에도에 도착한 이후에는 와서 뵙는 자가 연달아 있었으나 돌아가기를 원하는 자는 매우 적었다'라는 것이다. 진주晉州 사인士人, 사대부 이만경李萬璟의 아들 인송仁松 등 사대부 출신은 귀국을 원했지만 일반 양인良人은 달랐다. 조선의 천인賤人이던 도공陶工들이 일본에서는 장인匠人으로 인정받았으니 굳이 귀국할 필요를 느끼지 못했다. "가혹한 정치는 호랑이보다 무섭다苛政猛於虎"라는 《논어》가 생각나는 대목이다. 1607년 사행에서 수만 명 피로인 중 1,400여 명만이 귀국에 응했다. 그러나 어찌 고향이 그립지 않았으랴. 울산 서생포西生浦 왜성倭城 축성 때 동원됐다가 끌려간 사람들이 성씨를 서생西生으로 이름 지었다는 이야기가 이를 말해준다.

2007년에 서울에서 도쿄까지 조선통신사 옛길 걷기 행사를 열었는데 '조선통신사 파견 400주년'이라고 표현했다. 통신사란 명칭으로는 태종 13년(서기 1413년) 박분朴賁이 처음 갔으니 594년이 됐다. 두 나라 사이의 관계이기 때문에 고증이 더욱 중요하다.

한자 원음 표기의 문제점

처음 북경北京에 갔을 때 베이징이라는 발음을 아무도 알아듣지 못했다. 베이北는 3성, 징京은 1성으로 발음해야 하는데, 억양 없이 발음했기 때문이다. 원음原音대로 표기하는 것이 무의미함을 말해준다. 일본어는 한자를 발음으로 읽는 음독音讀과 뜻으로 읽는 훈독訓讀으로 나뉜다. 교토京都의 유명한 금각사金閣寺는 긴카쿠지라는 음독으로 읽지만 같은 교토의 청수사清水寺는 기요미즈데라라는 훈독으로 읽는다. 한자의 현지 발음을 아는 것이 얼마나 어려운지를 짐작하게 한다. 검법 이도류二刀流를 창안한 무사 화가 미야모토 무사시宮本武藏, 1584~1645년는 무사시 대신 다케조라고도 읽는다.

　　홍대용은 《연기燕記》에서 "내가 중국말을 거침없이 하니 그들 중국인은 잘한다고 칭찬했다"라고 적어 회화에도 능숙했음을 보여준다. 중국으로 오는 도중에 배웠다는 것인데, 반면 박지원은 간단한 인사말 외에는 회화를 전혀 못했다. 그러나 두 사람 모두 중국인과 대화할 때는 필담筆談을 곁들였다. 한자는 비단 동이족이 만들었다는 학계 일각의 주장은 차치하고라도 동아시아의 공용어였다. 말까지 하고 싶으면 홍대용처럼 발음 체계를 따로 배워야 한다.

우리 조상은 한자를 주체적으로 수용해 표음表音 문자인 한글 속에 표의表意 문자인 한자를 녹여내어 힌 문장 안에서 자연스럽게 사용할 수 있게 했다. 그만큼 한글의 폭이 크게 확대된 것이다. 중국인도, 일본인도 하지 못한 것으로 이질적인 요소를 융합하는 우리 민족 특유의 문화 수용 능력을 보여주는 사례다.

한자를 현지 원음대로만 발음하자는 것은 표의 기능을 버리자는 것으로 두 다리로 걷던 사람에게 한 다리로 걸으라는 격이다. 한자를 표음으로 적을 수밖에 없는 영어의 단점을 따라가자는 언어 사대주의에 입각한 역사와 전통의 파괴 행위다. '압록강 북부의 집안輯安, 고구려 국내성'은 원음대로 적으면 '야루장 베이부 지안'으로 무슨 뜻인지 알 수 없게 된다. 한자 원음 표기의 문제를 시급히 연구해 고쳐야 할 것이다.

문명의 충돌은 불가피한가

단재 신채호는 여순형무소에서 쓴 《조선상고사朝鮮上古史》에서 동
아시아의 양대 세력은 지나支那, 중국와 조선이라며 "양대 세력이 만
나면 어찌 충돌이 없으랴. 만일 충돌이 없는 때라 하면, 반드시
피차 내부의 분열과 불안이 있어 각옵히 그 내부의 통일에 바쁜
때인 것이다"라고 갈파했다.

　《수서隋書》〈고구려 열전〉은 수隋 문제文帝가 진陳을 멸망시키
고 중원을 통일하자 고구려 평원왕平原王이 "군사를 훈련시키고
곡식을 저축해 방어할 계획을 세웠다"라고 전하고 있다. 중원에
통일 제국이 들어선 이상 정면충돌이 불가피하다고 생각했다는
뜻이다. 평원왕의 뒤를 이은 영양왕(재위 590~618년)도 마찬가지
였다.

　수 문제는 영양왕 8년(서기 597년) 국서를 보내 고구려가 말갈
과 거란의 내조來朝를 막고, 노수弩手, 다연발 활 제작자를 빼내 가고,
사신을 빈 객관에 가둔다고 비난하면서 정벌하겠다고 위협했다.
영양왕은 이듬해(서기 598년) 말갈 군사 1만여 명을 거느리고 요서

遼西 지방을 공격하는 것으로 이에 답했다. 이에 수 문제는 넷째 아들 한왕漢王 양량楊諒에게 30만 대군을 주어 고구려를 침략했으나 군사 열에 여덟아홉이 죽는 대참패로 끝나고 말았다.

1882년 임오군란 때 사대적인 민비 정권의 요청으로 조선에 진주한 청나라 장수 오장경吳長慶은 대원군을 청으로 납치한 후 조선을 압박해 '조·청 상민 수륙 무역장정朝淸商民水陸貿易章程'을 체결시켰는데, 그 전문前文에 "조선은 오랜 번봉藩封, 제후의 영지'이라는 구절까지 강제로 넣었다. 그리고 이 내용을 광화문 등지에 크게 써 붙였다. 개화파 김옥균이 1884년 갑신정변으로 민씨 정권을 타도한 후 내건 14개조 정강政綱의 첫 번째가 "대원군을 조속히 귀국시키고 청에 대한 조공의 허례를 폐지한다"인 것은 이 때문이다.

2008년 4월 서울에서 북경올림픽에 보낼 성화 봉송이 시작되었을 때 티베트 독립과 중국의 인권 탄압에 반대하는 소수의 사람들을 수천 명의 중국인이 집단으로 구타해 사회 문제가 된 적이 있다. 티베트를 중국이 점령한 것은 한국 전쟁 와중이기에 티베트 문제는 남의 일만이 아니다. 중국은 언제나 문명사회의 일원이 되려는가.

문화는 서로 오가기 마련이다

지금으로부터 700~800여 년 전에 세계 제국 원元나라에 한류韓流가 불었다. 바로 고려양高麗樣, 또는 고려양자高麗樣子다. 원나라 말에서 명나라 초기 인물인 권형權衡이 편찬한 《경신외사庚申外史》는 원 순제順帝 즉위년(서기 1333년)부터 원나라가 북쪽으로 쫓겨 가는 1367년까지의 일을 기록했다. 순제가 경신년庚申年에 태어나 경신제庚申帝로 불렸기 때문에 《경신외사》라고 지은 것이다.

권형은 이 글에서 "원나라 대신과 귀인 들은 반드시 고려 여인을 얻은 후에야 명가名家라고 불렸다"라면서 "사방의 의복과 신발, 모자 및 기물器物이 모두 고려의 모습을 따랐다高麗樣子 (……) 이렇게 일시의 풍조에 관계된 것이 어찌 우연이겠는가?"라고 말하고 있다. 원나라에 고려양이 유행하게 된 데는 공녀貢女 출신 여인 기씨奇氏가 있었다.

《경신외사》는 태자의 모친을 '고려씨高麗氏'라고 칭하고 있는데 그가 북원北元 소종昭宗의 생모였던 황후皇后 기씨였다. 고려양은 기씨가 원나라 조정의 실권을 잡으면서 생긴 풍조다. 원나라

양윤부楊允孚의 《난경잡영灤京雜詠》에는 "고려 생채 맛을 다시 말하네更說高麗生菜美"라는 구절이 있다. 양윤부는 이 시 주석에서 "고려 사람들은 생채로 밥을 싸서 먹는다"라고 덧붙였다. 육식 위주였던 원나라 사람들은 밥을 상추에 싸서 먹는 고려 풍습이 꽤나 이채로웠던 것이다.

또한 원나라 말기 사람인 장광필張光弼의 〈궁중사宮中詞〉에는 "궁중 옷차림은 새로 고려 모습을 높여서 방령方領, 저고리은 허리까지 내려오지만 어깨는 반밖에 덮지 않네. 밤마다 궁중에서 앞다투어 구경하니 일찍이 이 옷 입고 어전에 왔기 때문일세宮衣新尚高麗樣 方領過腰半臂裁 連夜內家爭借看 爲曾着過御前來"라고 읊었다. 원나라 궁중 의상도 고려 옷차림이 지배했음을 말해준다. 성호 이익李瀷은 〈생채와 괘배生菜掛背〉라는 글에서 이 시 앞부분을 인용하면서 "고려 시대의 옷을 원나라 사람들이 본떠 만든 것 같다"라고 평했다.

그런데 문화란 서로 오가기 마련이어서 우리 혼인 풍습의 족두리 등은 원나라에서 왕비에게 준 고고리古古里가 와전된 것으로 보고 있다. 이것이 몽골풍이다. 산업은행이 몽골 국책 은행인 몽골 개발은행의 최고 경영자 역을 맡기도 했는데, 몽골족과 우리는 원래 동이東夷 계통의 같은 민족이었다.

선조들의 외교 정책

조선의 외교는 명·청을 사대事大하고 일본, 유구 등과는 친한 이웃으로 지내는 교린交隣 정책이 핵심이었다. 이 사대교린事大交隣은 굴욕 외교가 아니라 조선에 실질적 이익을 안겨준 실용 외교 정책이었다. 중인 출신 역관譯官이 쟁쟁한 사대부 가문을 제치고 조선의 최대 갑부가 될 수 있었던 배경도 여기 있다.

명나라는 3년에 한 번 조공하는 '삼년일공三年一貢'을 주장한 반면 조선은 1년에 세 번 조공하는 '일년삼공一年三貢'을 주장했다. 조공朝貢 무역貿易이라는 말에서 보듯이 조공은 일방적 행위가 아니라 조공이라는 형식 속에서 교역품을 맞바꾸는 행위였다. 조공의 원칙은 '조공이 있으면 사여賜與가 있다'는 것이다. 조선에서 조공품朝貢品을 전달하면 그 대가로 사여품賜與品을 내려야 했는데, 사여품이 조공품보다 많은 것이 원칙이었다. 상국上國이라는 체면 유지 비용이자 평화 유지 비용이었다.

조공품과 사여품을 맞바꾸는 것이 공무역公貿易이라면 사행使行을 따라간 역관들의 상행위가 사무역私貿易이었다. 조선은 역관들에게 여비를 지급하는 대신 인삼 팔포八包를 가져가라는 무역권을 주었다. 역관들은 중국의 지배층에게 고려 인삼을 팔고, 그 돈으로 조선의 지배층이 선호하는 비단과 금은 세공품 등을 가져와 이중으로 이익을 남겼다. 그래서 역관들이 주도하는 국제 무역을 팔포무역이라고도 한다.

여기에 명·청과 일본 사이의 중개 무역도 조선의 국부國富와 역관들을 살찌웠다. 청나라는 중기까지는 해금海禁 정책을 썼기 때문에 일본은 청과 직접 무역을 할 수 없었다. 청나라는 조공 외교의 틀 속에서 조선과만 무역을 허용했기 때문에 일본은 동래 왜관에서 조선 역관들에게 청의 물품을 구입하는 삼각 무역을 해야 했다. 조선의 역관들을 상역商譯 또는 역상譯商이라고 부르는 이유가 여기에 있었다. 사역원司譯院, 외국어의 통역·번역 일을 맡던 관청의 기록인《통문관지通文館志》는 "사행使行이 갈 때마다 응당 가지고 가는 팔포를 합해 계산하면, 1년에 압록강을 건너가는 은화銀貨가 거의 50만~60만 냥에 이르렀다"라고 전하고 있다. 이 막대한 은화의 대부분이 일본에서 건너온 것이었다. 조선은 사대교린이라는 외교 정책으로 평화를 유지하면서 막대한 국제 무역의 이익도 취했던 것이다. 한국이 일본에 이어 중국과도 통화스와프를 확대한다는 소식을 듣고 선조들의 지혜로웠던 외교 정책이 떠올랐다.

상대가 곤경에 처하면 자신의 것부터 나눠라

몇 년 전에 다녀왔던 터키의 옛 수도 이스탄불은 원래 동로마 제국의 수도 콘스탄티노플이었다. 서기 324년 콘스탄티누스 황제 때 로마의 수도가 됐다. 동로마 제국 시절 콘스탄티노플에서 가장 유명한 기독교 성지는 유스티니아누스 황제가 537년 완공한 아야소피아 성당이다. 길이 77미터, 너비 71.7미터, 높이 55미터에 달하는 사각형 성당인데 이 거대한 건축물을 지탱하는 지주가 기둥이 아닌 돔이라는 사실이 놀랍다. 그래서 유스티니아누스 황제가 헌당식 때 "솔로몬이여! 내가 그대를 이겼노라"라고 외쳤다는 일화가 남아 있는지도 모른다.

그러나 1453년 오스만 제국의 술탄 메흐메트 2세가 도시를 함락하면서 성당도 위기에 처한다. 메흐메트는 아야소피아 성당에서 이슬람식 예배를 드린 후 "알라 외에 신은 없다"라고 외쳤지만 성당을 파괴하는 대신 이슬람 사원인 모스크로 바꾸라고 명령했다. 게다가 벽면을 장식한 기독교 모자이크도 지워버리는 대신 석회를 발라 덮으라고 명했다. 1923년 터키 공화국 수립 후 석회를 벗겨내면서 우리는 1,500여 년 전 비잔틴 회화의 정수를 감상할 수 있게 됐다. 이것이 현재의 아야소피아 박물관인데, 기념품 판매점에서 예수와 성모 마리아의 초상화를 파는 모습이 낯설지 않다. 전 국민의 98퍼센트가 모슬렘이므로 기독교 성화를 파는 상인도 이슬람교 신자다. 그러나 수니파가 대부분인 터키 모슬렘은 다른 종교를 배척하지 않고 존중한다.

1461년 메흐메트 2세가 조성한 재래시장 그랜드 바자르를 둘러보다가 이집트에서 온 물건의 집산지였던 이집션 바자르까지 오면 다리가 아프다. 그러면 이집션 바자르 곁에 있는 이슬람 사원인 예니 자미에 들어가면 된다. 푹신한 양탄자에서 쉬고 있으면 하루 다섯 번의 기도 시간 때 주위 상인들이 몰려 들어와 예배를 드린다. 자신의 신앙을 고수하면서 타인의 신앙도 존중하는 터키 모슬렘이야말로 종교 갈등이 극심한 현 시대가 본받아야 할 모범이 아닐 수 없다. 탁심 광장이 있는 이스탄불 신시가지 이스티클랄 거리 한복판에는 성안토니오 교회가 있다. 히잡을 쓴 이슬람 여성들이 교회 안에 들어와 사진을 찍는 모습이 전혀 어색하지 않다. 이런 공존의 철학을 지닌 나라 동남부 반Van에서 강진이 발생한 적이 있다. 비단 고조선과 고구려의 형제국이었던 흉노의 후예라는 사실까지 소급하지 않더라도 상대가 곤경에 처했을 때 자기 것을 나누는 것은 나의 생존을 위한 일이기도 하다.

다름을 인정해야 차별도 없다

《삼국사기三國史記》〈고구려 본기〉 태조대왕 69년(서기 121년) 조는 고구려 군사가 "선비 군사 8,000명과 함께 후한後漢의 요대현遼隊 縣을 공격하니 후한의 요동 태수 채풍蔡諷이 맞서 싸우다가 전사했다"라고 전하고 있다. 중국의 《후한서後漢書》 건광建光 원년(서기 121년) 조에도 같은 내용이 기록돼 있다. 선비족은 대흥안령大興安嶺 북쪽의 선비산에 살아서 붙여진 이름인데, 후에는 내몽고 북부 시라무렌 강 유역에서 대흥안령 서쪽 호륜호呼倫湖 부근에 거주했다.

고구려는 어떻게 이들과 공동 군사 작전을 전개했을까? 한족漢族은 선비족을 동호東胡라고도 불렀는데, 동호와 동이東夷는 서로 통하는 같은 민족 개념이다. 선비족이 세워 화북華北 일대를 장악했던 북위北魏와 고구려가 서로 국혼國婚을 맺을 정도로 긴밀했던 이유도 같은 민족이라는 친연성에서 찾을 수 있다.

《태종실록太宗實錄》 10년(서기 1410년) 10월 조는 "덕릉德陵, 안릉安陵 두 능을 함주咸州, 함흥 달단동韃靼洞 언덕에 옮겨 합장했다"라고 전하고 있다. 덕릉은 태조 이성계의 고조부 목조 이안사의 능이고 안릉은 그 부인 효공왕후孝恭王后 이씨의 능으로서 능 자리는 태조 이성계가 직접 골랐다. 달단이란 몽골족을 뜻하는데 함흥 달단동은 조선 초에도 몽골족과 우리 민족이 서로 뒤섞여 살았음을 말해준다. 이성계의 군사가 강했던 것도 몽골족, 만주족 등이 함께 섞인 동이족 연합 부대였기 때문이다.

유학자들이 중화 사대주의 사상에 경도되면서 같은 동이, 동호였던 몽골, 말갈(만주족), 숙신, 선비족 등을 오랑캐라고 내몰고, 우리는 동이·동호가 아니라 중국 한족漢族과 같은 민족이라고 주장하면서 만들어진 이념이 소위 단일 민족론이고 순수 혈통론이다. 우리나라에 살고 있는 외국인 수가 100만 명을 넘어선 가운데 유엔 인종차별철폐위원회는 "한국이 다인종 사회 성격을 인정해야 한다"라고 권고하기도 했다. 우리 역사 사실과도 맞지 않는 단일 민족론에 대한 잘못된 관념을 바꾸는 것이 민족과 인종 차별 없는 사회를 만드는 하나의 방법일 것이다.

사노비의 거액 기부

성종 16년(서기 1485년) 큰 가뭄이 들었다. 곡식이 타 죽고 채소도 마르는 '고금古今에 없었던' 가뭄이었다. 이 무렵인 《성종실록成宗實錄》 16년 7월 28일 조에는 아주 흥미로운 구절이 있다. "충청도 진천鎭川에 사는 사노私奴, 남자 종 임복林福이 곡식 2,000석碩을 바쳤다"라는 내용이다. 남의 종인 임복이 백성 진휼을 위해 거액을 기부한 것이다. "지식인들도 외면하는데, 천한 종이 거액을 기부했다"라며 감동한 성종은 면천免賤, 천인 신분에서 벗어나게 해주는 것으로 보상해야겠다며 승지承旨들에게 의견을 물었다. 임복은 당초 아무 조건도 달지 않고 기부했으나 승지들은 "이 사람은 본래 면천해 양민良民이 되려고 한 것"이라며 깎아내리기에 여념 없었다.

성종이 임복의 소원을 묻게 하자 임복은 자기 대신 네 아들의 면천이 소원이라고 말했다. 대신들에게 의논시키자 한명회韓明澮, 이극배李克培, 윤호尹壕 등은 "100명 이상을 살린 것"이라며 면천에 동의했으나 심회沈澮, 홍응洪應 등은 "만약 곡식을 바쳐 종량從良, 양인이 됨하는 길을 열어준다면 주인을 배반하는 자가 벌 떼처럼 일어날 것"이라며 반대했다.

성종이 결단을 내려 네 아들을 종량해주고, 그의 주인에게는 같은 수의 공노비로 보상해주자 대사헌 이경동李瓊仝이 "양민과 천인의 분별은 하늘이 위에 있고 땅이 밑에 있는 것처럼 옮기거나 바꿀 수 없는 것"이라고 반발하는 등 양반 사대부의 반대가 잇따랐다. 그러자 임복은 1,000석을 더 기부해 물의를 잠재웠다.

전라도 남평南平에 사는 사노 가동家同이 또 곡식 2,000석을 바쳤으나 처음부터 면천을 노렸다는 이유로 거부됐다. 노비들이 잇달아 거액 기부에 나서자 그해 8월 영의정 윤필상尹弼商도 곡식 500석을 바치는 등 양반 사대부의 기부도 확산됐다.

우리 사회도 부유층보다는 가난한 사람들이 불우 이웃 돕기에 더 적극적이라고 한다. 천하 사방을 나의 형제로 보는 공존의 철학이 팽배해질 때 우리 사회는 더욱 건강해지고 안정될 것이다. 세상에 대한 원망을 가난한 이웃에 대한 사랑으로 승화한 조선의 사노 임복의 마음으로 우리 주위의 불우한 이웃들을 돌봐야 할 것이다.

바둑 외교

《구당서舊唐書》〈동이東夷 열전〉 고구려 조는 "고구려 사람들은 바둑 圍棊과 투호投壺 놀이를 좋아하며, 사람마다 축국蹴鞠에 능하다"라 고 전하고 있다. 고구려는 바둑을 전쟁에 이용하기도 했다. 《삼국 사기三國史記》〈백제 개로왕〉 조에 따르면, 고구려 장수왕은 애기가 愛棊家인 개로왕에게 국수國手인 승려 도림道琳을 접근시켜 환심을 산 후 궁성 축조, 왕릉 정비 등 대규모 토목 공사를 일으키게 했 다. 그 결과 백제의 "창고가 텅 비고 백성들이 곤궁해져서 나라의 위태로움이 누란累卵을 쌓은 것보다 심했다"라고 할 지경에 이렀 다. 이때 고구려의 공격으로 백제 개로왕은 전사하고 한강 유역 도 빼앗기고 말았으니 애기愛棊의 대가로는 가혹하다 하지 않을 수 없다.

바둑은 한·중·일 모두에서 즐겼지만 그 형태는 조금씩 달 랐다. 그중 조선은 네 곳의 귀와 변, 그리고 중앙에 모두 17개의 돌을 미리 놓고 시작하는 순장바둑을 즐겼다. 순장의 한자 표기 는 연구자에 따라서 純丈, 順丈, 巡將 등으로 달리 표기되는데,

포석이나 소목, 외목, 고목 같은 착점이 없고 처음부터 전투가 시작된다는 점에서 巡將이라는 군사 용어가 이치에 맞는 듯하다. 순장바둑의 기원은 불분명한데 조선의 명재상 유성룡柳成龍이 처음 시작했다는 설이 있다. 하지만 그보다 이른 중종中宗 때의 문인 최여신崔汝愼의 시에 미리 두는 돌이라는 뜻의 '배자排子'가 들어간 "미리 놓은 돌이 푸른지 붉은지 잘못 보고 두었네排子靑朱錯誤着"라는 시가 있어 그 전에도 있었을 가능성을 말해준다.

그러나 유성룡이 유명한 국수였던 사실은 조남철趙南哲 국수가 생전에 〈서애 선생과 바둑〉이라는 글에서 확인한 바 있다. 야사에는 임진왜란 때 명장明將 이여송李如松이 선조에게 대국을 청했는데, 선조가 난감해하자 유성룡이 일산日傘에 구멍을 뚫어 선조가 둘 곳을 비추어 두게 했다고 전한다. 이 대국에서 이여송을 무릎 꿇렸다는 설과 이여송의 체면을 생각해 무승부인 화국으로 끝냈다는 양설이 전한다.

바둑은 2010년 중국 광저우 아시아경기대회 때부터 정식 종목으로 채택되었는데, 바둑 강국의 면모를 이어가기 바란다.

불만도 운치 있게 표현하라

다산 정약용은 〈향리론鄉吏論〉에서 고을 수령은 처음 부임했을 때 선정을 베풀려고 하지만 향리鄉吏, 아전가 수령에게 "나의 계획대로만 하면 열 배는 남을 것이다"라고 꼬인다면서, "수악首惡은 향리이고 향리의 말을 따른 수령은 그다음"이라고 말했다. 충청도 옥천沃川 관아의 문서집인《관성록管城錄》에는 사람들이 향리에 대해 "간악한 아전이다"라고 말한다면서 "수령은 아전을 사람의 도리로 대해서는 안 되고, 엄격하게 감독하고 엄한 법으로 다스려야 한다"라고 쓰고 있다. 향리들이 백성을 수탈하는 주범이라는 내용이다. 그러나 이익李瀷이《성호사설星湖僿說》〈생재生財〉에서 "아전들은 녹도 없이 공일만 하므로 뇌물로써 생계生計를 삼는다"라고 말한 것처럼 봉급 없는 행정 관료인 아전의 부패는 필연일 수밖에 없었다.

이런 구조적인 문제를 외면한 채 자신들만 만악萬惡의 근원으로 모는 데 분개한 향리들이 만든 것이 탈춤이라는 분석도 있다. 고종 30년(서기 1893년) 경상도 고성부사로 부임한 오횡묵吳宖默

은 《경상도 고성부총쇄록固城府叢鎖錄》에서 제석除夕 행사로 행해진 탈춤에 대해 "풍운당風雲堂을 보니, 아전 무리들이 악기를 갖추고 놀이판을 벌였다. 이것은 해마다 관례적으로 치르는 행사라고 한다"라고 기록했는데, 이것이 현재까지 전승되고 있는 고성固城 오광대五廣大놀이다. 일제 강점기 조선총독부 촉탁 오청吳晴은 봉산鳳山 탈춤에 관한 조사 보고서에서 "봉산 탈춤은 원래 봉산 이속吏屬, 아전들이 자손 대대로 공연해오던 것이다"라고 전한다. 아전들은 탈춤을 통해 양반들의 허위와 위선을 폭로하면서 백성 수탈의 주범은 자신들이 아니라 양반들이라고 선전한 셈이다. 탈춤은 향리층의 자기변명으로 시작된 풍자극이었던 것이다.

검찰이 법원의 잇단 영장 기각을 풍자하는 〈백설공주 살인 미수 사건〉이라는 풍자극을 무대에 올린 적이 있다. 서로 얼굴 붉히며 싸우는 것보다는 운치 있어 보였다. 누가 사법 정의를 훼손하는 기관인지에 대한 풍자와 함께 누가 사법 정의를 세우는 기관인지 경쟁하는 모습도 보고 싶다.

망명객을 대하는 우리의 자세

《태조실록太祖實錄》 재위 7년(서기 1398년) 2월 조에는 현재의 오키나와인 유구국琉球國의 산남왕山南王 온사도溫沙道가 그 나라 중산왕中山王을 피해 진양晉陽, 경남 진주으로 망명했다고 전하고 있다. 태조는 온사도를 불쌍히 여겨 의복, 쌀, 콩을 주어 보호했다. 이보다 앞선 태조 3년(서기 1394년)에는 중산왕 찰도察度가 "망명한 산남왕의 아들 승찰도承察度를 돌려보내달라고 청했다"라는 기록이 있다. 《우리 역사를 바꾼 귀화 성씨》(박기현, 역사의아침, 2007년)에는 "오키나와 연구소의 자료에는 온사도가 승찰도의 이칭異稱"으로 기록돼 있다며 온사도와 승찰도가 동일 인물이라고 전한다. 태조는 중산왕의 정적政敵 인도 요청을 거부했고 온사도는 태조 7년 10월 조선에서 사망했다.

고려 고종 13년(서기 1226년)경에는 지금의 베트남인 안남국安南國의 왕王 혜종의 숙부였던 이용상李龍祥이 권신權臣 진陳씨 일족에 의해 왕조가 무너지자 고려로 망명했다. 황해도 옹진 동쪽 화산花山에 자리 잡은 이용상 일가는 고종 40년(서기 1253년) 옹진성을 공격하는 몽골의 침략을 물리쳐 화산군花山君에 봉해졌다.《개벽開闢》1925년 6월 호의 〈황해도 답사기〉는 옹진군 북면 화산리花山里에 "고려조 화산군 이용상 사우祠宇와 묘소가 있다"라고 전해준다. 지금은 북한 땅인데, 현재 화산花山 이씨들은 그 후손이다. 1995년 화산 이씨 종친회 간부들이 베트남을 찾았을 때 당 서기장 도 무오이 등 3부 요인이 열렬히 환호하며 껴안은 것은 유명한 사건이다.

고구려 장수왕은 재위 24년(서기 436년) 요령성遼寧省과 하북성河北省에 걸쳐 있던 북연北燕의 소성제昭成帝 풍홍馮弘이 도움을 요청하자 장수 갈로葛盧와 맹광孟光을 화룡和龍까지 보내 맞아들였다. 소성제의 정적이었던 북위北魏 태무제太武帝의 송환 요청도 거부했다. 고구려는 망명객 수용이 국가의 강성함을 보여주는 증표임을 알고 있었다.

한국에서 난민으로 인정받기 너무 어렵다는 보도가 있었다. 정치적 망명자는 인권은 물론 우리 사회의 정치적 자산의 일부라는 관점으로 접근해야 할 문제다.

사회 불안과 정부의 무능이 겹칠 때

도참圖讖은 미래의 길흉을 예언하는 말이나 책이다. 대부분 새 왕조의 도래를 예언한다. 1세기경 편찬된《한서漢書》에 도참이 실려있으니 유래가 오래됐다. 유방劉邦이 세운 전한前漢은 왕망王莽의신新나라에 멸망하는데,《후한서後漢書》에는 이통李通 등이 신나라말년에 후한을 건국하는 유수劉秀, 광무제에게 "유씨가 다시 일어나고 이씨가 보필한다劉氏復起 李氏為輔"라는 도참을 들려주며 거사를촉구하는 내용이 나온다.

《삼국사기三國史記》는 까마귀가 궁예弓裔에게 '왕王' 자가 쓰인상아 조각을 떨어뜨렸다면서 '옛 거울 도참古鏡讖' 이야기도 전한다. 당나라 상인 왕창근王昌瑾이 한 거사에게 옛 거울을 샀다. 햇빛이 비치자 "4년 사이에 두 용이 나타나는데, 한 용은 몸을 푸른 나무속에 감추고, 한 용은 형체를 흑금 동쪽에 나타내리라於巳年中二龍見 一則藏身靑木中 一則顯形黑金東"라는 글귀가 나타났다. 푸른 나무는 송악군松嶽郡 사람 왕건王建을 뜻하고, 흑금은 궁예가 도읍한 철원鐵圓이다. 궁예가 철원에서 성했다가 멸망한다는 뜻으로 해석됐다.

이를 보고 궁예의 부하들이 왕건에게 붙는데, 왕건 측의 자작극이라는 해석도 있다.

천민 출신으로 고려 무인 정권의 실력자가 된 이의민李義旼도 도참의 인물이다. 이의민의 부친 이선李善은 아들이 청의靑衣를 입고 황룡사 9층탑에 올라가는 꿈을 꾸다. 이의민은 "용 손龍孫, 왕건의 후손은 12대에 끝나고 다시 이씨가 일어서리라龍孫+二盡 更有+八子"라는 도참을 듣고 김사미, 효심 등의 농민 봉기군과 내통했으나 최충헌에게 죽고 만다. 《고려사高麗史》〈우왕禑王〉조는 고려 사람들이 이씨가 왕이 된다는 〈목자득국木子得國〉이라는 노래를 불렀다고 전하는데, 조선 시대에는 이씨가 망하고 정씨가 흥한다는 '목자망전읍흥木子亡奠邑興'의 도참이 꾸준히 유포됐다.

사이버 논객 미네르바가 화제가 되기도 했는데, 이 역시 도참의 일종으로서 사회 불안과 정부의 무능이 겹칠 때 발생하는 전형적 현상이다. 무능한 정부란 민심과 맞서 싸우는 정부를 뜻한다.

원문이 중요하다

세종이 한글을 만든 중요한 이유 중의 하나는 각종 소송에서 백성이 억울함을 당하지 않게 하기 위함이었다. 백성의 진술을 아전衙前들이 한문과 이두를 섞어 옮기는 과정에서 자의로 바꾸어써도 백성은 알 수 없는 형편이었다. 《세종실록世宗實錄》26년(서기 1444년) 2월 20일 자는 "형살刑殺에 대한 옥사獄辭 같은 것을 이두 문자로 쓴다면, 문리文理를 알지 못하는 어리석은 백성愚民이 한 글자의 착오로 혹 원통함을 당할 수도 있겠으나, 이제 언문諺文으로 그 말을 직접 써서 읽어 듣게 하면, 비록 지극히 어리석은 사람일지라도 모두 다 쉽게 알아들어서 억울함을 품을 자가 없을 것이라"라고 적고 있는 것은 이 때문이다. 세종이 쓴 어제御製《훈민정음訓民正音》서문 바로 뒤 예조 판서 정인지가 서문에 "이로써 글을 해석하면 그 뜻을 알 수가 있으며, 이로써 송사訟事를 청단聽斷하면 그 실정을 알아낼 수가 있게 된다"라고 쓴 것도 이런 이유다.

16세기 마르틴 루터Martin Luther가 독일어로 번역한 《신약 성서》와 《구약 성서》가 요하네스 구텐베르크Johannes Gutenberg의 금속 활자로 인쇄 반포된 것이 종교 개혁이라는 거대한 변혁으로 이어진 것도 마찬가지다. 그 전에 라틴어로 된 성서는 신부만 읽을 수 있었으므로 신부들은 일부 구절을 발췌하거나 그 뜻을 자의로 해석해 하느님의 뜻이라고 강론함으로써 일반 농민의 영혼을 지배해왔다. 대다수의 신자는 성서의 실제 내용을 알 수 없었으나 루터의 독일어 성서를 읽고 실제 성서에 어떤 내용이 쓰여 있는지 알 수 있게 됐다. 면죄부 판매에 항의했던 루터의 95개조 명제에서 시작된 종교 개혁이 거대한 역사의 물결로 확산된 결정적 계기는 라틴어 성서의 독일어 번역이었다.

그간 한국 사회는 원문을 제멋대로 바꿔서 본뜻을 왜곡하는 경우가 적지 않았다. 만주 서쪽에 있다고 반복해서 쓰는 중국 고대 사료를 제멋대로 왜곡해서 한사군漢四郡이 한반도 북부에 있다고 강변한 식민사학이 아직도 해체되지 않은 것이 이를 말해준다. 원문만 제대로 봤다면 이런 주장을 할 수 없다는 점에서 원문의 중요성은 아무리 강조해도 지나치지 않는다.

용광로처럼 모든 것을 용해해라

조선 국왕 중 흑인을 가장 먼저 본 인물은 선조宣祖일 것이다. 임진왜란 때 조선에 지원군으로 온 명나라 장수 중에 팽신고彭信古라는 인물이 있었다. 호북성湖北省 마성현麻城縣 출신으로서 《유편잡설類編雜說》을 쓴 학자 팽호고彭好古의 동생이다. 《선조실록宣祖實錄》 31년(서기 1598년) 5월 조는 유격遊擊 팽신고彭信古가 선조에게 "제가 데리고 온 얼굴 모습이 다른異面 신병神兵을 나와서 뵙게 하겠습니다"라고 말한다. 《선조실록》은 "일명 해귀海鬼인데, 누런 눈동자에 칠흑 같은 얼굴에漆面 사지와 온몸이 모두 검고黑, 턱수염과 머리카락은 곱슬곱슬하고 검은 양모羊毛처럼 짧게 꼬부라졌다"라고 묘사하고 있으니 영락없는 흑인이다.

　그런데 《선조실록》은 "바다 밑에 잠수해 적선賊船을 공격하고, 수일 동안 물속에 있으면서 수족水族을 잡아먹을 수 있다"라고 묘사했다. 선조는 해귀 세 명에게 칼 솜씨를 시험하게 하고 은자銀子 한 냥을 주었다. 그러나 《선조실록》의 사관은 팽신고의 군병에 대해 "모두 시정市井의 무리를 소집했으므로 전투용으로 적합하지 않다"라고 혹평하고 있는데, 그 때문인지 팽신고는 사천성泗川城 전투에서 일본군에게 패한다. 흑인이 어떻게 수전水戰에 능할까? 아마도 아프리카 출신이 아니라 동남아 출신일 가능성이 높다.

중국에는 당唐, 송宋 때부터 흑인 노예들이 있었는데 곤륜노崑崙奴, 흑곤륜黑昆侖, 귀노鬼奴, 번노蕃奴 등으로 불렸다. 쿤룬 산맥崑崙山脈 남쪽의 인도나 동남아 사람들을 뜻하는 말이다. 《남사南史》에는 왕현모王玄謨가 백주白主라는 이름의 곤륜노자崑崙奴子를 총애했다는 기록이 나온다. 이규경李圭景은 《오주연문장전산고五洲衍文長箋散稿》의 〈사교邪敎 배척 변증설〉에서 서양에는 "남자 중 백인과 흑인 두 종류가 있는데 백인은 귀하고 흑인은 노예다"라고 쓰고 있다.

그런데 그런 흑인이 두 번이나 미국 대통령이 됐다. 국내에 들어와 있는 동남아인의 후예 중에서도 훗날 한국 대통령이 나올 수 있을까? 용광로처럼 모든 것을 용해鎔解하는 것이 미국의 장점이란 생각이 든다.

어찌 생물에까지 당색을 씌우려 하는가

정조가 사망하고 노론老論이 재집권하면서 천주교도로 몰려 흑산
도로 귀양 간 손암巽庵 정약전丁若銓은 섬에 복성재復性齋를 지어 청
소년을 가르치는 한편 흑산도 주변의 물고기와 해초 등을 종합적
으로 연구한 《자산어보茲山魚譜》를 지었다. 그 서문에서 정약전은
섬사람 장덕순張德順, 일명 창대昌大과 공동 저술임을 밝힌다. 이는 툭
하면 표절 시비에 시달리는 현재에 비추어 학자적 양심의 귀감이
될 만하다.

　《자산어보》에서 정약전은 물고기를 비늘이 있는 인류鱗類와
비늘이 없는 무인류無鱗類로 분류했다. 무인류 중의 첫 번째가 분
어鱝魚다. 분鱝은 '가오리'라는 뜻이니, 곧 지금의 홍어洪魚다.《본초
강목本草綱目》은 홍어를 태양어邰陽魚, 또는 연잎을 닮았다고 하여 하어荷魚,
또는 해음어海淫魚라고도 한다. 정약전은 '해음어'라는 이름은 지칭
하지 않았지만 그 이유를 재미있게 설명하고 있다. "두 날개에는
가는 가시가 있어서 암놈과 교미할 때 그 가시를 박고 교합한다.
암놈이 낚시 바늘을 물고 엎드릴 적에 수놈이 이에 붙어서 교합

하다가 낚시를 끌어 올리면 나란히 따라 올라오니 암놈은 먹이 때문에 죽고 수컷은 간음 때문에 죽는다고 할 수 있어 음란함淫을 탐하는 자의 경계가 될 만하다."

정약전은 홍어의 회, 구이, 국, 포鱠炙羹腊가 다 좋다면서 배가 아프거나 숙취宿醉를 해소할 때에 좋고, 홍어 비린 물을 버린 곳에는 뱀이 가까이 오지 않으며, 뱀에 물린 곳에 홍어 껍질을 붙이면 잘 낫는다고 적고 있다. 정약전은 또 "나주羅州 가까운 읍邑의 사람들은 즐겨 썩힌 홍어를 먹는데, 지방마다 기호가 다르다"라고 말해준다. 이때 이미 이 지역에서는 홍어를 삭혀 먹었음을 알 수 있다.

몇 년 전 민주당의 새 당사 입주를 축하하며 열린 다과회에 홍어가 나온 것이 화제가 됐었다. 그 전에는 '호남당'의 상징으로 홀대받아 모습을 감췄다는데, 어찌 생물에까지 당목黨目과 당색黨色을 씌워야 하겠는가? 민주당도 홍어 외에 문어를 추가하고 다른 당들도 홍어를 올려서 각 지역에서 좋아하는 이런 물고기들이 소통하는 물고기라는 뜻의 '소어疏魚'라는 이름을 얻기를 바란다.

신라에서 당나라에 보낸 가발

가발은 우리말로 다리이고 한자로는 체髢 또는 체鬄다. 과거에는 가발보다 가체加髢라고 썼다. 변체辮髢, 특계特髻, 가계假髻, 가결假結, 가계假紒도 모두 가발이라는 뜻이니 그만큼 옛날부터 유행했다는 뜻이다. 서기전 12세기 인물인 주공周公이 지었다는 《주례周禮》에는 퇴사追師라는 관직이 "왕후의 머리꾸미개首服 부편차副編次를 담당한다"라는 기록이 있다. 부편차 중의 땋는다는 뜻의 편編 자가 가발을 뜻한다.

《춘추좌전春秋左傳》 노魯 애공哀公 17년(서기전 478년) 조에는 위衛나라 장공莊公이 가발 때문에 죽은 사건이 기록돼 있다. 장공이 융주戎州에 갔다가 기 씨己氏 부인의 아름다운 머리를 보고 강제로 깎아서 부인 여강呂姜의 가발을 만들어주었다. 그 후 위나라에서 반란이 일어나 융주로 도주한 장공이 기 씨에게 "살려주면 이 옥구슬을 주겠다"라고 제안했으나 "너를 죽이면 그 옥구슬이 어디로 가겠느냐"라면서 죽였다는 이야기다.

가발은 언제 우리나라에 들어왔을까? 조선 후기 이덕무는

'복식服食' 조에서 "변체는 몽고蒙古의 유풍"이라고 말하고 있고, 《영조실록英祖實錄》32년(서기 1756년) 1월 16일 자도 '몽골 제도'라고 기록하고 있다. 그러나 필자가 찾아보니 《삼국사기三國史記》신라 성덕왕 22년(서기 723년) 당나라에 우황, 인삼 등과 함께 이미 아름다운 가발美髢, 미체를 보낸 기록이 있었다. 이덕무李德懋는 부잣집에서는 가발에 무려 7~8만 전錢을 쓴다고 비판했는데, 열세 살짜리 부잣집 며느리가 각종 장식으로 무거운 번체를 달았다가 시아버지가 들어오자 급히 일어서다가 가발에 눌려서 목뼈가 부러져 죽은 사례를 들면서 "사치가 사람을 죽였으니 오호라 비통하도다!"라고 한탄하고 있다.

그래서 영조는 사대부가 부녀자들의 가체加髢를 금하고 족두리簇頭里로 대신하게 한 데 이어 정조도 재위 12년(서기 1788년) 《가체신금사목加髢申禁事目》을 내려 가발을 금지했다.

그러나 한때 가발은 한국 수출의 대명사로서 필자가 어릴 때만 해도 머리카락 상인들이 동네를 돌아다녔다. 미국이 대만산 가발을 금지하면서 한국산 가발이 미국 시장을 독점해 1966년 수출액이 1,062만 달러에 달했다(《박정희와 개발독재》, 김광희, 선인문화사, 2008년). 이해 전체 수출액은 2억 5,575만 달러였다. 2011년 우리나라는 '무역 1조 달러 클럽'에 가입했는데, 그 시작이 신라에서 당나라에 보낸 가발이었던 셈이다.

사민도

조선 중기 시인 간이簡易 최립崔岦의 시 중에 "섣달그믐 지새는 술
은 모름지기 초주와 백주라네小歲觴須椒柏醽"라는 시구가 있다. 초주
椒酒와 백주柏酒는 새해 첫날 마시는 술이다. 당唐나라 서견徐堅 등
이 편찬한《초학기初學記》〈사민월령四民月令〉조에는 산초의 꽃이나
열매로 담아서 정월 초하루에 집안 어른에게 올리는 술이 초주라
고 전하는데, 장수를 비는 술이다. 측백나무 잎으로 만든 백주도
나쁜 사기邪氣를 물리치고 어른의 장수를 비는 술이었다. 그래서
새해 첫날 마시는 술을 장수를 빈다는 수주壽酒라고 한다.

　궁궐 화가들의 관청인 도화서圖畵署에서는 새해를 축하하는
세화歲畵를 그려 바쳤다.《중종실록中宗實錄》5년(서기 1510년) 조에
세화는 60장을 넘지 않았다는 기록은 도화서의 연말이 세화 그리
기로 바빴음을 말해준다. 세화를 바치면 감정안이 있는 신하들이
등급을 나누어 최상등은 궐내에 붙이고, 나머지는 재상과 근신近臣,
지방 관아에 나누어주었다. 세화의 화제畵題는 태상노군太上老君, 성
수선녀星壽仙女, 직일금장直日金將 등으로 대부분 장수와 건강을 비는

것이다. 가장 많이 그린 화제는 십장생十長生이다. 고려 말기 목은牧隱 이색李穡의 〈세화 십장생歲畫+長生〉이라는 시는 고려 때도 십장생을 세화로 그렸음을 말해준다. 이색은 십장생을 "구름, 물, 소나무, 대나무, 지초芝, 영지 버섯, 거북, 학, 사슴"이라고 풀이하면서 "병중의 소원은 오래 사는 것만 한 게 없다"라고 장수를 희망했다. 조선 초기 문신 성현成俔의 문집인 《허백당집虛白堂集》에도 〈세화 십장생을 하사받고受賜歲畫+長生〉라는 시가 있어서 조선 초기에도 십장생이 세화로 애용됐음을 알 수 있다.

세조 재위 원년(서기 1455년) 왕비 윤씨는 세화 대신 백성의 일상을 그린 사민도四民圖를 붙이려고 하다가 세조가 반대하자 "백성들에게서 밥이 나오고, 옷이 나오는데, 붙여놓고 보는 것이 왜 안 됩니까?"라고 따져서 허락했다고 《세조실록世祖實錄》과 《국조보감國朝寶鑑》 등에 전한다. 단종은 물론 단종을 따르던 신하들을 모두 죽이고 그 가족들까지 노리개로 삼으며 인간 백정 비슷한 삶을 살았던 세조이지만 끝내 야당이 존재했던 셈이다.

청와대뿐만 아니라 오블리주를 실천해야 할 모든 노블레스들의 집무실에 현대판 사민도를 붙여놓고 이들과 더불어 사는 세상을 고민한다면 조금은 더 나은 세상이 되지 않을까 생각한다.

보복 근절은 피해자의 용서에서 시작된다

청송 심씨와 파평 윤씨 사이에 400년 넘은 묘지 싸움이 해결된 사실이 화제가 된 적이 있다. 그러나 그보다 200년 전에 발생한 청송 심씨와 반남 박씨의 구원舊怨은 미해결 상태다. 발단은 세종의 장인 심온沈溫이 세종의 즉위를 알리는 사은사謝恩使가 된 것이다. 당초 사은사는 한장수韓長壽였으나 상왕 태종이 중국 사신 황엄黃儼과 친하다는 이유로 심온으로 교체했다. 심온이 북경으로 떠나던 1418년 9월 8일의 실록은 "임금의 장인 심온은 나이 쉰 전에 수상首相의 지위에 오르니 영광과 세도가 혁혁해 이날 전송 나온 사람으로 장안이 거의 비게 됐다"라고 적고 있다. 그러나《연려실기술燃藜室記述》이 "상왕이 그 소문을 듣고 기뻐하지 않았다"라고 전하는 것처럼 당당한 전별식이 상왕 태종의 심기를 건드리면서 비극의 막이 올랐다.

태종은 병조 참판 강상인姜尙仁이 금위禁衛의 호위 군사를 두임금에게 나누어 배치하면서 자신에게 보고하지 않은 것을 역모로 몰았다. 임금 경호 부대를 관할하는 동지총제同知摠制 심정沈貞이 심온의 동생이기 때문이었다. 혹독한 고문 끝에 강상인은 심온이 "군사軍事는 마땅히 한곳으로 돌아가야 된다"라고 말했다고 토로했다. 좌상左相 박은朴訔이 "심온이 말한 한곳이 어찌 상왕전上王殿, 태종이겠는가? 반드시 주상전主上殿, 세종을 가리킨 것"이라며 심온을 죽이려는 태종의 의도에 동조했다. 설후 군사권을 세종에게 돌리려 했어도 역모일 수는 없겠으나 강상인과 심정은 사형당했다.

귀국길에 의주에서 체포된 심온은 관련자 대질을 요청했으나 "이미 황천객이 됐으니 어찌 만나겠느냐?"라는 상왕의 싸늘한 답변과 함께 사사賜死당했고, 세종의 장모 안 씨도 의정부 여종으로 전락했다. 심온은 죽을 때 "내가 이렇게 된 것은 좌상 박은의 모함 때문이니 이후로 박씨와는 혼인하지 말라"라고 유언해 두 집안은 금혼禁婚했다. 세종이 태종 사후에도 박은에게 보복을 하지 않은 데서 정치 보복 근절은 피해자의 용서의 결과임을 알 수 있다. 청송 심씨 역시 반남 박씨와 구원을 털 때다.

도량형 통일

중국에서 도량형度量衡을 처음으로 통일한 제왕은 진시황이지만
이를 처음 만든 인물은 예수隷首다.《사기史記》〈역서曆書〉주석은
"예수가 산수를 만들었다隷首作算數"라고 전하고,《후한서後漢書》〈율
력律曆〉조는 "예수는 황제黃帝의 신하다"라고 전한다. 한족漢族의 시
조인 황제가 동이족의 시조인 치우蚩尤와 싸울 때 이미 도량형을
만들었다는 뜻이다. 춘추 전국 시대를 거치며 문란해진 도량형을
진시황이 통일한 것은 제국을 단일한 가치와 기준으로 다스리고
싶었기 때문인데, 이것이 역대 군주들이 도량형 통일에 나선 주
요 동력이었다.

　《만기요람萬機要覽》〈재용財用〉편은 세종이 동銅으로 만든 척尺
을 군읍郡邑에 나누어 사용하게 함으로써 도량형을 통일했다고
전한다. 그 후 도량형이 혼란스러워졌는데 영조 26년(서기 1750년)
삼척三陟에서 세종 때 만든 포백척布帛尺이 발견된 것을 계기로 다
시 자를 만들어 중외中外에 반포했다. 그러나 이덕무李德懋가《청장
관전서靑莊館全書》〈월령月令〉조에서 "지금 우리나라의 도수度數가

모두 엉망이어서 척도尺度와 양형量衡이 집마다 다르고 저자마다 다르다'라고 비판한 것처럼 도량형을 통일하기란 쉽지 않았다.

도량형 통일이 민간에게 필요한 이유는 사기 행위를 방지하기 위해서다. 《연려실기술燃藜室記述》〈주척周尺〉조에서 "법도法度가 한결같아야 민심도 하나가 돼 사기 행위詐僞가 없어지는 것"이라며 "법도를 한결같이 하는 길은 율律, 형벌과 도량형을 동일하게 하는 길밖에 없다"라고 적은 것이 이를 말해준다. 같은 책은 또 "온 나라 안이 그 제도에 털끝만 한 차이도 없게 해 비록 어린이를 시장에 보내더라도 속이고 협잡하는 일이 없게 해야 할 것"이라고 말하고 있다.

몇 년 전부터 당국에서는 평坪, 근斤 등 비법정 계량 단위 사용을 단속하고 '형' 등으로 병행 표기하는 것까지 강하게 제재하고 있다. 제국을 동일한 가치와 기준으로 다스리려는 제왕의 의지 때문도, 사기 행위로 인한 국민의 피해 방지를 위한 것도 아닌 것 같기에 뜬금없다는 생각이 들었다.

진정한 화해를 이끌어내는 법

임진왜란 종전 후 일본이 국교를 재개하자고 요청하자 조선은 세 가지 조건을 내걸었다. 막부幕府의 공식 국서, 성종의 계비 정현왕후貞顯王后의 선릉宣陵과 중종의 정릉靖陵을 도굴한 범인 인도 그리고 조선인 포로의 쇄환이었다. 막부의 장군 도쿠가와 이에야스德川家康는 "전하께서 사신에게 바다를 건너오게 허락하시어 이곳 60여 주의 인민에게 화호和好의 실상을 알게 하신다면 피차간에 크게 다행이겠습니다"라는 국서를 조선에 보냈다. 그러나 국서는 국교 재개에 목숨이 걸렸던 대마도주 종의지宗義智, 종의성宗義盛 부자와 그 가신 유천경직柳川景直, 유천조흥柳川調興 부자가 위조한 가짜였다.

대마도주는 또 죄를 짓고 촌가村家로 귀양 간 마고사구麻古沙九와 마다화지麻多化之를 선릉과 정릉의 도굴범이라고 인도했다. 조선에 끌려온 두 대마도인은 범릉犯陵이 십악十惡의 모대역謀大逆에 해당하는 중죄임을 알고 난 후 "조선에 악행을 한 일인日人들이 적지 않으나 대마도주의 힘으로 결박해 보내기 어려워지자 나같이 고단한 사람을 능적陵賊이라고 보낸 것으로 아무런 근거가 없다'라며 혐의를 부인했다. 《선조수정실록宣祖修正實錄》 39년(서기 1606년) 11월 1일 자도 일본에서 "범릉왜犯陵倭라고 속였다'라고 두 사람이 진범이 아님을 알고 있었음을 보여준다. 그러나 선조는 "대마도의 왜인이면 누군들 우리나라의 적이 아니겠는가'라며 둘을 저자에서 목 벤 후 통신사를 파견했다. 진범이 아닌 줄 알면서도 조선이 재수교를 결정한 것은 《선조수정실록》이 "도쿠가와 이에야스가 정권을 장악한 후 도요토미 히데요시豊臣秀吉의 소행과는 반대로 했다'라는 기록에서 알 수 있는 것처럼 장군이 교체되면서 대조선 정책 자체를 전면적으로 전환했기 때문이다. 물론 귀국을 원하는 조선인 포로도 모두 보내주었다.

전범戰犯의 후예들이 국가 지도자가 돼 침략을 합리화해온 것이 해방 후 현재까지 한일 양국의 선린 관계 수립을 가로막아왔다. 이런 악순환을 끊기 위해서 우리가 먼저 할 일이 있다. 유럽의 '나치 찬양 처벌법', '일제 식민 지배 옹호 처벌법' 같은 것을 만들어서 식민 지배를 옹호하는 살아 있는 매국적을 형법으로 처벌하고 일체의 공직에서 추방해야 할 것이다. 또한 일제 식민 지배를 옹호하는 외국인과의 접촉을 금지하면 일본에서 총리나 각료를 뽑을 때 자칫하면 한국과의 모든 대화가 단절될 것을 우려하지 않을 수 없을 것이다.

권력과 언론의 긴장 관계

세종은 비교적 언론 자유를 용인했지만 언관言官으로 불렸던 대간
臺諫, 사헌부·사간원 관리은 때로 고초를 겪었다. 《세종실록世宗實錄》16년
(서기 1434년) 5월 조에는 "대간을 새로 임명하면 옥졸들이 '앞으로
며칠 후면 우리에게 묶이게 될 것이다'라고 말하고, 거리 사람들
도 '그들이 며칠이나 기강을 세우겠는가'라고 말한다'라는 구절이
있다. 조선의 대간은 국왕과 대신을 공박하다가 투옥되기도 했던
것이다. 대간들이 투옥보다 더 두려워하는 것은 청의淸議, 선비들의 여론
였다. 사육신 하위지河緯地가 "대간으로서 그 직책을 다하지 못한
자는 군자로부터 기롱을 받는 법인데, 유사有司, 정부 기관의 탄핵은
일시에 그치지만 군자의 평론은 만대를 전한다"(《세종실록》, 20년 4월
12일)라고 말한 것이 이를 말해준다.

  조선 후기에 가장 왕권이 강했던 숙종에게도 대간은 움츠러
들지 않았다. 《구운몽九雲夢》의 저자 김만중金萬重은 숙종 13년(서기
1687년) 경연에서 "조사석趙師錫이 우의정이 된 것은 장희빈 덕분이
라는 것이 시중의 여론"이라고 전했다가 분개한 숙종에게 "말의

출처를 대라'라는 엄명을 받았다. 김만중은 취재원 공개를 거부하고 스스로 의금부에 나가 대명待命하는데, 처벌 전지를 쓰라는 숙종의 명에 사관史官들은 "이 붓은 역사를 쓰는 붓"이라며 거부한다.

대간들이 일제히 김만중 처벌에 반대하고 비서실인 승정원도 이에 동조하자 숙종은 "대각臺閣, 대간 있는 것만 알고 군부君父 있음은 알지 못한다'라고 분노했다. 이때 숙종은 "속담에 '돌아가면서 대간을 한다輪回臺官'는 말이 있다'라면서 국왕에 저항하는 조선 언론의 구조 자체를 비판했다. 이에 사관은 "사람들이 대부분 황송하고 두려워해 어찌하지를 못했다'라면서도 "돌아가면서 대간을 한다는 말은 진실로 야비한 상말 중에도 심한 말이다'라고 숙종을 직접 비판하고 있다. 김만중은 숱한 국문에도 취재원에 대해 함구하고 평안도 선천宣川으로 귀양 갔다.

이처럼 예부터 권력과 언론은 긴장 관계일 수밖에 없는데 언론의 비판을 용인한 정권일수록 성공한 경우가 많다는 것이 하나의 교훈이 된다.

세종의 세법 개정 과정

세종은 답험 손실법踏驗損實法이라는 세법 개정을 둘러싸고 전 백성 대상의 여론 조사를 실시했다. 답험 손실법은 지방 수령이 직접 농사의 풍흉을 조사해 세액을 결정했는데, 지돈령부사 안수산安壽山 등이 "사전私田에 10분의 1세를 부과한 것은 삼대三代의 공법을 본 뜬 것"(《세종실록世宗實錄》, 12년 8월 10일)이라고 고대 이상 국가인 삼 대 하·은·주夏殷周에 비교할 정도로 이상적인 세법이었다.

그러나 지방 수령 대신 실제 답험하는 아전 등이 중간에서 부정에 개입하는 등의 부작용이 나타나자 개정론이 나왔다. 풍흉 에 관계없이 토지 비옥도에 따라 1결당 10두씩 징수하는 공법貢法 으로 바꿔 중간 농간을 없애자는 것이었다. 세법 개정은 중대한 민생 문제였으므로 여론 조사를 실시한 것이다.

세종 12년(서기 1430년) 3월부터 약 5개월에 걸쳐 실시된 여론 조사 결과는 《세종실록》 12년 8월 10일 조에 실려 있다. "가하다 는 자는 9만 8,657인이며, 불가하다는 자는 7만 4,149인"이라고 보고하고 있다. 찬성이 반대보다 2만 4,508명이 많음에도 세종은 시행을 유보했다. 평안도는 1,326명이 찬성하고, 2만 8,474명이 반대해 4.4퍼센트만이 찬성한 반면에 경상도는 3만 6,262명이 찬성하고 377명이 반대해 99퍼센트가 찬성하는 등 찬반이 극심하게 갈렸기 때문이다.

세종은 재위 18년(서기 1436년) 이 문제를 심층적으로 연구하는 공법 상정소貢法詳定所를 설치해 연구를 거듭한 후 재위 22년(서기 1440년) 개정안을 하삼도下三道, 충청·전라·경상도에 시범 실시했다. 그러나 문제점이 또 드러나자 재위 25년(서기 1443년)에 수정 세법을 실시했다가 재위 26년(서기 1444년)에야 최종으로 완성된 공법을 확정했다. 토지를 비옥도에 따라 여섯으로 나눈 전분육등법田分六等法과 그해의 풍흉에 따라 아홉으로 나눈 연분구등법年分九等法이 그것이다.

왕조 국가도 이토록 여론을 중시하고 문제점이 드러나면 즉각 수정했지만 현재 우리 사회는 다르다. 선거 때면 머리를 숙이고 여론을 경청하겠다고 하다가 선거만 끝나면 언제 그랬냐는 듯이 제멋대로를 반복한다. 국민 통합을 외치다가도 "통합은 무슨……"하며 자기 패거리만 챙기는 것이다. 이런 사기 행위를 가능하게 하는 것은 진영 논리에 사로잡힌 국민이다. 크게 대오각성하지 않으면 다음 선거 때 또 당할 것이다.

모든 문명은 소통과 교류 속에서 발전한다

이탈리아 출신의 예수회 선교사 마테오 리치, 즉 중국명 이마두利瑪竇, 1552~1610년는 1583년 광동廣東에 상륙했을 때 불교도로 소문났었다. 그를 중국 사회에 안착시킨 지식은 신학이 아니라 서양 과학 지식이었다. 《기하원본幾何原本》은 마테오 리치가 가져온 고대 그리스 수학자 유클리드Euclid의 기하학서를 서광계徐光啓가 번역해 동양에 소개한 책이다. 1601년에 마테오 리치는 북경으로 올라와 자명종自鳴鐘과 〈만국도지萬國圖志〉 등을 신종神宗에게 바쳐 북경 거주를 허락받는데, 이때부터 명明의 지식층에서 서학西學 학습 풍조가 생겨 약 150여 종의 서학서가 번역 출간됐다. 마테오 리치는 〈곤여 만국 전도坤輿萬國全圖〉를 편찬하고,《천주실의天主實義》를 지어 선교에도 박차를 가했다.

　　독일 출신의 예수회 선교사 아담 샬Adam Schall, 즉 중국명 탕약망湯若望, 1591~1666년은 1622년 중국에 도착한 직후 한때 서안西安에서 고초를 겪었다. 그러나 1630년 세상을 떠난 스위스 출신의 선교사이자 과학자 요하네스 테렌츠Joannes Terrenz, 중국명 등옥함鄧玉函

의 뒤를 이어 북경으로 올라와 명明 의종毅宗의 호감을 사면서 환관 40여 명과 궁녀 50여 명을 개종시킨다. 농민군 이자성李自成이 북경을 함락했을 때도 아담 샬의 집은 무사했고, 1645년 북경을 점령한 청나라 세조世祖. 순치제順治帝는 아담 샬을 천문역법 등을 맡는 흠천감欽天監 감정監正으로 임명했다. 아담 샬은 북경에서 청의 인질이었던 소현세자를 만나 서양 과학서를 전해주는데, 정조가 정약용丁若鏞에게 기중기起重機를 연구하라며 내려주었던 궁중 비장秘藏의 《기기도설奇器圖說》도 그중 하나였을 것이다. 테렌츠가 쓴 이 책은 물리학의 기초와 도르래를 이용한 기계 장치에 관한 책이다. 정조도 이런 책들을 통해 깊은 과학 지식을 갖게 됐다.

몇 년 전 방한한 중국의 과학철학자 장궁야오張功耀 교수는 "중국의 과학 기술이 근세까지도 유럽보다 앞서 있었다는 시각은 과장된 측면이 크다"라고 말했다. 중국 과학 기술은 이들 선교사에 의해 획기적으로 발전했다. 타 문명에게 배운다는 것이 부끄러운 일이 아니다. 동양에서 서양에 전수해준 것도 있고, 서양이 동양에 전수해준 것도 있다. 모든 문명은 소통과 교류 속에서 서로 발전한다.

어려운 사람은 당장 지금이 급하다

세종은 재위 4년(서기 1422년) 흉년이 들자 시신侍臣들에게 "매일 계사啓事에서 황정荒政에 관한 일을 최우선으로 삼도록 하라"라고 말했다. 황정은 백성의 곤궁함을 구하는 구황救荒 정책을 뜻한다. 세종은 승지들에게 매일 황정에 관한 사항을 가장 먼저 보고하라고 명한 것이다. 정조 재위 7년(서기 1783년) 여러 지방에 기근饑饉이 든 상황에서 국왕 탄신일이 다가오자 지방관과 장수 들이 전문箋文을 올려 축하했다. 정조는 "내가 한결같이 근심하는 것은 우리 백성일 뿐이다. 백성이 신음하는데 무슨 축하를 한단 말인가"라고 물리쳤다. 정조는 재위 18년(서기 1794년) 11월 화성華城의 성역城役까지 중지시키면서 "지금은 황정 한 가지 일에만 정신을 쏟는 것이 가장 좋다"라고 말했다. 《국조보감國朝寶鑑》에 나오는 사례들인데 두 임금이 왜 조선 전후기를 대표하는 성공한 임금이 됐는지를 말해주고 있다. 백성의 고통을 정책의 최우선 과제로 삼았던 것이다.

　　세조 3년(서기 1457년) 가뭄이 들자 우사간 서거정徐居正은 상소를 올려 "황정에서 가장 우선적인 것은 경비입니다. 지금《육전 六典》등의 편찬 사업은 당장 급한 일이 아니니 모두 정지하소서"라 고 청했다. 재난으로 고통에 빠진 백성을 학철지부涸轍之鮒라고 한 다.《장자莊子》〈외물外物〉편에 나오는데 수레바퀴 자국에 생긴 아 주 작은 웅덩이에서 신음하는 물고기를 뜻한다. 가난한 장주莊周, 장자가 감하후監河侯에게 곡식을 빌려달라고 청하자 세금을 거두면 주겠다고 답했다. 장주는 수레바퀴 자국에서 신음하는 붕어가 "물 조금만 있으면 살 수 있다"라고 하소연했으나 감하후는 "남쪽 오월吳越의 왕에게 가서 촉강蜀江의 물을 보내주겠다"라고 했다. 그 러자 장주가 "차라리 건어물 가게에서 나를 찾으라"라며 화내더라 고 대꾸했다. 빈민에게는 당장 지금이 급하다는 교훈이다.

정약용丁若鏞은 황해도 곡산 부사 시절 관내 모든 백성의 상황 을 체계적으로 적은 〈호적의戶籍議〉를 만들었다. 호적의만 펼치면 누가 구휼에서 소외되고 누가 부당하게 수령했는지 한눈에 알 수 있었다. 우리도 이런 〈호적의〉를 만들어 공개해야 한다. 그러면 어 느 정부 기관, 어느 지방 자치 단체가 빈민 구휼에 적극적인지 한 눈에 알 수 있을 터이니 지금도 필요한 〈호적의〉가 아닐 수 없다.

강제 반출 도서

일본이 대일 항쟁기 때 강제로 반출한 《조선왕실의궤朝鮮王室儀軌》
등 1,200책을 반환한다는 소식이다. 우리 도서는 역사적으로 두
번의 강제 반출 과정을 거쳤다. 첫 번째는 백제, 고구려 멸망 후
당唐나라에서 강제로 빼앗아 갔다. 《구당서舊唐書》, 《신당서新唐書》,
《삼국사기三國史記》 등에 따르면 당나라는 서기 660년 의자왕과 태
자를 비롯한 여러 왕자와 대신, 장사 88명과 1만 2,807명의 백제
인을 끌고 갔다. 또 고구려 보장왕을 비롯한 3만 8,300호戶를 강
제로 끌고 갔다. 이때 수많은 보물과 서적도 빼앗아 갔음은 물론
이다.

　　조선 초기 문신 권근權近은 《양촌집陽村集》〈천문도지天文圖誌〉에
서 "천문도 석본石本은 옛 평양성에 있었는데, 병란兵亂 때 강물에
잠겨 잃어버렸다"라고 말하고 있다. 당나라 군사들이 평양성을
함락하고 고구려의 하늘관을 담고 있는 천문도를 강물에 빠뜨렸
다는 뜻이다. 그러나 고려 인종 23년(서기 1145년) 김부식이 《삼국
사기》를 편찬할 때까지만 해도 지금은 전하지 않는 《고기古記》,

《삼한고기三韓古記》, 《구삼국사舊三國史》와 김대문金大問의 《화랑세기
花郎世記》, 최치원崔致遠의 《제왕연대력帝王年代曆》 등이 전해지고 있었
다. 312년 뒤인 조선 세조 3년(서기 1457년)에 8도 관찰사에게 내
려진 서적 수압령을 보면 "《고조선비사古朝鮮秘詞》, (……) 《조대기朝
代記》, (……) 《삼성밀기三聖密記》, 《안함로원동중삼성기安含老元董仲三聖
記》(……) 등의 문서는 개인이 소장하기에 마땅하지 않으니 진상
進上하라"라고 전하고 있다. 세조 때도 고조선과 관련된 이런 서적
이 남아 있었다는 뜻이다. 왕실이 소장하던 이런 도서는 대일 항
쟁기 때 모두 사라졌다.

일제는 강점 직후인 1910년 9월 30일 '조선의 제도와 일체
의 구습관을 조사한다'는 명목으로 총독부 내에 취조국取調局을 설
치하고 개인의 서고까지 무차별로 뒤져 약 51종 23만여 권의 서
적을 불태우거나 강제 반출했다. 필사본 《화랑세기》도 필사자 박
창화朴昌和가 1934년부터 1945년까지 일본 왕실 도서관인 궁내성
宮內省 서릉부書陵部에서 조선 관계 고문서 정리 업무를 담당하는
촉탁으로 근무하면서 필사했을 가능성이 높다. 일본은 그간 현안
이 된 일부 도서만 반환하는 식으로 문제를 미봉해왔다. 차제에
한일 두 정부는 강제 반출 도서를 전면 조사해야 한다. 일본이 아
직도 정한론征韓論 따위의 망상에 매달리지 않는다면 마다할 이유
가 없다.

아래의 말부터 들어라

당나라 덕종德宗이 사냥을 나갔다가 평민 조광기趙光奇의 집을 방문해 "백성들은 즐거운가?百姓樂乎"라고 물으니 "즐겁지 못합니다不樂"라고 대답했다. "올해는 농사도 잘된 편인데 왜 즐겁지 못한가?"라고 묻자 "조정의 영을 믿을 수 없다. 조세가 너무 무겁고 관료들의 주구誅求가 심하다"라고 비판하고는 "깊은 구중궁궐에 계시기 때문에 모르시는 것"이라고 일갈했다. 머쓱해진 덕종은 조광기의 세금을 면제해주었다.

북송北宋의 사마광司馬光은 《자치통감資治通鑑》 233권에 이 사례를 소개하면서 덕종을 비판했다. 백성의 질고가 전해지지 않은 것은 주위의 아첨 때문이니 그들을 처단해서 정사를 새롭게 했어야 하는데, 조광기 집 세금만 면제해주었다는 것이다. 사마광은 "어찌 억조나 되는 민중이 다 천자에게 스스로 말하게 해서 집마다 다 면세해주겠느냐?"라고 비판한다. 구조를 바로잡지 않고 눈앞의 현상에만 집착했다는 비판이다.

아래의 목소리가 위로 통하지 않으면 위기가 닥친다. 그래서

'말을 구한다'는 뜻의 구언求言 제도가 생겼다. 천재지변이 있거나 흉년이 들면 임금은 하늘이 자신을 꾸짖는다는 생각에서 아래에 구언한다. 자신의 잘못을 지적해달라는 것이다. 태종이 재위 3년(서기 1403년) 8월 수재와 한재가 겹치자 구언하는데 아주 구체적이었다.

"정사에 잘못이 있고 제멋대로 행해지는가? 재판이 공정하지 못해서 억울한 것이 펴지지 못하는가? 부역賦役, 세금이 고르지 못해서 유망流亡, 집을 잃고 떠돎이 그치지 않는가? 충忠가 사邪가 섞여 참소와 아첨이 행해지는가? 기강이 서지 못해 형벌과 상이 문란한가? 변방 장수가 어루만지지 못해 사졸들이 탄식하고 원망하는가? 간사한 아전이 교묘하게 법을 농단해 백성들이 근심하고 탄식하는가?"(《태종실록太宗實錄》, 3년 8월 21일)

구언에 응해 올리는 상소가 응지상소應旨上疏인데, 태종이 "쓸 만한 말이면 즉시 채납採納하겠고, 혹 맞지 않아도 관대하게 용납하겠다"라고 말한 것처럼 응지상소는 어떤 말을 써도 처벌하지 않았다. 《시경詩經》〈소아小雅〉편에 "군자가 옳은 말을 좋아하면 난이 곧바로 그치겠네君子如祉 亂庶祉己"라는 구절이 있을 정도로 소통은 중요하다. 현재의 많은 문제는 위의 생각을 아래에 이해시키는 것을 소통이라고 여기는 데 있다. 소통은 아래의 말을 듣는 것이다. 윗사람일수록 필요한 것은 귀이지 입이 아니다.

고통 분담

현대 사회에도 꼭 필요한 것이 권분勸分이다. 흉년 때 부호들에게 사재를 덜어 빈민을 구제하라고 권고하는 것이다. 독조督糶도 같은 뜻인데, 조糶는 쌀을 판다는 뜻이니 역시 곡식을 내놓게 독려하는 것이다. 권분은 때로 강제성을 띠었다. 성종 16년(서기 1485년) 큰 흉년이 들자 조정에서는 "주현관州縣官에게 명해 곡식을 감춘 자를 찾아내 그 식구가 먹을 것만 남겨두고 나머지는 스스로 살아갈 수 없는 빈민의 목숨을 잇게 했다"(《성종실록成宗實錄》, 16년 7월 8일)라고 전하는 것이 이를 말해준다.

권분이 강제성을 띠자 수령들은 이를 부유한 백성의 재산을 탈취하는 수단으로 악용하기도 했다. 영조 8년(서기 1732년) 2월 시강관侍講官 이종성李宗城이 "올해는 부호의 권분이 거꾸로 폐단이 되고 있다"라고 보고하자 영조가 "부유한 백성을 가두고 곡물을 강제로 빼앗은 수령이 있었다"라고 시인한 것이 이런 사례다. 자진해서 권분하게 하려면 반대급부가 필요했는데 가장 좋은 것이 벼슬이었다. 정조는 "우리 조정에서도 권분한 선비들에게 일명一命에 제수하는 법전을 둔 적이 있다"《《홍재전서弘齋全書》〈고식故寔〉)라고 말했다. 일명이란 처음 벼슬길에 나갈 때 받는 종9품직을 뜻한다.

그런데 벼슬을 주겠다고 하고서는 권분하고 나면 모른 척하는 경우도 있었고, 민간에게만 권분을 강요하고 정부는 나 몰라라 하는 경우도 있었다. 숙종 21년(서기 1695년) 10월 부호군副護軍 조형기趙亨期는 응지상소에서 "내부內府, 내수사 여러 창고 저축 중 금년에는 반을 덜어서 유사有司, 진휼 기관로 돌리고, 여러 공물貢物도 반을 감해서 진휼하는 자원으로 충당해야 한다"라고 주장했다. 왕실 소유 내수사 물건의 반과 왕실이 받는 공물의 반도 진휼 자금으로 돌리라는 뜻이다. 정작 민간에게는 권분을 권해놓고 숙종 자신은 사재를 내놓는 데 인색했음을 알 수 있다.

권분은 항상 주창하는 사람이나 세력이 먼저 솔선수범해야 한다. 정부 먼저 어떻게 고통을 분담할지 밝히라는 말이다. 고유가 문제도 정부가 먼저 유류세를 내리면서 인하를 요구하면 정유사가 어찌 따르지 않겠는가? 고물가, 전세 대란 등으로 고통에 시달리는 서민은 정부는 무엇 하느냐고 아우성이지만 정작 정부는 보이지 않는다. 정조는 재위 2년(서기 1778년) 10월 "나는 비용 절감은 궁위宮闈, 대궐에서 먼저 시작해야 한다고 여긴다"라고 말했다.

노인을 위한 나라는 없다

노인을 삼로三老라고 한다.《예기禮記》〈악기주樂記注〉,《송본좌전宋本佐傳》〈소공昭公〉 조 주석 등에는 상수上壽, 100세 이상, 중수中壽, 80세 이상, 하수下壽, 90세 이상의 세 노인을 삼로라고 설명한다. 정직하고 굳세고剛 부드러움柔의 삼덕三德을 아는 노인이 삼로라는 설명도 있다.《예기禮記》〈문왕文王세자〉 주석에는 주周나라 때 천자가 부형父兄의 예로 부양하던 노인을 삼로라고 설명한다.《사기史記》〈천관서天官書〉에는 "낭비지狼比地에 큰 별이 있는데 남극노인南極老人이라 부른다"라고 말한다. 이 별이 노인성老人星이다. "노인성이 나타나면 다스림이 안정되고 나타나지 않으면 전쟁이 발생한다老人見治安. 不見兵起"라고《사기》는 설명한다. 송宋나라 함평咸平, 998~1003년 때 인물인 허동許洞이 지은《호검경虎鈐經》〈점성통론占星統論〉에도 "노인성이 보이면 천하가 평안히 다스려지고 안 보이면 전쟁이 발생한다星見則天下治平. 不見兵起"라고 노인성이 국가에 대길大吉한 별이라고 설명한다.

조선의《국조오례의國朝五禮儀》는 국가의 기본 예식을 길례吉禮, 가례嘉禮, 빈례賓禮, 군례軍禮, 흉례凶禮의 다섯 항목으로 나누어 서술했다. 이 중 경사를 뜻하는 가례에 '양로연의養老宴儀'가 있다. 예조에서 중추월仲秋月, 음력 8월 중 길일에 80세 이상의 노인을 초청해 임금이 직접 접대하는 의식이다. 세종은 재위 14년(서기 1432년) 승정원에서 "신분이 천한 노인은 초청하지 말자"라고 주청하자 "양로養老는 늙은이를 귀하게 여기는 것이지 높고 낮음을 계산하는 것이 아니다"라면서 종들까지 참석하게 하고, 노인들이 모두 자리를 잡을 때까지 앉지 않고 서서 기다렸다. 정조는 재위 18년(서기 1794년) 70세 이상의 벼슬아치와 80세 이상의 벼슬 없는 사서인士庶人에게 벼슬을 내리면서 100세 이상은 종1품 숭정崇政 품계를 제수했다. 정조는 자신의 문집인 《홍재전서弘齋全書》 〈인서록人瑞錄〉에서 "그해 6월까지 벼슬을 내려준 사람이 모두 7만 5,100여 명이었고, 나이를 합하니 589만 8,210세였다"라면서 "대단히 성대한 일"이라고 기뻐하고 있다.

폐지를 줍던 노인끼리 싸우다가 다쳤다는 소식을 들었다. 이처럼 우리 주위에는 나라에서 모시지도 않는 자식들에게 떠넘기고 외면하면서 극한의 생존 경쟁에 몰린 독거노인이 많다. 보편적 복지라는 장밋빛 구호 속에 특수하게 보살핌 받아야 할 노인들이 죽어가는 것이다.

소통은 생각이 다른 사람과 하는 법이다

소통의 소疏 자는 트인다는 뜻이다. 상소上疏는 임금과 튼다는 뜻이다. 일개 유생도 임금에게 직접 시정의 현안을 터놓고 진언할수 있는 제도였다. 나라에 큰일이 있을 때 임금은 아래에 간쟁하라고 구언求言하는 경우가 있었다. 구언에 응해 올리는 글을 응지상소應旨上疏라고 한다. 응지상소에는 어떤 말이 적혀 있어도 처벌하지 않는 것이 관례였다. 조선은 임금에게 간쟁하는 벼슬을 두었는데, 간관諫官이라 불렸던 사헌부司憲府와 사간원司諫院이 그것이다. 《경국대전經國大典》〈사간원〉 조는 "간쟁과 논박을 담당한다掌諫諍論駁"라고 기록돼 있다. 북한 번역본은 이를 "임금의 결함을 지적하고 관리들의 잘못을 규탄하는 일을 맡는다"라고 옮겼다.

그러나 임금도 사람인 이상 비판이 달가울 수는 없다. 임금이 쓴소리를 싫어하면 사람들은 입으로는 말하지 않고 마음속으로만 비방하는 복비腹誹를 한다. 《사기史記》〈평준서平準書〉에는 복비마저 불쾌하게 여겨 안이顔異라는 인물을 죽이고 '복비법腹誹之法'을 만든 폭군 한漢 무제武帝 이야기가 나온다. 임금은 약한 비판은 듣는 척하지만 아픈 부분을 지적하면 화가 나기 마련이다. 그래서 역린逆鱗이라는 말이 생겼다. 《사기史記》〈한비韓非 열전〉 '세난說難' 조에서 한비자는 "용은 잘 길들이면 타고 다닐 수 있지만 턱 밑의 역린을 건드리면 죽게 되며" "임금도 역린이 있는데 설득자가 그 역린을 건드리지 않도록 한다면 성공할 수 있다"라고 말했다. 문제는 역린을 건드려야 할 경우다.

그래서 죽음을 무릅쓰고 임금에게 간쟁하는 것을 봉간지충逢干之忠이라고 한다. 하夏나라 걸왕桀王에게 극간極諫하다가 죽은 용봉龍逢과 은殷나라 주왕紂王에게 극간하다 죽은 비간比干의 충성을 뜻하는 것으로 충간지사忠諫之士의 대명사로 쓰인다. 그러나 자신의 목숨까지 바쳐가면서 극간할 선비가 많지 않을 것은 당연하다. 그래서 조선에서는 간관諫官이 돼서 일이 있는데도 간쟁하지 않으면 소인배라고 지목하고 "사론士論의 버림을 받는데士論所棄" 간관들은 옥에 갇히는 것보다 사론에게 버림받는 것이 더욱 두렵기 때문에 임금에게 극간하기 마련이었다. 그러나 조선 후기에는 당론黨論을 사론士論으로 포장해 타당을 공격하는 경우가 비일비재했다. 바야흐로 소통이 동서양 모두의 과제다. 소통은 자신과 생각이 다른 사람과 하는 법이다.

양극은 따로 떨어져 존재할 수 없다

역사서에서 경제 분야를 기록한 부분이 식화지食貨志로서 반고班固의 《한서漢書》에서 비롯됐다. 《한서》〈식화지〉는 홍범洪範 팔정八政을 설명하면서 첫 번째는 식食이고 두 번째는 재화貨라고 설명한다. 그만큼 고대에도 경제 문제를 중시했다는 뜻이다. 《한서》의 이런 서술 체제를 본떠서 〈식화지〉를 둔 역사서가 《고려사高麗史》다. 세종부터 문종 연간에 편찬된 《고려사》〈식화지〉에는 고려 말의 토지 제도를 비난하는 대목이 많다. "요즈음 들어, 간악한 도당들이 남의 토지를 겸병함이 매우 심하다. 그 규모가 한 주州보다 크며, 군郡 전체를 포함해 산천山川으로 경계를 삼는다"라는 대목도 있다. 한 집안 소유 농지가 한 주州보다 크다는 것이다. 소수가 거대한 토지를 과점하면 대다수 농민은 몰락할 수밖에 없다.

《고려사》〈식화지〉에는 간관諫官 이행李行 등이 호강豪强한 무리는 끝도 없는 농지를 차지했지만 "소민小民들은 일찍이 송곳 꽂을 땅도 없어서曾無立錐之地 부모와 처자가 다 굶주리고 서로 헤어졌으니 신 등이 심히 애통합니다"라고 상소한 내용도 있다. 《고려

272

사》〈신돈辛旽 열전〉은 "노비로 전락한 백성들이 병들고 나라가 여위게 됐으며, 그 원한이 하늘을 움직여 수해와 가뭄이 끊이지 않고 질병도 그치지 않았다"라고도 비판한다. 고려 전체의 재화 생산량은 이전과 큰 차이가 없었다. 다만 소수 권세가가 재화를 과점하면서 백성의 원한이 하늘을 움직여 나라가 망할 지경에 도달했다는 것이다. 판도판서判圖判書 황순상黃順常 등이 상소를 올려 "식량을 족하게 해서 백성을 편안하게 하는 방도는足食安民之道 토지 제도를 바로잡는 데 있을 뿐입니다"라고 상소하고, 우왕禑王이 재위 14년(서기 1388년) "근래 호강한 무리들이 남의 땅을 겸병해 토지 제도田法가 크게 무너졌다"라면서 그 폐단을 구하는 법을 반포한 것도 이 문제를 해결하지 않으면 왕조가 붕괴될 위기를 감지했기 때문이다.

그러나 고려 왕실은 끝내 이 문제를 바로잡지 못해서 요즘 말로 양극화는 더욱 심해졌고 정도전鄭道傳과 조준趙浚 같은 역성혁명파 지식인은 토지 문제 해결을 신왕조 개창의 명분으로 삼았다. 그렇게 고려는 개국 474년 만에 멸망하고 조선이 들어섰다. 동양학에서 양극兩極은 남극과 북극을 뜻하는데 둘은 지구 맞은편에 따로 존재할 수 있을지 모르지만 한 나라 안의 양극은 따로 떨어져 존재할 수 없다. 갈수록 심해지는 양극화를 완화하지 못하면 체제 위기가 온다. 화란은 밖에서 오는 것이 아니라 안에서 온다고 했다.

영원한 우방도 적방도 없다

외교로 전쟁을 막은 고려의 서희徐熙 못지않은 인물이 고조선의
대부大夫 예禮였다. 중국 전국戰國 시대(서기전 403~221년) 고조선은
만주 전역을 장악한 북방 강국으로서 전국 칠웅七雄 중 가장 북쪽
에 있던 연燕나라와 자주 부딪쳤다. 《삼국지三國志》〈위략魏略〉은
"연나라가 왕을 칭하면서 동쪽을 공격하려 하자 고조선도 이에
맞서 연나라를 공격하려 했다"라고 전한다. 이때 고조선의 대부
예禮가 전쟁 불가론을 주장하면서 고조선을 설득하고 연나라에
사신으로 가서 전쟁을 막았다.

　　외교에서는 영원한 우방도 적방도 없다. 조선과 명나라도 마
찬가지였다. 조선 초기 명나라는 조선이 보낸 국서에 무례한 구
절이 있다는 표전表箋 문제로 정도전鄭道傳의 압송을 요구했다. 조
선에서 거부하자 명 태조 주원장朱元璋은 조선 개국 일등 공신 정
총鄭摠과 김약항金若恒, 노인도盧仁度 등의 사신을 억류했다. 조선 태
조 5년 11월 태조비 신덕왕후神德王后 강씨가 죽자 정총이 주원장
이 내려준 옷 대신 흰 상복을 입었다는 이유로 조선 사신들을 죽

였다. 그래서 격분한 태조와 정도전이 요동 정벌을 결심했다.

태종 6년(서기 1406년) 명나라 성조成祖는 안남安南, 베트남을 침략해 갓 건국한 호조胡朝를 멸망시키고는 내사內史 정승鄭昇을 조선에 보내 이 사실을 전했다. 조선도 이렇게 될 수 있다는 협박이었다. 이때 태종은 "나는 한편으로는 명나라를 지성으로 섬기고, 한편으로는 성을 튼튼히 하고 군량을 저축하는 것이 급선무라고 생각한다"(《태종실록太宗實錄》, 7년 4월 8일)라고 말했다. 사대 외교로 침략의 명분을 주지 않는 한편 그래도 공격하면 결사 항전하겠다는 의지였다. 조선 후기의 망국적 사대주의와는 달리 조선 초기의 사대주의는 국익을 위한 외교 정책의 하나였다.

《논어論語》〈자로子路〉편에서 자공子貢이 "어떻게 하면 선비士라고 할 수 있습니까"라고 묻자 공자孔子는 "사방에 사신으로 가서 군주의 명을 욕되게 하지 않으면 선비라고 할 수 있다"라고 답했다. 선비의 중요한 자질이 외교관의 능력이라는 뜻이다. 그간 우리나라 외교관의 자질과 행태가 문제된 적은 많다. 한 중국 여인에게 "손가락을 잘라드리겠다"라는 각서를 써준 외교관이 있는가 하면 살인 누명을 쓰고 온두라스에 투옥된 한국 여성에게 확인서만 발급해주면 석방하겠다는데도 발급을 거부한 대사도 있었다. 왜 비싼 세금을 들여 외국 공관을 운영해야 하는지 의문이 들게 한 사건들이었다. 국립외교원 발족을 계기로 공자의 말처럼 선비 정신을 가진 외교관을 배출해야 할 것이다.

냉철히 바라보면 분열의 원인이 드러난다

임진왜란 때 백성들이 대궐에 난입해 형조刑曹와 노비 관할 부서 인 장예원掌隷院을 불태우자 선조는 만주로 도주하려 했다. 이것이 요동내부책遼東內附策이다. 《선조수정실록宣祖修正實錄》25년 5월 1일 조는 선조가 "내부內附하는 것이 본래 나의 뜻이다"라고 말하자 정 승 유성룡柳成龍이 "대가大駕가 우리 국토 밖으로 한 걸음만 떠나면 조선은 우리 땅이 되지 않습니다"라고 거듭 반대했다고 적고 있 다. 그러나 선조는 사신 유몽정柳夢鼎을 보내면서 "먼저 내부內附할 의사를 말하는 것이 좋겠다"라고 말했고, 선조 때 문신 신흠申欽이 〈본국이 무함을 당한 시말本國被誣始末志〉에서 "궁빈宮嬪을 이끌고 중 국에 들어가 살고 싶다고 했다"라는 기록처럼 선조는 이 계획을 포기하지 않았다. 그러나 "명나라가 우리나라(선조)를 관전보寬奠堡, 만주의 지명의 빈 관아에 거처시키려고 한다"는 소식을 듣고 임금이 드디어 의주에 오래 머물 계획을 했다"(《선조실록宣祖實錄》, 25년 6월 26일)라는 기록처럼 명나라에서 선조를 유폐시키려고 하자 비 로소 이를 포기했다.

선조가 바라보는 중국의 이미지와 그 실상은 완전히 달랐다. 명나라 병부 상서兵部尙書 석성石星은 지원병을 요청하는 조선 사신에게 "왜 열흘 만에 도성이 갑자기 함락됐는가?"라고 물었다. 조선이 일본과 손잡고 명나라를 공격하는 것이 아니냐고 의심했다는 뜻이다. 조선은 명나라를 상국上國으로 대우했지만 명에게 조선은 일본과 같은 이이제이以夷制夷 대상에 지나지 않았다. 이이제이는 청나라 때 주로 사용된 표현이고, 《후한서後漢書》〈등훈鄧訓 열전〉에는 '이민족으로 이민족을 친다'는 이이벌이以夷伐夷로 나온다. 호강교위護羌校尉 등훈의 막료가 강족羌族이 소월씨小月氏를 멸망시켜도 개입하지 말아야 한다고 주장하자 등훈은 두 이민족이 서로 세력 균형을 이루어야 한漢나라에 유리하다고 반대한다. 《후한서》〈남흉노南匈奴 열전〉에는 "이민족으로 이민족을 치는 것이 국가의 이익이다以夷伐夷 國家之利"라고 좀 더 노골적으로 기록돼 있다.

우리 민족 내부의 분열과 증오는 중국의 이이제이 외교 정책의 꽃놀이패다. 국내에는 아직도 냉전적 관점으로 북한을 바라보는 세력이 적지 않다. 남북이 대결 국면으로 접어들면 가장 좋아할 세력은 민족 통일을 바라지 않는 주위 강국들이다. 북한을 전략적 관점에서 끌어안고 중국의 실상과 허상을 냉철히 바라볼 때 우리 외교가 질적으로 상승할 것이다.

싸움은 이해관계에서 발생한다

성호星湖 이익李瀷의 고향은 경기도 안산이지만 태어난 곳은 부친 이하진李夏鎭의 유배지였던 평안도 벽동군碧潼郡이다. 이하진은 "분하고 답답해하다가 유배지에서 죽었다"(《숙종실록肅宗實錄》, 8년 6월)라고 전하고 있는데, 이익에게 공부를 가르쳐준 둘째 형 이잠李潛도 세자(경종)를 제거하려는 노론老論에 맞섰다가 사형당했다. 경종 때 소론少論에서 편찬한 《숙종실록 보궐정오肅宗實錄補闕正誤》는 이잠이 "상소를 올려 스스로 춘궁春宮, 세자을 위해 죽는다는 뜻에 붙였는데, 그 어머니가 힘껏 말렸으나 그만두지 않고, 드디어 극형을 받았다"라고 기록한다. 그의 부친은 백호白湖 윤휴尹鑴와 함께 북벌과 신분제 해체를 주창했던 남인 진보파인 청남淸南이었다.

　　이익이야말로 당심黨心으로 세상을 볼 수 있었다. 그러나 이익은 당파적 시각을 뛰어넘어 당쟁의 본질을 팠다. 그래서 〈붕당론朋黨論〉에서 "붕당은 싸움에서 생기고, 그 싸움은 이해관계에서 생긴다" 하며 당쟁의 본질을 이해 다툼이라고 보았다. 이익은 당쟁을 열 사람이 굶주리다가 한 사발 밥을 함께 먹게 되자 일어난 싸움으로 비유했다. 말이 불손하다, 태도가 공손하지 못하다는 등의 명분으로 싸움이 일어나지만 "싸움이 밥 때문이지, 말이나 태도나 동작 때문에 일어나는 것이 아님을 알 수 있다. (……) 이해利害의 연원이 있음을 알지 못하고는 그 그릇됨을 장차 구할 수가 없는 법이다"라고 갈파했다. 이익은 〈당습소란黨習召亂〉에서 "당파의 폐습이 고질화되면서 자기 당이면 어리석고 못난 자도 관중管仲이나 제갈량諸葛亮처럼 여기고, 가렴주구를 일삼는 자도 공수·황패龔遂·黃覇, 한나라 때 명 목민관들처럼 여기지만 자기의 당이 아니면 모두 이와 반대로 한다"라면서 남이 하면 불륜이고 내가 하면 로맨스라는 비뚤어진 관점을 비판했다. 이익은 〈귀향歸鄕〉에서 "지금 세상에 붕당朋黨의 화禍도 그 근원을 따지면 벼슬하려는 데서 벗어나지 않는다"라면서 "당심黨心을 가진 자는 정치 현장에서 격리해 10년이나 5년씩 귀향歸鄕하게 하자"라고 제안한다.

그러나 이익은 정치 혐오주의자나 허무주의자가 아니었다. 이익은 굶주리는 하층민을 위해 〈균전론均田論〉을 지었는데, 일정한 규모의 토지는 영업전永業田으로 삼아 매매 자체를 금지하자고 주장했다. 지금으로 치면 일종의 국민기초생활보장법이었다.

얼마 전 진보 정당이 시끄러웠는데, 복지 등 진로 문제가 아니라 내부의 비상식적 행태로 논쟁을 벌였다는 것 자체가 이미 본궤도에서 벗어났다는 증거다. 당쟁 피해자의 관점을 뛰어넘어 당쟁의 본질을 간파하고 대안을 제시했던 이익의 혜안이 새삼 돋보인다.

사회 대통합

고대 이스라엘에는 희년禧年이란 해가 있었다. 안식년과 깊은 관계가 있다. 〈레위기〉 25장은 "안식년의 소출은 (……) 너와 네 남종과 네 여종과 네 품꾼과 너와 함께 거류하는 자客들과 네 가축과 네 땅에 있는 들짐승들이 다 그 소출로 먹을 것을 삼을지니라"(6~7절)라고 말한다. 안식년의 소출은 종과 나그네, 들짐승과 나누라는 명이다. 일곱 번째 안식년(49년) 다음 해가 희년禧年인데, "마음 상한 자를 고치며, 포로 된 자에게 자유를, 갇힌 자에게 놓임을 전파"하는 "여호와의 은혜의 해"(〈이사야〉 61장 2절)다. 〈레위기〉 25장 10절은 "너희는 오십 년째 해를 거룩하게 하여 그 땅에 있는 모든 주민을 위해 자유를 공포하라"라고 명했다. 희년에는 종들이 자유를 얻었다. 〈레위기〉 25장 28절은 "(자기가) 무를 힘이 없으면 그 판 것이 희년에 이르기까지 산 자의 손에 있다가 희년에 이르러 돌아올지니"라고 말해서 희년에는 모든 빚도 탕감됐다. 그래서 이스라엘에서는 남에게 산 땅이나 노비의 가격이 희년이 얼마 남았는가에 따라서 달라졌다.

〈누가복음〉 4장의 "나를 보내사 포로 된 자에게 자유를, 눈 먼 자에게 다시 보게 함을 전파하며 눌린 자를 자유케 하고 주의 은혜의 해를 전파하게 하려 하심이라"라는 구절처럼 예수의 공생애도 구약의 희년 이상 실현의 길에 다름 아니었다. 종들은 신체적 자유를 얻고 채무자는 빚이 탕감되는 사회 대통합의 해가 희년이었다. 이런 희년이 있었기에 이스라엘 민족은 2,000년 동안 나라 없이 유랑하면서도 민족적 정체성을 유지할 수 있었다.

필자는 5·16 군사쿠데타 50주년이었던 2011년 한국 사회에 희년이 필요하다고 주창했지만 대답 없는 메아리였다. 5·16 군사쿠데타 이후 농업 사회가 산업 사회로 탈바꿈한 것은 사실이지만 경제 성장의 과실이 소수에게 집중되고 사회 양극화가 심화된 것도 부인할 수 없다. 당시 김진숙 전국민주노동조합총연맹(민주노총) 지도위원이 한진중공업 영도조선소 크레인에서 고공 농성 중이었다. 그의 행위에 여러 의견이 있겠지만 신분 보장도 받지 못하는 다수의 불안감을 대변한다는 점은 확실했다. 희년 개념으로 사회 대통합에 나서지 못한다면 제2, 제3의 김진숙은 끊이지 않으리라면서 대한민국같이 민족적 동질감이 강한 사회가 희년을 만들지 못할 이유는 없다고도 썼다. 그러나 희년은커녕 한국 사회의 양극화는 더욱 심화되었다. 희년의 희망이 없어지면 체제 자체에 대한 부정이 온다. 그것이 역사의 교훈이다.

일본식 한자어

타국의 지배를 받으면 그에 저항하기도 하지만 그 풍습도 따르게 마련이다. 상류층부터 시작해 하류층으로 번지는데, '몽고풍蒙古風'이 그런 예다. 족두리, 도투락댕기 등은 모두 원나라에서 온 것이다. 언어도 바뀌게 마련인데, 충忠 자가 붙는 왕들은 대개 몽골식 이름이 있어서 충선왕忠宣王은 이지리부카, 충숙왕忠肅王은 아라눌특실리, 충혜왕忠惠王은 보탑실리였다. 임금의 밥상인 수라水刺, 벼슬아치나 장사치처럼 이름 끝에 '치' 자가 붙는 것, 심지어 '마누라'도 원래는 남녀를 불문한 극존칭으로 몽골어에서 유래됐다고 추측된다. 문화는 교류하기 마련이어서 고려 풍습이 원으로 들어가 '고려양高麗樣'이 생겼다. 고려 시대의 한류인데, 특히 기황후奇皇后가 세력을 잡은 후 원나라 지배층 사이에 고려 풍습이 유행이었다. 고려의 의복과 만두나 떡 등이 유행했는데, 현재도 고려만두高麗饅頭, 고려병高麗餅 등이 남아 있다.

　　일본어도 최근까지 우리 말 속에 뒤섞여 있다. 도시락을 가리키는 '벤또'나 양파를 가리키는 '다마네기' 같은 말들이다. 이런 말들은 거의 사라졌지만 일본식 한자어는 현재도 사용되고 있다. 지주地主, 소작인小作人은 각각 전주田主, 전호佃戶로 바꾸어야 하며, 시장市場도 장시場市가 맞다. 당직堂直 또는 숙직宿直도 입직入直 또는 직숙直宿이라고 바꿔야 한다. 결혼結婚도 혼인婚姻 또는 '결혼結昏'이라고 써야 한다. 일본식 한자로 잘못 알려진 글자도 있다. 차용借用이나 왕복往復이 대표적인데, 각각 득용得用과 내왕來往으로 바꾸어야 한다. 차용借用은 《왕조실록王朝實錄》에도 등장하는 용어이며, "왕복이 무상하다往復無常"도 자주 쓰던 표현이었다. 시종始終은 항상恒常으로 바꾸어야 한다지만 그보다는 종시終始가 더 자주 사용됐다.

'알기 쉽게 만든 법률 개정안' 38건이 몇 해 전 국회에서 통과됐다. 일본식 한자와 어려운 한자를 우리말로 바꾼 것이 이 개정안의 특징이다. 우리말로 바꾼 것은 환영할 만한 일이지만 동아시아 문자인 한자에 대해 문맹이 되지 않게 하는 대책도 필요하다.

널리 모든 것을 포용하라

조선의 사랑방은 유교였지만 안방으로 들어갈수록 불교가 강했다. 왕자로서 유일하게 불가에 적을 두었던 효령孝寧대군은 태종에게 "어젯밤 꿈에 여래불如來佛이 '너는 곧 내 제자다'라고 말해 마음을 잡았다'라고 아뢰었다고 《소대기년昭代紀年》은 전한다. 불심으로 왕위를 양보했다는 뜻이다. 세종은 재위 11년(서기 1429년) '부녀자의 사찰寺刹 출입과 승려의 과붓집 출입 금지' 등의 금령을 광화문 등에 내걸자는 사헌부의 계청을 허락하지만 정작 그 자신은 찬불가인 《월인천강지곡月印千江之曲》을 지었다. 《월인천강지곡》은 수양대군(세조)이 모후 소헌왕후昭憲王后 심씨의 영혼을 위해 지은 《석보상절釋譜詳節》이 모체인데, 수양대군은 유명한 불교 신자였다. 수양대군이 즉위 후 양녕대군에게 "내가 부처를 좋아하는 것이 양梁 무제武帝와 비교해 어떻습니까?"라고 묻자 양녕대군이 "전하는 부처를 숭상하지만 양 무제처럼 밀가루麵로 희생犧牲을 대신하지는 않을 것입니다'라고 답했다고 《용재총화慵齋叢話》는 전한다. 살생을 금했던 양 무제가 종묘 제사 때도 고기 대신 밀가루로 고기 모양을 빚어 내놓았던 것을 비교한 일화다.

사대부도 마찬가지였다. 매월당梅月堂 김시습金時習은 단종의 손위遜位 소식을 듣고 통곡하다가 불문佛門에 들어가 설잠雪岑이라는 법명을 받았고, 율곡栗谷 이이李珥도 어머니 신사임당의 죽음에 상심해 금강산에 들어가 한때 의암義庵이라는 법명까지 가져 사후에도 사대부의 논란거리가 됐다. 이처럼 억불抑佛을 주창하던 사대부의 내면에도 불교는 잠재해 있었다. 불교가 조선조의 탄압을 끝내 견뎌낸 데는 신자들의 불심과 함께 외유내불外儒內佛의 이런 사회 성격도 한몫했다.

원효가《대승기신론소大乘起信論疏》에서 대승의 "대大란 바로 진리의 명칭으로 널리 모든 것을 포용한다는 뜻이다"라고 말했듯이 서로 다른 사상을 조화시키는 화쟁和諍 사상이 한국 불교 핵심 사상의 하나다. 종교 간의 충돌로 세계가 혼란한 이때 우리 사회의 종교 간의 소통은 세계에 내세울 우리의 문화유산임을 잊지 말아야 할 것이다.

풍문 탄핵제

조선의 사헌부와 사간원은 언론 기능이 있었기 때문에 소속 관원을 언관言官이라고 불렀다. 현재의 언론과 다른 점은 탄핵권까지 있었다는 점이다. 조선의 사대부는 한번 탄핵당하면 사실 여부를 떠나 무조건 사직해야 할 정도로 명예와 염치를 중시했는데, 문제는 물증이나 고소 없이 소문만 가지고 탄핵할 수 있게 한 풍문 탄핵제風聞彈劾制였다. 조선은 무고나 위증으로 남을 죄에 빠지게 했을 경우 그와 동일한 형벌을 받는 반좌율反坐律을 운영한 나라였으나 공직자일 경우는 다른 기준을 적용했음을 풍문 탄핵제는 보여준다.

고위층이 포진한 의정부는 풍문 탄핵제에 불만을 품고 태종 4년(서기 1404년) 10월 금지를 요청했고, 태종도 받아들였으나 태종 5년 7월 사헌부는 "풍문 탄핵제가 있어야 권귀權貴와 토호土豪가 법을 두려워해 감히 그른 짓을 하지 못합니다"라고 법제화를 재차 주장했다. "인주人主, 임금가 일인지존一人之尊이나 깊은 구중九重 궁궐 안에 있으니 백관과 만민의 일을 어떻게 두루 살피겠습니까?"(《태종실록太宗實錄》, 5년 7월 26일)라는 것이었다.

　태종에 이어 세종도 풍문 탄핵을 금지했으나 언관들은 풍문 탄핵을 강행했다. 세종 26년(서기 1444년) 6월에는 풍문으로 탄핵했다는 이유로 대사헌大司憲 권맹손權孟孫을 비롯한 사헌부 전원이 좌천되는 처벌을 받았으나 언관들은 풍문 탄핵을 그치지 않았고, 그 결과 풍문 탄핵제는 국왕으로서도 어쩔 수 없는 제도로 정착됐다. 중종 14년(서기 1519년) 10월 국왕에게 "대간이 어찌 친히 보고서야만 아뢰겠습니까? 역시 풍문에 의할 수 있는 것입니다"라는 말을 공개적으로 할 수 있었던 것이 이를 말해준다. 고관들이 먼발치에서 하위직 언관들을 보면 먼저 피해 갔다는 이야기는 이런 상황에서 나온 것이다.

　권력자의 자리에서는 깜도 안 되는 소설이 민초의 자리에서는 억장 무너지는 사실이었던 사례는 수도 없이 많다. "아니 땐 굴뚝에 연기 날까?"라는 속담은 민초의 이런 경험이 만들어낸 지혜의 결정체인 것이다.

언론의 역할

시골에 있는 일개 유생儒生이 조정의 일을 속속들이 알고 상소를 올리는 실록 기사를 심심찮게 볼 수 있다. 그 비결은 바로 '조보朝報'에 있었다. 승정원에서 전날 일어난 일들을 기록해 매일 반포하는 것이 조보로 오늘의 신문과 같았다. 저보邸報, 당보塘報라고도 하는데, 우리가 무심코 사용하는 말 중에 여기에서 유래한 것이 적지 않다. '분발하라'는 말도 그렇다. 조보가 반포되기 전에 긴급히 대책을 세워야 하는 기사들을 작은 종이에 써서 먼저 회람시킨 것이 분발分撥이었다. 일종의 가편집 신문으로, 작은 종이小紙에 썼으므로 소보小報라고도 했다. 각사의 서리書吏가 소지에 적은 분발을 전하기 위해 부지런히 뛰었으므로 '열심히 하라'는 뜻으로 전용된 것이다.

    "간에 기별도 안 간다"라는 속담의 기별奇別도 조보라는 뜻이다. 먹은 것 같지도 않다는 뜻이니 소식을 듣지도 못했다는 뜻이다. "최동학이 기별奇別 보듯 한다"라는 속담은 지체는 높지만 무식한 사람을 풍자할 때 쓰는 말이다. 하인이 조보를 가져다 바치면 최동학은 읽는 체하면서 "오늘 조정에서 무슨 일이 있었느냐?"라고 물었다는 데서 나온 말이다. 명종 때 문신 임보신任輔臣이 쓴 《병진정사록丙辰丁巳錄》에 보면 조보가 얼마나 중요한지를 알려주는 기사가 있다. 선비들의 신망을 받던 정광필鄭光弼이 김안로金安老의 모함을 받아 영남으로 귀양 갔다. 하루는 귀양지로 종이 달려왔는데 발이 부르트고 입이 말라 쓰러져서 말을 못 했다. 주머니를 뒤져보니 김안로가 쫓겨났다는 조보가 있었다는 것이다.

조보에는 일종의 사회면도 있었다. 명재明齋 윤증尹拯이 아들에게 보낸 편지에 보면 "지금 조보에 북도北道, 함경도 여인이 신의를 지켜 개가하지 않았다는 소식이 실려 있다"라는 기사가 있다.

조보는 역사서라는 뜻으로도 쓰였다. 《송사宋史》〈왕안석王安石 열전〉에 보면 "왕안석이 《춘추春秋》를 '조각난 조정 소식斷爛朝報'이라고 말했다"라는 기사가 나온다. 공자가 쓴 역사서 《춘추》를 조보 모음이라고 말했다는 뜻인데, 주자학자들은 왕안석이 공자를 낮췄다고 비난했지만 그른 말만은 아니다. 공자는 그만큼 사실을 중시한 역사학자이기도 했다.

오늘 신문은 내일의 역사서이기에 기자는 곧 역사가다. 넓고 깊은 지식과 비판 정신, 그리고 균형 감각을 지니고 있어야 독자들이 신뢰한다. 현재 한국 언론은 깊은 불신을 받고 있다. 뼈를 깎는 노력으로 신뢰를 회복하지 않으면 안 될 것이다.

古今通義

4＿

역사와 반복
그리고 사람들

역사는 어떻게 무기가 됐나

사마천司馬遷은 흉노 토벌에 나섰다가 포로가 된 이릉李陵 장군을 옹호했다는 이유로 한漢 무제武帝의 노여움을 사서 궁형宮刑을 당했다. 사대부로서 자결을 택하지 않고 살아남은 이유에 대해 사마천은 〈태사공太史公 자서自序〉에서 부친 사마담司馬談의 당부 때문이라고 적고 있다. 태사공이면서도 황제의 봉선封禪, 태산에서 하늘에 제사 지내는 것 의식에 참여하지 못한 것을 한으로 여긴 사마담은 사마천에게 "내가 저술하려던 바를 잊지 말라"라고 당부했는데, 그 당부가 바로 《사기史記》 저술이었다.

사마천은 《사기》에서 흉노와 고조선 정벌 때문에 중국인이 높이는 한 무제를 미신이나 좇는 용렬한 군주로 묘사했다. 또한 한漢나라 벼슬아치이면서도 한의 창업주인 고조高祖 유방劉邦 본기보다 그와 맞섰던 항우項羽 본기를 먼저 기술했다. 무제나 한漢 제국에 대한 사감私憾이 아니라 권력에 맞서는 직필 정신이었다. 사마천의 이런 사관 정신은 이후 동아시아 사관들의 직업관이 됐다.

정조는 《현륭원지顯隆園誌》에서 사도세자가 뒤주에 갇히던 날

한림翰林 임덕제林德躋가 세자 뒤에 엎드려 일어나지 않자 영조가 끌어내라고 명하고, 위사衛士들이 달려들자 "내 손은 사필史筆을 잡는 손이다. 이 손을 끊을지언정 끌어낼 수는 없다"라고 항의했다고 기록하고 있다. 권별權鼈의 《해동잡록海東雜錄》은 조광조趙光祖 등이 화를 당하는 기묘사화 때도 사관 채세영蔡世英이 자신의 붓을 빼앗으려는 성운成雲에게 "이 사필은 타인이 쥘 수 있는 것이 아니다"라며 "다시 뺏으니, 좌우가 숙연해졌다"라고 전한다.

2007년 번역 출간된 에드가 볼프룸Edgar Wolfrum의 《무기가 된 역사Geschichte als Waffe》(역사비평사)는 독일에서 지난 세기 좌우파를 막론하고 역사가 정치적 무기로 사용됐다고 논증하고 있다. 한국 또한 크게 다르지 않았는데 이는 결국 역사학자들이 권력의 도구로 이용됐다는 뜻이다. 사마천 때부터 확고한 전통이었던 직필 정신을 이해했다면 발생할 수 없는 문제였다. 역사가에게 가장 치욕적인 평가는 어용御用이라는 말이다. 현재도 마찬가지다.

부자 정승

1품을 극품極品이라고 한다. 조선에서 정1품이 수장인 관청은 의정부議政府, 충훈부忠勳府, 공신 관장, 의빈부儀賓府, 부마 관장, 돈녕부敦寧府, 왕실의 친인척 관장 등으로, 의정부를 제외한 나머지 관청은 왕실에 대한 예우 차원의 명예직이었다. 의정부의 의정議政 셋은 모두 정1품 정승政丞인데, 대를 이은 정승들을 연상連相이라고 한다. 유명한 부자父子 연상이 황희黃喜, 황수신黃守身 부자로, 500년 조선 역사에서 수십 명에 불과할 정도로 숫자가 많지 않다. 할아버지와 손자가 정승인 조손祖孫 정승 중에는 남재南在와 남지南智, 신숙주申叔舟와 신용개申用漑 등이 유명하다. 선조 때 영의정이었던 홍섬洪暹은 부친 홍언필洪彦弼, 외조부 송질宋軼과 함께 모두 영의정을 역임한 진기한 기록을 세웠다.

　연상連相이 반드시 영화로운 것만은 아니었다. 고종명考終命하지 못한 비운의 정승도 여럿이다. 척화파 김상헌金尙憲의 두 손자 김수항金壽恒, 김수흥金壽興은 모두 영의정에 올랐으나 김수항은 숙종 15년(서기 1689년) 남인이 정권을 잡는 기사환국己巳換局 때 진도

珍島로 귀양 갔다가 사사賜死, 사약을 받음당했으며, 김수홍 역시 기사환국으로 경상도 장기長鬐에 유배됐다가 숙종 16년(서기 1690년) 그곳에서 죽고 말았다. 김수항은 사약을 마실 때 자식들에게 벼슬하지 말라는 유언을 남겼으나 그 아들 김창집金昌集은 벼슬길에 나와 숙종 43년(서기 1717년) 영의정에 올랐다. 그러나 노론 영수였던 김창집 역시 경종 2년(서기 1722년) 신임사화辛壬士禍에 연루돼 거제도에 위리안치됐다가 성주星州에서 부친처럼 사사당했다. 세종의 장인이었던 심온沈溫과 그 부친 심덕부沈德符도 부자 정승이었다. 심온은 태종의 왕권 강화책에 희생당했으나 그 아들 심회沈澮가 영의정에 오르고, 외손 노사신盧思愼도 영의정이 됐으니 끈질긴 생명력이라 할 것이다.

일본의 정치 세습이 화제였던 적이 있다. 신분제 사회도 아닌 민주 사회에서 전범의 후예들까지 별다른 저항 없이 세습하는 것을 보면 그 속내ほんね, 本音를 알 수 없는 나라라는 생각이 든다.

조선의 투표 제도

옛날에도 투표 제도가 있었다. 권점圈點이 그것이다. 인사 후보자의 성명을 적은 망단자望單子에 동그라미를 찍는 것이 권점이다. 문무관을 뽑을 때 이조吏曹와 병조兵曹의 선임관選任官, 즉 판서, 참판, 참의, 정랑, 좌랑 등이 후보자의 이름 아래 동그라미를 찍어 가장 많은 표를 받은 인물이 선발됐다. 지금의 무기명 비밀 투표와 비슷하다. 《만기요람萬機要覽》〈훈련도감訓鍊都監〉조에 "팔색八色, 사소四所, 육사六司의 각 초哨 패두牌頭에 결원이 있을 때 그 초색哨色 가운데서 권점해서 승진시킨다"라고 돼 있어서 군대 내 승진 인사 때도 권점을 행한 것을 알 수 있다.

　권점 중에 가장 유명한 것이 홍문관 관리를 뽑는 것이었다. 홍문관의 교리敎理와 수찬修撰 등을 뽑을 때 1차로는 홍문관 부제학 이하 여러 관원이 모여 권점했는데, 이것이 홍문록弘文錄이었다. 2차로는 도당都堂에서 재신들이 권점했는데, 보통 도당都堂은 의정부를 뜻하지만 《은대조례銀臺條例》〈예전禮典〉유신儒臣 조에 따르면 권점을 행하기 위해 의정부에 모이는 관료는 임금의 경연을 이끄는 영경연사領經筵事와 대제학, 좌참찬과 우참찬, 이조의 판서와 참의라고 전하고 있다. 이들에게만 투표권이 있었다. 명종 때 대비의 동생이던 윤원형尹元衡이 세도를 잡고 있을 때 그의 심복이던 진복창陣復昌이 "이번 홍문록에는 이무강李無彊이 제일 먼저 천거될 것이다"라고 말하자 모두 그렇다고 끄덕였다. 그러나 막상 권점하고 보니 이무강은 홍문록에 끼지 못했다. 그래서 "누가 권점을 하지 않았는가?"라면서 서로 다투었다는 이야기가 이정형李廷馨의 《동각잡기東閣雜記》에 나온다.

선조 때 최립崔岦이 쓴 〈이몽량李夢亮 신도비명〉에는 임당林塘 정유길鄭惟吉과 이량李樑이 문형文衡, 대제학 후보에 올랐는데 정유길과 친했던 이몽량은 "종이를 앞에 두고는 한참을 바라보다가 끝내 권점에 참여하지 않았다"라고 적고 있다. 남구만南九萬은 〈좌참찬 이 공의 시호를 청한 행장左參贊李公請諡行狀〉에서 이 일을 기록하면서 당시 의논하는 자들이 "이량을 꺾은 것은 참으로 어려운 일이요, 임당에게 권점을 주지 않은 것은 더 고상한 일"이라고 말했다고 적고 있다.

현재 권점 역할을 하는 것이 청문회인데, 청문회가 당략에 좌우되는 문제점은 줄곧 지적되어왔다. 같은 편이라도 아니다 싶으면 이몽량이 권점을 거부했듯이 거부해야 한다. 그것이 국민에 대한 예의다.

심양관과 소현세자

심양瀋陽은 조선 18대 현종대왕의 출생지일 정도로 한국사와 관련이 깊다. 그의 부친 봉림대군(효종)이 소현세자와 심양관瀋陽館에서 인질 생활을 할 때 태어났다. 조선 후기 서경순徐慶淳의《몽경당일사夢經堂日史》에는 "조선관朝鮮館. 심양관은 동문 안에 있고 관 안에 봉쇄封鎖한 곳이 있으니, 즉 소현세자와 효종대왕이 거처하던 방이다"라는 견문담이 남아 있는데 현재는 심양시 아동도서관으로 사용 중이다.

소현세자는 사실상 최초의 주중 대사로서 조선과 청나라 사이의 현안을 처리했다. 가장 큰 현안은 김상헌金尙憲처럼 반청 활동으로 잡혀온 사람과 병자호란 때 잡혀온 조선인의 쇄환刷還 문제였다. 심양관의 보고서《심양장계瀋陽狀啓》에 따르면 인조 19년 서울 사람 한득인韓得仁은 인조 15년(서기 1637년) 속환贖還, 돈 주고 풀림됐으나 처자를 데려가기 위해 쇄마부刷馬夫로 가장해 심양에 왔다가 과거 그를 잡았던 청인淸人에게 다시 잡혔다. 한득인이 병에 걸리자 버려둔 것을 다른 청인이 거두었다가 팔아먹은 것이 문제가 된 것이다. 《심양장계》에는 이처럼 현재 만주를 떠도는 탈북자들처럼 가슴 아픈 사연이 수두룩하다. 350여 년 전에도 같은 민족의 아픔이 있었던 것이다. 이런 사건이 발생할 때마다 소현세자는 힘없는 백성의 편에 섰다. 《심양장계》 인조 16년 7월 조에는 소현세자가 "가난한 백성이 어찌 그 형제와 자손을 죄다 속환할 수 있겠느냐"라면서 "그 형제 자손 중에 조선에 있는 자는 양해해 달라"라고 청하자 청장淸將 용골대龍骨大가 화를 내면서 "이 뒤로는 세자께서 막는 것으로 알겠다"라면서 소환을 압박했다는 기록이 이를 말해준다.

1970년 백령도에서 납북된 이재근 씨가 천신만고 끝에 북한을 탈출해 중국 내 한국 영사관에 도움을 요청했지만 거절당했던 사건이 국민에게 큰 충격을 준 적이 있었다. 만주 답사를 자주 가는 필자 같은 사람에게는 낯선 풍경이 아니다. 심양 영사관의 행태에 대해 필자가 직접 들은 교포들의 호소는 헤아릴 수도 없는데, 개선 조짐은 보이지 않으니 외교부에는 감사 기능이 있는지 의심스럽다. 인질의 몸으로서 백성의 고통을 제 일로 여겼던 소현세자 마음의 만분의 일이라도 있었다면 벌어지지 않았을 일이다.

흑룡강가에 묻힌 조선인

효종 5년(서기 1654년)과 9년(서기 1658년), 조선 소총수가 두만강을 건너 러시아와 두 차례 싸운 것은 운명의 장난이었다. 북벌을 위해 기른 소총수가 도리어 청을 위해 러시아와 싸운 것이다. 청나라는 만주에 진출한 러시아와 몇 차례 싸웠으나 거듭 패전하자 조선에 파병을 요청했다. 효종은 청나라 사신 한거원韓巨源에게 "나선羅禪, 러시아의 한역漢譯이 어디 있는고?"라고 묻기도 했다. 효종 5년 4월 말 북우후北虞侯 변급邊岌은 150여 명의 조선군과 두만강을 건너 후통강厚通江, 송화강에서 러시아군과 맞붙어 일방적인 승리를 거두고 한 사람의 전사자도 없이 무사 귀환했다. 그 후 다시 패배한 청은 재출병을 요청했고, 효종 9년 함경북도 병마우후兵馬虞侯 신류申瀏와 260여 명의 조선군은 다시 두만강을 건넜다. 그해 6월 송화강과 흑룡강 합류 지점에서 격돌했는데 신류는《북정일기北征日記》에서 "적병들이 숨 돌릴 겨를 없이 총탄과 화살을 빗발치듯 쏘아대니 배 위에서 총을 쏘던 적병들이 도주했다"라고 전한다. 신류는 전선을 불태우려 했으나 재물이 탐난 청군 대장이 만류하는 사이 습격을 받아 조선군 여덟 명이 전사했다. 청군 대장은 화장하라고 강권했으나 신류는 "조선 풍속에 화장하는 법이 없다"라면서 매장했다. 《북정일기》는 '흑룡강가의 약간 높은 언덕'에 묻었다고 전하는데, 길주인 윤계인尹戒人과 김대충金大忠, 부령인 김사림金士林, 회령인 정계룡鄭季龍, 종성인 배명장裵命長과 유복劉卜, 온성인 이응생李應生과 이충인李忠仁이 그들이다. 신류는 "아아! 멀리 이국땅에 와서 모래펄 속에 묻힌 몸이 됐으니 참으로 측은한 마음 이를 데가 없구나"라는 애도사를 남겼다.

리처드슨 미국 뉴멕시코 주지사가 한국 전쟁 당시 전사한 미군 유해를 돌려받는 장면을 보고 350여 년 전에 흑룡강가에 묻힌 조선군이 떠올랐다. 《북정일기》와 러시아 기록을 면밀히 검토하면 매장 장소를 찾을 가능성이 있다. 유해 봉환은 몰라도 위령비라도 세워줘야 할 것이다. 350여 년 전의 전사자들을 보듬는 마음이라면 그 후의 전사자들이야 말할 것이 있겠는가?

명궁수

《삼국사기三國史記》는 고구려 시조 추모왕에 대해 "제 손으로 활과
화살을 만들어 백 번 쏘아 백 번 맞추었다"라면서 "부여 속어俗語에
활을 잘 쏘는 것을 주몽朱蒙이라 하므로 이로써 이름을 삼았다"라
고 전하고 있다. 부여 왕자들의 박해를 피해 남쪽으로 내려간 주
몽은 "미처 궁실을 지을 겨를이 없어서 비류수沸流水, 불류수가에 집
을 지어 살면서 나라 이름을 고구려라고 했다"라고 전하고 있다.
이 성이 바로 요령성遼寧省 환인桓仁의 혼강渾江을 끼고 우뚝 솟은
오녀산성이다. 바둑판처럼 깎아지른 오녀산성은 오르는 길이 총
두 군데로, 두 길 모두 이순신李舜臣 장군이 명량해전을 앞두고 군
사들에게 "한 사내가 오솔길의 길목을 지키면 천 사내를 두렵게
할 수 있다—夫當逕 足懼千夫"(《난중일기》)라고 말한 요로要路다. 오녀산
성은 정상에 천지天池라는 연못이 있어서 장기 항전이 가능한 난
공불락難攻不落의 요새인데, 명궁수名弓手 주몽이 쌓은 오녀산성을
정복한 이가 또 다른 명궁수 이성계다.

　　《태조실록太祖實錄》 총서總序에는 이성계가 안변安邊에서 화살 한

대로 비둘기 두 마리를 쏘아 맞추자 길가에서 김을 매던 한충韓忠과 김인찬金仁贊이 따라나서 개국 공신 반열에 올랐다고 전할 정도로 명궁수다.

《태조실록》과 《동국통감東國通鑑》 등에 따르면 공민왕 19년(서기 1370년) 정월 이성계는 보기步騎 1만 5,000명을 거느리고 압록강을 건너 북상했다. 야둔촌也頓村에서 먼저 맞붙었던 여진족 장수 이오로첩목아李吾魯帖木兒는 이성계의 실력을 본 후 "우리 선조는 본래 고려 사람"이라며 항복했으나 추장酋長 고안위高安慰는 우라산성于羅山城을 거점 삼아 저항했는데, 우라산성이 지금의 오녀산성이다. 이성계가 편전片箭 70여 대를 쏴서 모두 얼굴에 명중시키자 성중의 기세는 꺾이고 고안위는 "줄에 매달려 성을 내려와서 밤에 도망"가고 말았다. 오녀산성을 쌓은 이도 명궁수 주몽이고, 이를 정복한 이도 명궁수 이성계이니 묘한 인연이라 하지 않을 수 없다.

지폐 도안

고려 공양왕 3년(서기 1391년) 자섬저화고資瞻楮貨庫에서 닥나무 껍질로 고려통행저화高麗通行楮貨를 찍은 것이 우리나라 지폐 발행의 시초다. 그러나 이보다 이른 시기에 고려에서는 원나라 지폐인 지원보초至元寶鈔가 현재의 달러처럼 유통됐다. 지폐의 원조는 당나라의 비전飛錢으로 부잣집에서 여행할 때 사용했던 어음, 증권證券 같은 것이었다. 저화 이전에는 삼베인 오승포五升布가 돈처럼 사용돼 불편했기 때문에 저화를 발행했지만 쉽게 통용되지는 못했다. 저화 발행 이듬해인 1392년 심덕부沈德符와 배극렴裵克廉 등의 강력한 반대로 자섬저화고는 혁파되고 유통 저화가 환수된 것이 이를 말해준다.

조선에서 지폐 유통에 강력한 의지를 보인 임금은 태종이다. 재위 1년(서기 1401년) 하륜河崙의 건의에 따라 사섬서司贍署를 설치하고 저화 2,000장을 찍어 호조戶曹와 궁중 재정을 담당하는 풍저창豊儲倉에 금은, 목면木綿, 마포麻布, 쌀 등을 사들이게 했다. 그러자 백성이 다투어 면포綿布를 호조에 납부하고 저화를 받아 갔다고 기록하고 있지만 이때뿐이었다. 태종 때 발행한 저화 한 장은 상오승포常五升布 한 필, 또는 쌀 두 말斗이었으나 세종 4년(서기 1422년)에는 저화 석 장이 쌀 한 되로 폭락했다.《경국대전經國大典》〈저화〉조에서 "대체로 세를 징수하거나 죄를 속죄시킬 때는 전적으로 저화를 사용한다"라고 법제화했지만 시장이 외면하면서 중종 무렵에는 사라지고 말았다. 진취적인 사상가였던 성호星湖 이익李瀷조차 〈전초회자錢鈔會子〉에서 "백록비白鹿皮, 한 무제 때 흰 사슴 가죽으로 만든 돈를 돈이라 한 것도 옳지 못한데, 하물며 천한 종이 쪽으로 귀한 돈을 바꿀 수 있겠는가"라고 비판했으니 지폐가 살아남기 어려웠다. 지폐가 모든 것을 지배하는 현재를 보면 무어라 할지 궁금하다.

근대 인물이 설정되리라 기대됐던 5만 원권 화폐 도안 인물로 신사임당申師任堂, 1504~1551년이 선택되었다. 이황李滉, 1501~1570년, 이이李珥, 1536~1584년에 이어 또다시 16세기 초반 인물이 선정된 것이다. 화폐 도안 인물은 현재 우리의 삶과 직접 관련이 있는 인물로 선정하는 것이 전 세계적 상식이다. 16세기 이후 500년 동안 그렇게 사람이 없었나. 전 재산을 독립운동에 바쳤던 우당 이회영 일가나 석주 이상룡 일가 등을 선정해 배금주의拜金主義 풍조를 경계하는 것도 생각해봐야 할 것이다.

사천성과 인천 이씨

시성詩聖 두보杜甫는 〈억석憶昔〉에서 당 현종玄宗 개원開元, 713~741년 때의 모습을 "개원 전성시대를 회상하노라 작은 마을도 만호의 집이 가득 찼었다. 쌀은 기름지고 좁쌀은 희었고 공사公私 창고는 모두 가득 찼었노라憶昔開元全盛日 小邑猶藏萬家室 稻米流脂粟米白 公私倉廩俱豊實"라고 노래했다.

이런 전성시대는 한때 자신과 양귀비를 부모로 섬겼던 안녹산安祿山이 반란을 일으키면서 끝장나고 현종은 잔도棧道 투성이의 촉蜀, 사천성으로 도망가는 운명이 된다. 송宋의 악사樂史가 쓴 양귀비 일대기인 《양태진외전楊太眞外傳》은 중도의 마외역馬嵬驛에서 당 현종이 호위 군사들을 달래기 위해 양귀비를 자결시키는 장면을 생생하게 전하고 있다. 당 현종은 '개원의 치'라는 태평성대와 안녹산의 난이라는 천하 대란, 그리고 양귀비와 세기의 로맨스까지한 몸에 겪은 인생 유전의 황제다.

사랑하는 여인을 죽여 겨우 목숨을 건지고 촉으로 도주해 실의의 나날을 보내고 있던 그에게 뜻밖의 손님이 찾아왔다. 바로 신라 사신이었다. 《삼국사기三國史記》 경덕왕 15년(서기 756년) 조는 "당나라 현종이 촉 지방에 있다는 말을 듣고 당나라에 사신을 보내 강을 거슬러 성도成都까지 가서 조공했다"라고 전하고 있다. 크게 기뻐한 현종은 자신이 직접 오언五言 십운+韻의 시를 지어 칭찬했다. 《고려사高麗史》〈이자연 열전〉은 "이자연의 조상은 당나라에 사신으로 갔다가 천자에게 신임을 받아 이씨라는 성을 받았다"라며 현종에게 이씨라는 황실의 성을 받았다고 전해주고 있다. 그가 바로 허기許奇라는 인물인데, 황제에게 사성賜姓받은 이후에는 이허기李許奇라고 복성複姓을 사용했다.

2008년 출간된 《가락국의 후예들》(김병기, 역사의아침, 2008년)은 "득성조得姓祖 이허기로부터 10세를 내려와 이허겸李許謙을 1세조로 하는 인천 이씨가 탄생했다"라고 전하고 있다. 허기의 양천 이씨와 이허겸의 인천 이씨는 같은 뿌리이므로 가락 종친회에 함께 소속돼 공동 시조제를 지낸다. 지진이 발생한 사천성四川省은 인천 이씨라는 우리 역사의 한 성씨를 탄생시킨 지역이기도 하다.

양만춘과 당 태종

당 태종의 눈을 쏘아 맞춘 안시성주安市城主가 양만춘楊萬春. 梁萬春이라는 사실은 잘 알려져 있으나 정작 《삼국사기三國史記》나 중국의 《구당서舊唐書》, 《신당서新唐書》 등에는 그 이름이 전하지 않는다. 조선의 윤기尹愭. 1741~1826년는 《무명자집無名子集》에서 "당시의 사관史官이 중국을 위해서 휘諱. 꺼려서 쓰지 않음했을 것이다"라고 추측했는데, 그 추측이 맞을 것이다.

양만춘의 이름은 대부분 조선 시대 문적에 나온다. 안정복安鼎福은 《동사강목東史綱目》의 '동사고이東史考異'에서 "김하담金荷譚. 김시양. 1581~1643년의 《하담파적록荷潭破寂錄》에서 나왔다"라고 쓰고 있다. 김시양이 함경북도 종성鐘城에서 귀양살이하는 동안 집필한 "종성 부계에서 들은 일을 적다"라는 뜻의 《부계기문涪溪記聞》에는 "아깝게도 역사에서 그의 이름을 잃었는데, 명나라 때에 작성된 《당서연의唐書衍義》에 그의 이름을 양만춘梁萬春이라고 했다"라고 적고 있다.

송준길宋浚吉의 문집인 《동춘당선생별집同春堂先生別集》의 경연經筵 일기에는 현종이 재위 10년(서기 1669년) 안시성주의 이름을 묻자

송준길이 "양만춘梁萬春입니다"라고 답했다는 기록이 있다. 이익李瀷
도 《성호사설星湖僿說》에서 "내가 하맹춘何孟春의 《여동서록餘冬序錄》
을 상고해보니 안시성 장수를 양만춘이라고 썼다"라고 말했는데,
하맹춘은 명明나라의 학자다.

목은牧隱 이색李穡의 〈유림관에서 정관의 노래를 짓는다貞觀吟
榆林關作〉라는 시에는 "어찌 알았으랴 검은 꽃玄花이 흰 깃白羽에 떨
어질 줄那知玄花落白羽"이라는 구절이 있다. 검은 꽃은 눈동자, 흰 깃
은 백우전白羽箭.화살을 뜻한다. 당 태종의 눈이 양만춘의 화살에 떨
어진 사실을 말한 것으로, 이 시는 고려 말에도 이 사실이 알려져
있었음을 말해준다. 삼연三淵 김창흡金昌翕, 1653~1722년은 "천추대담
양만춘, 용의 수염 눈동자를 화살 한 대에 떨어뜨렸네千秋大膽楊萬春
箭射虬髥落眸子"라고 노래했다.

때로는 민간 구전이 역사 기록보다 더 정확한 사실을 전하기
도 한다. 또한 역사 기록은 지배층의 것이지만 민간 구전은 피지
배층의 것이라는 점에서 역사 기록으로는 알 수 없었던 생생한
현장을 중계하기도 한다. 양만춘의 이야기도 중국의 지배층은 지
우고 싶어 했던 역사였지만 현지 주민의 대를 이은 구전으로 보
존된 좋은 예다.

남경에서 돌아오지 못한 세 명의 사신

중국 내륙 답사 도중 남경南京에 간 적이 있다. 전국戰國 시대 초楚 나라 때는 금릉金陵이라 불렸던 유서 깊은 고도古都다. 명나라 개국 시조 주원장朱元璋이 고려 공민왕 17년(서기 1368년) 칭제稱帝하면서 남경으로 개칭했고, 조선 세종 3년(서기 1421년) 영락제가 북경으로 천도할 때까지 수도였다. 현재는 1937년 일본군이 자행한 남경 대학살의 현장으로 유명한데, 우리에게는 중원 정벌을 둘러싸고 개국 초의 조선과 숱한 갈등을 겪었던 도시라는 의미가 있다.

정도전은 1392년 10월 사신으로 남경까지 왔다가 이듬해 3월 귀국했다. 그해 5월 주원장은 사신을 보내 "사람을 요동으로 보내 포백布帛과 금은으로 우리 변장邊將을 꾀었다. (……) 어찌 고려에서 급하게 병화兵禍를 일으키는가?"《태조실록太祖實錄》, 2년 5월 23일) 라면서 전쟁도 불사하겠다고 위협했다. 급기야 주원장은 태조 5년(서기 1396년) 2월 조선에서 보낸 '표전문表箋文'에 "희롱하고 모멸하는 문구가 있다"면서 정총鄭摠, 노인도盧仁度, 김약항金若恒 세 사신을 억류하고 정도전 압송을 요구했다. 태조 6년 11월 정총, 노인도, 김약항이 사형당했다는 소식이 전해지면서 조선은 격분한다. 신덕왕후 강씨의 사망 소식을 듣고 명 태조가 내려준 옷 대신 상복을 입었다는 이유로 사형당한 것이다.

드디어 "정도전이 지나간 옛일에 외이外夷가 중원中原에서 임금이 된 것을 차례로 들어 논했다"(《태종실록》, 5년 6월 27일)라는 기록처럼 이성계와 정도전은 중원 정벌을 결심했다. 태조 7년(서기 1398년) 왕자의 난이 일어나지 않았다면 조선의 운명은 달라졌을 것이다. 정도전이 살해된 후 태종 2년(서기 1402년) 명나라는 내사內史 양영楊寧을 사신으로 보내 "김약항은 운남雲南으로 귀양 가서 아내를 얻어 살고 있고, 정총과 노인도는 병들어 죽었다"(태종 2년 10월 16일)라고 변명했다. 실제 병사했는지 사형당했는지는 알 수 없지만 세 사신은 끝내 불귀의 객이 됐고, 조선은 중원 정벌의 꿈 대신 사대를 외교 정책의 대강으로 삼았다.

김약항은 사신길에서 "여관은 어찌 이리 쓸쓸한가(……) 해 저문 뒤 새소리 시끄럽네. 타향의 봄은 쓸쓸하니 백 가지 생각에 홀로 난간에 기대노라 旅斜何寥落(……) 日斜飛鳥喧 異鄉春寂寂 百慮獨憑軒"라고 돌아오지 못할 길을 노래했다. 주춧돌 몇 개만 남은 명明 고궁故宮에서는 600년 전의 흔적조차 찾을 길 없기에 나그네의 마음이 더욱 심란하다.

모란이 피기까지는

당唐 태종太宗이 보낸 모란 그림을 보고 선덕여왕善德女王은 "그림에 나비가 없으니 향기가 없음을 알겠다. 이는 당제唐帝가 과인이 짝이 없음을 놀리는 것이다"라고 간파했다고 《삼국유사三國遺事》는 전하고 있다. 성호星湖 이익李漢은 《성호사설星湖僿說》〈모란무향牧丹無香〉조에서 "내가 경험해보니 반드시 향기가 없지는 않다. 다만 꽃은 곱지만 냄새가 나쁘기 때문에 꿀벌이 없는 것이다"라고 여왕의 체면을 존중하면서 향기가 있음도 알렸다.

그러나 조선의 계곡谿谷 장유張維는 〈작은 섬돌 위의 모란꽃小階牧丹〉에서 "하늘 향기가 술잔 속에 스며들었네天香入酒巵"라고 모란의 향기를 천향天香에 비유했다.

모란 외에 계화桂花와 매화도 천향이라 불렸는데, 자태까지 고운 모란은 천향국색天香國色으로 불렸다. 신라의 설총薛聰은 신문왕에게 미색을 경계하라는 뜻으로 할미꽃을 화왕花王에 비유한 《화왕계花王戒》를 썼지만 많은 경우 화왕은 모란을 뜻했다. 그래서 추사 김정희는 〈추모란秋牡丹〉에서 "가을이면 너처럼 부귀한 게 또 있으랴. 처사란 이름은 아무래도 맞지 않네'라고 모란을 처사화處士花가 아니라 부귀화富貴花라고 읊었다.

　중국에서 유명한 요황화姚黃花는 낙양洛陽 요씨가姚氏家의 황모란黃牡丹인데, 송宋나라 정승 이적李迪이 이를 임금께 바치자 소식蘇軾이 "요황화를 바친 것 또한 어여쁘도다可憐亦進姚黃花"라고 노래했다. 연암 박지원은 《열하일기熱河日記》 〈구외이문口外異聞〉 조선모란朝鮮牡丹 조에서 북경의 괴수사가槐樹斜街, 자인사慈仁寺, 약왕묘藥王廟 같은 꽃 시장에서 하포모란荷包牡丹을 조선모란朝鮮牡丹이라고 부르며 항상 파는데 정작 "우리나라에서는 볼 수 없음은 무슨 까닭일까"라고 묻고 있다.

　동양화를 그릴 때 모란과 나비는 함께 그리지 않는다. 모란꽃은 부귀, 나비는 질수耋壽, 80세를 뜻하는데, 그러면 80세까지만 부귀와 수명을 누리라는 뜻으로 제한되기 때문이라는 설명이다. 한국에서는 김영랑이 모란의 시인으로 유명했는데, 그가 생전에 기르던 모란이 고향 전남 강진 생가로 돌아왔다는 소식을 들었다. 시인의 뜻에 활짝 핀 모란에서 '찬란한 슬픔의 봄'을 느끼게 될지 '환희의 봄'을 느끼게 될지 궁금하다.

보이지 않고 들리지 않더라도

공포恐怖는 황포惶怖, 진공震恐과 같은 뜻이다. 청장관 이덕무李德懋
는 〈이목구심서耳目口心書〉에서 "폭우와 천둥·번개가 칠 때 비스듬
히 누워서 담소하는 자는 도량이 큰 것이 아니라 어둡고 미련해
서 아무것도 모르는 자가 아니면 거짓으로 꾸미는 자"라고 말했
다. 공포의 문제는 강한 전염성이다. 가끔 반복되는 증시 패닉상
태처럼 온 나라가 공포에 휩싸이는 것이 거국진공舉國震恐이다. 장
유張維, 1587~1638년가 쓴 장만張晩, 1566~1629년의 〈신도비명神道碑銘〉에
는 "기미년(광해군 11년)에 우리 군사가 요동遼東으로 건너갔다가
심하深河에서 패배하자 온 나라가 공포에 휩싸였다舉國震恐"라면서
체찰 부사 장만이 평안도로 가서 안정시켰다고 전한다. 일단 집
단 공포에 빠지면 일정 시간이 지나야 이성을 찾게 된다.

《고려사절요高麗史節要》 고종 37년(서기 1250년) 조에는 "서울(개경)
에 '사람 50명을 천구성天狗星에게 제물로 바칠 것'이라는 와언訛言,
유언비어 이 돌자 남녀가 모두 두려워했고惶怖, 이를 틈타 음란한 짓
과 도둑질을 하는 간활한 무리가 매우 많았다"라고 전하고 있다.

어사대御史臺, 지금의 검찰에서 방을 붙여 타일렀으나 소용없다가 한 달여가 지나자 겨우 진정됐다고 한다. 이런 경험이 꼭 나쁜 것만도 아니다. 장유가 쓴 〈오숙우가 황해도 관찰사로 가는 것을 전송하는 글送吳肅羽巡察海西序〉에는 "난리를 겪은 후로는 군자君子, 벼슬아치들은 분발할 줄 알게 됐고 소인小人, 백성들은 두려워할 줄을 알게 됐다"라면서 "두려워한다는 것은 미리 대비하지 못했던 것을 후회하면서 대비하는 것이고, 분발한다는 것은 모욕을 받은 것을 부끄러워하는 것"이라고 설명하고 있다.

실상 군자가 두려워하는 것은 《중용中庸》에 "도道는 잠시도 떠날 수 없는 것이니, 보이지 않고 들리지 않더라도 조심하고 두려워해야 한다戒愼恐懼"라는 말처럼 도가 떠나는 것이지만, 이는 너무 먼 곳의 이야기다. 그래서 공포증에 사용하는 부탄麩炭, 뜬숯이라는 약도 있었다. 이규경李圭景은 〈인화에 대한 변증설人火辨證說〉에서 "부탄은 마음을 진정시키고 신백神魄을 편안히 하고 공포恐怖와 전광顚狂, 미친병을 주로 치료하는데 물에 타서 복용한다"라고 전한다.

누군가는 공포를 관리해 큰 이득을 취한다는 사실을 알면서도 사람들은 집단 공포에 빠져 큰 손해를 본다. 이 역시 반복되는 역사의 전철前轍 중의 하나다.

종갓집 제사

조선 전기에도 장자長子가 제사를 지내는 것이 원칙이었지만 조선 후기처럼 엄격하지는 않았다. 아들이 없고 딸만 있는 경우에도 양자養子를 들이지 않고 사위나 딸이 제사를 모실 수 있었다. 어머니 동생의 아들을 양자로 삼아 제사를 지내는 경우도 있었고 심지어 딸의 아들인 외손자가 제사를 지내기도 했다. 이처럼 제사권이 엄격하게 계승되지 않았던 배경에는 《경국대전經國大典》에도 규정된 재산의 균분均分 상속 전통이 있었다.

임진왜란, 병자호란 후인 17세기경부터 사회 밑바닥에서부터 신분제 해체 등을 요구하는 목소리가 커지자 위협을 느낀 양반 사대부는 성리학적 통치 질서를 강화해 지배층의 지위를 유지하려 했다. 이 과정에서 남녀 균분 상속의 문제점이 지적됐고, 예법이 강화되면서 제사권이 하나의 권력이 됐다. 17세기경부터 종손宗孫과 지손支孫이 차별되면서 적장자 우위 상속제가 나타나고, 남녀 차별이 시작했다. 17세기 이후에 딸은 제사에서 철저하게 소외됐다.

조선 초기에는 아들과 딸이 돌아가면서 제사를 지내기도 했으나 17세기 이후에는 아들이 없어도 딸은 제사를 지낼 수 없었고, 양자를 들여 후사를 잇는 것이 보편화됐으며, 양자도 같은 집안 내에서 들였다. 15세기에 편찬된 족보는 부父에서 자子의 친계親系로 이어지는 제사상속보다 부父에서 여女로 여女에서 다시 자子로 내려오는 외계外系로 이어지는 제사상속이 빈번했으나 17세기 이후 여자는 철저한 이방인으로 전락했다. 18세기에는 이런 관행이 사대부 사회에 일반화되면서, 재산도 적장자에게 집중 상속되고 여자는 배제됐다. 오늘날 전국 각지에 남은 거대한 고가古家, 이른바 종갓집宗家은 이러한 시대적 분위기의 산물이다.

제사권이 권력이 되면서 불천위不遷位 조상을 모신 종가는 다른 종가보다 상당한 권위를 부여받았다. 불천위란 사당祠堂을 세워 영구히 모시기를 나라에서 허락한 신위神位로서 풍운아 조광조趙光祖의 스승으로 유명한 김굉필金宏弼과 임진왜란 때 순절한 김성일金誠一 등이 이런 경우다. 이 시절 종갓집 종부宗婦는 권력과 부의 상징이었다. 과거 제삿날이면 수많은 노비가 음식 장만을 도왔으나, 현재는 노비는커녕 종부가 궂은일은 도맡아 해야 하는 신세가 됐다. 권력은 사라지고 문화와 전통으로 남은 것이다. 중요한 것은 이날 모인 명문 종가에서 모시는 위인 모두가 권력보다는 명예를 남겼던 인물이라는 점이다.

소설에 담긴 역사관

《삼국지三國志》는 진晉의 진수陳壽가 편찬한 정사이고《삼국지연의三國志演義》는 나관중羅貫中의 창작 소설이다. 연의演義는 장편 역사 소설이라는 뜻으로, 현재 서점에 유통 중인 대부분의《삼국지》는 '삼국지연의'나 '소설 삼국지'라고 써야 맞다.

진수는 촉蜀에서 산기황문시랑散騎黃門侍郎 등의 벼슬을 역임했으나 말년에 살던 진晉이 위魏를 계승했기 때문에 위나라를 정통으로 삼아 위魏의 임금들은 황제의 본기本紀에, 촉蜀과 오吳의 임금들은 제후의 열전에 두었다.

반면 나관중은 촉에 정통을 두었다. 진수는 위魏에 정통을 두었으나 촉蜀의 임금을 주主, 황후를 후后, 오吳의 손권孫權을 제帝라고 쓰는 등 공정성을 기하려고 노력했지만, 나관중은 서슴지 않고 촉의 상대방을 악인으로 만들었다. 그의 장기는 의부義父를 죽이는 악인으로 둔갑시키는 것이다.《삼국지연의》에서 조조曹操는 동탁董卓 제거에 실패하고 달아나다 부친 조숭曹嵩의 의형제 여백사呂伯奢와 가족들을 죽인다.

그러나 진수의 《삼국지》〈위서 무제武帝〉 조는 주注에서 "여백
사의 자식들이 빈객賓客들과 함께 조조의 말과 물건을 빼앗으려
했기 때문에 몇 명을 죽였다"라면서 여백사는 집에 없었다고 기
록하고 있다. 곽반郭頒의 《세어世語》도 여백사가 집에 없었다고 전
한다. 조조를 패륜아로 만들기 위한 나관중의 개악이란 뜻이다.

원元나라 치하에서 살았던 나관중에게 내몽고 포두包頭 출신
의 몽골인 여포呂布는 저주의 대상이다. 《삼국지연의》는 여포가
동탁의 사주를 받아 자신의 의부인 형주 자사荊州刺史 정원丁原을 죽
였다고 썼지만 정사 《삼국지》에는 정원이 여포의 의부라는 표현이
없다. 동탁, 가후賈詡 등 비한족非漢族 출신은 모두 나관중의 의도로
악인화되었다.

《삼국지연의》를 기본 텍스트로 해서 쓴 소설 《삼국지》가 한
국인의 국민 도서 격이 된 것은 아이러니인데, 최근 비한족도 긍
정적으로 그리는 《삼국지》가 등장한 것은 바람직해 보인다. 나관
중이 중화 사관으로 개악한 대목에까지 열광할 수는 없는 노릇
아닌가.

《삼국사기》〈고구려 본기〉는 고구려 동천왕이 군사를 보내
요동을 차지한 공손연을 위나라 사마의가 공격할 때 협공했다고
기록하고 있는데, 이런 사실까지 담은 《삼국지》도 언젠가는 나오
지 않을까 기대한다.

가동

조선에는 소년 합창·무용단이 있었는데, 이를 '노래하는 아이'라는 뜻의 가동歌童이라 했다. 가동은 조선의 법전인《경국대전經國大典》에 설치가 규정된 '국립 소년 합창·무용단'이었다.《경국대전》〈아악과 속악〉조는, "속악俗樂은 악사樂師 두 명, 악공樂工 518명, 가동 열 명으로서 모두 공노비公賤로 채운다. 양인良人으로서 배속되기를 원하면 들어준다'라고 기록하고 있다. 열 명의 가동이 조선의 국립 소년 합창·무용단이었는데, 8세에서 10세 정도의 어린아이를 장악원掌樂院에 소속시켜 노래와 춤을 가르친 후 국가의 각종 연회에서 연주하게 한 것이다.

돌로 만든 타악기 편경編磬을 만들었던 음악가로서 중추원 부사에 오른 박연朴堧이 문종 즉위년(서기 1450년), "가동에 관한 법을 세운 지 18년"이라고 한 것에 유추해보면 조선의 소년 합창단은 세종 15년(서기 1433년)경 창설되었으니, 1498년 창단된 빈 소년 합창단보다 50년이 빠르다.

그러나 이 열 명의 가동을 유지하는 것이 쉽지 않았다. 성종

8년(서기 1477년) 1월, 정인지鄭麟趾와 한명회韓明澮 등이 "선왕先王 때에 이미 가동을 썼으나, 남자는 조금만 나이가 들면 목소리가 굵어지므로 가동을 이어 댈 수 없습니다"라고 한 것이 이를 말해준다. 그러나 조선은 가동을 계속 유지했다. 국가의 각종 행사와 명나라 사신 접대 문제가 있었기 때문이다. 태종 때 명나라 사신으로 왔던 단목예端木禮는 조선이 여성 음악가로 구성된 여악女樂을 사용하려 하자 매우 잘못이라며 참석을 거부했다. 오랑캐의 풍습이라는 것이다. 그래서 여악 폐지론이 나왔지만 조선은 고유의 여악은 그대로 유지하는 한편 명 사신을 접대할 때는 가동으로 음악과 춤을 대신했다. 문종 즉위년 가동 폐지론이 나오자 박연이 "빈객賓客, 명나라 사신을 연향宴享하는 악樂이 어찌 되겠습니까?"라고 반대한 데는 이런 배경이 있었다.

2008년 평양에서 공연한 뉴욕 필하모니 교향악단에 한국계 대원이 여덟 명이었다는 보도를 보고 조선의 가동이 생각났다. 이들 대부분도 어린 시절부터 음악을 전공했을 터이기 때문이다.

목마와 북벌

역사상의 목마木馬라면 주로 트로이의 목마를 떠올리지만 동양 역사에도 목마는 그리 드물지 않았다. 《삼국지三國志》〈촉서蜀書〉는 제갈량諸葛亮이 나무로 소나 말같이 생긴 운송 도구를 만들어 사용했다고 전하는데, 이것이 목우유마木牛流馬였다. 조선에서도 연산군 5년(서기 1499년) 김응문金應門이라는 인물이 목마를 만들어 바쳤다는 기록이 전한다. 김응문이 만든 목마는 "높은 데로 끌어 올리고 낮은 데로 밀어 내리기 편하게 하기 위해 지족支足이 달려 있었다"는 기록처럼 바퀴가 달린 것으로 추측된다. 그러나 더 이상의 기록이 없는 것으로 봐서 실용화에는 실패한 듯하다. 임진왜란 와중인 선조 31년(서기 1598년)에는 강화부江華府에서 목마를 제작해 바치자 선조가 비변사에 놓아두었는데 중국인이 비웃자 없앴다는 기록처럼 만들기 쉽지 않은 기구였다.

병자호란 이후에 목마는 북벌을 상징하는 용어로 전환된다. 남송南宋의 효종孝宗, 재위 1163~1189년이 대궐 뜰에 목마를 세워 기사騎射를 익히고, 쇠지팡이鐵杖로 힘을 단련하면서 여진족의 금金나라가 차지한 중원을 되찾는 북벌을 꿈꿨던 고사에서 유래한다. 북벌론자 윤휴尹鑴가 숙종에게 "효종께서는 몸소 갑옷 입고 투구 쓰고 말을 몰아 진두에 서실 생각으로 늘 후원에서 친히 궁마弓馬를 익히시면서 송 효종의 목마철장木馬鐵杖 뜻을 따랐습니다"라고 상소한 사실을 《백호전서白湖全書》는 전해준다. 북벌 군주의 시호가 효종인 이유도 남송 효종을 본뜬 것이다.

궐내에 활 쏘는 사정射亭을 설치한 인물도 효종이다. 《동국여지비고東國輿地備攷》〈경도京都〉 편에는 "사정은 내사복시에 있는데, 효종조에 세웠으며 바로 옛날 철장 목마의 뜻"이라고 전하고 있다. 북벌의 뜻을 담아 세웠다는 뜻이다. 조선 후기에는 종2품 이상이 탈 수 있었던 초헌軺軒을 목마라고도 불렀는데, 외바퀴에 의자가 달려 있었다.

박인환의 〈목마와 숙녀〉에서 목마는 북벌의 이미지에서 '처량한 목마 소리'로 바뀐다. 그 주인까지 페시미즘(염세주의)으로 바뀐 것 같지는 않지만.

숭례문 편액 글씨의 주인공

이수광李睟光의 《지봉유설芝峯類說》이나 《신증동국여지승람新增東國興地勝覽》에는 숭례문 편액扁額을 양녕대군의 글씨라고 전하는데, 다른 설도 많다. 금석학자이기도 했던 추사 김정희金正喜, 1786~1856년는 〈홍우연에게 주는 글書贈洪祐衍〉에서 "지금 숭례문 편액은 곧 신장申檣, 1382~1433년의 글씨"라고 주장했다. 대제학을 역임한 신숙주의 부친이 썼다는 것이다.

그러나 조선 초의 문신 성현成俔, 1439~1504년은 《용재총화慵齊叢話》에서 "모화관慕華館은 제학提學 신장이 썼다"라고 밝혔지만 숭례문도 그의 작품인지는 언급하지 않았고 김정희도 그 근거를 제시하지 않았다.

이덕무李德懋의 손자인 이규경李圭景, 1788~?은 《오주연문장전산고五洲衍文長箋散稿》〈인물에도 빛이 있다는 변증설人物有光辨證說〉 조에서 다른 설을 제시한다. 그는 《동국 패사東國稗史》, 즉 야사를 근거로 "한도漢都, 서울에 있는 남문南門의 편액이 숭례문인데, 즉 양녕대군의 글씨다. 임진왜란 때에 액판額板을 잃어버렸는데, 그 후 남문 밖 연못가에서 밤마다 빛을 발사하므로 파보니, 이 액판이 묻혀 있었다. 그래서 그를 꺼내어 다시 걸었다. 그런데 이는 정난종鄭蘭宗, 1433~1489년이 쓴 것이다"라고 주장했다. 이규경은 같은 책의 〈숭례문과 대성전 액자額字에 대한 변증설〉에서 조선 초기 서예가 정난종에 대해 "세조 때 사람으로 글씨를 잘 썼기 때문에 어명으로 비판碑版이나 종명鐘銘을 많이 썼고, (……) 그 자체字體를 보아도 그의 서체書體임이 분명하다"라고 단정 짓고 있다. 그러면서 양녕대군의 글씨라는 항간의 이야기는 와전되었다고 결정짓는다.

동시대 인물로서 서예 감식에 일가견이 있던 김정희와 이규경이 서로 다른 설을 주장하니 후인後人들은 헷갈릴 수밖에 없다. 게다가 양녕대군의 사당인 지덕사至德祠에는 지질만으로도 500년이 넘어 보이는 '숭례문' 탁본이 현존하고 있다니 양녕대군설도 근거가 없지는 않다. 두 소방관의 사투로 겨우 보존된 편액 글씨의 주인공 감정 작업도 복원 사업의 주요 의제 중 하나가 돼야 할 것이다.

수영을 즐긴 선비들

《삼국사기三國史記》〈장보고張保皐 열전〉은 장보고를 형이라고 불렀
던 정년鄭年에 대해서 "헤엄질을 잘해 바다 밑으로 들어가서 50리
를 가도 숨이 막히지 않았다"라고 적고 있다. 정년은 현재 올림픽
에 잠수로 멀리 가기 종목이 있다면 단연 금메달감일 것이다.

정년만큼은 아니어도 우리 선조 중에 수영을 즐긴 인물은 많
았다. 고려 말의 문신 이규보李奎報가 삼복더위 때인 음력 7월 7일
동고자東皐子에게 보낸 시에는 "어제는 남녘 시내에서 목욕하면서
물 위의 갈매기처럼 헤엄도 쳤다昨日浴南磵 游泳如浮鷗"라는 구절이 있
다. 고려 선비들도 수영을 즐겼던 것이다. 《성종실록成宗實錄》은 성
균관 주위를 흐르던 반수泮水를 '성균관 유생들이 수영하는 곳游泳
之地'이라고 설명하고 있으니 성균관 유생들도 과거 준비 틈틈이
수영을 즐겼음을 알 수 있다.

이런 전통 때문인지 문신 중에도 수영에 자부심이 있는 인물
들이 있었다. 효종 6년(서기 1655년) 통신사의 종사관從事官으로 일
본에 가던 남용익南龍翼이 동래 객관客館에서 지은 시에는 "대마도

326

는 띠帶 하나만큼밖에 안 떨어져 있으니 헤엄쳐 건널 만큼 지척이 네馬島隔一帶 咫尺可游泳"(《부상일록扶桑日錄》)라는 구절이 있다. 택당澤堂 이식李植은 광해군 때 화를 피해 여주 부근 지평砥平으로 피신해 택풍당澤風堂이라는 건물을 짓고 그 전말을 〈택풍당지澤風堂志〉라는 글로 썼다. 그 글에 "약간의 책을 비치해놓고 인근 촌락의 학동學童 몇 명을 모아 장구章句를 읊조리다가 싫증이 나면 골짜기로 나가 개울물을 따라서 유영遊泳을 하다가 돌아오고는 한다"라고 적고 있어서 이식도 수영을 좋아했음을 보여준다.

《연산군일기燕山君日記》 10년(서기 1504년) 8월 조에는 연산군이 서교西郊에 나가 농사를 독려하고 망원정望遠亭에 이르러 '수영 잘하는 자善游者'들에게 시합을 시켜 차등 있게 상을 주었다는 기록이 있다. 국왕 배 쟁탈 수영 대회였던 것이다. 마린보이 박태환이 자유형 400미터에서 금메달을 획득했을 때 전 국민이 환호했다. 수영을 즐겼던 여러 선조들도 지하에서 응원한 덕분일 것이다.

애주가들

세종은 재위 15년(서기 1433년) 음주를 경계하는 교지문을 반포했다. "대개 들으니 술자리를 베푸는 것은 술 마시는 것을 숭상하기 위한 것이 아니고, 신명神明을 받들고 빈객賓客을 대접하며, 나이 많은 이를 부양扶養하기 위한 것이다"라고 시작해 술 때문에 패가망신한 중국의 여러 사례를 들었다. 예를 들면 "후한後漢의 사례교위司隷校尉 정충丁沖이 자주 여러 장수를 찾아다니며 술을 먹다가 창자가 썩어서 죽었다"라는 사례 등이다. 세종은 이를 주자소鑄字所에서 인쇄해 전국에 배포하게 했다. 그러나 음주 풍습은 전혀 개선되지 않았다. 세종의 아들 세조부터 술자리와 정사政事 자리가 구분이 안 될 정도의 애주가였고, 그 자손들인 예종과 성종도 술을 좋아했기 때문이다.

술로 인한 실수는 임금 앞에서도 용서되는 분위기였다. 성종 21년(서기 1490년) 우찬성 손순효孫舜孝는 술에 취해 임금에게 횡설수설했는데, "어탑에서 내려와서도 자못 정신이 헛갈려 몸가짐을 잃자 임금이 내관에게 부축해 나가게 명했다"라고 기록될 정도였다. 이 일로 대간의 탄핵을 받은 손순효가 사직하자 성종은 "취중醉中의 말에 무슨 허물이 있겠는가?"라면서 용서했다. 조선 중기의 역관 조신曺伸이 지은 《소문쇄록謏聞瑣錄》은 손순효가 평소에 "좋은 소주 한 병을 무덤에 묻어달라"라고 유언했으므로 후손들이 따랐다고 전하고 있다.

《연려실기술燃藜室記述》은 〈공사견문公私見聞〉을 인용해 효종이 재위 6년(서기 1655년) "내가 잠저潛邸에 있을 때는 술을 좋아해 취하지 않은 날이 없었으나 세자가 된 뒤로는 끊고 마시지 않았다. 금년 봄에 자전慈殿. 대비께서 양고기와 술 한 잔을 내려주시기에 마시지 않을 수 없었는데, 그 맛이 심히 나빠 쓴 약과 다를 바가 없었다"라고 말했다고 적고 있다. 매일 마시던 술을 단번에 끊었으니 북벌 의지의 강도를 알 수 있다. 그러나 효종이 병조 판서로 삼아 북벌을 추진하게 했던 박서朴遾는 효종 4년(서기 1653년) 6월 "연일 과음過飮하다가 갑자기 죽었다"라고 실록에 기록될 정도의 폭음가였다. 이런저런 명목의 술자리에 생각난 일화들이다.

얼음 도둑

조선 초의 문신인 채수蔡壽, 1449~1515년는 여름날 갈증이 심하자 찬 소주를 과하게 마시고 기절했다. 집안사람들이 죽은 줄 알고 통곡하자 순식간에 채수가 죽었다고 장안에 소문이 났다. 재치 있는 그의 부인이 얼음을 깨어서 입에 넣자 날이 저문 후 깨어난 채수는 "누가 미록美祿, 술의 별칭을 목숨을 잠기게 하는 법이라고 일렀던가. 찬 얼음은 진실로 혼을 돌리는 향이었다美祿孰云沈命法 寒冰眞是返魂香"라고 노래했다.

채수의 집 안에는 어떻게 여름에 얼음이 있었을까? 조선은 창덕궁의 내빙고內氷庫, 사대문 밖 동빙고와 서빙고에 외빙고外氷庫가 있었는데 이를 장빙고藏氷庫라고 했다. 한여름에 종친과 대신, 각 관아에 사빙賜氷했는데, 나무로 된 빙표氷票를 하사하는 것이었다. 이 빙표를 장빙고에 가져가면 해당하는 만큼의 얼음을 내주었다. 채수의 집 안에 있던 얼음도 남편이 갑자기 졸도하자 그의 부인이 사람을 시켜 장빙고에 가서 받아 오게 했을 가능성이 크다.

사빙 풍습은 고려 때도 있었는데, 무인 정권 때는 최씨 집안이 그 권한을 행사했다. 이규보李奎報, 1168~1241년는 음력 6월 28일에 최 시중이 술과 얼음을 보내자 "매번 은혜를 입지만 갚을 도리 없으니 감격한 늙은이 눈물만 줄줄 흘리네每荷異恩無以報 但知老眼淚汎瀾"라는 시를 남겼는데 이때의 시중은 최우崔瑀였다. 《삼국유사三國遺事》 신라 3대 유리왕儒理王, 재위 24~57년 조에 "장빙고를 만들었다"라는 기록이 있으니 우리 민족이 여름에 얼음을 먹는 풍습은 최소한 2,000년은 된 셈이다.

사빙은 원칙적으로 종2품 이상과 주요 관직자에게만 내려주는 특전이었다. 그러나 더위가 신분의 고하를 따지지는 않기 때문에 장빙고의 얼음은 도적의 표적이 되기도 했다. 선조 13년(서기 1580년) 7월 정언 유덕수柳德粹가 "서빙고의 얼음이 도둑까지 맞아 여름도 지나지 않았는데 거의 다 써버렸다"라면서 이조에게 특별히 검찰하게 하자고 아뢴 사실이 이를 말해준다. 여름철 얼음이 고관만의 특권이던 시절에 비하면 냉장고에 항시 얼음을 얼려둘 수 있는 지금이 여름 나기가 훨씬 나은 것이다.

여성 장사

옛날 여성의 힘은 숨겨야 하는 대상이었다. 이런 현실에 불만을 품은 민중은 '오누이 힘내기 설화'를 만들었다. 옛날 홀어머니가 힘이 장사인 아들딸과 함께 살았는데, 좁은 집에서 함께 살 수 없다며 내기에서 지는 사람이 죽기로 했다. 오빠가 하루 내에 쇠나 막신을 신고 서울까지 갔다 오는 사이 누이는 성을 쌓기로 했는데, 오빠보다 힘이 센 누이가 이기려 하자 어머니는 딸에게 뜨거운 팥죽을 갖다 주어 시간을 끌었고 그사이 오빠가 돌아왔다. 내기에 진 누이는 자살했고, 부정한 방법으로 이긴 것을 알게 된 오빠도 자살했다. 그러자 어머니도 자신의 어리석음을 한탄하면서 자살했다. 쌓다가 만 성이 남아 있는 곳에 이 설화가 전한다. 내기의 종류도 다양해서 성 쌓기 외에도 동산 쌓기, 보洑 막기, 다리 놓기, 절 짓기 등으로 다양한데, 항상 누이가 더 힘든 일을 맡으면서도 오빠를 앞선다는 공통점이 있다.

임진왜란 때의 의병장 김덕령金德齡과 반란을 일으킨 이몽학李夢鶴이 모두 이 설화와 관련이 있다는 점도 흥미롭다. 어린 시절

힘이 장사였던 김덕령이 씨름판에서 송아지를 타고 기고만장하자 누이가 남장을 하고 나타나 쓰러뜨렸고 이후 김덕령은 자신보다 힘이 센 사람이 있다는 것을 알고 겸손해진 결과 훌륭한 사람이 됐다. 이몽학의 누이는 동생이 역적이 될 것을 우려해 여러 가지로 충고를 했으나 그는 도리어 어머니와 짜고 누이를 죽이고 말았다. 임진왜란 도중 이몽학이 반란을 일으키자 이를 토벌하러 갔던 김덕령은 이몽학과 내통했다는 무고를 받고 서울로 끌려와 옥사했다.

전라북도 부안을 비롯한 몇 곳의 '거석리擧石里 설화'도 여성 장사 이야기다. 한 여성이 큰 돌을 이 마을 입구까지 가져와서 부리고 갔는데, 마을 청년들이 나서서 들어보려고 했으나 꼼짝도 안 했다는 이야기다. 남성의 힘은 부정적이지만 여성의 힘은 그렇지 않다는 암시가 여성 장사 설화에는 담겨 있다. 장미란 선수가 세계 신기록을 수립했던 장면은 음지에 있던 역사 속의 여성 장사가 비로소 양지로 나왔음을 선포하는 듯했다. 앞으로 더 많은 여성 장사가 나올 것이다.

셋방살이의 서러움

타향살이를 이르는 말로 교거僑居가 있다. 고려 말의 문인 가정稼亭
이곡李穀은 〈안조마安照磨의 요양遼陽 부임을 전송하는 시〉에서 "그
대 지금 홀연히 멀리 떠나지만 나 역시 타향살이 습관이 됐소君今
忽遠適 我亦慣僑居"라고 읊었다. 교거는 곁방살이, 즉 셋방살이를 뜻하
기도 한다. 양반 사대부의 셋방살이는 대부분 벼슬살이 아니면
귀양살이 때문이었다. 귀양살이보다야 낫지만 가족과 떨어진 벼
슬살이도 힘들기 마련이었다.

조선 중기 택당澤堂 이식李植은 〈제야의 일을 적다除夜書事〉라는
시에서 "일곱 번 관직 옮겼지만 모두 자리 비웠고, 이 동네 저 동
네 옮겨봐도 셋방살이는 마찬가지네七命徙官皆曠職 兩坊遷宅亦僑居"라고
노래했다. 선조 때 유희춘柳希春이 《미암일기眉巖日記》에서 '포육脯肉
한 조각과 말린 꿩', 쌀과 반찬거리 등을 집주인에게 주었다고 쓰
고 있는 것처럼 조선 시대는 쌀과 부식 등이 집세였다.

호화 셋집도 있었다. 《동국여지승람東國輿地勝覽》〈한성부漢城府〉
조에 종친이나 공주·옹주 집에서 세를 주는 '금교세가金轎貰家'가

있는데, "혼인하는 신부의 집에서 쓴다'라고 설명한 것으로 봐서 혼인식장으로 추측된다. 셋방은 도시일수록 비싸고, 서울이 가장 비싸다. 서울 셋방살이를 계옥지지桂玉之地, 줄여서 계옥桂玉이라고 한다. 전국 시대 소진蘇秦이 초楚나라에 간 지 3일 만에 위왕威王을 만나고 바로 떠나려 하자 왜 급히 떠나려 하느냐고 물었다. 소진이 "초나라는 밥이 옥玉보다 귀하고, 땔나무는 계수나무桂보다 귀합니다'라고 답한 데서 나온 말로서《전국책戰國策》〈초위왕楚威王〉조에 나온다. 서울에서는 옥으로 밥을 지어 먹고 계수나무로 땔감을 할 정도로 물가가 비싸다는 '식옥취계食玉炊桂'라는 말도 있다.

　해가 갈수록 치솟는 전셋값을 걱정하는 지인이 늘고 있다. 정부에서는 임대 사업자에 대한 세제 혜택 확대책을 내놓았지만 공급 확대책과 전·월세 가격 안정 대책이 빠진 불완전한 대책이라는 비판이 높다. 해방 직후인 1945년 12월 19일《자유신문》은 '서울 차가인借家人, 셋방 사는 사람 동맹'에서 "일본인 주택을 혁명가·전재戰災 동포·차가인에게 분배, 주택 이중 소유 몰수, 집세 인상 절대 반대" 등을 요구했다고 보도했다. 치솟는 전세가와 정부 대책에 실망한 집 없는 서민들이 차가인 동맹이라도 다시 만들어 자구책을 마련해야 하는 것은 아닐까.

대필 사건

남이 답안을 대신 써주는 것을 차필借筆, 또는 차작借作이라고 한다.
가장 성행한 것이 과거 답안지 차작이었다. 순암順菴 안정복安鼎福
이 쓴 〈진사 황최黃最 묘지명〉에는 황최가 "과거장에 들어가서 몸
소 시권試券, 답안지을 쓰자 사람들이 '시속의 모양과 합하지 않는다'
며 허물했다'라고 전한다. 직접 답안지를 작성하는 것을 허물할
정도로 차작이 유행했다는 뜻이다. 황최는 이에 대해 "나의 기량
을 다할 뿐이니 차서借書로써 요행을 바라지 않겠다'라고 답했다.
명재明齋 윤증尹拯은 숙종 9년(서기 1683년) 아들 충교忠敎에게 보낸
편지에서 "명지名紙, 과거 답안지를 자신이 스스로 쓸 수 없다면 과거에
나아갈 계획을 하지 마라'라면서 "차작과 차필은 모두 죄가 있는
것이니 선비士가 어떻게 금령을 무릅쓰고 할 수 있겠느냐?'라고
충고하고 있다.

　　노론老論이라는 당파가 수백 년을 집권할 수 있었던 이유도
차작 때문이었다. 적당히 공부하는 시늉만 하면 차작과 차필로
과거에 급제해 돈과 권력을 세습할 수 있었다. 주자학은 유일사상

이었지만 공자의 참뜻은 찾아보기 힘든 세상이었다. 노魯 애공哀公이 "유자儒者의 도道가 없으면서 유자의 옷을 입으면 사형하겠다"라는 명을 선포하자 5일 만에 유자들이 모두 사라지고 단 한 명만 유복儒服을 입고 나타났다는 《장자莊子》〈전자방田子方〉의 이야기는 마치 조선 후기를 묘사한 것 같다.

서자였던 유득공柳得恭이 역시 서자였던 이덕무李德懋를 추모하며 지은 〈보파시장補破詩匠〉이라는 글이 있다. '깨진 시를 때우는 장인'이란 뜻이다. 유득공이 이덕무의 우거寓居를 찾았을 때 제자에게 "굶은 지 이틀 됐다"라는 말을 들을 정도로 곤궁하게 사는 이덕무였지만, 당대 최고의 학자였기에 시나 문장을 고쳐달라고 찾아오는 사대부가 많았다. 하루는 이덕무가 붓을 던지면서, 유득공에게 "서울에는 온갖 물건을 고치는 수선공補破匠이 있어서 깨진 쟁반, 찢어진 가죽신, 찢어진 망건 등을 고쳐 생계를 꾸리는데 그대와 나는 붓 한 자루와 먹 하나를 가지고 '잘못된 시破詩'를 고치라고 외치면서 다니면 어찌 술과 안주를 얻을 수 없겠는가?"라고 말했다는 이야기가 〈보파시장〉이다.

시나 문장을 지을 줄 모르는 사대부였지만 돈과 권력이 있어 차작과 차필로 과거에 급제한 인물들을 차작학사借作學士, 또는 차작진사借作進士라고 불렀다. 현재 우리 사회에도 차작학사, 차작진사가 숱하다는 사실은 비밀도 아니다. 고위 공직자를 선발할 때마다 논문 대필 문제가 빠지지 않는 것이 이를 방증한다.

만약의 역설

운남성雲南省 곤명昆明에는 운남육군강무학교뿐만 아니라 운남육군
항공학교도 있었다. 1923년의 1기생에는 한인 남성 이영무李英茂,
장지일張志日, 이춘李春뿐만 아니라 여성 권기옥權基玉도 있었다.
1925년에 졸업한 권기옥은 1926년 일본의 가마타蒲田 비행학교
를 졸업한 영화 〈청연〉의 주인공 박경원보다 빠른 한인 최초의
여류 비행사다. 권기옥은 중국 국민혁명군으로 북벌전에 참전하
고, 1928년에는 남경南京에서 일제에 체포되기도 하는데, 해방 후
에는 한국 공군 창설의 산파 역할을 한다. 공군사관학교의 최초
여생도 입교가 1997년이었으니 우리 사회가 그간 여성 인력을
얼마나 낭비했는지 알 수 있다.

곤명은 또한 제2차 세계 대전 당시 중국 주둔 미국 전략 첩
보 기구인 OSS 본부가 있던 곳이어서 독립운동사와 관련이 깊
다. 임시정부 산하의 광복군 제2 지대장 이범석李範奭과 제3 지대
장 김학규金學奎 장군은 OSS와 합작해 국내 침투 작전을 계획하
는데, 이것이 '독수리 작전'이다. 미국의 OSS 문서와 광복군 관계

자들의 증언에 따르면 광복군 대원들은 1945년 5월부터 서안西安 근교 두곡杜曲에서 OSS에서 진행하는 특수 훈련을 받았다. 그 일원이었던 장준하와 김준엽은 각각 《돌베개》(세계사, 2007년)와 《장정長征》(나남, 2003년)에서 '각종 통신 장비와 일본 신분증' 등을 가지고 침투 명령을 기다렸다고 전한다.

《백범일지》에 따르면 1945년 8월 7일 OSS 사령관 윌리엄 도너번William Donovan 소장은 임시정부 관계자들에게 "오늘부터 미국과 임시정부 사이에 일본에 항거하는 비밀 공작이 시작된다"라고 선언했으나 일제의 조기 항복으로 무산됐다. 광복군은 국내정진군國內挺進軍을 조직해 OSS 측의 비행기로 8월 18일 국내의 여의도 비행장에 착륙했으나 다시 서안으로 돌아가야 했다. 1941년 12월 임시정부는 대일 선전 포고를 했으나 직접적인 전투력이 부족하다는 이유로 연합국의 승인을 받지 못하고 있었다. OSS 대원들이 고향 지역에 침투해 유격전을 전개했다면 임시정부는 승인을 받았을 터이고, 분단의 비극도 없었을 것이다. 일제가 조금만 더 버티다 항복했으면 하는 '만약의 역설'이 생각나는 대목이다.

남강 이승훈과 기독교

남강南崗 이승훈李昇薰, 1864~1930년은 대한제국이 일제에 멸망한 직후인 1910년 가을 평양 산정현교회에서 한석진韓錫晉 목사의 '십자가의 고난'이라는 설교를 듣고 기독교에 입교했다고 전해진다. 나라 빼앗긴 민족과 기독교의 '고난'이라는 교리가 접맥한 사례다.

자수성가한 재산가 이승훈은 안창호安昌浩의 연설에 감동해 1907년 평북 정주定州에 오산학교五山學校를 설립하는 것으로 민족운동에 뛰어드는데, 뒤이은 기독교 입교는 식민지 백성의 고난을 감내할 당위성을 느끼게 한다. 그는 1911년 '데라우치 마사타케寺內正毅 총독 암살 미수 사건(105인 사건)'으로 체포돼 혹독한 고문을 당한다. 오산학교 출신의 교육자 김기석金基錫은 《남강 이승훈》에서 "남강이 그리스도의 은혜를 알게 하기 위해서 자기를 감옥에 둔 것"이라고 말했다고 썼다.

이승훈은 옥중에서 "구약을 열 번, 신약을 마흔 번" 읽었다고 회고한다. 출옥 후인 1919년 2월 말 정동교회에서 있었던 3·1운동 준비 모임에서 선언서 서명 순서가 논란이 되자 "순서가 무슨 순서야. 이거 죽는 순서야. 누구를 먼저 쓰면 어때. 손병희를 먼저 써"라고 정리했다는 것은 그의 성격을 말해주는 유명한 일화다. 재판 때 그는 총독 정치에 대해 "조선 사람의 인격을 야만과 같이 취급하는 데 불평이 있다"라고 답한다.

1930년 5월 9일 세상을 떠난 이승훈은 자신의 유해를 오산학교 학생들의 생리학 표본標本으로 기증했고, 이 유언에 따라 경성제국대학 병원에서 표본을 제작했으나 학생들의 독립 정신 고취를 우려한 일제의 불허로 그해 11월 정주로 되돌아가 매장됐다. 이승훈은 한국 현대사의 걸출한 사상가 함석헌咸錫憲의 스승으로도 유명한데, 오산학교 출신이자 교사였던 함석헌은 1930년 6월 《성서조선》에 〈남강 이승훈 선생〉이라는 글을 실어 스승을 추도했고, 말년에는 서울 원효로 자신의 집을 남강문화재단에 기부했다.

김기석은 앞의 책에서 이승훈이 "예수가 마구간에서 태어난 것과, 사람을 낚는 어부가 되라고 했다는 것, 십자가에 매달렸다는 것"에 깊은 감명을 받았다고 전한다. 예수가 마구간에서 태어난 줄도 모르고 호화판 교회 신축을 다투고, 신도를 돈으로 사고팔며, 십자가 고난의 의미 자체를 모르는 듯한 한국의 일부 교회에서 되새겨야 할 감명이 아닐 수 없다.

역사는 반복될 수밖에 없는가

조선 개국 초 주요 개혁 과제 중의 하나는 공무원 숫자 줄이기였다. 고려 말 국가 기강이 문란해지면서 공무원 숫자가 대폭 늘어났기 때문이다.《정종실록正宗實錄》2년(서기 1400년) 4월 조는 공민왕 때와 우왕 즉위(서기 1374년) 이후 관직이 대폭 증원됐다고 전하고 있다. 먼저 고위직 증원 상태에 대해서는 "양부兩府에 관직을 증설하고도 부족해 또 상의商議를 설치했다"라고 비판하고 있다. 양부란 추밀원의 일곱 명의 추신樞臣을 뜻하는데, 이 추신들이 백관의 서무를 관장하는 다섯 명의 재신宰臣과 군기軍機를 관장한다. 이들 열두 명의 재추宰樞가 고려의 고위 핵심 관직이었다. 그런데 재추의 정원을 늘리고도 부족하자 상의라는 관직을 새로 만들었다는 것이다.

상의는 재추 뒤에 붙여서 동등한 지위를 가지는 관직으로, 비교하자면 장관급이나 차관급에 해당하는 현재의 각종 위원회의 위원장과 비슷하다. 상의가 도당都堂이라 불렸던 고려 최고의 의결 기구 도평의사사都評議使司 회의에 참석하면서 도당 정원이 폭

발적으로 늘어났다. 이색李穡이 지은 〈광통보제선사비廣通普濟禪師碑〉
에는 우왕 3년(서기 1377년) 49명으로 늘어난 재추 명단이 실려 있
는데, 그중 열아홉 명이 상의였다. 《정종실록》은 "상의가 십수 명
에 이르렀으나 경제經濟를 맡은 자는 시중侍中 두 명에 불과했다"라
고 대부분이 위인설관爲人設官임을 비판하고 있다.

　고위직이 대폭 늘어났는데, 중·하위직이 늘지 않을 리 없어
서 이부吏部 등의 육부六部와 태상시太常寺 등의 육시六寺, 태의감太醫監
등의 칠감七監도 매 품品마다 두 명씩이 늘어나고 서반西班. 무관직도
크게 증가했다. 당연히 세금을 더 걷어야 하고 국가 재정이 파탄
나지 않을 수 없었다. 그러나 공무원 감축은 신왕조로서도 어려
운 일이어서 태종 6년(서기 1406년)까지도 사헌부에서 "국가에서
고려의 폐단을 혁거革去하고 (……) 일찍이 용관冗官. 쓸모없는 관원을
도태했으나 아직 도태하지 못한 것이 많습니다"라며 축소를 상소
했다.

　공무원 감축은커녕 매년 2조 원이 넘는 국민 혈세를 공무원
연금 적자에 쏟아 붓는 것이 대한민국의 현실이다. 야마사키 야
스히코 일본 연금학회장은 "공무원이 국민보다 더 많은 연금을
받는 것은 일본에서는 있을 수 없는 일"이라고 말했다. 국민에 대
한 최소한의 예의를 갖추자.

금강산을 사랑한 사람들

태종은 재위 4년(서기 1404년) 9월 대신들에게 "속언俗言에 중국인 들은 '고려국에서 태어나 금강산을 직접 보는 것이 소원이다'라는 말이 있다는데 그러한가?'라고 묻자 하륜河崙이 "금강산이 동국東國에 있다는 말이 《대장경大藏經》에 실려 있으므로 그런 말이 있는 것입니다"라고 답변했다. 실제로 태종 때에는 중국 사신 황엄黃儼, 고득高得 등이 금강산을 다녀왔고, 이후에도 여러 사신이 금강산 유람을 요청해 골머리를 앓을 정도였다.

단종 2년(서기 1454년) 10월에는 대마도주 종성직宗成職이 보낸 사인使人 관희觀喜도 금강산을 유람했을 정도로 금강산은 예부터 국제적 명성이 있었다. 조선의 선비들도 금강산 기행문을 남겼는 데, 정곤수鄭崑壽, 1538~1602년의 〈금강록金剛錄〉, 이정구李廷龜, 1564~1635년 의 〈유금강산기游金剛山記〉, 김창협金昌協, 1651~1708년의 〈동유기東游記〉 등이 유명하다. 장안사長安寺와 표훈사表訓寺의 승려들이 매는 남여 藍輿를 타고 오르는 사대부들의 금강산 유람은 억불 숭유抑佛崇儒의 시대를 생생하게 증언한다.

여성으로서는 태종의 넷째 아들 성녕대군誠寧大君의 부인이 문종 때 금강산에 오른 기록이 있는데, 불사佛事가 목적이었다. 세종은 재위 14년(서기 1432년) 강원도 감사에게 사신이 내왕하니 부인들의 금강산 사찰 왕래를 금지하라는 전지傳旨를 내리기도 했다. 정조 때에는 제주도에 살던 여류 사업가이자 사회 사업가였던 김만덕金萬德, 1739~1812년이 금강산에 올랐다. 제주도에 흉년이 들자 김만덕은 무려 450여 석의 곡식을 빈민 구제에 희사했는데, 이 소식을 들은 정조가 재위 20년(서기 1796년) 상을 주려고 하자 금강산 유람이 소원이라고 말했다. 당시 좌의정 채제공蔡濟恭이 금강산에서 돌아온 김만덕을 만나고 지은 〈만덕전萬德傳〉이《번암집樊巖集》에 전하고 있다.

금강산 유람에 나섰던 남한 관광객이 북한군의 총격에 사망한 것이 2008년 7월의 일이다. 북한군의 행위야 비판받아 마땅하지만 이 사건에만 매달려 금강산 관광을 금지시킨 조치를 재검토할 때가 지났다. 혹시나 이 사건을 냉전 세력이 남북 대결의 구실로 악용하고 있지나 않은지도 생각해볼 때다.

삼의사

1931년 12월 상해上海 한인애국단韓人愛國團 소속의 이봉창李奉昌은 도쿄로 건너갔다. 이듬해 1월 사쿠라다몬櫻田門에서 일본 육군 관병식觀兵式을 마치고 돌아가던 일왕 히로히토裕仁에게 수류탄을 던졌다. 일왕을 제거하는 데 실패했으나 삼엄한 경비를 뚫고 던진 폭탄에 일본은 경악했다. 그해 10월 이봉창은 이치가야市谷 형무소에서 서른둘의 나이로 사형당했다. 1932년 1월 중국 국민당 채정개蔡廷鍇 장군은 19로군을 이끌고 상해를 침략하는 일본군에 맞서 33일간 치열하게 싸웠으나 승리하지 못했다.

그해 4월 일본군은 일왕 생일과 상해 점령을 축하하는 천장절天長節 기념식을 상해 홍구虹口 공원에서 여는데, 이때 한인애국단 소속의 윤봉길이 시라카와 요시노리白川義則 대장 등을 폭사시킨 의거는 잘 알려져 있다. 이날 아나키스트 계열의 남화한인청년연맹 소속의 백정기白貞基도 거사를 준비했다. 이 거사는 중국인 동지 왕아초王亞樵가 입장권을 구해 오지 못해 무산됐는데, 국민문화연구소에서 펴낸《항일혁명가 구파 백정기 의사》(2004년)는 "백정기와 윤봉길 두 사람이 이날 같은 장소에서 연달아 폭탄을 던졌다면 식장은 전쟁판과 방불한 난장판이 됐을 것"이라고 쓰고 있다. 윤봉길은 그해 12월 스물다섯의 꽃다운 나이로 가나자와金澤 형무소에서 사형당했다. 이듬해 상해 육삼정六三亭 사건으로 체포된 백정기는 1934년 6월 이사하야諫早 형무소에서 서른아홉의 나이로 순국했다.

삼의사三義士의 유해는 해방 이듬해인 1946년 부산을 거쳐 서울 효창공원에 안장됐는데, 유해 봉환을 주도한 백범 김구는《백범일지》에서 "부산역 앞에서 서울까지 각 역전마다 사람들이 운집 도열해 추도식을 거행하니 산천초목도 슬퍼하듯 감개무량했다"라고 적고 있다. 투척 직후 일경日警이 다른 사람들을 체포하자 "나"라고 외쳤던 이봉창은 그 이유에 대해 "독립운동을 하면서 다른 사람에게 뒤집어씌우는 것은 옳지 않다"라고 답했다. 대한민국이 선열들의 이런 높은 도덕적 희생 위에 세워진 나라임을 잊어서는 안 될 것이다.

선잠

"농사일은 하인에게 묻고 길쌈 일은 여종에게 물으라"라는 속담이 있다. 그래서 임금이 선농단에 선농제先農祭를 지내고 친경親耕을 했다면 왕비는 선잠단先蠶壇에 선잠제先蠶祭를 지내고 직접 뽕잎을 따는 친잠親蠶을 했다. 농農은 국왕의 일이고 상桑은 왕비의 일이었다. 선잠제는 서릉씨西陵氏를 제사하는 것인데,《사기史記》〈황제黃帝 본기〉는 "황제는 서릉의 딸을 부인으로 삼았는데, 이가 누조嫘祖로서 황제의 정비正妃가 됐다"라고 전한다. 서릉의 딸이 처음으로 누에를 쳤다는 것이다. 사기 주석서인 《사기정의史記正義》는 서릉을 나라 이름이라고 해석했다.

조선의 《국조보감國朝寶鑑》은 정종 2년(서기 1400년) 3월 "처음으로 선잠제를 지냈다"라고 전하는데, 이때의 선잠단은 개경에 있었을 것이다. 매년 음력 3월의 첫 뱀날巳日, 즉 초사일初巳日에 거행한다. 《두씨통전杜氏通典》에 "황후가 계춘季春의 길한 뱀날吉巳에 선잠제를 지낸다"라는 구절에서 딴 것이다. 《국조보감》 성종 8년(서기 1477년) 3월 조는 "처음으로 왕비가 친잠례를 행했다"라고 친잠 절목을 기록하고 있는데 아마 한양으로 천도한 후 처음으로 지냈다는 의미일 것이다.

성종 때 왕명에 의해 주周나라를 비롯한 중국 여러 나라의 선 잠단 장소를 고찰한 후 궁궐의 후원後苑에 선잠단을 설치하고 선 잠제를 지냈다. 현재 선잠단 터는 서울시 성북구 성북동인데 이 곳이 성종 때에는 궁궐의 후원이었다. 친잠 때는 왕비가 주관하 고 내명부內命婦 1~3품인 국왕의 후궁들과 대군大君 부인들, 국왕 의 장모, 공주·옹주와 승지의 부인 등이 집사執事로 참여해 광주 리를 잡고 뽕잎을 땄다.

조선 후기의 미수眉叟 허목許穆은 〈친잠에 대한 의논親蠶議〉에 서 신농씨의 법神農之法을 인용해 "장부가 농사짓지 않으면 천하에 굶주리는 자가 있으며, 부인이 베를 짜지 않으면 천하에 춥게 지 내는 자가 있기 때문에 왕이 친경하고 왕비가 친잠하는 것"이라 고 전한다. 여성의 노블레스 오블리주 실천이 선잠先蠶이었다. 고 위직 진출을 꿈꾸는 여성들이 명심할 고사다.

공주는 언제부터 공주였나

공주公主라는 말의 유래는 무엇일까? 당唐나라 서견徐堅 등이 편찬한 《초학기初學記》에는 "주周나라 시절을 상고해보니 천자의 딸은 왕희王姬라고 했지 공주라는 칭호는 듣지 못했다"라는 기록이 있다. 전국戰國 시대(서기전 403~221년)에 와야 비로소 공주라는 낱말이 등장한다. 《사기史記》〈오기吳起 열전〉의 위魏나라 대신 공숙좌公叔座가 "위나라 공주를 아내로 맞았다"라는 기록이 그것이다.

우리나라는 언제부터 왕의 적녀嫡女를 공주라고 불렀을까? 《고려사절요高麗史節要》 공양왕 3년(서기 1391년) 조에 도평의사사에서 "자고로 (……) 천자의 딸은 공주라 이르고, 제후의 딸은 옹주翁主라 했으나 (……) 우리나라는 기강이 점점 해이해져서 후비后妃, 옹주, 택주宅主의 칭호가 그때 임금의 뜻에서 나오기도 하고 권세가의 사사로운 정에서 나오기도 해서 모두 그 의의를 잃었습니다"라고 상소한 데서 혼재돼 사용했음을 알 수 있다.

세종 10년(서기 1428년) 3월 비로소 왕의 후궁인 내관內官과 기타 궁관宮官, 궁녀 제도를 법제화했다. 이때 이조에서 "궁주宮主는 왕녀王女의 호칭이 아닌데도 왕녀를 궁녀宮女라 일컫고 옹주는 궁인宮人, 왕의 후궁의 호칭이 아닌데도 옹주라 일컬었다"라고 말해 이때까지 공주가 궁주 또는 궁녀라고 일컬어졌고, 왕의 후궁을 옹주라고 불렀는데《태조실록太祖實錄》은 개국 공신의 어머니도 옹주라고 불렀다고 전한다.

일연一然이《삼국유사三國遺事》에서 백제 무왕武王의 부인 선화 공주를 신라 진평왕眞平王의 딸이라고 기록했지만 당시 관념으로 공주는 반드시 왕의 딸만을 의미하는 것이 아니었다. 필자 등이 이미《우리 역사의 수수께끼》(1999년)에서 신라 진평왕과 백제 무왕이 열세 차례나 격렬한 전쟁을 치른 것을 근거로 선화 공주를 진평왕의 딸이 아니라 미륵사가 있는 익산 지역 토착 세력의 딸이라고 주장한 것도 공주 칭호에 대한 이런 해석에서 나온 것이었다. 세종 22년(서기 1440년) 비로소 왕의 적녀는 공주, 서녀庶女는 옹주, 세자의 적녀는 군주郡主, 세자의 서녀는 현주縣主라고 제도화했다.

신사임당은 현모양처인가

율곡 이이李珥는 부친 이원수에 대해서는 쓰지 않았지만 모친 신사임당申師任堂의 일대기는 남겼다. 그만큼 많은 영향을 받은 것인데 그의 〈나의 어머니 일대기先妣行狀〉를 읽으면 어쩐지 의문이 든다. 흔히 알고 있는 삼종지도三從之道에 충실한 현모양처의 모습과는 거리가 있기 때문이다. 사임당은 중종 17년(서기 1522년) 외가인 강릉에서 혼인했는데 부친 신명화申命和가 세상을 떠나자 삼년상을 치르고 중종 19년(서기 1524년) 서울로 올라와 시어머니를 처음 만난다. 율곡은 모친이 그 뒤에도 친정에 가서 살다가 "신축년(서기 1541년)에 다시 한성으로 돌아오셨다"라고 적어 혼인 19년 만에 시댁에 정착했다고 전해준다. 그 이유를 "시어머니 홍 씨가 연로해 가사를 돌볼 수 없기 때문"이라고 적고 있다.

사임당의 모친 이 씨도 마찬가지였다. 율곡은 외할머니에 대한 기록인 〈이씨감천기李氏感天記〉도 남겼다. 남편 신명화가 위독하자 왼손 중지 두 마디를 자르면서 "원하건대 저의 몸으로 남편의 생명을 대신해주소서"라고 하늘에 빌어 신명화의 병이 나은 감천感天 기록이다. 이 사실은 《중종실록中宗實錄》에도 실려 있고 이 씨는 열녀로 선정된다. 그러나 이 씨도 혼인 후 시댁으로 올라왔다가 모친 최 씨가 병이 들자 외가인 강릉으로 내려가 시병侍病했다. 강릉으로 찾아온 남편에게 "당신은 서울로 올라가시고 저는 여기 남아서 각자 노모를 시봉하자"라고 제안했다. 〈이씨감천기〉는 이렇게 각자 부모를 모신 게 16년이라는 놀라운 사실을 전해주고 있다. 16년 후 신명화가 강릉을 찾던 도중 병이 나 위독해지자 이 씨는 외증조부 최치운崔致雲의 묘소로 달려가 빌면서 단지斷指했던 것이다. 사임당의 모친 이 씨는 외가 최 씨 사람이었고 사임당 역시 외가 이 씨 사람이었다.

율곡이 그린 〈선비행장〉의 마지막은 "평소 묵적墨迹이 뛰어났다"는 예술가의 이미지다. 사임당이 현모양처의 전형이 된 것은 우암 송시열宋時烈이 〈사임당이 그린 난초에 발하다〉라는 글에서 그를 성리학의 대가인 송宋나라 정호程顥, 정자의 모친과 비교하면서부터다.

5만 원권은 신사임당을 현모양처가 아니라 "어려서 경전經傳에 통달한"(〈선비행장〉) 학자이자 "산수도를 그린 것이 아주 절묘했던"(〈선비행장〉) 예술가로 기려야 실제와 맞다.

문종과 예종은 왜 급서했는가

세종의 아들 문종은 재위 2년(서기 1452년) 5월 14일 39세로 세상을 떠났다. 《문종실록文宗實錄》은 "이때 사왕嗣王, 단종이 어려서 사람들이 믿을 곳이 없었으니, 신민의 슬퍼함이 세종 상사 때보다 더했다"라고 전하고 있다. 조선의 이정형李廷馨이 쓴 《동각잡기東閣雜記》는 "임금이 어린 나이로 왕위를 이었고 여덟 대군은 강성하니 인심이 위태로워하고 근심했다"라고 인심이 위태로운 이유를 전해준다. 문종은 종기(등창)를 앓았는데 사헌부에서 문종 사후 "꿩고기 같은 것은 등창에서 대기大忌, 큰 금기로 치는 것인데도 날마다 꿩 구이를 드렸다"라면서 어의 전순의全循義의 사형을 주청했다. 그러나 단종을 내쫓고 권력을 잡은 세조는 재위 1년(서기 1455년) 12월 어의 전순의를 원종原從 일등 공신으로 책봉했다.

세조 때 형성된 공신 집단 해체를 시도하던 예종이 재위 1년 2개월 만에 급서했을 때도 여러 의혹이 일었다. 예종 1년(서기 1469년) 11월 26일 《예종실록睿宗實錄》은 "임금이 불예不豫, 임금이 편찮음하다"라고 처음 와병을 언급했다. 예종은 불과 이틀 후인 11월 28일

진시辰時, 오전 7~9시에 만 열아홉의 젊은 나이로 세상을 떠난다. 젊은 왕이 급서했는데도 조정은 전혀 동요하지 않았다. 《예종실록》은 도승지 권감權瑊이 여러 재상과 의논해서 당일로 후왕이 즉위하고 교서를 반포해야 한다고 결정했다고 전한다. 보통 국왕 사후 닷새 정도 후에 후왕이 즉위하는 법인데, 이때는 당일 즉위해야 한다고 결정했던 것이다. 그런데 당일 후사로 결정된 인물은 예종의 조카 자산군者山君, 성종이었다. 예종의 아들 제안대군이 만 세 살로 어렸다고 쳐도, 자산군은 살아 있는 형 월산군月山君까지 제친 것이다. 게다가 《성종실록成宗實錄》은 "위사衛士를 보내 자산군을 맞이하려고 했는데, 미처 아뢰기 전에 자산군이 이미 부름을 받고서 대궐 안에 들어왔다"라며 사전 각본이 있었다고 전한다.

필자가 《조선 왕 독살사건》(다산초당. 2005년) 에서 문종과 예종 독살설을 제기한 것은 이런 이유들 때문이었다. 김정일 국방위원장이 급서했을 때도 일부에서 독살설이 나왔다. 필자는 그때 김정일이 미리 내정했던 김정은으로 권력 승계가 이루어졌고 김정은은 아직 부친의 후견이 더 필요한 상태였다는 점에서 독살 같은 경우는 아닐 것이라고 썼다. 다만 문종 급서 때처럼 "사왕이 어려서 인심이 위태롭게 여겼다"라는 경우와 비슷하다는 점에서 이 권력의 공백을 어떻게 메울지가 김정은의 과제라고 예측했다. 장성택의 처형은 이 공백을 둘러싼 양자의 권력 쟁탈전에서 김정은이 승리했음을 말해주는 것이다.

흑룡을 죽인 정신

임진년壬辰年의 임壬은 방위로 북방北方이고 색으로는 흑색黑色이고, 진辰이 용龍이니 흑룡의 해다. 옛날에는 금金, 목木, 수水, 화火, 토土의 오행五行의 상생으로 왕조가 흥망興亡한다고 보았다. 주周나라가 화火이니 진시황秦始皇은 화火를 이길 수 있는 수水를 내세워 전국을 통일했다. 《사기史記》와 《한서漢書》 등은 진시황의 선조 "진秦문공文公이 사냥에서 흑룡黑龍을 얻었으므로 수덕水德으로 삼았다"라고 전한다.

조선 개국도 흑룡과 밀접한 관계가 있다. 이성계의 조부였던 도조度祖 이춘李椿의 꿈에 함경도 경흥慶興 남쪽 연못南池에 사는 백룡白龍이 나타나 한번 도와주면 후세에 큰 경사가 있으리라고 말했다. 다음 날 연못으로 가니 흑룡과 백룡이 싸우고 있기에 명사수 이춘이 흑룡을 쏘아 죽였다. 그 피가 연못을 붉게 물들여서 적지赤池, 또는 용을 쏘았으므로 '사룡연射龍淵'이라고 부른다. 이렇게 보면 흑룡을 죽인 공으로 건국한 조선이 흑룡의 해인 선조 25년 (서기 1592년) 임진년에 일본의 침략을 받은 것도 우연만은 아니게 된다. 조선이 청나라와 〈백두산정계비白頭山定界碑〉를 세운 해도 숙종 38년(서기 1712년) 임진년이었다. 이때 조선 대표인 박권朴權과 이선부李善溥는 청나라 대표인 오라총관烏喇總管 목극등穆克登이 늙었다고 따라오지 말라고 하자 역관譯官 김경문金慶門만 딸려 보내는 한심한 작태를 보였다. 그나마 김경문이 다퉈서 "서쪽으로는 압록강, 동쪽으로는 토문강이 된다西爲鴨綠 東爲土門"라는 〈백두산정계비〉가 세워진다.《만기요람萬機要覽》〈백두산정계〉 조는 "비문에 동쪽이 토문강이라고 했으면 토문강의 발원지에 세워야 마땅했다"라면서 "그때 한 사람도 쟁변하지 못하고 수백 리 강토를 잃었다고 식자들이 한탄했다"라고 전하고 있다.《만기요람》은 또 윤관尹瓘이 만주의 속평강速平江까지 영토를 확장하고 비를 세웠는데, "이 비를 증거로 내세워 따지지 못한 것도 한스럽게" 여기는 기록을 남겼다.

대한제국 말기 매국 단체 일진회一進會에게 합방 청원을 내도록 조종했던 일본 대륙 낭인 계열의 도야마 미쓰루頭山滿와 우치다 료헤이內田良平 등이 결성한 극우파 단체가 흑룡회黑龍會였다. 식민지 근대화론 따위의 일본 극우파 침략 논리가 일본도 아닌 이 땅에서도 버젓이 고개를 쳐들고 있는 것은 해방 후 친일 청산을 제대로 하지 못한 후과後果다. 역사에서 교훈을 얻지 못하는 민족에게는 내일이 없다.

이제는 사라지고 없는 것들에 대하여

조선 후기 홍석모洪錫謨가 편찬한 《동국세시기東國歲時記》에는 음력 대보름경 서울의 삼문三門, 동대문·서대문·남대문 밖과 애오개阿峴 사람들이 만리재에 모여 석전石戰을 했다고 전한다. 그 승패는 전국적인 관심사였는데, 삼문 밖 쪽이 이기면 기내畿內에 풍년이 들고, 애오개 쪽이 이기면 여타 지방에 풍년이 든다는 속담이 있었기 때문이다. "고함 소리가 천지를 진동하고 이마가 깨지고 팔이 부러져 사상자死傷者가 생겨도 후회하지 않는다"라고 전한다. 유득공柳得恭은 《경도잡지京都雜誌》에서 《당서唐書》 〈고구려 열전〉에 "고구려는 매년 초 패수浿水가에 모여 물과 돌을 서로 끼얹고 던지며水石相濺擲 두세 차례 밀고 밀렸다 하다가 멈춘다"라면서 "이것이 우리나라 석전石戰 풍속의 시초다"라고 썼다.

　필자가 《구당서舊唐書》와 《신당서新唐書》를 모두 살폈지만 이런 구절을 찾지 못했으나 《수서隋書》 〈고구려 열전〉에 비슷한 내용이 있어서 유득공이 혼동했음을 알 수 있었다. 《수서》는 "매년 초 패수가에 모여 놀이를 하는데, 국왕은 요여腰輿를 타고 나가 의장羽儀

을 진열해놓고 관람한다. 의식이 끝나事畢 국왕이 옷을 물에 던지면, 군중은 좌우 두 편으로 나누어 물과 돌을 서로 끼얹고 던지며 水石相淺擲, 소리치고 쫓고 쫓기기를 두세 번 되풀이하고 그만둔다"라고 기록하고 있다.

석전石戰은 일종의 축제이기도 했지만 민간의 자발적인 침략군 격퇴 준비이기도 했다.《고려사高麗史》에 따르면 고려의 병제兵制는 기병인 신기군神騎軍, 궁수인 경궁군梗弓軍 등과 함께 투석군投石軍이 정규군으로 편성돼 있었다. 조선의 태조는 재위 3년(서기 1394년) '돌 던지는 놀이擲石戲를 하는 사람을 모집해 척석군擲石軍'을 조직하고 직접 사열했을 정도였고, 세종은 재위 3년(서기 1421년) 단오 무렵 상왕과 함께 종루鐘樓에 나가 척석군의 석전을 구경하고 이긴 편에게 상도 주었다.

필자가 어렸을 때도 작은 강을 두고 두 마을 청년들이 석전을 전개했던 기억이 있다. 일본은 마을 축제인 마쓰리祭(り)가 많이 남아 있으나 우리나라는 거의 사라졌다. 사라진 것들의 현대적 복원도 신경 써야 할 때다.

거풍과 즐풍

거풍擧風과 즐풍櫛風은 옛 사대부로서는 의외의 풍습이다. 햇볕 좋고, 동남풍 부는 날 산 위에 올라가 상투를 풀어 머리를 바람과 햇볕에 빗질하는 것이 즐풍이고, 하체를 바람과 햇볕에 노출해 말리는 것이 거풍이다. 즐풍과 거풍이 많이 알려졌음에도 문헌적 근거를 찾기 어려운 이유는 무더운 여름에도 옷고름을 풀지 않았던 사대부로서는 파격적인 풍습이었기 때문일 것이다.

　원래 거풍은 서울의 춘추관春秋館과 각 지방의 외사고外史庫에 있는 실록을 꺼내 말리는 것, 즉 포사曝史를 뜻했다. 이를 주관하는 사관史官을 포쇄관曝曬官이라고 했는데, 전주, 성주, 충주 등 각 지방의 외사고 실록도 서울의 춘추관 소속의 전임專任 사관이 직접 가서 말리는 것이 관례였다. 중종 14년(서기 1519년) 지방관으로서 춘추관의 기사관記事官을 겸임하던 겸춘추兼春秋에게 포사를 시키려 하자 춘추관에서 "외방外方의 겸춘추는 사관史官이 아니다"라면서 "사국史局 일에 이런 발단을 열어놓으면 사국 일이 가벼워지게 될까 두렵다"라고 반대해 전례대로 춘추관의 전임 사관들이 각 지방에 파견돼 실록 거풍의 일을 주관하게 했다.

즐풍은 원래 《장자莊子》 〈천하天下〉 장에 나오는 말이다. 하夏나라를 세운 우禹임금이 황하에 범람하던 홍수를 다스릴 때 "퍼붓는 빗물로 목욕을 하고沐甚雨, 몰아치는 바람에 머리를 감으면서櫛疾風" 일에 몰두했다는 데서 나온 말로 몸을 돌보지 않고 국사에 전념하는 것을 뜻했다. 여기에서 즐풍목우櫛風沐雨라는 사자성어가 나오는데, 지금은 잘 쓰이지 않지만 중국의 여러 사서史書와 최치원崔致遠의 《계원필경桂苑筆耕》, 조선 초 조준趙浚의 《송당유고松堂遺稿》 등 여러 문집에 나온다.

거풍은 일의 전문성을 강조하는 말이고, 즐풍은 일의 전념성을 강조한 말인데, 조선 후기에 사대부의 머리카락과 하체를 말리는 개인적인 풍습으로 전환된 것이다. 자연과 일체가 되고 싶은 생각에서였을 텐데, 햇볕 좋은 날 사람 없는 깊은 산속에서 행할 만한 일이다.

동국진체

전라남도 구례군 광의면 방광리에 지리산 천은사泉隱寺가 있다. 1910년 8월 나라가 망하자 자결한《매천야록梅泉野錄》의 저자 황현黃玹을 모신 매천사梅泉祠가 그 근처에 있다. 천은사의 원래 이름은 단 샘물이 있다는 뜻의 감로사甘露寺였다. 숙종 때 중건했다고 전해지는데 정작 영조 때의 학자 여암旅菴 신경준申景濬, 1712~1781년이 지은 〈천은사 중수 상량문泉隱寺重修上樑文〉이 남아 있다. 중수할 때 샘가의 구렁이를 잡아 죽인 이후로 물이 말라서 '샘이 숨었다'는 뜻의 천은사泉隱寺가 됐다. 그 뒤 원인 모를 화재까지 자주 일자 절의 수기水氣를 지켜주는 구렁이를 죽였기 때문이라고 여겨졌다.

천은사에서 신필神筆로 알려진 원교圓嶠 이광사李匡師에게 현판 글씨를 부탁하자 물 흐르는 듯한 수체水體로 '智異山泉隱寺(지리산 천은사)'라고 써주었다. 이 현판을 일주문에 건 뒤부터 화재가 나지 않았는데, 지금도 고요한 새벽에 일주문에 귀를 기울이면 신운神韻의 물소리가 들린다는 말이 있을 정도로 기이한 글씨체다. 이광사는 가객歌客의 노래가 우조羽調이면 글씨도 우조이고, 노랫

가락이 평조平調이면 글씨도 평조의 분위기가 담겼다고 전할 정도로 신기神氣가 담겨 있는 글을 썼다. 이광사의 조부는 호조 참판을 지낸 이대성李大成이고 부친은 대사헌 이진검李眞儉이었으나 소론少論 강경파였기 때문에 노론老論에서 추대한 영조가 즉위한 후부터 집안이 몰락했다. 부친 이진검은 전라도 강진에 유배됐다가 영조 3년(서기 1727년) 죽고 말았다. 이광사 자신도 영조 31년(서기 1755년) 발생한 나주 벽서 사건에 연루돼 사형 위기에 몰렸다가 겨우 살아나 함경도 부령富寧으로 유배됐다. 유배지에서 이광사는 자호自號를 '두만강 남쪽斗滿江之南'이라는 뜻의 '두남斗南'으로 짓고 학문과 글씨에 몰두했다. 이광사가 백하白下 윤순尹淳의 뒤를 이어 중국과 다른 우리나라만의 독특한 서체인 동국진체東國眞體를 완성할 수 있었던 것은 자신과 가문의 신산한 고초를 붓으로 승화했기 때문이다.

대한민국 미술대전 서예 부문이 오탈자와 심사 비리 등으로 도마 위에 오른 적이 있는데, 근본부터 바로잡아야 한다. 원元나라의 정표鄭杓는 《연극병주衍極並注》에서 "오호라! 서도는 지극하도다! 군자는 반드시 지극한 경지를 쓴다고 했는데, 하물며 서도이겠는가嗚呼 書道其至矣乎 君子無所不用其極 況書道乎"라고 했다.

정치와 교화

선조 35년(서기 1602년) 조선에 온 명나라 사신 고천준顧天峻과 최정건崔挺健의 횡포는 이루 말할 수 없었다. 국왕 선조宣祖도 "둘이 나오자 서방西方, 평안도와 황해도의 민력民力이 다해져 나라의 근본이 뿌리 뽑혀 근근이 지내왔다"라고 말할 정도였다. 사신의 횡포는 임진왜란 때 원병援兵을 보낸 이후부터 심해졌다. 명나라가 전쟁터로 변하는 것을 꺼려 원병을 보낸 뒤 이를 빌미로 조선의 왕위 계승에 간섭하려 하고 사신들이 온갖 뇌물을 요구해 비난이 높았다. 문신 윤국형尹國馨은 《갑진만록甲辰漫錄》에서 "고천준의 탐욕이 비길 데가 없어 음식과 공장供帳의 작은 물건까지 모두 내다 팔아 은銀으로 바꾸었다"라면서 "말하면 입이 더러워진다言之浼口"라고 비판했다. 입이 더러워진다는 '언지매구言之浼口'와 비슷한 말이 '언지오구言之汙口'인데, 선비의 말 중 가장 심한 욕이었다.

광해군 9년(서기 1617년) 일본에 사신으로 갔던 이경직李景稷은 은화銀貨가 없어지는 사고가 발생하자 《부상록扶桑錄》에서 "은화와 관계된 것이어서 말하면 입이 더러워져서言之汙口 그냥 두고 묻지 않았다'라고 말했다. 선비들이 더러운 말을 꺼렸던 것은 어려서부터 《소학小學》을 배웠기 때문이다. 《소학》의 첫 단락이 가언嘉言, 즉 아름다운 말인데, "아름다운 말을 기술하고 착한 행실을 기록했다"라고 전한다. 아름다운 말이란 남의 작은 허물은 덮어주고 착한 행실은 칭찬하는 말을 뜻한다. 우리나라 선비들의 언행을 모은 《대동소학大東小學》〈가언〉 편에는 모재慕齋 김안국金安國이 자제들에게 "겸손함과 공손함은 곧 군자의 위엄 있는 덕이니 너희는 평생 이 말을 기억하라"라면서 "너희는 내가 일찍이 남에게 거만하게 대하거나 남의 과실을 말하는 것을 보았느냐? 차라리 죽을지언정 자손들이 이런 일을 행하는 것을 원하지 않는다"라고 말했다고 전한다.

그러나 개인적인 과실은 용서했지만 국사에 관련되면 용서 없었다. 중종 2년(서기 1507년) 12월 사헌부 지평 김안국은 위세가 하늘을 찌르는 반정 일등 공신 박영문에 대해 "평생 동안 심술이 흉악하고 사특한 사람인데, 행실도 그렇습니다"라고 공박했다. 이처럼 국사에 대한 것은 강하게 공박했지만 최소한의 금도가 있었다. 정화政化라는 말이 있다. 정치와 교화라는 말로 정치는 백성을 교화하는 것이라는 뜻이다. 《서경書經》〈필명畢命〉에 "정치는 그 풍속을 개혁해야 한다政由俗革"라는 말도 있다. 정치하는 사람들이 도덕적 우위에 있다는 관점에서 나온 말이다. 이 땅의 정치가나 관료 들도 이런 도덕적 우위에 있을 수 있도록 스스로 노력해야 할 것이다.

효에도 지극한 경지가 있다

여섯 살 때 원술袁術을 만났던 한漢나라 육적陸績은 귤을 가슴에 숨겼다가 작별 인사 도중 떨어지자 집의 노모를 위한 것이라고 대답해 어린 효자의 대명사가 됐다.《신증동국여지승람新增東國輿地勝覽》에는 조선 중종 때 서울에 살던 사가史家의 노비 붕이朋伊가 12세 때 와병 중인 부친에게 손가락을 잘라 약에 피를 섞어 드리니 병이 나았다고 전한다. 자신을 천인으로 만든 부친에 대한 극진한 효도였다.《진서晉書》〈왕상王祥 열전〉에는 자신을 미워하던 계모에게 잉어회를 올리기 위해 겨울 강가에 나가자 저절로 얼음이 깨지면서 잉어가 뛰어올라왔다고 전한다. 조선 세종 때 경상도 영해寧海에 살던 박진朴辰도 병석의 부친에게 얼음을 깨서 잡은 물고기로 회를 올린 효자다.

효孝에 도道 자가 붙은 것은 효에도 지극한 경지가 있기 때문이다. 원元나라 때 24효에 뽑혔던 오맹吳猛은 자신이 모기를 쫓으면 부모님께 갈까 봐 자진해서 물렸고, 전라도 용안현龍安縣의 이보李甫는 꿈속에 한 승려가 나타나 "부친의 병은 산 사람의 뼈를 먹으면 낫는다"라고 하자 손가락을 잘라 약을 만들어 아버지의 병을 고쳤고, 중종 때 관비官婢였던 숙미淑美도 14세 때 병에 걸린 어머니에게 다리 살을 베어 약에 섞어 드려 병을 고쳤다.

지금은 까마귀가 흉조凶鳥이지만 과거 선비들은 그리 보지 않았다. 까마귀는 크면 어미에게 먹이를 물어주는 반포지효反哺之孝를 행하는 효조孝鳥라는 이유 때문이다. 이규보李奎報는 〈하일즉사夏日卽事〉에서 "지붕 위에 까마귀 효자가 우네屋烏帝孝子"라고 노래했다. 당唐나라 백거이白居易는 〈자오야제慈烏夜啼〉에서 "자애로운 까마귀여, 자애로운 까마귀여, 새 중의 증삼이로다慈烏復慈烏 鳥中之曾參"라고 까마귀를 자오慈烏라고 노래했다.

현대인은 자식에 대한 사랑은 극진한 반면에 대다수가 효도는 잃어버렸다. 자식을 효자로 만드는 유일한 비결은 그 자신이 효자가 되는 길뿐이다.

사랑과 공경 중 어느 하나 버릴 것이 없다

'강굉姜肱의 이불'은 형제간의 우애를 뜻한다. 전한前漢의 강굉이 아우 중해仲海, 계강季江과 한 이불을 덮고 잘 정도로 우애가 깊었던 데서 나온 용어다. 대금장침大衾長枕도 비슷한데, 이 고사의 주인공은 당唐 현종이다.《신당서新唐書》〈예종의 여러 아들睿宗諸子〉은 현종이 태자 시절 '큰 이불과 긴 베개大衾長枕'를 만들어 여러 아우와 함께 사용했다고 전한다.

이익李瀷은《성호사설星湖僿說》'안·이 우애安李友愛'라는 글에서 안현安絃 형제와 이준경李浚慶 형제의 상반된 우애 방식에 대해서 전하고 있다. 안현은 말을 타고 가다가 형 안위安瑋를 만나면 말에서 내리고 인사드릴 때도 반드시 의자 밑에서 절할 정도로 아버지처럼 섬겼다. 이준경은 형 이윤경李潤慶을 친한 친구처럼 여겨 앉을 때는 무릎을 닿게 하고 누울 때는 베개를 가지런하게 하고 어떤 때는 서로 너라고까지 했다며 이준경 형제는 "사랑을 주로 한 것으로 공경을 주로 하는 것과는 다르다"라고 평했다. 이익은 "나중에 안현이 죽었을 때 그의 형 안위의 울음은 보통 사람과 조금도 다르지 않았으나, 이윤경이 죽었을 때 이준경은 아주 비통해하면서 최복衰服까지 입었다'라고 전했다. 이익은 "안위의 울음이 범상했던 것은 안현의 잘잘못과는 아무 관계가 없지만 이준경은 장유長幼의 질서가 없었으니 훗날 버릇이 없어질까 염려된다'라고 평했다.

그러나 사랑과 공경 중 어느 하나도 버릴 것은 없다. 현재 우리 사회는 재산 문제로 불화하는 형제자매가 적지 않은데, 후한後漢의 목동繆肜은 어려서 부모를 여의고 네 형제가 한집에서 살다가 장가간 동생들이 재산 분리를 요구하자 문을 닫고 자신을 매질했다. 뉘우친 동생과 제수 들이 사죄하자 다시 화목하게 살았다고 전한다.

하버드 대학교 의과대학의 로버트 월딩거Robert Waldinger 박사는 〈정신 의학 저널Journal of Psychiatry〉에 형제자매 중 한 사람과 사이가 나빠도 우울증에 걸릴 확률이 높다는 연구 결과를 발표했다. 사랑이 최고의 명약임이 과학적으로 입증됐다는 말이다. 비단 형제간의 우애에 국한되는 말은 아니리라.

빛나는 해로

대원군의 정적이기도 했던 영의정 이유원李裕元의 《임하필기林下筆記》에는 "경산공經山公은 삼회대三回帶라고 불리는 서대犀帶, 무소뿔로 만든 띠가 있는데 회갑回甲, 회혼回婚, 회방回榜 때 두른 띠"라는 글이 있다. 회방은 과거 급제 60주년이라는 뜻이고, 회혼은 혼인 60주년이라는 뜻이다. "삼회대를 복대福帶라고 부르며 혼사를 치르는 사람들이 앞다투어 빌려 갔다"라고 덧붙이고 있다. 수운壽運, 혼인운, 관운까지 다 갖춘 띠이니 다투어 빌려 갈 만도 했다. 경산공은 영의정 정원용鄭元容, 1783~1873년을 뜻하는데, 《국조보감國朝寶鑑》에 따르면 철종은 재위 8년(서기 1857년) 회혼을 맞이한 75세의 정원용에게 축하주와 풍악을 내렸다. 철종이 술 한 잔을 가득 따라준 후 은병銀瓶과 은배銀盃를 하사하자 정원용은 "신은 본래 술을 마실 줄 모르지만 은병과 은배를 하사받았으니 이제부터 술을 마시겠습니다"라고 답했고 91세까지 장수했다.

　회혼연을 동뢰同牢 수연壽宴, 회근연回卺宴이라고 한다. 동뢰는 신혼부부가 침실에서 혼례 음식을 함께 드는 것을, 근卺은 혼례 때 마시는 합환주合歡酒를 뜻한다. 조선 중기 문신 이식李植은 〈유주윤柳周尹의 동뢰 수연을 축하하는 시〉를 남겼다. "천 년 전 요지瑤池, 신선이 사는 곳에서 만난 신선인데 인간 세상에서도 이렇게들 아름다우시네. 육십 년 전 혼인날이 되돌아온 오늘. 팔십이 넘었건만 소년 소녀 같으신데. 후손들은 색동옷 입고 춤을 추니 경사로다. 전홍纏紅끼리 술잔 주고받으며 전생 인연 떠올리네. 백 세 되는 날 다시 잔치 열어 뒤이은 축가 완성하길 기대하네千載瑤池會上仙 何如兩美世間全 合昏往日還今日 踰耋高年似少年 舞彩登筵增後慶 纏紅侑酌憶前緣 期公百甲尋玆會 待我賡歌續此篇" 전홍은 혼인을 주관하는 월하노인月下老人이 갖고 다니다 부부 인연의 남녀를 만나면 발목을 묶는다는 붉은 밧줄纏紅인데 부부를 뜻하는 말이다.

수명이 길어지면서 회혼을 맞는 부부도 늘고 있다. 이혼을 당연한 듯이 여기는 세태이기에 더욱 빛나는 해로다.

분묘의 조건

옛사람들이 조상의 분묘를 좋은 곳에 쓰고자 했던 것은 효심孝心에서 비롯된 것이다. 조상의 혼령이 골육骨肉을 계승한 후손과 소통한다는 생각에서 사는 곳과 가까운 곳에, 여러 조상을 함께 모시는 것이 좋다고 생각했다.

연암燕巖 박지원朴趾源은 42세 때인 정조 2년(서기 1778년) 세도가 홍국영洪國榮과 사이가 나빠지면서 황해도 금천金川의 연암협燕巖峽으로 은거했다가 양호맹梁浩孟의 개성 금학동琴鶴洞 별장으로 이주했다. 이때 박지원은 개경의 남원南原 양씨들이 가까운 산에 조상의 분묘를 모시고 이를 지키는 분암墳菴의 이름을 '영원히 생각한다'는 뜻의 영사암永思菴이라고 지은 것에 깊은 인상을 받고 〈영사암기永思菴記〉를 지었다. 〈영사암기〉에서 연암은 친족들은 살아 있을 때도 같이 사는 것이 좋고 죽은 후에도 한 묘지에 모시는 족장族葬이 좋은데도 세상 풍속이 무너지면서 "장지가 화복을 준다는 풍수지리설堪輿禍福之說이 효도하고 공손하며 화목하고 서로 믿는 마음孝悌睦任之心을 능가하게 돼 각각 따로 산소를 두게 됐다"라고 비판하고 있다. 박지원은 남원 양씨들이 분묘를 한곳에 모신 것을 조상에 대한 효심이라며 "장차 그 씨족과 세대가 더욱 번창함을 볼 것이며, 그런 뒤라야 세속의 이른바 풍수지리설이 장차 우리를 속이지 못할 것이다"라고 덧붙였다.

다산茶山 정약용丁若鏞도 〈풍수론風水論〉에서 지사地師를 초빙해 길지吉地를 가려 묏자리를 정하는 현실을 비판하면서 "이는 예禮가 아니다. 어버이를 매장하면서 복福을 바라는 것은 효자의 마음이 아니다"라고 묏자리를 기화로 발복發福하려는 세태를 비판했다. 왕릉도 마찬가지였다. 효종의 장지를 정할 때 우암尤庵 송시열宋時烈이나 백헌白軒 이경석李景奭이 주장한 것처럼 '오환五患'이 없는 자리면 된다고 주장했는데, 오환은 앞으로 도로가 되거나, 성곽이 되거나, 연못이 되거나, 세력가에게 빼앗기거나, 농지가 될 곳을 뜻한다. 왕릉일지라도 이런 장소만 피해 효를 다하면 된다고 본 것이다. 산 자를 위한 발복이 아니라 산 혼령에 대한 효심이 담긴 곳이 묘소라는 것이다.

군자삼락

《맹자孟子》는 〈진심盡心〉 장에서 군자삼락君子三樂, 즉 군자의 세 가지 즐거움에 대해 말했다. "부모가 다 살아 계시고 형제가 무고한 것이 첫 번째 즐거움이요, 하늘을 우러르고, 사람에 굽어봐도 부끄럽지 않은 것이 두 번째 즐거움이요, 천하의 영재英才를 얻어 교육시키는 것이 세 번째 즐거움"이라는 것이다. 그런데 맹자는 이앞에 "천하의 왕 노릇 하는 것은 세 가지 즐거움에 들어 있지 않다"라고 전제했다.

이것이 유가儒家의 삼락三樂이라면 도가道家의 삼락은 영계기榮啓期가 정의했다. 《공자가어孔子家語》와 《열자列子》 〈천서天瑞〉에 나온다. 공자가 태산泰山을 유람할 때 영계기가 사슴 갖옷鹿皮에 띠는 새끼줄索을 하고 거문고를 타자 공자가 "뭐가 그리 즐거운 가"라고 물었다. 영계기는 "만물 가운데 가장 귀한 사람이 된 것이 첫 번째 즐거움이요, 남자는 존귀하고 여자는 낮은데 남자가 된 것이 두 번째 즐거움이요, 사람이 태어나서 강보襁褓를 면하지 못하고 죽기도 하는데 아흔다섯까지 살았으니 세 번째 즐거움"이라고 답변했다는 것이다. 남존여비男尊女卑라는 어긋난 인식도 있지만 나름대로 세상을 달관하며 사는 처세술이었다.

그러나 삼락三樂을 누리는 것도 쉬운 일은 아니다. 조선 초기 문신 권오복權五福은 "만 가지 일 중에 삼락 외에 구할 것이 없다萬事不求三樂外"라고 말했지만 연산군 4년(서기 1498년)의 무오사화 때 32세의 나이로 사형당했다. 자신이 왕 노릇 하려던 것은 아니었지만 수양대군이 천하의 왕 노릇 하는 것을 눈 뜨고 볼 수 없었기 때문이다.

선조 임금의 손자였던 조선 중기의 이건李健은 〈어머니 생신 때 취해서 짓다慈親生辰. 醉後作〉라는 시에 "어찌 사람이 세상 살면서 삼락을 다 갖추랴何人處世俱三樂"라고 읊었다. 이건의 부친은 선조의 일곱째 아들 인성군仁城君 이공李珙이었는데, 인조 6년(서기 1628년) 북인 유효립柳孝立 등에 의해 왕으로 추대됐다는 이유로 진도珍島에 안치된 후 자결해야 했다. 이건도 형제들과 제주로 안치됐다가 풀려나와 이 시를 지은 것이다. 집안이 풍비박산한 다음에야 군자삼락도 그리 쉽지 않은 복임을 느꼈던 것이다.

세상을 시끄럽게 하는 사람의 대부분은 천하의 왕 노릇을 하려는 욕심 때문이다. 꼭 한번 호되게 당하고 나서야 이건처럼 어머니라도 살아 계신 것을 기뻐할까?

도문대작

《홍길동전》의 저자 허균許筠은 미식가였다. 그의 문집인《성소부부고惺所覆瓿藁》에는《도문대작屠門大嚼》이 있다. 도문屠門은 푸줏간을 뜻하고, 대작大嚼은 크게 입맛을 다시는 것을 뜻한다. 고깃집 앞을 지나면서 입맛만 다신다는 뜻이다. 후한後漢 사람 환담桓譚이 지은《신론新論》에 나오는데, 장안長安, 서안에서는 서쪽으로 향하면서 웃는 것이 즐겁다고 들었다는 것이다. 고기 맛을 아는 사람들이 푸줏간屠門을 대하면 크게 입맛을 다시기大嚼 때문이라는데 아마 푸줏간이 서쪽에 있었던 것 같다. 조조曹操의 아들인 조식曹植도 "푸줏간 앞을 지나며 크게 입맛을 다지는 것은 비록 고기를 얻지는 못해도 귀인이 된 것 같은 쾌감을 느끼기 때문이다"라고 말했다.

허균은 "자신의 집은 가난했지만 선대부先大夫, 허엽께서 살아계실 때는 사방에서 별미를 예물로 바치는 사람이 많아서 진귀한 음식을 많이 맛볼 수 있었다"라고 말했다. 허균은《도문대작》에서 "식욕과 성욕은 모두 본성이고, 음식은 생명에 관계된다"라고 서술했다. 공자孔子는 《논어論語》〈이인里仁〉 편에서 "선비로써 도에 뜻을 두고도 낡은 옷과 거친 밥을 부끄럽게 여기는 자는 더불어 도를 논의할 수 없다士志於道而恥惡衣惡食者, 未足與議也"라고 가르쳤지만 허균은 "선현께서 음식을 위하는 자를 천하게 여겼지만 그것은 이익을 탐하고 주창하는 것을 지적한 것이지 어찌 음식을 폐하고 말하지도 말라는 것이겠는가?"라고 해석했다. 그래서 그런지 유가儒家에서는 한 대그릇의 밥과 한 표주박의 물을 마시면서-簞食, 一瓢飮 도를 즐기는 안빈낙도安貧樂道를 최고 경지로 쳤지만 유학이 관학官學이 된 이후에도 음식에 관한 책이 쏟아져 나왔다.

《신당서新唐書》에는 조무趙武의 《사시식법四時食法》,《태관식법太官食法》 같은 책을 제외하고도 수많은 《식경食經》을 싣고 있다. 제갈영諸葛穎의 《회남왕식경淮南王食經》, 포박자抱樸子의 《태청신선복식경太淸神仙服食經》,《사시어식경四時禦食經》,《신선복식경神仙服食經》,《신선약식경神仙藥食經》을 비롯해 노인종盧仁宗, 최호崔浩, 축훤竺暄이 각각 저술한 《식경食經》이 등재돼 있다.

요즘 각종 방송이나 신문 잡지에 음식을 주제로 한 내용이 넘쳐난다. 너무 식도락만 강조한다는 비판도 있지만 조식의 말마따나 비록 도문대작일지라도 입맛을 다시는 자체가 건강에도 좋다.

고통이 없으면 영광도 없다

베들레헴의 말구유에서 태어난 예수는 평생 무소유의 삶을 살았다. "여우도 굴이 있고 공중의 새도 거처가 있으되 인자는 머리 둘 곳이 없다"(《마태복음》 8장 20절)라는 말처럼 평생 집 한 칸 없었다. 예수는 잔치를 베풀게 되면 "벗이나 형제나 친척이나 부한 이웃을 청하지 말라"라면서 "가난한 자들과 몸 불편한 자들과 저는 자들과 맹인들을 청하라"(《누가복음》 14장 12~13절)라고 말했다. 예수는 제자들에게도 재산 소유를 금했다. "병든 자를 고치며 죽은 자를 살리며 나병환자를 깨끗하게 하며 귀신을 쫓아내되 너희가 거저 받았으니 거저 주라"(《마태복음》 10장 8절)라는 것이다. 심지어 "너희 전대에 금이나 은이나 동을 가지지 말고 여행을 위하여 배낭이나 두 벌 옷이나 신이나 지팡이를 가지지 말라"(《마태복음》 10장 9절~10절)라고 일렀다.

어려서부터 모든 계율을 지켰던 한 부자가 예수를 따르기를 원하자 예수는 "가서 네게 있는 것을 다 팔아 가난한 자들에게 주라.(……) 그리고 와서 나를 따르라"(《마태복음》 10장 21절)라고 말했다.

그 부자는 슬퍼하면서 예수 곁을 떠났다. 그러자 "재물이 있는 자는 하나님의 나라에 들어가기가 심히 어렵도다"(《마태복음》 10장 23절)라고 말했다. 제자들이 놀라자 예수는 거듭 "낙타가 바늘귀로 나가는 것이 부자가 하나님의 나라에 들어가는 것보다 쉬우니라"(《마태복음》 10장 25절)라고 못 박았다.

예수는 가족애도 초월해야 한다고 가르쳤다. "아버지나 어머니를 나보다 더 사랑하는 자는 내게 합당하지 아니하고 아들이나 딸을 나보다 더 사랑하는 자도 내게 합당하지 아니하며"(《마태복음》 10장 37절)라는 것이다. 예수를 보고 "십자가에 못 박으소서"(《요한복음》 19장 6절)라고 거듭 외친 자들은 예수가 비판했던 교회 지도자였다. 그러나 "자기 십자가를 지고 나를 따르지 않는 자도 내게 합당하지 아니하리라"(《마태복음》 10장 38절)라는 말처럼 예수는 자신의 앞길이 십자가의 길임을 알고 있었다.

그간 한국 교회에서는 목사들끼리 고소, 고발전을 벌인 소망교회 사태, 총회장이 세속 법원에 의해 직무 정지된 한국기독교총연합회 사태, 불륜을 돈으로 메운 순복음교회 원로목사 사태, 돈에 얽힌 온갖 추문으로 얼룩진 사랑의교회 사태 등 예수의 가르침과는 너무도 동떨어진 사건이 계속되어왔다. 가시 면류관을 쓴 십자가의 예수는 안 보이고 황금 면류관을 쓴 부활의 예수만 보이나 보다. 십자가의 고통이 없으면 부활의 영광도 없다는 것이 예수의 가르침이다.

지붕이 새면 우산으로 막는다

물자가 풍부했던 중국 양자강 남쪽 광주廣州의 석문石門에 탐천貪泉이라는 샘이 있었다. 한 모금 마시기만 하면 한이 없는 욕심無厭之欲이 생긴다는 샘물이었다. 진晉나라 때 광주 자사刺史로 부임하던 오은지吳隱之는 이 샘물을 마시고 "옛사람은 이 물 한 모금 마시면 천금만 생각한다지만 백이숙제叔齊伯夷에게 시험해보면 끝내 그 마음 바꾸지 않을걸세古人云 此水 一歃懷千金 試使夷齊飲 終當不易心"라는 부시賦詩를 남겼다. 《진서晉書》〈양리良吏 열전〉 오은지 조에 나오는 일화다. 오은지처럼 돈을 초월한 관료를 청백리淸白吏라고 한다. 이吏는 아전 같은 하급 관료를 뜻하기 때문에 대한제국기에 편찬된 《청선고淸選考》는 '청백淸白'이라고만 표현하고 있다.

　　세종 때 우의정을 지낸 유관柳寬이 대표적인 청백리다. 장맛비에 천장이 새자 방 안에서 우산을 펴고는 부인에게 "우산이 없는 집은 어떻게 견디겠소"라고 말하자 부인이 "우산 없는 집은 반드시 다른 대비가 있을 것입니다"라고 쏘아붙였다는 이야기가 《동국여지승람東國輿地勝覽》〈한성부漢城府〉 조를 비롯해 여러 문헌에 전한다. 성호星湖 이익李瀷은 〈서애 청백西厓淸白〉에서 선조 때의 청백리였던 서애西厓 유성룡柳成龍의 사례를 들고 있다. 유성룡이 처음 벼슬할 때 동고東皐 이준경李浚慶을 찾아가니 "벼슬하는 사람은 근기近畿, 서울 근교에 장사庄舍, 농장가 있어야 편리하다"라고 충고해서 속으로 불만스럽게 생각했다. 훗날 갑작스럽게 조정에서 쫓겨나 사찰에 우거하면서 군박窘迫, 몹시 구차함해지자 이준경의 말이 이치가 있다고 느꼈다는 이야기다.

이익은 〈서애 청백〉에서 유성룡이 세상을 떠났을 때 자식들은 "추위와 굶주림에 살아갈 수가 없었다"라고 말한다. 대를 이은 청백리를 청백전가淸白傳家라고 하는데 조정에서는 청백리의 자손을 찾아서 서용敍用하라는 명을 자주 내렸다. 그러나 이익이 〈청렴과 탐욕廉貪〉이라는 글에서 "조정에서 매번 청백리의 자손을 녹용錄用하라는 명을 내리지만 뇌물을 쓰는 자가 차지하고 나머지는 모두 초야에서 굶주려 죽고 만다"라고 비판했듯이 좋은 자리는 대부분 탐욕스러운 자들의 차지였다.

박태준 포스코 명예회장은 많은 젊은이가 선망하는 포스코를 일구고도 주식 한 주 갖지 않은 현대판 청백리였다. 다만 대일 청구권 자금으로 설립된 포스코가 종군 위안부 할머니의 삶까지 보살폈다면 금상첨화였으리라는 아쉬움이 든다. 여러 것을 살피는 역사의식이 사회 지도층에게는 꼭 필요한 이유이기도 하다.

검무

한자漢字 중에 가장 어려운 초서草書의 두 대가가 후한後漢의 장지張芝
와 당唐의 장욱張旭이다. 장지는 연못을 검게 만들 정도로 연습한
다는 '임지학서臨池學書'라는 사자성어를 만든 인물이다. 장지를 존
경했던 진晋의 왕희지王羲之도 묵지墨池의 사례가 전하니 천재란 부
단한 연습의 결과임을 알 수 있다. 장욱은 술에 취하면 모발毛髮
로 글씨를 써서 '미치광이 장욱'으로 불렸는데, 그는 교방敎坊 기
생 공손대랑公孫大娘의 검무劍舞를 보고 크게 깨달아 초서를 신묘한
경지로 끌어올렸다. 칼이라는 상반된 분야가 붓에 영향을 끼쳤으
니 극極에 달하면 모두 도道로 통함을 알 수 있다.

《신증동국여지승람新增東國輿地勝覽》〈경주부慶州府〉조에는 신라
의 황창랑黃倡郎 이야기가 전한다. 7세의 황창랑이 백제에 들어가
칼춤을 추자 구경꾼이 담을 이루었다. 백제 왕이 불러서 추도록
하자 검무 도중 왕을 찔러 죽이고 자신도 죽임을 당했다. 신라인
들이 그의 모습을 본뜬 가면을 쓰고 칼춤을 췄는데 이 책을 편찬
하던 중종 25년(서기 1530년)까지 전해진다고 썼다. 정조 때 규장

각 검서관 이덕무李德懋, 박제가朴齊家와 장용영壯勇營의 백동수白東脩 등이 편찬한《무예도보통지武藝圖譜通志》에도 실려 있는 이야기로서 이 춤이 정조 때까지도 전한다고 썼다.

조선 후기 문신 성대중成大中의《청성잡기靑城雜記》에는 설암雪菴 이라는 호의 파녀坡女 이야기가 전한다. 파주坡州 선비 백상구白尙九 의 첩이어서 파녀인데, 끝내 백상구에게도 자신의 성을 밝히지 않았다. 성대중은 집안의 환란을 피해서 도망한 여인으로 추측했 는데 "글씨, 그림, 바둑, 활, 가무를 모두 잘했고 특히 검무를 잘 추어서 홀로 칼춤을 출 때면 검기劍氣가 사방으로 뻗쳐 방약무인 傍若無人했다"라고 전한다. 파녀의 시 중에 백상구와 뜻이 맞지 않 아 잠시 이별하고 쓴 "문 나설 때 말없이 작별했는데 여울가에 이 르니 말이 홀로 우네出門無語別 臨湍獨馬啼"라는 절창이 있다.

검무는 평양과 진주가 유명했는데 진주 검무 예능 보유자 성 계옥成季玉 선생의 별세 소식에 떠오른 일화다.

세상은 배우의 등장을 기다려주지 않는다

김구 주석은 중국 서안西安에서 섬서성 주석 축소주祝紹周와 저녁 식사 후 담화하던 도중 일본의 항복 소식을 들었다. 김구는 《백범일지》에서 "내게 희소식이라기보다는 하늘이 무너지고 땅이 꺼지는 일이었다"라고 한탄했다.

님 웨일스Nym Wales의 《아리랑》(동녘, 1993년)의 주인공 김산(장지락)이 "금강산에서 온 붉은 승려"라고 표현했던 김성숙金星淑, 김충창은 민족주의 좌파 협동 전선인 조선민족전선연맹朝鮮民族戰線聯盟을 결성하고 임정 국무위원에 취임했다. 그도 항복 소식을 듣고 "전 민족이 함께 걸어 나가야 할 앞길은 먹구름 같은 외세에 가로막혀 캄캄하게 됐으니 이 얼마나 슬픈 일이냐"라고 회고했다(〈오호! 임정 30년 만에 해산하다〉, 《월간중앙》, 1968년 8월). 중국 곤명에서 OSS 훈련을 받았던 독립운동가 정운수鄭雲樹가 "그때 국내로 침투하기로 돼 있던 제2 지대 광복군들이 모두 울음을 터뜨렸습니다"(《한국독립운동증언자료집》, 한국학중앙연구원, 1986년)라고 말한 것처럼 국내 진공 작전의 대가로 참전국의 지위를 획득하려던 계획이 무산됐기 때문이다. 중국 중앙육군군관학교 출신의 광복군 제3 지대 1구 대장 박영준朴英俊은 일본 패망 직후 김구 주석이 중국의 장개석 주석에게 중국 내 일본군의 한적韓籍 사병 10만 명을 넘겨주면 열 개 사단으로 편성해 귀국하겠다고 요청했다고 전한다. 장개석도 동의했지만 미 군정에서 개인 자격의 귀국을 종용하는 바람에 무산됐다는 것이다(《한국독립운동증언자료집》).

1945년 2월 미국, 영국, 소련 3국 수뇌의 얄타 회담에서 스탈린은 일본군과 싸우는 대가로 과거 제정 러시아의 만주 이권 반환 등을 요구했다. 겉은 사회주의 체제였지만 속은 슬라브 민족주의의 재연이었다. 소련의 참전 조건에 대한 합의가 이뤄지지 않은 상태에서 1945년 8월 6일과 9일, 미국이 히로시마廣島와 나가사키長崎에 원폭을 투하하자 소련은 부랴부랴 8월 9일 선전포고하면서 태평양 전쟁에 참전했다. 만주의 관동군이 소련군에 궤멸되면서 일제는 예상보다 일찍 항복했고 국내 진공 작전을 준비하던 임정은 통곡해야 했다. 임정이 중요한 조연으로 등장하려는 찰나 태평양 전쟁의 막이 내려진 셈이었다.

분단 체제, 한국 전쟁 등은 우리가 참전국의 지위를 갖지 못한 데서 비롯된 것이다. 지금도 국제 정세는 배우의 등장을 기다려주지 않는다. 외세가 민족의 운명을 좌우했던 20세기와 다른 21세기의 대한민국을 만드는 것이 우리의 임무일 것이다.

돈 나는 모퉁이가 죽는 모퉁이

1911년 《시사신보時事新報》는 50만 원 이상의 거부巨富가 32명이라고 보도했다. 당시 쌀 한 섬이 3원이니 지금 가치로 600~700억쯤 될 것이다. 그 32명은 고종의 형인 이재면李載冕, 이희과 고종의 아들 의왕義王 이강李堈, 철종의 사위 박영효朴泳孝, 대원군의 조카 이재완李載完, 민비의 친척 조카 민영휘閔泳徽 등의 왕족과 이완용李完用, 송병준宋秉畯, 민영달閔泳達 등의 정계 인사다. 이강과 일제의 합방 공로작 수여를 거부한 민영달을 빼면 대부분 친일파로서 친일이 재산 보존과 축재의 수단이었음을 알 수 있다. 그 외에는 육의전 출신의 종로 거상이자 비디오 아티스트 백남준의 조부였던 백윤수白潤洙, 마포 거상 김진섭金鎭燮, 개성 거상 김여황金麗煌, 평안도 진남포 거상 강유승姜裕承 같은 전통 상인이다.

그런데 1930년대 들면 전혀 다른 상황이 발생한다. 일본이 본토의 과잉 자본 투자 겸 군수품 생산의 일환으로 조선 공업화 정책을 실시하면서 미쓰이三井, 미쓰비시三菱, 노구치野口 등의 대기업이 조선에 들어온다. 많은 민족 자본은 이들에 밀려 몰락하지만 시류에 빠른 소수는 주식 부자가 된다. 교양 잡지 《삼천리》 1935년 9월 자는 '주식계의 행운아 유영섭劉泳燮'에 대해서 보도하고 있다. 10여 년 전 함흥咸興 경찰에서 퇴직하고 서울로 와 생활난에 시달리다가 인천의 주식 중매점仲買店 사환 겸 사무원이 되면서 5~6년 사이에 50만 원의 거부가 된 인물이다. 그 후 유영섭은 주식에서 손을 뗐는데, 《삼천리》 1936년 12월 호는 그가 근화여학교槿花女學校 건축 기금 500원을 희사했다고 보도하고 있다.

소상인이었던 구창조具昌祖도 몇 년 사이에 100만 원대의 주식 부자가 됐는데, 계속 주식에 투자하면서 "수천, 수만 명을 부럽게 한다"라고 쓰고 있다.

그간 주식으로 일확천금을 쥐었다가 곧 빈털터리가 된 사람이 적지 않은데, 일제 강점기 때 주식 부자였던 반복동도 그런 경우다. 그는 순식간에 100만 원을 벌어 서울 조선호텔에서 인천 제일의 미녀와 결혼했으나 곧 재산을 다 날려버렸다. 당시 《삼천리》는 "지금은 소식조차 아는 이가 없다"라고 보도했다. "돈 나는 모퉁이가 죽는 모퉁이"라는 우리 선조의 속담은 그래서 가치가 있다.

사자성어

청와대는 2009년 한 해를 상징하는 사자성어로 위기에 처한 국가를 바로 세운다는 '부위정경扶危定傾'을 선정했다. 2008년에도 사자성어가 유행했다. 구직자 사이에서는 가장 어려운 일이라는 뜻의 '난중지난難中之難', 직장인 간에도 괴로움을 참고 견딘다는 '은인자중隱忍自重', 정치권에서는 대통령의 형들을 비꼰 '만사형통萬事兄通'이 유행했다. 《교수신문》은 병을 감추고 의사를 멀리하는 '호질기의護疾忌醫'를 꼽아 중병이 들었음에도 고치려 하지 않는 우리 사회를 풍자했다.

　　중국에서는 보통 성어成語라고 말하는데 대략 네 가지 유형으로 나뉜다. 먼저 신화神話와 우언寓言 등에서 생긴 성어다. 혼돈 속에서 인류의 조상 반고盤古가 탄생했다는 뜻의 '개천벽지開天闢地'나 기杞나라 사람이 하늘이 무너질 것을 염려했다는 '기인우천杞人憂天' 등이다. 그다음 역사 사건에서 나온 성어로는 '삼고초려三顧草廬'나 '와신상담臥薪嘗膽' 등이 대표적이다.

　　각종 경전에서 실린 성어로《논어論語》〈공야장公冶長〉에 나오는 공자가 아랫사람에게 묻기를 부끄러워하지 않았다는 '불치하문不恥下問'이나 《손자孫子》〈모공謀攻〉편에 나오는 나를 알고 적을 알면 모든 싸움에서 위태롭지 않다는 '지기지피知己知彼 백전불태百戰不殆' 등이다. 개천벽지는 천지개벽, 지기지피는 지피지기知彼知己로 변형돼 사용되기도 한다.

　마지막으로 민간 속어로 우리말의 속담 같은 것이다. 아무런 희망이 보이지 않을 때를 일컫는 '암무천일暗無天日' 같은 것으로서 청淸의 포송령蒲松齡이 지은 《요재지이聊齋志異》에 나온다.

　우리 고유의 성어도 적지 않다. 《고려사高麗史》〈정세운鄭世雲열전〉에는 정세운이 홍건적에게 빼앗긴 수도를 되찾을 것을 자신의 임무로 삼았다는 '회복위임恢復爲任'이라는 말이 있고, 유희춘柳希春의 《속몽구續蒙求》에는 포은圃隱 정몽주鄭夢周가 경세제민을 자신의 임무로 삼았다는 '경제자임經濟自任'이라는 성어가 나온다. 이때 필자는 경제자임해 당선된 대통령이니 부위정경에 성공해 암무천일한 세상에 희망을 주기를 바란다고 논평했지만 지금 되돌아보니 이런 당부 자체가 허망했다는 생각이 절로 든다. 내용은 전혀 없이 겉멋만 들었던 것뿐이란 생각이다.

쨍하고 해 뜰 날 온다

음력설의 음식 중에 오신반五辛飯이라는 것이 있었다. 중국 고대 진晉나라 주처周處, 236~297의 《풍토기風土記》 주석에는 "오신五辛은 오장五臟의 기를 발하게 하는데, 대산大蒜, 마늘, 소산小蒜, 달래, 구채韭 菜, 부추, 운태雲苔, 겨자, 호유胡荽, 고수풀"라고 적고 있다. 명明나라 때 의사였던 이시진李時珍의 《본초강목本草綱目》에는 오신채를 총葱, 파, 산蒜, 마늘, 구韭, 부추, 육호蓼蒿, 여뀌, 개신눈芥辛嫩, 겨자이라고 약간 달리 적으면서 "영신迎新의 뜻을 취한 것이다"라고 부기했으니 신년 축하 음식이라는 뜻이다.

오신반이 조선에는 얼마나 유행했는지 알 수 없지만 다산茶山 정약용丁若鏞이 유배 9년째인 순조 10년(서기 1810년) 〈새해 첫날의 감회를 적다元日書懷〉라는 시에서 "아침상에 부추 같은 나물도 오르지 않았네朝盤未薄三三韭"라고 읊은 것은 조선도 오신반을 먹는 풍습이 있었음을 말해준다.

설날 마시는 술이 도소주屠蘇酒인데 귀기鬼氣를 잡아屠 끊고, 사람의 혼魂을 소성蘇醒시킨다는 뜻에서 붙여진 이름이다. 《본초강목》에는 고대 한漢나라 명의 화타華陀의 비방秘方이라고 적고 있다. 고려와 조선에서는 도소주를 초백椒柏, 백주柏酒, 백엽주柏葉酒라고도 불렀는데, 산초山椒와 여러 약재로 만들었고 설날에 가족들이 돌려 먹었다.

중국과 일본 문적에서는 유례를 찾지 못한 고려의 새해 풍습이 게으름을 파는 것이다. 고려 말의 문신 원송수元松壽의 〈새해 첫날 게으름을 팔다正旦賣慵懶〉라는 시가 이를 말해준다. "게으름을 돈으로 거래하는 유래가 없는데도 서로 부르며 게으름을 팔려고 앞을 다투네. 사람들이 기꺼이 천금을 던지는 것이 금년도 작년과 비슷하구나 慵懶由來不直錢 相呼相賣護爭先 世人肯把千金擲 今歲依然似去年." 새해에는 열심히 일하겠다고 다짐하는 좋은 풍습이다. 조선 초 문신 권근權近의 연두시에 "계인(새벽을 알리는 관리)이 첫새벽을 알리자 상서로운 태양이 구름 위로 솟아오른다 鷄人初報曉 瑞日上雲端"라는 구절이 있다. 열심히 일하다 보면 '쟁하고 해 뜰 날瑞日'도 오리라.

3·1 운동 1주년

1919년 9월 2일 신임 총독 사이토 마코토齋藤實가 부임하러 남대
문역(현 서울역)에 도착하자 만 64세의 청년 노인 강우규姜宇奎가
폭탄을 던졌다. 사이토와 함께 부임했던 아카이케 아츠시赤池濃 총
독부 경무국장은 "경찰의 신용은 떨어져 있었고, 인원도 부족했
고, 사기도 땅에 떨어져 있었다"라고 전하고 있다. 이날 사방이
어두워졌는데도 총독부에 전등을 켜지 않아 "알고 보니 점등을
금하고 있다는 것이었다. (……) 이 사건으로 우리의 사기는 뚝
떨어졌다"라고 전하고 있다. 아카이케는 "감옥 내에서 만세를 부
르는 자도 있었고, 이전까지 친밀했던 사람조차 일본인과는 소식
이나 왕래가 끊어졌다"라면서 "민족 자결, 조선 독립, 조선 자치라
는 말이 왕왕 제창됐다"라고 전하고 있다.

이런 분위기는 강우규 의사의 폭탄 의거에서 시작됐지만 근
본 원인은 그해의 3·1 운동이었다. 일제는 식민 통치에 대한 자신
을 잃고 있었다. 친일 경찰 김태석金泰錫이 강우규 의사를 체포해
무너지던 일본 경찰을 살렸지만 1920년 3·1 운동 1주년이 다가

오자 일제는 극도로 긴장했다. 이날 다시 시위가 발생하면 독립 기념일이라는 선례가 될 것이기 때문이다. 치안 사건을 담당했던 지바료千葉7는 《조선통치비사朝鮮統治秘史》에서 1920년 3월 1일 1,000여 명의 경찰관을 경복궁 문 앞으로 집합시켜 조련한 후 종로 거리를 행군시키고 경비대와 소방대도 불렀다고 전한다. 공포 분위기를 조성한 것이다. 그래서 3·1 운동 1주년은 조용히 넘어 갔으나 다음 날 배재 고등보통학교 학생들이 교내 만세 시위를 전개했다. 놀란 일제는 서대문 경찰서의 경찰관 100여 명 전원을 출동시켜 학교를 포위하고 교장 아펜젤러에게 주동 학생 인도를 요구했다. 교장이 거부하자 200여 명의 학생을 밤 12시까지 전 원 조사해 학생 10여 명을 교장과 학부모 면전에서 연행했다.

　지바료는 "조선의 치안을 유지하기 위해서는 첫째로 외국보 다도 일본 통치의 힘이 더 강하다는 것을 조선인에게 자각시킬 필요가 있었기 때문에 이 사건은 더욱이 특기할 가치가 있다"라 고 말하고 있다. 조선총독부 정무총감政務總監 미즈노 렌타로水野鍊 太郎는 이 사건의 책임을 물어 아펜젤러를 해임했다. 감리교 웰치 감독의 항의를 받은 사이토 총독이 학무국장에게 해임 취소를 명 령했으나 불복했다. 총독부 내에서 총독의 지시를 거부한 유일한 사안이었을 것이다. 학생 200여 명의 교내 시위에 화들짝 놀라 100여 명의 경찰을 동원한 일제의 식민 통치는 3·1 운동 때 이미 무너져 내렸음을 말해준 대사건이었다.

비제도권 명의들

동양 최고의 명의는 신의神醫로 불렸던 후한後漢의 화타華陀다. 《화타 신의 비전華陀神醫秘傳》은 그가 마취약 마비산麻沸散으로 전신 마취 후 수술을 했다고 전한다. 화타가 사사한 인물이 후한 영제靈帝 때의 장기張機로서 〈상한론傷寒論〉을 저술했는데, 화타가 "참으로 사람 살리는 글"이라고 평한 후 화타 다음의 아성亞聖으로 추대됐고, 춘추 시대의 편작扁鵲도 유명하다.

　　조선에도 많은 명의가 있었다. 《동의보감東醫寶鑑》의 허준許浚이나 환자의 체질에 따라 처방을 달리하는 사상四象의학의 창시자 동무東武 이제마李濟馬가 유명하다. 홍양호洪良浩의 《이계집耳溪集》에는 정조 때의 명의 〈피재길 소전皮載吉小傳〉이 전해진다. 전통적 의원醫員 명가였던 홍천洪川 피씨였지만 어릴 때 부친이 사망해 체계적 의술을 배우지는 못했는데 어머니가 어깨너머로 들은 처방을 응용해 만든 고약으로 큰 명성을 얻었다. 정조 17년(서기 1793년)에는 임금 머리에 종기가 나자 입궐하는데, 정조 앞에서 벌벌 떨자 좌우의 어의御醫들이 비웃었으나 그는 '웅담과 여러 약재를 배합해 만든 고약으로 정조를 완치시켰다. 《정조실록正祖實錄》17년 (서기 1793년) 7월 16일 조는 "지방 의원인 피재길이 단방單方의 고약을 올렸는데 즉시 신기한 효력을 내어 상의 병환이 완쾌됐다. 재길을 약원藥院의 침의鍼醫에 임명했다"라고 사실임을 증명한다. 《청구야담靑邱野談》은 영남 우도의 상천常賤, 천인 김응립金應立도 낫 놓고 기역 자도 몰랐으나目不識丁 신의神醫로 소문났다고 전한다.

무면허 의료 행위로 기소된 장병두1906~ 옹翁의 재판에 그의 치료로 불치병이 완치됐다는 환자들이 대거 선처를 호소해 화제가 된 적이 있다. 동양 의학은 피재길이나 김응립처럼 비제도권 출신이 더 큰 효력을 발휘한 사례가 적지 않다. 생명을 다루는 의학이니 엄격한 규제가 필요하겠지만 이런 비방秘方을 제도권 안으로 흡수할 수 있는 보완책을 마련하는 것이 환자는 물론 제도권 의료계에도 궁극적 이익이 될 것이다.

창기

고대 중국 한漢나라 허신許愼이 편찬한 《설문해자說問解字》에는 창녀를 뜻하는 창娼 자가 없다. 중국 양梁나라(502~557년) 때 고야왕顧野王이 편찬한 《옥편玉篇》에 비로소 창娼 자가 실리는데, 음탕할 탕婸과 같은 뜻이라고 적고 있다. 그럼 한漢나라 때는 창기娼妓가 없었을까? 《설문해자》에는 대신 창倡 자가 실려 있다. 창倡 자는 '여자 광대'라는 뜻인데, 《설문해자》는 악사樂師를 의미한다고 말한다. 그러면서 "한나라 궁중의 황문黃門, 내시에는 명창名倡이 있었는데, 이것이 창倡"이라고도 설명한다. 또한 《설문해자》는 배부르다는 뜻의 우優 자의 다른 말도 창倡이라며, 이것이 배우俳優가 됐다고 적고 있다. 옛날의 창기는 전문 음악인이나 배우였음을 알수 있다.

《동국여지승람東國輿地勝覽》〈경주부慶州府〉조에는 김유신金庾信이 어머니의 꾸중을 듣고 창녀 천관天官과 발을 끊었는데, 취중에 말이 습관대로 천관의 집으로 가자 말의 목을 베었다는 이야기가 전하니, 최소한 신라 때도 창기가 있었음을 알 수 있다. 경주 오릉五陵 동쪽의 그녀 집에 천관사天官寺를 지었다는 이야기는 그녀가 단순한 창기가 아니라 종교적 기능을 담당하는 전문인임을 유추하게 해준다.

유득공의 《경도잡지京都雜志》는 의료 기관이었던 혜민서惠民署의 의녀醫女나 의복과 재물을 맡아보던 상의원尚衣院의 침선비針線婢가 모두 관기官妓로서 연회 때에 가무를 한다고 적고 있다. 유교가 조선의 국교로 자리를 잡아가던 세종 때 조정에서 주읍州邑의 창기를 없애는 방안을 논의한 적이 있었다. 조선 초 성현成俔, 1439~1504년의 《용재총화慵齋叢話》에 따르면 대신 허조許稠, 1369~1439년는 "평생 음양陰陽의 일을 모른다"라는 평을 받을 정도로 여색에 초월한 사람이어서 폐지를 역설할 줄 알았더니 "남녀 관계는 사람의 본능으로 금할 수 없는 것"이라며 만약 창기를 없애면 "선비들이 사가私家의 여자를 빼앗게 될 것"이라고 폐지 불가를 역설해 없애지 않았다고 한다.

경찰이 집창촌과 전쟁에 나서 매춘이 원룸이나 가정집 등으로 스며들고 있다는 보도가 나온다. 이상과 현실의 조화가 중요함을 말해주는 사례다.

혼란스러운 세상을 피해 은거하다

고향이나 향리로 돌아가 농사짓는 것을 귀농歸農이라고 한다. 퇴촌
退村, 또는 둔촌遁村도 같은 뜻인데, 퇴촌이나 둔촌에는 혼란스러운
세상을 피해 은거한다는 뜻이 담겨 있다. 경기도 광주시에 퇴촌면
이 있다. 조선 후기 문신 성해응은 〈신라, 고려 유민전羅麗遺民傳〉이
라는 글에서 고려 말 왕王씨와 백白씨 성을 쓰는 두 상서尚書가 혼란
을 피해 이주하면서 생긴 지명이라고 전했다. 둔촌도 고려 말기 인
물 이집李集의 호다. 이집은 공민왕 때 신돈辛旽을 공격하다가 되레
화를 입자 경상도 영천永川으로 피했다가 신돈이 주살되자 돌아갔
다. 그가 피신했던 영천에 둔촌동이란 마을이 생겼다고 전해진다.

　　다산 정약용의 자字, 즉 아명兒名이 귀농이다. 정약용은 사도
세자가 뒤주에 갇혀 불귀의 객이 된 지 24일 만인 영조 38년(서기
1762년) 6월 16일 경기도 광주시 마재에서 태어났다. 부친 정재원
은 사도세자를 지지하는 시파 쪽에 섰다가 세자가 살해되자 귀향
해 정약용의 자를 귀농歸農이라고 지었다. 조정을 떠나 농촌에 묻혀
살겠다는 뜻과 정약용이 당쟁에 연루되지 않는 삶을 살기를 바라

는 의미가 있었을 것이다. 귀농, 퇴촌, 둔촌 등은 모두 혼란스러운 정치 세계를 피한다는 의미가 있었다.

그러나 이는 지배층의 경우이고 피지배층에게 귀농은 농사를 북돋운다는 의미였다. 《삼국사기》에서 귀농은 주로 놀고먹는 백성을 농촌으로 보내 일을 시킨다는 의미로 사용됐다. 《삼국사기》는 신라의 소지마립간炤知麻立干이 재위 11년(서기 489년) 봄 정월에 "놀고 먹는 백성들을 몰아서 귀농시켰다"라고 전하고 백제 무령왕武寧王도 재위 10년(서기 510년) 봄 정월 제방을 튼튼하게 고치고 안팎에서 일하지 않고 놀고먹는 유식자遊食者를 몰아서 귀농시켰다고 전한다.

《고려사》나 《조선왕조실록》 등에는 귀농이 주로 군역이나 부역 등에 끌려나온 백성을 고향으로 돌려보내 농사짓게 한다는 의미로 사용됐다. 그러다가 대일 항쟁기 때는 민족 해방 운동의 일환이라는 의미로 사용됐다. 일제가 설립한 동양척식주식회사 등이 영세 농민의 농지를 대거 획득하면서 몰락한 농민은 만주로 이주할 수밖에 없었다. 그러자 도회지의 학생을 중심으로 농촌으로 들어가 농민 운동을 전개한 것이 귀농 운동이었다.

근래 들어 귀농을 준비하는 사람이 크게 늘었다. 현재의 귀농은 인간을 수단으로 보는 극도의 물질문명에 대한 대안으로 생태적 삶을 추구한다는 점에서 과거의 귀농과는 다르다. 생태적 생활이 웬만한 도시인도 선뜻 선택할 수 있는 새로운 삶의 형태로 자리 잡을지 궁금하다.

종묘 역사 자료관

태묘太廟, 청묘淸廟, 비궁閟宮이라고도 불렸던 종묘宗廟는 역대 국왕과 왕비의 신주神主를 모신 왕조의 신성한 장소였다. 조선은 개국 직후 고려 국왕의 제사를 모시던 개경의 효사관孝思觀에 태조의 고조부 목조穆祖부터 부친 환조桓祖까지 추존追尊한 네 조상四祖의 신주를 모셨다가 태조 4년(서기 1395년) 서울의 종묘로 옮겼다. 종묘 제사는 아무 짐승이나 천신薦新할 수 없었다. 왼쪽 표膘, 어깨 뒤 넓적다리 앞 살에서 오른쪽 우膈, 어깻죽지 앞 살로 관통한 상살上殺만 올릴 수 있었다. 그보다 등급이 낮은 것이 오른쪽 귀 부근을 관통한 중살中殺로 빈객賓客 접대에 사용했으며, 왼쪽 비髀, 넓적다리뼈에서 오른쪽 연膈, 어깨뼈을 관통한 하살下殺은 주방에서 사용했다.

종묘는 왕조의 상징이었기에 국난國難을 예견하기도 했다. 임진왜란 2년 전인 선조 23년(서기 1590년) 종묘에 화재를 초동 진화한 후 조사해보니 종묘 수복守僕, 종묘를 지키는 종 이산李山 등이 금은을 빼돌리고 불을 질러 은폐하려 한 것이었다. 주범 이산과 그 주인 황치단黃致段을 비롯해 수십 명이 사형당했고, 선조도 소복素服 차림으로 곡림哭臨해 선왕의 혼령에 사과해야 했다.《선조수정실록宣祖修正實錄》은 "도적들이 종묘 안에서 유숙했기 때문에 배설물이 낭자했다"라고 적고 있고, 사관史官은 이때 "식자들은 장차 환란이 일어날 조짐임을 알았다고 한다"라고 전한다. 서애西厓 유성룡柳成龍은 〈전란 후의 일을 적다記亂後事〉에서 조선 백성들이 대궐에 불을 질렀기에 일본군 사령관 평수가平秀家가 종묘에 머물렀는데, 왜군들이 갑자기 죽는 일이 발생하자 "종묘는 신령이 있기 때문에 오래 머물 곳이 못 된다"라며 송현동松峴洞에 있던 남별궁南別宮으로 옮겼다고 기록하고 있다.

종묘 망묘루望廟樓는 정조가 재위 14년(서기 1790년) 12월 12일 제사를 준비하며 밤을 새웠던 곳이기도 한데, 이곳에 역사 자료관을 설치해 일반에게 개방한다는 소식을 들었다. 시민에게 다가가려는 자세는 좋지만 선왕들의 자취가 훼손될까 우려된다.

조선의 CSI, 오작

조선에서 살인 사건이 발생하면 법의학서인《신주무원록新註無寃錄》
과《증수무원록增修無寃錄》의 명시 규정대로 엄격히 검시檢屍해야 했
다. 살인 사건이 접수되면 지방 수령은 관아의 오작仵作을 거느리
고 사건 현장에 출동하는데, 시신 검사관인 오작이 바로 조선의
과학 수사대 CSI였다. 수령은 현장에서 사건 관련자들을 모두 소
환한 후 공개리에 시신屍身을 검안檢案했다. 정수리부터 발끝까지
전후좌우로 세밀히 검사해 검안 기록서인 시장屍帳에 기입했다.

대한제국 광무光武 1년(서기 1897년) 강원도 회양군淮陽郡 장양
면長陽面에서 문소사文김史라는 여인의 치사致死 사건이 발생했다.
금성金城 군수 한병회韓秉會는 남편 서광은徐光殷과 시아버지, 시어
머니, 어린 아들과 마을 책임자인 집강執綱, 가까운 이웃 사람들
까지 입회시킨 후 검시했다. 첫 번째 검시인 초검初檢은 해당 지역
의 수령이 수행하고, 두 번째 검시인 복검覆檢은 이웃 군현의 수령
이 수행하는 것이 보통이었다. 그래서 회양군에서 발생한 치사
사건을 이웃 금성 군수가 보고한 것이다.

오작은 영조척營造尺과 독살 사건 전용 은비녀 등의 기구를 가지고 검안하는데, 《신주무원록》은 중독中毒의 경우 "배를 갈라 안을 들여다보았더니 오장五臟이 모두 녹아내려 있었다"라고 때에 따라 부검도 했음을 시사하고 있다. 검시 후에는 가족의 원통함이 없는지 시장屍帳에 기입해야 했다. 가족이 수긍하지 않는데도 그냥 보고를 올렸다가는 큰 처벌을 받게 돼 있었다.

《승정원일기承政院日記》숙종 23년 9월 조는 충청도 연풍현延豐縣에 정배됐던 죄인 최동길崔東吉이 심문을 받다가 물고物故됐는데, 시장에 오작의 서명 날인이 없었다. 승정원은 충청 감사 신후명申厚命의 추고推考를 청했고 숙종은 즉각 허락했다. 일개 죄인의 죽음에 감사를 처벌한 것이다. 원통한 죽음이 하늘을 움직여 재해를 일으킨다고 믿었기 때문에 검시는 한 치의 오차도 없이 진행돼야 했다. 강력 사건이 잇따르자 국립과학수사연구원이 새삼 주목받고 있는데 조선에도 그 못지않은 전문가가 있었다.

조선의 못난 사대주의

해적海賊이라 하면 보통 일본의 왜구倭寇를 생각하지만 당적唐賊 또
는 당구唐寇라고 표현하면 될 중국 해적도 그 못지않았다. 장보고
張保皐가 떨치고 일어선 것도 중국 해적 때문이었다. 《삼국사기三國
史記》〈장보고 열전〉 등은 장보고가 흥덕왕興德王 3년(서기 828년) "중
국을 두루 돌아다녀보니 우리나라 사람을 노비奴婢로 삼고 있었습
니다. 청해淸海, 완도에 진鎭을 설치해 적들로 하여금 사람들을 약탈
해 서쪽으로 가지 못하게 해야겠습니다"라고 말했다고 전한다.
《삼국사기》는 다만 적賊이라고만 표기했지만 왜구가 서쪽 당나라
로 갈 리는 없으므로 이는 당적唐賊을 뜻한다.

　　명나라는 임진왜란 때 자국이 전쟁터가 되는 것을 방지하기
위해 조선에 군사를 파견했는데, 명군明軍의 횡포가 일본군보다
한 술 더 떠서 "왜놈은 얼레빗, 되놈은 참빗"이라는 속담까지 낳았
다. 그런데 명군 파견 후 명나라 사신들의 횡포는 가관이었다. 윤
국형尹國馨은 《갑진만록甲辰漫錄》에서 전쟁이 끝난 후인 선조 35년
(서기 1602년) 사신으로 온 고천준顧天峻의 비루한 횡포에 대해 "말

하면 입만 더러워진다言之浼口"라고 말할 정도였다.

명明나라와 만주족의 후금後金, 청이 패권을 다툴 때 명나라 패장敗將 모문룡毛文龍이 평안북도 철산 가도椵島에 제멋대로 주둔했는데, 후금과 싸운다는 명분이었지만 농민의 소와 말을 빼앗는 등 하는 짓거리는 해적과 다를 바가 없었다. 그럼에도 사대주의에 물든 일부 사대부는 모문룡의 횡포에는 입도 못 떼고 광해군에게 우호적인 보고를 일삼았다. 광해군은 재위 13년(서기 1621년) 12월 평안도에서 "후금 군사가 크게 패해서 모문룡이 곧 압록강을 건너 서쪽으로 향할 것"이라는 보고를 듣고 "중국인들이 전부터 허풍 떤 것이 한두 번이 아닌데, 어찌 경솔하게 믿을 수 있겠는가?"라고 더 조사하라고 지시했다. 결과는 광해군의 말과 같았다. 이념에 물들지 않고 명나라의 실상을 본 실용 군주다운 통찰이었다.

중국에서 한국 해경을 살해한 해적의 '인권'을 운운해 분노를 사더니 이번에는 아시아 담당 국장이 "어떤 경우에도 한국은 무기를 사용하지 말라"라고 촉구했다. 한국에서 만든 사자성어 '적반하장賊反荷杖'이 생각난다.

고대 격투기, 각저

유도柔道는 12세기 무렵부터 일본의 무가武家에서 내려오던 것을 1882년 가노 지고로嘉納治五郎가 현재의 형태로 집대성한 것이다. 그러나 지금의 유도, 레슬링, 씨름 등 동양 격투기의 원형은 그 훨씬 전에 있었던 각저角抵다. 사마천의 《사기史記》〈이사李斯 열전〉에는 "이때 진秦나라 이세二世 황제가 감천甘泉에서 배우俳優들의 곡저穀抵를 관람했다"라는 기록이 있다. 응소應劭는 《사기집해史記集解》에서 전국戰國 시대에 있었던 '무술 시범講武之禮'이 진나라에서 각저라고 이름이 바뀌었다고 설명하고 있다.

《후한서後漢書》〈부여〉 조에는 "후한 순제順帝, 서기 136년 때 부여 국왕이 방문하자 각저희角抵戲를 관람하게 했다"라는 기록이 있어 고대 중국에도 각저가 성행했음을 말해주고 있다. 중국 길림성吉林省 집안현集安縣에는 두 역사力士가 씨름하는 각저총角抵塚 벽화가 있다. 두 역사 곁의 큰 나무 밑동에 곰과 범이 등장하는데 이는 고구려인들이 단군 사적史籍의 주요 내용을 알고 있었음을 시사하는 동시에 각저의 기원이 단군 시대까지 올라간다는 뜻이다.

중국 고대 양梁나라의 임방任昉이 편찬한《술이기述異記》에는 상고 시대의 치우蚩尤 민족이 황제黃帝와 싸울 때 머리 위에 뿔角을 달아서 '각저인角抵人'이라고 불렸다는 기록이 있다. 치우는 곧 동이족의 원류이니 각저의 시작이 동이족임을 시사하는 것이다.

　　고려 사람들의 글을 많이 수록한《동문선東文選》에 각저에 대한 기록이 적지 않은 것은 고려가 각저 강국이었음을 보여준다. 이런 전통은 조선에도 이어진다. 정유재란 때 일본에 끌려갔던 강항姜沆은 "일본 사람은 우리나라 사람을 각저로 당해내지 못한다"라고 말했다. 그래서 그런지 명나라 사신들은 조선에 오면 꼭 각저를 보고자 했다. 세종 8년(서기 1426년)에 조선에 온 명 사신들은 목멱산木覓山에 올라 이를 구경했다.

　　2008년 북경올림픽에서 최민호 선수가 유도에서 첫 금메달을 따는 장면을 보고 격투기에 강했던 민족의 전통이 계승되었다는 느낌이 들었다.

서기전부터 한·중·일에서 유행한 축국

축구는 서기전 7~6세기 무렵 고대 그리스에서 에피스키로스라는 공을 차고 던진 데서 유래한 것을 1800년대 영국에서 지금의 형태로 발전시켰다고 전해진다. 동양에는 축국蹴鞠이 있었다. 《한서漢書》〈양통梁統 열전〉에서 유향劉向은 "축국은 전하는 말에는 황제黃帝가 만들었다고도 하고, 혹 전국戰國, 서기전 403~221년 시대 때 시작됐다고도 한다"라고 그 기원을 설명하고 있다. 중국 사서史書들에 따르면 황제는 서기전 35세기 무렵의 인물이다.

축국은 한·중·일 모두 즐겼던 국제 스포츠였다. 김유신이 축국을 하자며 김춘추를 집 앞으로 끌어들여 동생 문희와 맺어주었고, 《구당서舊唐書》〈동이東夷 열전〉은 "고구려 사람들이 바둑과 투호投壺, 원통 속에 화살 던지기를 즐기고 축국을 잘한다"라고 기록해 신라와 고구려에서 축국을 즐겼음을 알 수 있다.

중국도 마찬가지여서 《구당서》에는 당나라 문종文宗이 839년 "근정루勤政樓에 행차해 씨름角抵과 축국을 관람했다"라는 기록이 있다. 조선 중종 25년(서기 1530년) 편찬된 《신증동국여지승람新增東

國輿地勝覽》은 평양 사람들이 축국을 즐긴다고 전하고 있는데, 이 무렵 일본도 축국을 즐겼다. 조선 인조 2년(서기 1624년) 일본에 통신사로 갔던 강홍중姜弘重의 《동사록東槎錄》에는 통신사들의 숙소였던 교토의 대덕사大德寺로 일왕의 궁중에 소속된 인물이 와서 축국 시범을 보이는데, "기예技藝가 절묘해 한 번 구경거리가 됐다"라고 쓰고 있다.

선조 40년(서기 1607년)에 통신부사通信副使로 일본에 갔던 경섬慶暹의 《해사록海槎錄》에는 일본의 축국 모습이 좀 더 자세하게 보인다. 그는 "왜인 여섯 명이 공복公服을 입고 법도에 따라 공을 차는데, 여섯 사람이 공 한 개를 전달해가며 땅에 떨어지지 않게 찼다"라고 묘사했다. 이때의 축국은 깃 달린 공을 땅에 떨어뜨리지 않고 차는 것이었다. 경섬은 "그 가볍고 빠른 동작 때문에 사람들이 발돋움하며 보았다"라고 전하고 있다.

북경올림픽에서 한·중·일 세 나라의 축구 성적이 모두 부진했는데, 현대인뿐 아니라 축국을 즐겼던 선조들도 실망했을 것이다.

백두산에는 호랑이가 산다

호랑이에게 잡혀 먹은 영혼을 창귀倀鬼라고 한다.《사물이명록事物異名錄》〈신귀 호상귀神鬼虎傷鬼〉 편에서 창귀는 호랑이의 사역을 받으며 그 앞잡이 노릇을 한다고 전하고 있다. 호랑이에게 잡혀 먹는 호환虎患이라는 말도 있지만 우리 민족은 호랑이를 아주 가깝게 여겼다. 한국 사찰의 산신각山神閣은 단군檀君 할아버지가 호랑이를 거느리고 있는 곳이다. 그 이유에 대해 고려 인종 원년(서기 1122년) 사신으로 온 송나라 서긍徐兢은《고려도경高麗圖經》〈화상도和尚島〉 조에서 설명한다. "화상도의 산속에는 호랑이虎狼가 많다", "옛날 불자佛者가 거기 살았는데 짐승이 감히 접근하지 못했다"라고 호랑이가 불자 수호 역할을 했다고 전한다.

3세기 무렵의 기록인《위서魏書》〈물길국勿吉國 열전〉에는 "도태산徒太山. 현재의 백두산은 위나라 말로는 대백산大白山이라고 한다", "산에는 호랑이虎, 표범豹, 곰羆, 이리狼가 있는데 사람을 해친다"라고 설명한다. 그러나 7세기 무렵의《북사北史》〈물길勿吉 열전〉에는 "그곳 풍속에 이 산(백두산)을 심히 경외敬畏해서 산꼭대기에서는 오줌을 누어 더럽히지 않고 산에 오른 자는 오물을 거두어 갔다"라면서 "산 위에는 곰熊羆, 범豹, 이리狼가 있는데, 모두 사람을 해치지 않고 사람도 감히 죽이지 않는다"라고 달리 전한다. "사람을 해치지 않는다"라는 《북사》 기록은 동이족東夷族이 호랑이를 친근하게 여기는 정서를 말해준다. 곰과 범이 사람이 되기 위해 서로 경쟁하는 단군 사화史話의 원형도 여기 있다.

백두산에 올랐다가 들렀던 이도백하二道白河의 한 식당에서 호랑이 뼈로 담갔다는 호골주虎骨酒를 팔고 있었다. 어디에서 났느냐고 물어보니 근처 동물원에서 죽은 호랑이를 경매할 때 샀다고 대답했다. 사실인지 확인할 길은 없었지만 그날 술이 취하지 않은 것을 보면 진짜였던 것 같다.

흑룡강성 밀산시密山市의 한 저수지에서 발견된 호랑이 사체가 사냥용 덫에 걸린 것으로 확인됐다는 보도가 있었다. 왠지 필자도 그 덫을 놓은 데 가담한 것 같아서 뒤늦게 꺼림칙한 생각이 들지만 아직도 백두산에는 진짜 호랑이가 있다는 생각에 반가웠다. 엔도 키미오遠藤公男는 《한국 호랑이는 왜 사라졌는가?》(아담북스, 2009년)라는 책에서 일제 당국이 조직적으로 호랑이를 말살했다고 전하고 있다. 진짜 백두산 호랑이 보존 방법을 고민할 때다.

수박과 태권도

고려 무신란을 촉발한 것은 수박희手搏戱였다. 《고려사高麗史》 의종 24년(서기 1170년) 8월 조에 따르면 의종은 보현원으로 가는 도중에 장병將兵들에게 오병수박희五兵手搏戱를 시켰다. 다섯 명의 군사가 한 조가 돼 겨루는 권법 경기이다. 이때 대장군 이소응李紹膺이 패배하자 문신 한뇌韓賴가 뺨을 치는데 격분한 무신들이 "무릇 문관文冠을 쓴 자는 서리胥吏라도 다 죽여 씨를 남기지 말라"라면서 무신란이 발생한다. 《고려사》나 《고려사절요高麗史節要》에는 국왕이 수박희를 시켜서 이긴 자에게 상을 주었다는 기사가 자주 등장할 만큼 고려 국왕들은 수박희 마니아였다.

천민 출신으로서 무인 정권의 최고 권력자가 된 이의민李義旼도 수박 실력 때문에 의종에게 발탁됐는데, 동북면 병마사 김보당金甫當이 무신 정권 타도를 기치로 봉기했을 때 이를 진압한 장본인이기도 하니 의종은 화근을 키운 셈이다.

수박은 언제부터 유행했을까? 문헌 기록으로는 《일본서기日本書紀》 황극皇極 원년(서기 641년) 조에 백제 사신 대좌평 지적智積

의 수행원들과 왜倭의 건아健兒들이 서로 수박을 겨루었다相搏는 기사가 가장 빠르다. 고구려 무용총 벽화의 현실과 주실 천장에 겨루기 모습이 그려져 있는 것도 수박희의 일종이니 늦춰 잡아도 삼국 시대 때부터는 유행했다.

조선에서 수박은 무과 시험의 한 종류였다. 태종은 재위 11년 (서기 1411년) 기사騎射, 말 타고 활쏘기, 보사步射, 걸으면서 활쏘기 외에 주보走步, 달리기와 수박희를 시험해 갑사甲士를 선발했는데, 세 명을 이겨야 했으니 8강전부터 치렀음을 알 수 있다. 조선 최초의 법전이었던 《육전六典》(경제육전)에 임금의 호위 무사인 보갑사步甲士 선발 규정 이 실려 있는데, 네 명을 이겨야 상등上等으로 평가받았으니 16강 전부터 치렀던 것이다. 조선 2대 국왕이었던 노상왕老上王 정종의 탄신일 같은 때면 정종, 태종, 세종 세 왕이 한자리에 모여 수박 희를 관람하고 승자에게 벼슬을 높여주고 부상을 주었다. 현재의 태권도는 과거의 수박희가 발전한 것이니 우리가 태권도 종주국 인 것은 역사적 유래가 깊다.

심미안

연암燕巖 박지원朴趾源, 1737~1805년이 살던 정조 무렵에 옛 그릇古器을
팔려 했으나 3년 동안이나 팔지 못한 사람이 있었다. 온 장안을 돌
아다니다 값만 떨어졌다. 그때 고미술품 감정에 능했던 여오汝五
서상수徐常修, 1735~1793년가 중국의 복주福州 수산壽山의 오화석갱五花石坑
에서 나는 돌로 만든 필세筆洗, 붓 씻는 그릇라면서 즉석에서 8,000냥에
샀다고 연암은 〈필세설筆洗說〉에서 전한다. 서상수는 서얼 출신이
기에 관직은 종8품 광흥창廣興倉 봉사奉事에 그쳤지만 고미술품 감
정안이 있었다. 옛 그릇의 묵은 때를 벗겨내니 가을의 연꽃 같은
자태가 드러나 장안의 명기가 됐다. 박지원은 서상수도 "집이 가
난해서 수장하지 못하는 것을 일찍이 한탄했다"라고 전하니 고미
술품 수장은 예나 지금이나 많은 돈이 들었다. 박지원이 근세의
고미술 감상가鑑賞家로 꼽은 인물은 상고당尙古堂 김광수金光遂지만
재사才思, 재주 있는 사고력가 없어 진미盡美한 데까지는 이르지 못했다
고 평했다. 박지원은 이 글에서 중국 고대의 그릇이나 왕희지王羲之,
고개지顧愷之 등의 진적眞蹟이 "어찌 일찍이 한 번이라도 압록강을

건넌 적이 있었는가?"라고 한탄하고 있다.

그러나 박지원보다 150여 년 전의 사람인 계곡谿谷 장유張維, 1587~1638년는 〈중국인의 서화에 제題한 것은 위작이 많다中國人於書畫 題識例多贗作〉라는 글에서 중국의 유명 작품들이 조선에도 들어왔었 다고 말해준다. 다만 진품이 아니라 위작이 들어왔다는 것이다. 위작을 안본贗本, 또는 안작贗作이라고 하는데, 역대로 왕희지의 글씨와 송宋 휘종徽宗의 작품이 가장 안작贗作이 많았다. 장유는 이 글에서 왕희지의 서찰 모음집인 《당본 십칠 첩 진자 번주唐本十七帖 眞字翻註》를 얻어 보니 책 뒤에 "정관貞觀, 당 태종 연호 17년(서기 643년) 상서복야尙書僕射 우세남虞世南, 한림학사翰林學士 저수량褚遂良 등이 칙명으로 관본館本을 모사摹寫한 것이다"라는 글이 있었다고 말한 다. 그러나 우세남은 상서복야를 거치지 못했고, 저수량도 한림 학사를 거치지 못했으니 안작贗作이라는 것이다.

우리나라 고미술계가 침체를 면하지 못하는 이유로 위작 의 혹을 꼽기도 한다. 이 또한 전문 감정가를 길러내지 못하는 학계 의 문제로 귀결되는 것이다.

꾸준한 연습

인간에게는 남보다 빨리 달리고 싶은 욕망이 있다. 그래서 나온 것이 축지법縮地法이다. 《신선전神仙傳》〈호공壺公〉 조에 축지법 이야기가 나온다. 한漢나라 비장방費長房이 호공壺公에게 천리의 지맥地脈을 축소하는 축지법을 배워 1,000리도 한달음에 갈 수 있었다는 이야기다. 조선에서는 토정土亭 이지함李之菡이 축지법의 인물로 전해진다. 월간 《야담野談》(1934년) 창간호의 〈천하 기인 이토정의 면영面影〉이라는 글에 이지함이 서울에서 360리 떨어진 청양의 친구 이생李生 집에 해가 지기 전에 도착했다는 이야기가 실려 있었다. 그러나 막상 이지함과 교류했던 율곡栗谷 이이李珥를 비롯한 당대 사람들의 글에는 그가 주자학에 구애받지 않았던 이인異人이라는 이야기는 있어도 축지법 이야기는 없다.

조카인 아계鵝溪 이산해李山海가 쓴 〈숙부 묘갈명叔父墓碣銘〉에는 "(이지함이) 나라 안의 산천은 아무리 멀어도 가지 않은 곳이 없었고, (……) 괴로움을 참으며 발이 부르트도록 걷기도 했다"라는 구절이 있다. 각지를 줄기차게 걸어 다닌 것이 이지함의 여러 이

416

적異蹟과 맞물리면서 축지법을 한다고 와전된 것이 아닌가 생각된다. 조선 후기 문인인 조수삼趙秀三의 〈죽서조생전鬻書曺生傳〉에는 조선의 책 장수인 조생曺生이라는 인물이 "달리는 것이 마치 나는 것 같았다"라고 전하고 있다.

고종 19년(서기 1882년) 발생한 임오군란 때 왕비 민씨는 여주를 거쳐 충주 장원재章院材에 있는 익찬翊贊 민응식閔應植의 집으로 도주했다. 이때 보부상 출신의 이용익李容翊이 왕비 민씨와 민영익閔泳翊 사이 왕복 400리 길을 하루 만에 오가며 연락해 왕비 복위 후 단천端川 부사府使로 발탁됐다는 일화가 있다. 《고종실록高宗實錄》 19년(서기 1882년) 10월 2일 조는 고종이 "협련군挾輦軍 김성택金聖澤이 변란이 발생했을 때 앞장서서 충성한 일은 몹시도 가상하다"라면서 감목관監牧官으로 임명하고, 뒤이어 해남海南 현감縣監으로 승진시켰다고 전한다. 김성택은 임오군란 때 왕비 민씨의 가마를 매고 도주한 인물로 알려져 있다. 이용익과 김성택의 사례는 달리기 능력은 꾸준한 노력의 소산임을 말해준다.

전 세계의 준족도 축지법을 쓴다기보다는 꾸준한 연습의 소산일 것이다. 실제 축지법은 상체를 흔들며 건들건들 걸어 힘 소모를 극소화하는 걸음으로 알려져 있다.

수륙재

물과 뭍에서 헤매는 고혼孤魂과 아귀餓鬼 들에게 불법을 강설하고
음식을 베푸는 의식이 수륙재水陸齋인데, 유명한 불교도였던 중국
양梁 무제武帝가 시작했다. 남송南宋의 종감宗鑑이 1237년 편찬한
《석문정통釋門正統》에 따르면 양 무제가 용상龍床 위에서 선잠이 들
었을 때 한 신승神僧이 나타나 "육도사생六道四生이 고통받고 있는
데, 왜 수륙재를 열어 뭍 영혼을 널리 구제하지 않습니까?"라고
말한 것이 계기였다. 무제는 505년 강소성江蘇省 진강鎭江의 금산
사金山寺에서 직접 수륙재를 주관했다.

불교 국가 고려는 국가 차원에서 여러 차례 수륙재를 거행했
다. 유교 국가 조선이 건국된 후 그 유풍을 존속한 곳은 뜻밖에도
왕실이었다. 태조는 재위 4년(서기 1395년) 견암사見巖寺 등에서 고
려 왕씨들의 영혼을 달래는 수륙재를 베풀고, 도성을 쌓다 죽은
역부役夫의 영혼을 위로하는 수륙재도 열었다. 서울 은평구 진관
사津寬寺를 아예 국행수륙재國行水陸齋를 거행하는 사사寺社로 지정
했다.

세종 14년(서기 1432년) 효령대군이 주관한 한강 수륙재는 유명했다. 무려 7일 동안 거행됐는데 승려 1,000여 명과 행인에게까지 모두 음식을 대접하고 매일 백미白米 두어 섬을 한강의 물고기에게 먹이로 주었다고 전한다. 《세종실록世宗實錄》은 "나부끼는 깃발과 일산이 한강을 덮고, 북소리와 종소리가 하늘을 뒤흔드니, 서울 안의 선비와 부녀婦女 들이 구름같이 모여들었다"라면서 양반의 부녀들도 음식을 장만해 공양했다고 밝히고 있다. 전 판관判官 길사순吉師舜이 중지를 간했으나 듣지 않았다는데, 이처럼 왕실의 위호로 계속되던 수륙재는 중종반정 이후 국가 행사로는 중지됐다.

그러나 《명종실록明宗實錄》 9년(서기 1554년) 조에 "재상의 집에서도 몰래 수륙재를 지내 뒷날의 복을 빈다"라는 기록처럼 민간에서는 계속됐다. 조선 후기 순조 때 편찬한 《만기요람萬機要覽》 〈재용財用〉 편에 면세전免稅田으로 '나라에서 행하는 수륙전水陸田'이 있는 것이 유교 국가 조선에서 불교가 숨을 쉬었던 한 가닥 숨구멍이었는지도 모른다.

古今通義

5—
시절의 이치

더위를 먹지 않으려면

지금은 한여름 절기로 삼복三伏만 알지만 음력 6월 15일 유두절流頭節도 중요한 절기였다. 유두流頭는 '동류두목욕東流頭沐浴'의 약어로서 동쪽으로 흐르는 물에 머리를 감고 목욕을 하면 상서롭지 못한 것을 쫓고 더위를 먹지 않는다는 뜻이다. 동쪽이 청靑이며, 양기가 가장 왕성한 곳이라 믿었기 때문이다. 수두水頭, 즉 '물맞이'라고도 부른다.

고려 명종 때의 문신 김극기金克己는 《김거사집金居士集》에서 '동도東都. 경주에 전해 내려오는 풍속'이라고 말해 유두절이 신라 때부터 전해오던 풍습임을 밝혔다. 또한 조선 후기 김매순金邁淳은 《열양세시기洌陽歲時記》에서 "고구려와 신라 사람들이 술과 음식을 장만해 동으로 흐르는 물가로 가서 목욕도 하고 잔치도 즐겼다"라고 해 유두절이 신라뿐만 아니라 고구려 사람들의 풍습이기도 했음을 보여준다.

《고려사高麗史》 명종 15년 6월 조에는 "시어사侍御史 두 사람이 환관 최동수崔東秀와 광진사廣眞寺에 모여 유두음流頭飮 놀이를 했다. 우리나라 풍속에 6월 15일에 동쪽으로 흐르는 물東流水에 머리를 감아 상서롭지 못한 것을 제거하고, 거기 모여 앉아 술 마시는 것을 유두음이라고 한다'라고 전하고 있다.

유두음을 유두연流頭宴이라고도 하는데, 음식으로는 경단瓊團과 수단水團이 있다. 경단은 찹쌀가루를 밤톨 정도 크기로 빚어 물에 삶아 여러 가지 고물을 묻히는 것으로,《임원십육지林園十六志》〈정조지鼎俎志〉에는 콩고물, 팥고물과 꿀, 생강즙에 묻힌 후 계피가루를 묻히는 방법 등이 소개돼 있다. 쌀가루를 흰떡보다 조금 가늘게 뽑은 다음 잘게 썰어 구슬같이 만들고, 이를 얼음 넣은 꿀물이나 오미잣물에 넣어 먹는 것이 수단이다. 이날 햇밀로 칼국수를 만들어 먹는 것을 유두면流頭麵이라 한다. 가묘家廟를 갖고 있는 사대부 집안에서는 음식과 벼, 콩, 조, 그리고 수박과 참외 같은 새로 나온 곡물과 과실을 조상에게 바쳤는데, 이를 '유두천신流頭薦新'이라 하며 농신農神에게도 제사를 지냈다.

얼마 전 유두절을 맞아 가까운 친지들과 함께 계곡에 나가 유두연을 연 적이 있다. 이런 풍속으로 선조들과 함께 호흡하며 개인, 가정, 사회를 덮고 있는 상서롭지 못한 기운을 제거하는 마음을 담는 것도 좋으리라.

송편은 추석 음식일까

추석 음식에 대한 첫 기록은 《삼국사기三國史記》〈유리 이사금儒理尼師今〉 9년(서기 32년) 조에 서라벌 부녀자들이 길쌈 시합 후 패자가 승자에게 "술과 음식을 대접했다"라는 것이지만 구체적으로 무슨 음식인지는 알 수 없다.

음식명에 대한 최초의 기록은 일본 승려 원인圓仁의 《입당구법순례행기入唐求法巡禮行記》에 나온다. 839년 산동山東 반도 등주登州의 신라 사찰 법화원法華院에서 "추석 때 백 가지 음식을 차려놓고 노래하고 춤추며 3일을 쉰다"라고 기록했는데 이때 떡과 함께 '박돈餺飩'이라는 음식명이 나온다. 그러나 박돈이 어떤 음식인지는 방대한 《사원辭源》, 《사해辭海》, 《중문대사전中文大辭典》 어디에도 나오지 않는다. 대신 박탁餺飥과 혼돈餛飩이라는 음식이 나오는데, 박탁은 면이나 떡을 물에 넣고 끓여 만든 음식이고, 혼돈은 면으로 피皮를 만들고 속에는 고기 등을 넣어 찌거나 삶는 일종의 만두다. 이로 추정하면 박돈은 떡국이나 수제비, 만두 같은 음식일 것이다.

그럼 송편松餠은 언제부터 추석 대표 음식이 됐을까? 사신 일행들의 북경 기행문에는 만주 사람들이 송편을 고려떡이라고 부른다는 기록이 있다. 조선 중기 신흠申欽, 1566~1628년은 〈유두일에 짓다流頭日題〉라는 시에서 "수단 빚어 토속 따르고 송편 빚어 이웃집 선물한다水團遵土俗 松餠饒鄕鄰"라고 추석이 아니라 음력 6월 15일의 유두절 음식으로 송편을 소개하고 있다. 신흠과 동시대 인물 허균許筠은 《성소부부고惺所覆瓿藁》에서 송편을 서울 사람들이 봄에 먹는 음식으로 소개하고 있고, 동시대의 이식李植도 《택당집澤堂集》에서 "등석燈夕, 사월 초파일에 송편을 올린다"라고 봄 음식으로 전하고 있다.

정약용의 아들 정학유丁學游, 1786~1855년의 《농가월령가農家月令歌》 8월 조는 "8월이라 중추되니 (……) 신도주新稻酒, 햅쌀로 빚은 술 오려 송편(올벼로 빚은 송편) 박나물 토란국을 선산先山에 제물하고"라고 노래하고 있다. 봄철 음식 송편은 조선 말기에야 비로소 추석의 대표 음식이 됐던 것이다.

감귤에 담긴 역사

조선의 과거 시험은 3년마다 치르는 식년시式年試, 임금이 성균관 문묘文廟에 참배한 후 치르는 알성시謁聖試, 9월 9일 중양절重陽節 같은 명절에 실시하는 절일제節日製 등이 있었다. 그러나 벼슬자리가 부족해지자 특별시를 축소했다. 숙종은 재위 26년(서기 1700년) "유생에게 급제를 주는 길이 너무 넓다"라면서 황감제黃柑製를 제외한 특별시를 폐지했다. 제주도에서 황감黃柑, 즉 감귤柑橘이 진상된 것을 기념해서 치르는 과거가 황감제다. 감귤이 올라오면 먼저 종묘에 모신 선왕들의 영혼에 바친 뒤 신하들에게 나누어주는데, 성균관 유생에게도 나누어줘서 나라에서 학생을 우대하는 뜻을 기렸다. 음력으로 대략 11월 중순 경인데, 《연려실기술燃藜室記述》〈과거科擧〉 조는 "선조 38년(서기 1605년) 겨울 황감제에서 이경직李景稷이 1등으로 뽑혀 바로 전시殿試, 최종 시험에 응했는데, 감제에서 급제를 시킨 것은 이때부터 시작됐다"라고 전한다.

　황감제의 장원을 전시에 나가게 하는 것을 전시 직부直赴라고 한다. 전시는 국왕이 친림하는 복시覆試에서 뽑힌 문과 33인, 무과

28인만을 대상으로 등급을 결정하는 시험이므로 거의 전원이 합격했다. 정조는 즉위년(서기 1776년) 11월 24일 반궁泮宮. 성균관에서 감귤을 나누어주고 황감제를 실시하면서 승지에게 "황감을 나누어줄 때 다투어 뺏어 가는 난잡한 일이 있으면 유생을 정거停擧하고, 만약 단속하지 않으면 대사성도 책임을 면치 못할 것"이라고 하교할 정도로 황감 쟁탈전이 치열했다.

이경석李景奭은 인조가 부모에게도 감귤을 내리자 몹시 기뻐 시를 짓고는 여러 사람에게 화답시를 써달라고 부탁했는데, 계곡谿谷 장유張維가 "육랑이 품었던 그 감귤임을 아니, 이 감격 가슴에 새겨 백 년 동안 알게 하리라認是陸郎懷裡物 百年銘感寸心知"라고 화답했다. 《삼국지三國志》〈육적전陸積傳〉은 오吳나라 육적이 여섯 살 때 원술袁術이 감귤을 대접하자 모친에게 드리기 위해 가슴 속에 몰래 품고 나왔다는 고사를 전한다. 지금은 흔한 과일이 됐지만 감귤에는 이런 다양한 역사가 담겨 있다.

꿈은 육체에도 영향을 준다

개국시조는 보통 꿈으로 천명天命을 받는다. 고려 태조 왕건王建의 부친 왕륭王隆은 꿈에 미인을 만나 배필이 되기로 약속했는데, 훗날 송악에서 영안성永安城으로 가는 길에 꿈에서 보았던 여인을 만나 혼인했다. 그녀가 온 곳을 몰랐으므로 몽 부인夢夫人이라고 불렀다고 《고려사高麗史》는 전하는데, 왕건은 바로 몽 부인의 아들이다.

이성계가 잠저潛邸에 있을 때, 꿈에 신인神人이 금자金尺를 가지고 내려와서, "이 자를 가지고 나라를 바르게 할 사람이 공公이 아니고 누구이겠는가"라고 말했다고 《태조실록太祖實錄》이 전하는 것도 천명에 관한 꿈이다.

《사기史記》〈고조高祖 본기〉는 한 고조 유방劉邦의 모친 유오劉媼가 큰 연못가에서 잠깐 잠들었을 때 사방이 어두워지더니 교룡蛟龍이 유오의 몸 위에 올라가는 것을 남편 태공太公이 목도했는데, 그 후 유방을 낳았다고 전한다. 유방의 부친이 용이라는 뜻으로, 그래서 얼굴이 용안龍顔이었다 한다. 《사기정의史記正義》는 주周나라 문왕文王도 용안이었다고 전하고 있다.

때론 과거 급제도 현몽現夢한다. 고려 말 문신 이규보李奎報의 처음 이름은 인저仁氐였다. 그는 최충이 설립한 명문 사학 문헌공도文憲公徒 출신이었으나 국자감시에 세 번 낙방했다. 그 후 꿈속에서 28수宿 별자리 중 문운文運을 담당하는 규성奎星 노인이 장원 급제하리라고 하는 말을 듣고 나서 급제했으므로 '규성에 보답한다'는 뜻에서 규보奎報라고 개명改名했다.

천민 출신으로 고려 무신 정권의 최고 통치자가 된 이의민李義旼은 두 형과 함께 고향 경주에서 횡포를 부리다가 두 형은 옥에 갇혀 죽었으나 그는 살아남았다. 서울을 지키는 경군京軍에 편입된 이의민은 아내를 데리고 개경으로 올라온 첫날 성문에서 대궐까지 걸쳐 있는 사다리를 타고 올라가는 꿈을 꾸었다. 사다리가 그의 출세를 예견해주는 길몽이었다.

북경올림픽 메달리스트와 감독 들이 꾼 꿈이 화제였던 적이 있다. 꿈은 인간의 영성靈性이 무의식중에 나타나는 고도의 정신적 영역으로 육체에도 영향을 미친다고 할 수 있다.

조선 후기의 냉면 열풍

이규경李圭景은 《오주연문장전산고五洲衍文長箋散稿》〈물산변증설物産辨證說〉에서 "평양은 감홍로紺紅露, 냉면冷麵, 골동반骨董飯이 유명하다"라고 말했다. 북한에서 발행한 《조선의 민속 전통》은 평양냉면을 동치미 국물을 쓰는 것과 고기 국물을 쓰는 것으로 나누면서 각각의 제조법을 적고 있다. 초겨울에 독에 무를 넣은 후 마늘, 생강, 파, 밤, 준치젓, 실고추 등으로 양념해 물을 부은 것이 평양 동치미이고, "소고기를 끓인 것이 아니라 소뼈와 힘줄, 허파, 기레(비장), 콩팥, 천엽 등을 푹 고아가지고 기름과 거품 찌꺼기를 다 건져낸 다음 소금과 간장으로 간을 맞추고 다시 뚜껑을 열어놓은 채로 더 끓여서 간장 냄새를 없애고 서늘한 곳에서 식힌 것"이 육수라고 설명하고 있다. 평안도는 집마다 국수틀을 마련해놓는 풍습이 있었을 정도로 냉면 열풍이 대단했다.

《조선의 민속 전통》은 함경도 함흥의 감자농마(녹말)국수도 설명하고 있다. "소고기, 돼지고기, 닭고기를 썼으며 바다를 낀 곳에서는 가자미, 홍어 등 물고기를 놓기도 하는데 회를 놓은 국수는 회국수라고 불린다"라고 말하고 있다. 감자농마국수는 물냉면과 회냉면이 있었다. 조선 후기 홍석모洪錫謨. 1781~1850년는 《동국세시기東國歲時記》에서 "메밀국수를 무김치와 배추김치에 말고 돼지고기를 섞은 것을 냉면冷麵이라고 한다"라고 썼는데 이것이 물냉면이다. 홍석모는 또 "메밀국수에다 잡채와 배, 밤, 쇠고기, 돼지고기 썬 것과 기름, 간장을 넣은 것을 골동면骨董麵이라고 한다"라고 썼다. 그러면서 골동이라는 말에 대해 "나부영羅浮穎이라는 중국 노인이 여러 음식을 먹을 때 여러 가지를 한꺼번에 섞어서 끓인 것을 골동갱骨董羹. 골동국이라고 했는데, 골동이란 뒤섞는다는 뜻이다"라고 설명하고 있다. 골동면이 현재 함흥냉면의 대명사인 비빔냉면이다.

소의 도살을 엄금하던 시절에는 꿩고기 국물로 육수를 만들기도 했는데, "육수에 꿩이 발만 담가도 냉면 맛이 난다"라는 평안도 속담처럼 이 또한 별미였다. 조선 후기 순조도 냉면을 즐겼다는 옛 기록은 여름날의 국민 음식이 냉면이었음을 말해준다.

담배의 격세지감

정조는 초계문신抄啓文臣 친시親試 때 〈남령초南靈草〉, 즉 담배를 과제科題로 제출할 정도로 담배 애호가였다. 정조는 "여러 식물 중에 사람에게 유익하게 사용할 수 있는 것으로는 남령초만 한 것이 없다"라면서 "자대부子大夫들은 들은 것을 모두 인용해서 이를 다양하게 증명하라"라는 과제를 냈다. 정약용丁若鏞은 《다산 시문집茶山詩文集》에서 "승지가 담배金絲煙 한 대 피우는 동안 시를 한 수 지으라고 명했다"라고 정조가 면전面前의 흡연도 허용했음을 전한다. 정조 때 문체반정의 피화자被禍者였던 이옥李鈺은 담배에 경전을 뜻하는 경經 자를 붙여 《연경烟經》을 쓰기도 했으니 가히 담배 열풍이었다. 지금으로서는 이해가 가지 않겠지만 정조가 "의문醫門, 의학에서 말하는 한담寒痰이 응결된 덩어리를 융화하는 데 백매白梅의 약효도 이보다 못하다"라고 말했듯이 담배를 담痰, 가래 제거 특효약으로 여겼기 때문이다.

담배가 '담파고'로 불린 이유에 대해 조선 말의 이유원李裕元은 《임하필기林下筆記》에서 "남쪽 오랑캐의 나라南蠻國에 담파고淡婆姑

라는 여인이 있었는데, 담질痰疾을 앓다가 남령초南靈草를 먹고 낫자 그 여자의 이름을 따서 지었다'라고 말하고 있다. 이유원이 '흡연을 가장 즐겼다'고 전하는 문신 장유張維는 《계곡집谿谷集》에서 담배는 "20년 전 처음으로 들어왔는데, 위로는 공경公卿으로부터 아래로는 가마꾼과 나무꾼, 목동까지 피우지 않는 자가 없다'라고 전한다. 다만 장유는 '담배가 적비赤鼻·콧병를 치료한다'는 설에 대해서는 "담배는 건조하고 열이 있어서 필시 폐肺를 상하게 할 텐데, 어찌 코를 치료할 수 있겠는가'라고 회의적이었다.

유득공柳得恭도 담배의 약효를 의심했다. 그는 〈담파고淡婆姑〉라는 글에서 세간에서 담배를 '쓸개에 생긴 덩어리를 깨는 담파고膽破塊'로 잘못 인식해 '담바고'라 부른다며 담바고는 일본에서 부른 명칭일 뿐이라고 반박했다. 지금은 흡연이 눈총 받을 일이지만 담배를 약으로 여겼던 한때도 있었으니 담배의 처지 역시 격세지감隔世之感이다.

따오기

후한後漢의 마원馬援은 조카들이 비평하기 좋아하는 협객과 가까이 지내자 "남의 과실을 들으면 부모의 이름을 듣는 것처럼 귀로는 듣지만 입으로는 말하지 말라"라고 충고했다. 《후한서後漢書》〈마원 열전〉에는 "곡鵠을 새기려다 이루지 못하면 목鶩은 될 수 있지만 (……) 호랑이를 그리려다 이루지 못하면 개가 된다刻鵠不成尚類鶩者也 (……) 畫虎不成反類狗者也"라는 마원의 충고가 실려 있다. 훌륭한 사람과 사귀라는 말이다. 《소학小學》〈가언嘉言〉 편에도 실려 있는 내용으로, 곡鵠과 목鶩이 무엇인지 불분명하다는 점이 문제다. 곡을 고니, 목을 따오기라고 보기도 하지만 곡을 따오기, 목을 오리鴨라고도 해석한다. 때로는 곡과 목을 모두 따오기라고 해석하는 경우도 있다. 이익李瀷은 《성호사설星湖僿說》에서 곡과 목은 "크고 작은 구별은 있을지라도 서로 비슷하다"라면서 곡은 황새鸛와 비슷한 따오기이고, 목은 오리라고 보았다.

따오기에 관한 시 중에는 당唐 왕발王勃의 〈등왕각서滕王閣序〉가 가장 유명하다. 당의 홍주洪州 도독都督이 남창南昌에 등왕각滕王閣을 짓고 낙성식을 하면서 자기 사위에게 서序를 짓게 하려 했다. 이 사실을 알고 다른 객들이 모두 사양했는데, 왕발이 붓을 잡자 도독은 불쾌했으나 잠시 후 "천재다"라고 말했다고 《신당서新唐書》〈왕발 열전〉은 전한다. "지는 노을은 외로운 따오기와 가지런히 날고, 가을 물은 긴 하늘과 한 빛이로다落霞與孤鷺齊飛 秋水共長天一色"라는 시였다. 목은牧隱 이색李穡도 《등왕각도滕王閣圖》에서 "지는 노을 외로운 따오기, 물은 하늘에 떠 있도다落霞孤鷺水浮空"라고 이를 본떠 노래했다.

다산茶山 정약용丁若鏞은 굶주리는 백성을 애도한 기민시飢民詩에서 "야윈 목은 따오기처럼 늘어졌고, 병든 피부는 닭 거죽처럼 주름졌네稿項類鵠形 病肉緣鷄皮"라고 따오기를 닭과 비교했다. 그만큼 흔했던 겨울 철새였으나 멸종됐다. 최근 중국에서 한 쌍을 건네 주었으니 기사회생起死回生의 전기가 마련된 셈이다.

땔감 구하기

옛날 난방의 대체 연료로 사용된 것 중의 하나가 말똥 연료, 즉 마통신馬通薪이다. 병자호란 때 경기우도 관찰사로서 강화도 방위를 책임졌던 문신 이민구李敏求, 1589~1670년의 문집인《동주집東州集》에 〈신가네 말똥 연료申家馬通薪〉라는 글이 있다. 이민구가 신가네 집에 갔다가 봄여름부터 말똥馬通을 비축해놓은 것을 보고 쓴 글이다. 이민구는 나중 송宋나라의 서예가 황산곡黃山谷이 시의 발문에서 "장중모張仲謀가 겨울을 넘기라고 기기원騏驥院의 마통신 200을 보내왔으므로 보향寶香 20병으로 보답했다"라는 구절을 읽고 "선인先人들이 이미 말똥을 사용했음을 알 수 있다"라고 썼다. 이민구가 신가네의 말똥 연료에 대해서 신기하게 생각한 것으로 보아 조선에서는 그리 많이 사용하지 않았음을 알 수 있다. 이민구는 같은 글에서 "서울 10만 호가 계수나무를 때야 하는 근심을 갖고 있다城中十萬戶 所患在燃桂"라고 말했다. 장작 구하기가 달나라 계수나무 구하기처럼 어렵다는 뜻일 것이다.

　　이민구보다 약 100여 년 후의 인물인 성호星湖 이익李瀷,

1681~1763년은 〈말똥 연료馬通薪〉라는 글에서 "자신이 어렸을 때는 집에서 말똥으로 온돌방을 미지근하게 만들었다"라면서 "옛날에는 늙고 병든 자만 따뜻한 실내에서 지냈는데, 지금은 종들까지도 따뜻한 방에서 자면서도 말똥 연료를 사용하지 않는다"라고 비판했다. 이익은 그 때문에 "모든 산의 나무가 씻은 듯이 없어져서 서울京師도 계수나무를 때야 한다", "산에 나무가 어찌 고갈되지 않을 수 있으랴"라고 한탄했다. 건강한 사람은 미지근한 난방으로 겨울을 나자는 취지의 글이다.

《시경詩經》〈빈풍豳風〉 칠월장七月章에는 "9월에 마른 풀苴을 줍고, 씀바귀를 캐며 가죽나무樗를 베어 땔감을 장만한다九月叔苴 采荼薪樗"라는 구절이 있다. 냄새가 이상하고 옹이가 많은 가죽나무는 쓸 가치가 없다는 뜻으로도 사용되는데, 쓸모없는 나무만 연료로 사용하라는 충고다. 과도한 화석 연료 사용으로 전 지구가 몸살을 앓고 있는 이때 경청할 만한 선인들의 지혜가 아닐 수 없다.

향수를 달래주는 명주

이규경李圭景은 《오주연문장전산고五洲衍文長箋散稿》〈청명주변증설 淸明酒辨證說〉에서 조선 각지의 명주 넷을 들고 있다. "대저 동방의 군읍들에 명주가 있으니 평양의 감홍로紺紅露와 충청도 한산의 소 국주小麴酒와 강원도 홍천의 백주白酒와 전라도 여산礪山, 전북 익산 부근 의 호산춘壺山春이 일국의 이름난 명주다"라고 했다.

홍만선은 《산림경제山林經濟》〈술빚기釀酒〉 조목에서 소국주와 호산춘뿐만 아니라 연엽주蓮葉酒, 벽향주碧香酒, 하향주荷香酒, 이화 주梨花酒, 청서주淸暑酒, 일일주一日酒, 삼일주三日酒 등 이름도 산뜻한 조선의 여러 명주의 제조법에 대해서 자세히 설명하고 있다.

정조의 세손 시절 스승이었던 남용익南龍翼은 《호곡집壺谷集》에 서 "아침에는 소국주를 기울이고, 밤에는 장유가壯遊歌를 듣는다" 라고 읊을 정도로 소국주를 사랑했다. 홍만선의 명주 제조법에 따르면 홍천의 명주 백주는 고급 막걸리다. 호산춘은 만든 사람 이 전해지는 흔치 않은 술인데, 청백리로 유명했던 중종 때의 청 백리 송흠宋欽이 그 사람이다. 송흠이 삼남대로가에 있는 전라도 여산 군수가 됐을 때 손님이 자주 찾아오는데 대접할 것이 없어서 만든 술이 호산춘이라고 그 〈행장行狀〉에 전해지고 있다.

이규경이 〈물산변증설物産辨證說〉에서 냉면, 골동반骨董飯. 비빔밥과 함께 평양의 3대 명물로 꼽은 감홍로는 《발해고渤海考》로 유명한 유득공柳得恭이 〈애련정愛蓮亭〉이라는 시에서 "곳곳마다 감홍로니, 이 마을이 곧 취한 마을일세滿滿甘紅露 玆鄕是醉鄕"라고 노래한 것처럼 평양 사람들의 애호주였다. 이규경이 〈술과 면酒麪〉 조에서 "중국에 오향로주五香露酒가 있다면 우리나라에는 평양부의 감홍로주甘紅露酒가 있다"라고 할 정도였다. 그간 다른 전통주는 많이 복원됐지만 감홍로는 지역 특성 때문인지 근래에야 복원됐다. 주로 '달 감甘' 자를 쓰지만 이규경이 '감색 감紺' 자도 쓴 이유는 검붉은색이기 때문일 것이다. 복원된 감홍로도 같은 색이었는데, 실향민의 추석 향수를 달랠 만한 술일 것이다.

봄을 부르는 옛시조

선비들이 봄을 노래한 시조는 자못 많다. 조선 영조 때 문신 이정보李鼎輔의 봄 시조는 아취雅趣가 있다. "춘창春窓에 늦게 일어나 완보緩步해 나가보니 동구洞口 유수流水에 낙화落花가 가득 떠 있구나. 저곳이 선원仙源임을 남 알세라 떠나가지 말아라." 한자漢字의 훈訓을 봄에 맞게 바꾸어 노래한 작자 미상의 재미있는 시조도 있다. "춘산春山에 봄 춘春 자字 드니, 포기 포기 꽃 화花 자라. 일호주一壺酒 한 병 가질 지持 자하고 내 천川 자 변邊에 앉을 좌坐 자라. 아희야 잔 상觴 들 거擧 하니 좋을 호好 자인가 하노라." 봄꽃이 활짝 핀 봄날 냇가에 가서 술 한 잔 드는 것이 '좋을 호好 자'라는 시조다.

장희빈의 숙부였던 역관譯官 장현張炫도 봄 시조를 남겼다. "압록강 해 진 후에 어여쁜 우리 님이 연운만리燕雲萬里를 어디라고 가시는고. 봄풀이 부르고 부르거든 즉시 돌아오소서." 중국 사신길에 의주義州쯤에서 기생과 사랑이라도 나눈 듯한 시조다. 작자 미상의 사랑 시조도 있다. "꽃 보고 춤추는 나비, 나비 보고 웃는 꽃. 저 둘의 사랑은 절절節節이 오건마는 어째서 우리의 사랑은

가고 아니 오는고."

  가객 김천택金天澤이 "세상에 명창으로 이름이 알려졌다"라고 평했다는 김유기金裕器는 절개를 노래했다. "춘풍春風 도리화桃李花 들아 고운 양자樣子 자랑 마라. 창송녹죽蒼松綠竹, 푸른 소나무와 대나무을 세한歲寒에 보려무나. 정정貞貞코 낙락落落한 절節을 고칠 줄이 있으랴." 봄날에 잠깐 피는 화려한 꽃보다 소나무와 대나무의 절개가 낫다는 시조다. 박영수朴英秀는 봄이 가는 것을 인생에 비유했다. "화락춘광진花落春光盡, 꽃이 지고 봄빛이 다함이요 (……) 빈발鬢髮, 귀밑털과 머리카락이 희었으니 가인佳人, 아름다운 사람도 화병여畵餅如, 그림 속의 떡로다." 기력이 쇠하면 가인이 곁에 있어도 즐길 수 없다는 시조다. 현대시 못지않은 옛시조의 정취를 느껴보아도 좋을 것이다.

탁주와 친해지니 소주가 멀어지네

현재 소주는 국민주로 인식되고 있지만 원래는 황제나 제후나 마셨던 최고급 술이었다. 소주의 한자는 소주燒酒가 아니라 소주燒酎인데, '전국술 주酎' 자는 잡물이 섞이지 않은 무회주無灰酒라는 뜻이다. 세 번 빚은 술이라는 뜻도 있다. 《예기禮記》에는 "맹하孟夏. 음력 4월에 천자가 마시는 술이 주酎"라는 기록이 있다.

초여름에도 마셨지만 원래는 음력 8월의 술이었다. 《사기史記》 〈효문제孝文本 본기〉에는 소주를 고묘주高廟酎라고 설명하고 있다. 한漢나라 종묘에 바치는 술이 고묘주인데, 정월 초하루에 술을 만들기 시작하면 8월에 완성된다. 고묘주를 주금酎金이라고도 한다. 한 무제武帝 때 각 제후들이 8월이면 종묘에 모여 순주醇酒를 올리는 의식을 갖는데, 이때 제후들이 제사 비용으로 금을 바쳤던 데서 나온 말이 주금이다.

소주는 땀나는 술이라는 뜻에서 한주汗酒라고도 한다. 윤국형尹國馨의 《문소만록聞韶漫錄》에는 임진왜란 때 임진강으로 도망간 선조가 시종에게 술이 있느냐고 묻자 "소주 한 병이 있다"라고 답했고, 뱃사공이 갖고 있는 사기 종지沙宗子를 구해서 한 잔씩 돌렸다는 일화가 있다. 정약용丁若鏞은 유배지에서 쓴 〈막내에게 보내는 편지寄幼兒〉에서 성균관 유생 시절 정조가 옥필통玉筆筒에 삼중소주三重燒酒를 가득 하사하는 바람에 다 마셨지만 취하지 않았다는 이야기를 전해주고 있다. 궁중 술도 소주였는데, 조선 때 이미 나라를 대표하는 술이 됐다. 숙종 46년(서기 1720년) 사신으로 청나라에 다녀온 이의현李宜顯은 《경자연행잡지庚子燕行雜識》에서 "우리나라 소주는 연중燕中. 북경 사람들이 너무 독하다고 마시지 않고, 마셔도 그리 좋아하지 않는다"라고 적고 있다. 중국의 술이 더 독한 지금과는 전혀 다른 상황이었다. 정약용의 글 중에 "탁주 점점 사귀니 소주를 멀리한다漸交濁酒排燒酒"라는 시구도 있다. 지금은 탁주를 맥주麥酒로 바꾸어야 할 판이다. 미국의 대학생용 영어 사전인 《미리엄웹스터 대학 사전Merriam-Webster's Collegiate Dictionary》에 '소주soju'를 쌀에서 증류한 한국의 보드카라고 수록했다는 보도를 보고 생각난 단상이다.

성묘의 유래

성호星湖 이익李瀷은 〈설날과 추석〉이라는 글에서 "우리나라 민간 절기俗節에 8월 15일에 성묘하는 것을 추석이라고 한다"라고 밝히며 추석을 민간 풍습이라고 말했다. 순암順菴 안정복安鼎福이 〈안정진安正進의 질문에 답하는 글〉에서 3월 상순의 벌초는 당唐나라 《개원례開元禮》에서 비롯됐지만 한식寒食에 묘소에 참배하고 추석에 벌초하는 것은 "중국의 예에서는 찾아볼 수 없다於禮無見"라고 말한 것처럼 추석 성묘는 중국에는 없던 우리만의 풍속이었다.

인조반정 이후 사대주의가 기승을 부리면서 일부 사대부 사이에서 추석 성묘를 거부하는 움직임이 나타난 것도 중국에는 성묘 문화가 없다는 이유 때문이었다. 신독재愼獨齋 김집金集이 인조 27년(서기 1649년) 〈송영보宋英甫, 송시열에게 답하며 송명보宋明甫, 송준길에게도 함께 보이다〉라는 글에서 "추석 때의 묘제墓祭, 성묘는 내 집에서는 아이들에게 설행設行하지 말도록 명했고, 가묘家廟에만 약간의 주과酒果를 올리도록 시켰다"라고 말한 것이 이런 사례다.

이를 고민한 순암 안정복은 중국과 조선의 풍속을 배합해 새

기준을 만들었다. 양陽의 기운이 생겨나는 동지冬至와 음陰의 기운이 생겨나는 하지夏至에는 가묘에 제물祭物을 올리고, 풀이 자라는 한식과 곡식이 익는 추석에는 무덤에 전奠을 올린다는 것이다. 그는 영조 33년(서기 1757년) 설날 〈제례祭禮를 고하는 글告辭〉을 지어 조상들께 이를 고유告由했다.

안정복은 추석 성묘는 가야의 수로왕에서부터 시작된 동방의 풍속東俗이라고 보았다. 《삼국유사三國遺事》〈가락국기駕洛國記〉에는 "매년 정월 3일, 7일과 5월 5일, 8월 5일과 15일(추석)에 풍성하고 정결한 제전祭奠으로 제사 지냈는데, 대대로 이어져 끊어지지 않았다"라고 적고 있다. 《삼국유사》는 가야가 망한 후 영규英規라는 자가 음사陰祀, 제사를 지내서는 안 되는 자가 드리는 제사를 행하다가 사당의 대들보에 깔려 죽자 그 상관 충지忠至가 수로왕의 직계 규림圭林에게 제사를 모시도록 했다고 기록하고 있다. 추석 성묘는 우리민족의 효심孝心이 만든 독특한 풍습이다.

과거에는 귀했던 음식

이긍익李肯翊의 《연려실기술燃藜室記述》〈문예전고文藝典故〉에는 화가
들만 모아놓은 대목이 있는데, 칠칠七七 최북崔北 등과 함께 관아
재觀我齋 조영석趙榮祏, 1686~1761년도 들어 있다. 이덕무李德懋도 《청장
관전서靑莊館全書》에서 조영석을 겸재謙齋 정선鄭敾과 같은 반열에 놓
았듯이 당대에는 최고의 화가였다. 조영석은 의령宜寧 현감 등을
역임한 문신인데, 영조는 그가 형 영복榮福을 그린 것을 보고 "실
물과 너무 흡사했다"라면서 부왕父王 숙종의 어진御眞을 모사模寫할
것을 권유했다. 그러나 조영석은 《예기禮記》〈왕제王制〉 편의 "무릇
기예技藝를 가지고 윗사람을 섬기는 사람은 고향을 떠나면 사류士類
의 반열에 끼지 못한다"라는 구절을 들면서 "국가에서 도화서圖畵署,
그림을 담당하던 관청를 설치한 것은 이런 일에 쓰기 위한 것"이라고 거
절했다. 영조는 "그대의 소견이 잘못"이라며 섭섭해했으나 어쩔
수 없었다.

조영석의 문집인 《관아재고觀我齋稿》에는 그의 그림이 남아
있는데, 그중 내의원內醫院이나 사복시司僕寺 소속으로 추정되는 관

료들이 소젖을 짜는 그림이 있다. 미수 허목許穆이 지은 조경趙絅의 신도비神道碑인 〈용주龍洲 신도비〉에는 효종 1년(서기 1650년) 북사北使, 청 사신가 와서 삼정승, 육판서, 육승지와 양사兩司, 사헌부와 사간원 관원들을 모아놓고 낙장駱漿을 베풀었는데, "조경이 홀로 받지 않으니 사신이 노한 빛을 띠었다"라는 구절이 있다. 낙장은 우유와 쌀을 끓여 만드는 타락죽駝酪粥을 뜻하는데, 조경은 타락죽이 여진족의 상징이라는 뜻으로 거부했을 터다. 그보다 훨씬 전인 명종 20년(서기 1565년) 대간에서 "사복시의 타락죽은 임금께 올리는 것인데 윤원형尹元衡이 낙부酪夫에게 기구를 가지고 제집에 와서 조리하게 했다"라고 비판하는 내용이 있는 데서 알 수 있는 것처럼 그 전부터 있던 궁중 음식이다.

은초아銀招兒라는 기구에 끓이는 타락죽은 10월 1일부터 임금에게 진어했던 보양식이다. 매년 10월이면 여기저기에서 음식 축제가 열린다. 타락죽뿐만 아니라 지금은 흔해졌지만 과거에는 귀했던 옛 음식을 되살리는 것도 우리와 선조들이 음식으로 연결되어 있음을 말해준다는 점에서 적극 권장할 일이다.

길을 걸어 푸른 봄을 즐길 수 있다면

천인 출신으로 알려진 조선 선조 때의 문인 최립崔岦의 〈원일元日〉이라는 중국 기행시에 "백주도 조선 풍속과 같고 춘반도 멀리서 온 나그네를 반기네柏酒同吾俗 春盤媚遠天"라는 구절이 있다. 백주는 설날 마시는 백엽주柏葉酒, 즉 도소주屠蘇酒이고, 춘반은 입춘立春에 먹는 음식이다. 당나라 두보杜甫의 시 〈입춘〉에 "입춘날 춘반의 생채가 부드러우니 홀연히 양경(낙양과 장안)의 전성 시절이 생각나네春日春盤細生菜 忽憶兩京全盛時"라는 구절이나 조선 후기 남파南坡 홍우원洪宇遠의 "입춘날 생채가 생각난다立春日思生菜"라는 시는 춘반의 주요 재료가 채소였음을 보여준다.

고려 말의 학자 이곡李穀의 〈입춘〉이라는 시에는 "토우로 밭을 가니 다시 봄이로구나又打土牛春"라는 구절이 있다. 입춘 날 관청에서 진흙으로 토우土牛를 만들어 밭 가는 시늉을 하는 것이 타춘打春으로, 풍년을 바라는 풍속이다. 진흙 대신 짚이나 갈대, 종이로도 소 모형을 만들었는데 모두 춘우春牛라고 불렀다. 《예기禮記》〈월령月令〉의 "토우를 내놓아 겨울의 한기를 보낸다出土牛以送寒氣"라는 구절은 토우에 봄맞이의 의미가 있음을 말해준다.

경제 위기 속에 맞는 입춘에는 무슨 소원을 빌어볼까? 흩어져 사는 가족은 모여 사는 것이 소원일 것이다. 《시경詩經》〈당풍唐風〉의 "오늘 밤이 어떤 밤인가 아내를 만나는 밤이네今夕何夕 見此粲者"라는 시나 《시경》〈소아小雅〉의 "처자와 화합하니 거문고와 비파 가락의 조화 같구나妻子好合 如鼓瑟琴"라는 시는 가족과 함께하는 기쁨을 노래한 것이다. 조정에서 입춘에 신하들에게 은박지나 색종이로 만든 은화銀花나 채화彩花를 하사하면 이를 머리에 꽂고 봄맞이를 하는 것을 은승銀勝 또는 채승彩勝이라고 불렀다. 태평성대를 만드는 데 정부의 역할이 중요함은 고금古今이 같다. 당唐나라 설능薛能의 시에 "조정에 도가 있으니 푸른 봄이 좋구나朝廷有道靑春好"라는 구절이 있다. 현 정부도 어려운 국민의 심정을 헤아리는 길道을 걸어 푸른 계절을 즐길 수 있게 하면 좋으리라.

런치 노마드

우리나라 사람들은 언제부터 점심點心을 먹기 시작했을까? 보릿고개가 있던 1960년대까지만 해도 점심을 싸 오지 못하는 학생이 적지 않았으니 점심이 전 국민적 보편 문화가 된 것은 그리 오래되지 않는다. 물론 그 전에도 점심은 있었다. 그러나 아침과 저녁 사이의 식사만 점심은 아니었다. 성호星湖 이익李瀷은 〈조금 먹는 것을 점심이라 한다小食點心〉는 글에서 "이른 새벽에 소식小食하는 것을 점심이라 한다"라고 말했다. 이때의 점심은 아침 식사 전에 먹는 참을 뜻한다. 고려 말 역관들의 중국어 학습 교재였던 《노걸대老乞大》에도 이른 새벽에 먹는 것을 점심이라고 했다는 기록이 있다.

이런 소식은 아침 식전에만 있는 것이 아니었다. 이덕무李德懋는 〈먹는 것을 경계함食戒〉이라는 글에서 "부잣집에서는 하루에 일곱 끼를 먹는다"라면서 "한 사람의 식사비로 100사람이 먹을 수 있다"라고 비판했다. 정조는 〈일득록日得錄〉에서 "나는 평일에 아침과 포시晡時, 저녁의 두 끼 외에 세속에서 칭하는 조반早飯과 점심을 올리지 못하게 했다'라고 말했다. 아침 식사 전의 조반은 부자들 사이에서 일종의 관행이었으나 정조는 하루에 두 끼만 올리게 한 것이다. 물론 검소함의 모범을 위해서였다. 《태종실록太宗實錄》9년(서기 1409년) 윤4월 조의 "대궐 내의 낮점심晝點心을 폐지하라고 명령했다'라는 기록은 조정에서 점심을 제공했음을 보여준다. 중종 19년(서기 1524년) 3월 호조 판서 안윤덕安潤德은 가뭄을 이유로 사학四學 유생들에게는 반점심半點心만 제공하자고 주장했다. 반 됫밥半升食이 반점심이니 온점심은 한 되였다. 그 비용이 적지 않았기에 중종 23년(서기 1528년)에는 지사知事 김극핍金克愊이 중국에서는 관리들에게 점심값을 주어서 집에서 장만해 오게 하니 편하다면서 조선도 그렇게 하자고 청했다. 그러자 특진관 한형윤韓亨允은 중국은 녹봉祿俸이 후해서 그렇게 할 수 있지만 조선은 녹봉도 낮을 뿐만 아니라 품계가 낮은 벼슬아치들은 가난하고 시골 출신이 많아 그렇게 할 수 없다고 반대했다. 더욱 저렴한 점심을 위해 구청이나 역 구내식당을 찾는 '런치 노마드'가 부쩍 늘었다는 소식에 짚어본 점심사點心史다.

치통

《사기史記》〈송미자 세가宋微子世家〉는 오복을 수壽, 부富, 강녕康寧. 건강하고 마음이 편안함, 유호덕攸好德. 덕을 좋아하는 것, 고종명考終命. 제 명대로 죽는 것으로 설명하고 있다. 그러나 민간 속설은 건강한 치아를 오복이라고 말한다. 그만큼 치통이 괴롭기 때문이다. 조선 중기 문신 소세양蘇世讓. 1486~1562년의 〈치병齒病〉이라는 시는 "내 늙도록 100가지 병을 겪었으나 이 앓는 것처럼 아픈 것은 없다我老經百病 病莫如病齒"라며 치통의 괴로움을 말해준다. 목은牧隱 이색李穡의 〈늙은 나我老〉라는 시에는 "이가 쑤시니 건어를 씹거나 연포를 마시기도 참으로 힘들구나齒病嚼乾魚 軟飽眞難繼"라는 구절이 있다. 연포軟飽란 음주를 뜻하는데, 송나라 소식蘇軾의 〈광주를 떠나며發廣州〉라는 시에 "세 잔을 연포한 후 베개 베고 자니 여유로다三杯軟飽後 一枕黑甜餘"라는 구절이 있다. 송宋의 홍각범洪覺範은 법명이 혜홍惠洪이라는 승려인데, 그의 《냉재야화冷齋夜話》에는 중국 방언에 술 마시는 것이 연포이고, 달게 자는 것이 흑첨黑甜이라고 설명하고 있다.

치통의 원인에 대해 《지봉유설芝峯類說》은 "보통 사람들은 치통의 아픔이 월식月蝕날 밤에 음식을 먹는 데서 많이 생긴다고 말한다"라고 적고 있다. 《성종실록成宗實錄》에는 제주 의녀 장덕張德과 제자 귀금貴今이 충치를 제거하는 의료술이 있었다고 전하는데, 보통의 경우에는 민간 처방에 의존할 수밖에 없었다. 조선 후기 조인영趙寅永. 1782~1850년이 배 위에서 치통이 발생하자 맑은 물로 양치질했더니 통증이 가셨다는 이야기가 이유원李裕元의 《춘명일사春明逸史》에 나온다. 뿌리가 까마귀 머리처럼 생겨서 오두烏頭라고 불렸던 바꽃의 덩이뿌리나 말벌의 집인 노봉방露蜂房이 민간 치통 치료제로 사용됐고, 박하薄荷 잎이나 정자유丁字油를 아픈 이에 끼우거나 곤약崑蒻을 아픈 쪽 뺨에 대는 것도 통증 제거용으로 사용됐다.

새터민 교육 기관인 하나원은 새터민의 질환 중에 치과 관련이 가장 많다고 밝혔다. 부실한 의료 시설과 낮은 영양 상태가 주범일 텐데 치통처럼 시급히 치료해야 할 병이 없다는 것을 아파 본 사람은 안다.

시대와 고락을 함께하는 노래

한漢나라의 이연년李延年은 유명한 가인歌人이다. 《한서漢書》〈이연년 열전〉과 〈효무 이 부인 열전孝武李夫人列傳〉은 "새롭게 소리를 바꾸어서 노래를 잘했다. (……) 듣는 사람이 감동을 금치 못했다"라고 전한다. 그는 효무孝武. 한 무제 앞에서 춤추며 "북방에 한 미인이 있어 세상과 떨어져 홀로 서 있네. 한 번 돌아보니 성이 기울고 두 번 돌아보니 나라가 기우네. 성이 기울고 나라가 기우는 줄 어찌 모르랴만 미인은 다시 얻기 어렵기 때문이지北方有佳人 絶世而獨立 一顧傾人城 再顧傾人國 寧不知傾城與傾國 佳人難再得"라고 노래했다. 무제武帝가 "좋도다. 그러나 어찌 이런 미인이 있겠는가"라고 탄식했는데, 그런 여인이 다름 아닌 가인의 누이 이연李姸이었다. 나라를 기울게 하는 경국지색傾國之色이라는 성어의 유래다.

악인樂人 집안 출신이기에 이연도 가무가 뛰어났지만 요절하고 말았다. 그러자 한 무제는 거의 미쳐서 이연의 초상화를 감천궁甘泉宮에 걸어놓고, 방사方士. 술사에게 반혼향返魂香을 피워 그 넋을 불러들여 만났다고 전해질 정도다. 또 이 부인을 애도하는 〈도이 부인사悼李夫人辭〉를 짓고 "아름다운 사람 생각 잊을 수가 없도다懷佳人兮不能忘"라며 인생무상을 노래하는 추풍사秋風辭도 지었다. 이연년은 누이 덕에 협률도위協律都尉까지 올라갔으나 무제는 세월이 흘러 이 부인에 대한 그리움이 엷어지자 이연년을 다른 죄에 연좌해 죽였다. 마치 사랑의 무상함과 권력의 냉혹함을 보여주듯이.

조선 후기에 서울 가객들 사이에서 빠른 가락의 시조창時調唱인 신성新聲이 유행했다. 신성은 원래 예부터 전해지던 고악부古樂府에 대비되는 노래를 뜻했다. 연암燕巖 박지원朴趾源은 사장士章 박상한朴相漢, 1742~1767년을 애도하는 〈사장 애사士章哀辭〉에서 "박상한이 한밤중에 가야금을 타면서 신성을 변주變奏하는데 그 가락이 끊어졌다 이어지는 것이 처량해서 슬픈 감회를 느끼지 않은 적이 없었다"라고 전하고 있다.

요즘 기성 가수뿐만 아니라 아마추어 가수들의 경연 대회가 붐을 이루고 있다. 가인들이 저렇게 많았나 하는 생각이 절로 든다. 《공자가어孔子家語》〈변악해辯樂解〉에는 은나라 순舜임금이 가야금을 타면서 부른 〈남풍시南風詩〉가 전한다. "남풍의 훈훈함이여. 우리 백성들의 노여움 풀어주겠구나! 남풍이 때맞춰 붊이여. 우리 백성들의 재물을 풍성히 해주겠구나!南風之薰兮 可以解吾民之慍兮 南風之時兮 可以阜吾民之財兮"라는 노래다. 개인의 감정을 표출하는 노래도 좋지만 시대와 고락苦樂을 함께하는 이런 노래도 들린다면 금상첨화겠다.

단풍 구경

선조들은 오동잎 지는 소리로 가을을 알았다. 오동잎이 가장 먼저 지기 때문이다. 퇴계退溪 이황李滉의 〈서당 김응림의 가을 감회書堂次金應霖秋懷〉라는 시에 "오동나무에 가을이 들었네秋入梧桐"라는 구절이 있다. 이황은 이 구절 뒤에 《회남자淮南子》에 나온다면서 "오동잎 하나가 떨어지면, 가을인 것을 천하가 안다梧桐—葉落 則天下知秋"라는 구절을 덧붙였다. 사마광司馬光의 〈오동梧桐〉이라는 시에도 "처음 오동잎 하나가 떨어지는 소리를 들으면, 9월 가을이 온 것을 안다初聞—葉落 知是九秋來"라는 구절이 있다. 여기서 9월은 물론 음력이다. 오동잎이 지고 나면 단풍이 든다. 관풍觀楓, 즉 단풍놀이가 시작된다.

조선 중기 최고의 시인으로 꼽혔지만 평생 야인으로 생을 마쳤던 석주石洲 권필權韠, 1569~1612년의 〈송도 가는 의상인을 보내며送義上人之松都二首〉라는 시에 "고사에서 경서 뒤적이는데 가을이 또 다하니 만산에 붉은 단풍잎 절로 저녁노을이구나古寺翻經秋又盡 萬山紅葉自黃昏"라는 구절이 있다. 모든 산에 단풍이 저녁노을처럼 붉게 물들었다는 절창이다. 당唐나라의 한유韓愈도 〈광선상인빈견과廣宣上人頻見過〉에 "하늘 차가운 고사에 찾아오는 이 없는데 단풍잎은 창 앞에 얼마나 쌓였는지天寒古寺遊人少 紅葉窓前有幾堆"라고 고사의 가을을 노래했다. 조선 후기 이규경李圭景은 〈사시四時의 청취淸趣〉에서 "가을 오후에는 백접리白接離 쓰고 은사삼隱士衫 입고 단풍잎 지는 것을 바라보다가 문득 시구 하나를 얻어 단풍잎 위에 쓴다"라고 말했다. 백접리는 진晉나라 때 애주가 산간山簡이 썼다는 두건인데, 시선詩仙 이백李白은 〈양양가襄陽歌〉에서 그를 두고 "석양은 현산 서쪽으로 넘어가려 하는데 백접리 거꾸로 쓰고 꽃 아래서 헤맨다落日欲沒峴山西 倒著接離花下迷"라고 읊었다. 은사삼은 도가道家의 은자隱者 성방成芳이 맥림산麥林山에 은거할 때 입었다는 적삼이다. 단풍 보러 산에 가는 것을 유산遊山, 또는 등고登高라고 한다.

《동국여지승람東國輿地勝覽》〈한성부漢城府〉남산 팔영八詠 조에 "구월등고九月登高"라는 말이 있다. 9월 9일 산에 올라 국화주를 마시며 재액을 쫓는 것이다. 주말마다 단풍객들로 설악산 등지가 몸살을 앓는다는 소식이다. 홍석모洪錫謨, 1781~1850년는 《동국세시기東國歲時記》에서 남한산, 북한산, 도봉산, 수락산 등도 단풍 구경에 좋다고 했다.

꽃놀이

고려 개경 궁궐 안에는 상춘정賞春亭과 상화정賞花亭이라는 정자가 있었다. 상賞 자에는 '즐기다, 감상하다'라는 뜻이 있으니 봄을 감상하고 꽃을 감상한다는 뜻의 정자다. 고려 인종 4년(서기 1126년)에 발생한 이자겸李資謙의 난으로 궁궐 대부분의 전각이 불탈 때도 상춘정, 상화정, 산호정山呼亭은 불타지 않았다고 전한다. 꽃놀이를 상화賞花, 또는 심화尋花, 심방尋芳이라고도 한다. 봄이 되면 궁 안팎 여러 곳에서 꽃놀이가 열렸는데,《국조보감國朝寶鑑》에는 조선 중종 때 경회루慶會樓 아래에서 상화연賞花宴을 베풀었다는 기사가 있다. 단순히 꽃만 보자는 게 아니라 봄의 기운을 자연과 함께 나누자는 뜻이 담겨 있다.

고려 말기 문인 이규보李奎報는 〈봄날 흥이 일어서春日寓興〉라는 시에서 "새도 종일 쉬지 않고 지저귀며 웃으니 새도 꽃놀이 즐기는 소리인 줄 어찌 알지 않겠는가鳥亦喃喃終日哢 安知不爲賞花吟"라고 새도 사람처럼 꽃놀이를 즐긴다고 노래했다. 정자程子라고 불렸던 송나라 성리학자 정호程顥, 정이程頤 형제의 문집인《이정전서二程全書》

〈이천 선생 연보伊川先生年譜〉에는 어느 봄날 송 철종哲宗이 경연經筵을 마치고 난간에 기대서 버드나무 가지를 꺾자 정이程伊川이라 불림가 "새봄을 맞아 막 싹 트는 나뭇가지를 까닭 없이 꺾으면 안 됩니다"라고 말렸는데 철종이 언짢게 여겼다는 기사가 있다.

정조는 매년 봄 신하들과 함께 창덕궁 북원北苑. 비원의 연못 등에서 꽃놀이하며 낚시하는 상화조어연賞花釣魚宴을 베풀었다. 정조가 한 수 읊으면 신하들이 대구對句로 화답하는 연회였는데, 정조 19년(서기 1795년)의 상화조어연에는 정약용丁若鏞도 참가했다. 정조가 죽자마자 노론 벽파가 정권을 잡고 정약용은 유배를 가는데, 유배지 강진에서 연못에 핀 꽃을 보고 그 시절이 생각나 〈여몽령如夢令〉이라는 시를 지었다. "가만히 꽃놀이 잔치 추억하니 두 줄기 맑은 눈물 마구 흐르네. 취한 듯, 취한 듯한 그때가 벌써 10년 전 일이구나細憶賞花筵 放下一雙淸淚 如醉 如醉曾是十年前事"라는 시다.

지금은 서울에서 여의도 꽃놀이가 유명하지만 조선 때는 남산 꽃놀이와 살곶이 들판의 꽃놀이가 유명했다. 그래서 남산 꽃놀이라는 뜻의 〈목멱상화木覓賞花〉라는 시와 살곶이 들판의 꽃놀이라는 뜻의 〈전교심방箭郊尋芳〉이라는 시가 있다. 서거정徐居正이 지은 〈목멱상화〉의 "누대에 은은히 비치는 붉은빛이 비 온 듯하네樓臺隱映紅似雨"라는 구절은 진달래 등이 꽃놀이의 주 대상이었음을 알 수 있다. 벚꽃이 꽃놀이의 대명사가 된 것이 과연 자연의 소이인지 인공의 소산인지 궁금하다.

라면과 건면

라면은 한자로 납면拉面이라고 하는데 일각에서는 일본의 안도 모모후쿠安藤百福, 1910~2007년가 발명했다고 본다. 일제 강점기 대만臺灣에서 출생한 안도의 원명은 오백복吳百福이었으나 일본으로 귀화했다. 그의 출생지인 가의현嘉義縣 부근의 복자각樸仔脚, 현 박자시朴子市은 제염업과 면이 유명한 곳이다. 패전 후 신용 조합을 운영하다가 파산한 안도가 자택 정원의 오두막에서 면에 대해 연구해 1958년 8월 25일 치킨 라면을 상품화하는 데 성공했는데, 이를 라면의 기원으로 보는 것이다. 라면은 순식간에 인기 상품이 됐고, 그의 일청식품日淸食品도 크게 성장했다. 이 덕분에 안도는 일본 즉석식품공업협회 회장과 세계라면협회 회장을 역임했으나 그가 발명한 것은 즉석 라면이지 라면 그 자체는 아니다.

라면의 원조는 면에서 물기를 뺀 건면乾麪, 乾麵으로 중국은 물론 조선에도 있던 식품이다. 명明나라 때 진중림陳仲琳이 쓴 소설《봉신연의封神演義》에 건면乾麵을 샀다는 기록이 나온다. 순조 32년(서기 1832년) 동지사冬至使 겸 사은사謝恩使 서경보徐耕輔의 서장관書狀官으로 북경에 다녀온 김경선金景善의 사행使行 일기인《연원직지燕轅直指》에는 요동遼東을 지나다가 '취거점聚居店'이라는 곳에 들렀더니 "한 방에 건면乾麵을 수두룩하게 쌓아두었다'고 전하고 있다.

이규경李圭景의 《오주연문장전산고五洲衍文長箋散稿》〈제선諸膳〉조에는 건면에 관한 흥미로운 기록이 나온다. 시중에서 메밀, 보리, 밀가루 등을 사다 반죽해서 얇게 썰어 광주리에 담아 말려서 저장했다가 창졸간에 손님을 접대할 때면 간장만 넣고 끓이면 되는데 "면이 윤기가 나는 것이 신면과 다르지 않다麵潤無異新麵"라는 것이다. 지금 라면의 원리와 똑같다. 조선총독부에서 발행하던 《매일신보每日新報》 1942년 6월 29일 자에는 경성부京城府, 서울에서 소위 "식봉공食奉公을 한다고 해서 대용식일代用食日의 경우 점심을 쌀 대신 건면乾麵으로 배급하기로 방침을 결정했다'라고 전하고 있다. 대일 항쟁기 때도 건면이 활발하게 유통됐던 것이다. 1948년 10월 27일 자《자유신문》에는 흥미로운 기사가 눈에 띈다. 기업처企業處에서 건면乾麵 판매 가격을 결정해 고시했는데, 생산자의 최고 판매 가격은 관貫당 142원이고 소매업자의 최고 판매 가격은 146원이라는 것이다. 중간 마진이 그만큼 적었고 위배할 경우 제재했음을 알 수 있다.

국내 라면 회사들이 장기간 가격을 담합했다는 공정거래위원회의 발표에 서민들이 크게 공분했던 적이 있다. 서민 덕분에 재벌까지 된 라면 회사의 행태로는 염치가 없다.

겨울철 운송 수단

우리 선조들은 겨울철에 여러 운송 수단을 사용했다. 눈에 빠지지 않게 신에 덧대 신는 설피雪皮가 있었고, 고로쇠나무 등으로 만드는 스키도 있었다. 다양한 용도로 사용한 것이 설마雪馬인데, 썰매의 어원이다. 실학자 이익李瀷은 《성호사설星湖僿說》〈설마〉 조에서 "북쪽 변방에는 겨울철에 사냥용으로 설마를 사용한다"라고 설명하고 있다. 나무로 만든 설마는 밑바닥에 기름을 칠한다. 그래서 이익은 "사람이 타고 높은 데서 아래로 질주하면 나는 것처럼 빠르다"라면서 "곰과 호랑이 따위를 만나도 모두 찔러서 잡을 수 있는 빠르고 날카로운 기계"라고 설명한다. 조선 후기 문신 장유張維는 동작진에서 노량까지 설마를 타고 와서는 "위는 평평하고 아래는 배처럼 생겼다"라고 설명하고 있다. 장유는 "갈기도 없는데 왜 말이라고 부르고 얼음 위를 달리는데 설雪 자를 왜 붙였나非鬣曷稱馬 行氷何取雪"라고 희롱했다. 장유는 "나는 수레니 바퀴 자국 남지 않고 달리는 탄환도 이보다는 느리리니 화살 정도는 겨루기를 포기하리라飛輪絶軌轍 走丸翻覺遲 激矢須讓疾"라고 읊었다. 마치 동계 올림픽의 봅슬레이를 설명한 것 같다.

명종 3년(서기 1548년) 충청도 단양 현감이었던 퇴계退溪 이황李滉은 단양 서쪽 단구협丹丘峽 끝에서 남쪽으로 설마동雪馬洞이 있었다고 전한다. 설마는 시골 사람의 전유물이 아니었다.《동국여지승람東國輿地勝覽》〈한성부漢城府〉'산천' 조는 "서울에 두 개의 설마현雪馬峴. 고개이 있는데 목멱산木覓山. 남산 남쪽에는 대설마현, 산 동쪽에는 소설마현이 있었다"라고 전한다. 서울 사람들도 설마를 많이 탔기에 생긴 이름이다. 실제로 아계鵝溪 이산해李山海는 양화진 남쪽 언덕에 이덕연李德演이 지은 이수정二水亭이라는 정자에 대해 글을 쓰면서 "내 집이 노량강鷺梁江 위에 있으니 서로 마주 보면 겨우 10여 리", "세모歲暮를 기다려 얼음이 두껍게 얼면 설마를 타고 내려가 이수정에서 자면서 부賦를 짓겠다"라고 말하고 있다.

설마는 공식 용도로도 사용됐다. 북경 사신 일기인《연행일기燕行日記》에는 사신 일행이 설마를 타고 겨울 강을 건너는 이야기가 등장한다. 중국 당唐나라 구양순歐陽詢이 지은《예문유취藝文類聚》에는 '답설마踏雪馬'가 나오는데, 눈썰매가 아니라 네 발굽이 모두 흰말을 뜻하는 용어다. 2018년 평창 동계 올림픽 개최 소식을 듣고 선조들의 겨울철이 생각났다.

소가 대접받던 시절

조선에는 세 가지를 금한다는 삼금三禁이 있었다. 함부로 술을 빚지 못하는 주금酒禁, 소나무를 베지 못하는 송금松禁, 소를 잡지 못하는 우금牛禁이었다. 그만큼 소가 귀했다. 김홍도金弘道의 〈설후야연雪後野宴〉이라는 그림이 있다. 사대부들이 눈 내린 겨울 들판에서 기생들과 쇠고기를 구워 먹는 그림이다. 냄새 때문에 양반들도 들판에 나가서 구워 먹어야 했다. 밀도살자를 엄하게 처벌해 성종 때는 먹으로 얼굴에 재우宰牛. 소 밀도살자라고 새기기도 했다. 아무리 엄금해도 밀도살이 절대 사라지지 않는 이유는 시장에서 원하기 때문이었다. 소의 쓸개 속 덩어리인 우황牛黃도 우황청심환牛黃淸心丸이나 우황사심환牛黃瀉心丸 같은 약재에 꼭 필요했다. 그래서 특수한 경우에 도살을 허용했다.

조선 후기 공문서 양식 사례집인 《유서필지儒胥必知》에는 '부모의 병환에 전우고全牛膏. 우황를 쓰게 해달라는 청원서 양식爲親患用全牛膏所志'이 있다. 또한 《유서필지》에는 다리 부러진 소를 잡기를 원한다는 땔감 장수柴商의 요청에 관청에서 '거피립본去皮立本'이 마땅하다고 판결한다. 거피립본이 도살을 원하는 백성과 관청 사이의 타협 조건이다. 고기는 팔아서 송아지를 사서 새 밑천으로 삼되 소가죽은 관청에 바치는 것이다. 조선 후기 18세부터 84세까지 꾸준하게 일기를 썼던 무관 노상추盧尙樞의《노상추일기》순조 15년(서기 1815년) 4월 조에도 소의 다리가 부러졌으니 거피립본을 원했다는 구절이 나온다.《영조실록英祖實錄》30년(서기 1754년) 1월 2일 자는 "경조京兆. 한성부에 명해 우금을 늦추게 했다"라는 기록이 있다.

세밑이나 설날에는 우금을 잠시 늦추어주기도 했다. 그러나《순조실록純祖實錄》6년(서기 1806년) 1월 5일 자에 "세밑에 우금이 엄중하지 않았다는 이유로 추조秋曹. 형조와 경조京兆 당상관을 파직했다"라는 기록처럼 아주 특별한 경우였다. 우금을 범하면 벌금으로 우속牛贖을 바치는데,《승정원일기承政院日記》영조 17년(서기 1741년) 7월 1일 조는 '우속전牛贖錢'이 무려 100여 냥이라고 기록하고 있다.

솟값은 떨어지고 사룟값은 오르자 소를 굶겨 죽인다는 소식이 있었다. 동물 보호법으로 처벌을 검토한다지만 농민 개인만의 문제가 아니다. 외국산 소고기가 수입될 때 진짜 문제는 광우병이 아니라 축산 농가 붕괴였다는 사실이 다시 한 번 입증된 것이다. 미리 예방하지 못하고 극단적인 상황이 발생하면 그때야 우왕좌왕하는 당국의 행태는 역시나 반복되고 있다.

정월 대보름 달맞이

선조들은 삼원사립三元四立을 중시했다. 삼원三元은 상원上元. 음력 정월 15일, 중원中元. 7월 15일, 하원下元. 10월 15일을, 사립四立은 계절이 시작되는 입춘立春, 입하立夏, 입추立秋, 입동立冬을 뜻한다. 상원인 정월 대보름 밤이 원소元宵다. 《삼국사기三國史記》 신라 진성여왕 4년(서기 890년) 조는 "정월 15일에 왕이 황룡사에 행차해 연등燃燈을 구경했다"라고 전한다. 《고려사高麗史》 명종明宗 2년(서기 1172년) 조는 "태조가 2월 보름을 연등절로 정했다고 해서 좇았다가 다음 해부터 다시 상원을 연등절로 삼았다"라고 기록해 신라와 고려는 연등 행사가 성대했음을 말해준다.

중국 양梁나라의 종름宗懍이 편찬한 《형초세시기荊楚歲時記》에는 "인일人日. 1월 7일의 맑고 흐림으로 그해 농사의 풍흉을 점쳤다陰晴占豐耗. 그날에는 형을 집행하지 않았다"라고 전한다. 조선 중기 권필權韠. 1569~1612년은 《석주집石洲集》에서 "우리나라 풍속國俗에는 대보름달을 보고 한 해의 풍흉을 점친다"라고 해 중국과 풍흉을 점치는 시기가 다름을 알 수 있다. 박지원朴趾源은 《열하일기熱河

日記》〈4월 8일에 등을 걸다四月八日放燈〉조에서 "중국은 14일부터 16일까지 대보름 밤 연등놀이를 하지만 우리나라는 4월 초파일에만 한다"라고 했고, 조선 중기 황호黃𣴎도 "조선에는 연등 행사가 없고 다만 이날 아침 선조의 사당에 잔을 올린다"라고 했다. 유교 국가 조선에서는 연등제가 없어지고 조상에게 헌물獻物하는 날로 바뀌었음을 알 수 있다.

홍대용洪大容도 《담헌서湛軒書》〈가묘다례식家廟茶禮式〉조에서 "정조正朝에는 가묘에 탕과 떡을 한 그릇씩 올리고, 상원에는 약밥藥飯을 한 그릇 올린다"라고 기록하고 있다. 그런데 조선 초기 성현成俔은 〈전가사 십이수田家詞十二首〉에서 "온 이웃이 술상 차려놓고 대보름날 밤에 모여 동산 달맞이하자고 서로 찾아다니네. 달은 무심하게 떠올라 비추지만 노인들은 해마다 풍년을 점치네老叟年年占豐兆"라고 노래했다. 연등은 없어졌지만 대보름 달맞이가 성행했다는 것이다. 조선 후기 홍석모洪錫謨는 《동국세시기東國歲時記》에서 영월迎月·달맞이 등 서른일곱 가지의 대보름 민속 행사를 적고 있는데, 현존하는 것은 약밥, 오곡밥, 팥죽, 작절嚼癤·부럼 등 먹는 풍속뿐이다.

달을 친근하게 여긴 민족

추석에 대한 가장 이른 기록은 《삼국사기三國史記》 〈유리 이사금儒理
尼師今〉 9년(서기 32년) 조에 나온다. 신라 유리왕은 서라벌의 6부部
여성들을 두 편으로 나눠 왕녀 두 사람에게 거느리게 했다. 7월
16일 아침 일찍부터 대부大部 마당에 모여 길쌈 짜는 시합을 시작
해 을야乙夜, 밤 9~11시에 파하게 했다. 8월 보름에 그 결과를 따져 진
쪽에서 술과 음식을 장만해 이긴 쪽에 사례했는데, 이때 노래와
춤과 온갖 유희가 함께 일어난 것이 가배嘉俳였다. 가배가 한가위
라는 뜻이다. 진 쪽의 한 여자가 일어나 춤을 추고 탄식하면서 "회
소! 회소!會蘇會蘇"라고 읊었는데 그 음조가 아주 슬프고 아름다워서
뒷사람들이 그 소리를 따서 노래를 짓고는 이름을 〈회소곡會蘇曲〉
이라고 했다는 기록이다. 2,000여 년 전인 서기 32년에 한가위가
시작됐다는 뜻이다.

　　《삼국사기》 〈잡지雜志 제사祭祀〉 조에는 혜공왕惠恭王, 재위
765~780년 때 오묘五廟, 다섯 임금의 사당를 정하고 1년에 여섯 번, 즉 정
월 2일과 5일, 5월 5일, 7월 상순, 8월 1일과 15일에 제사 지냈

다. 추석에 국가에서 선왕들에게 제사 지냈다는 뜻이다. 《삼국유사》〈가락국기駕洛國記〉는 "매년 정월 3일과 7일, 5월 5일, 8월 5일과 15일에 맑고 깨끗한 제물祭物을 올리는데 대대로 이어져 끊이지 않았다"라고 기록하고 있어 가야에서도 추석 때 제사를 지냈음을 알 수 있다.

중국에서는 추석을 중추절仲秋節이라고 하는데 《예기禮記》〈월령月令〉에 "중추 달에는 (……) 쇠약한 노인들을 봉양한다仲秋之月 (……) 養衰老"라고 전하고 있다. 그러나 이때만 해도 모든 민간이 함께 즐기는 명절은 아니었다. 당唐 현종玄宗 때 기록인 《개원천보유사開元天寶遺事》에 따르면 "중추 저녁에 현종이 양귀비와 장안長安. 서안의 건장궁建章宮 태액지太液池에서 달맞이를 했는데 이를 관민들이 모방하면서 중추절에 달을 감상하는 습속習俗이 형성됐다"라고 기록하고 있다. 당 현종의 연호인 개원開元 · 천보天寶는 713~756년 간이니 중국은 8세기 중엽에야 추석이 명절이 됐음을 알 수 있다.

일본에서는 추석을 달맞이月見, 또는 십오야十五夜라고 하는데 헤이안 시대平安時代, 8세기 말~12세기 말부터 귀족들 사이에서 배를 타고 수면에 흔들리는 달을 즐기는 풍습이 생겼다고 전해지고 있다. 추석 명절은 우리가 가장 빨랐다. 그만큼 달을 친근하게 여겼던 민족이었다.

추위가 오기를 비는 제사

지금보다 난방 수단이 부실했던 옛사람들은 겨울이 따뜻하면 좋아했을 듯하지만 그렇지 않았다. 심지어 겨울이 따뜻하면 나라에서 추위가 오기를 비는 기한제祈寒祭를 지냈다. 《국조보감國朝寶鑑》성종 17년(서기 1486년) 12월 조에 "겨울이 따뜻해서 얼음이 얼지 않자 기한제를 지내게 했다"라는 기록이 이를 말해준다. 성종의 아들 연산군은 재위 5년(서기 1499년) 겨울 "기한제를 끝내니 찬바람 불어오네. 하늘에서 작은 정성에 감응하셔서 곧 보답하시는구나祈寒初畢凜風吹 天感微誠報片時"라는 시를 지었다.

춥지 않은 겨울보다 더 큰 문제는 눈이 없는 겨울이었다. 눈이 많이 와야 땅이 기름져서 보리와 밀이 잘 자라기 때문이다. 눈이 안 오면 보리나 밀이 상하리라고 걱정했다. 그래서 납일臘日 전에 세 번 눈이 와 천지가 설국이 되는 삼백三白을 상서로 여겼다. 납일은 한 해의 농사 상황에 대해 신에게 제사 지내는 날인데 중국에서는 동지 뒤의 셋째 술일戌日로 여겼다. 조선은 인조 14년(서기 1636년) 통신사의 일행으로 일본에 갔던 황호黃床가 일본인에게

"우리나라에서는 동지 뒤 미일未日을 납일로 쓰는데, 아마 동방은 본디 곳간이 미방未方에 있기 때문일 것"이라고 말한 것처럼 중국과 달랐다.

눈이 오지 않으면 눈을 비는 기설제祈雪祭를 지냈다. 《국조보감》 철종 4년(서기 1853년) 12월 조는 "겨울에 눈이 오지 않자 종묘, 사직, 북교北郊. 창의문 밖에서 기설제를 지냈는데 이튿날 큰 눈이 왔다"라고 전한다. 숙종 8년(서기 1682년)에는 두 번의 기설제를 지냈으나 눈이 오지 않자 12월 16일 세 번째로 삼각산, 목멱산木覓山. 남산, 한강, 풍운뇌우 산천단風雲雷雨山川壇, 우사단雩祀壇 등 기우제를 지내는 단의 다섯 곳에서 다시 지냈다. 풍운뇌우 산천단은 서울 청파역青坡驛 근방에 있던 풍운뇌우산천 성황단風雲雷雨山川城隍壇의 가운데에 위치한 풍운뇌우의 신좌神座를 가리킨다. 고려 때 이규보李奎報의 《동국이상국집東國李相國集》에는 "여러 신사神祠에 눈을 비는 제문"이 있는데 "바라건대 구현九玄. 도교의 신께서 내리도록 인도하셔서 삼백三白의 상서로움을 늦추지 마소서岡稽三白之祥"라는 구절이 있다.

함석헌 선생이 애송했던 영국 시인 메리 셸리Mary Shelley의 "겨울이 만일 온다면 봄이 어찌 멀었으리오"라는 시구가 생각난다. 겨울이 오면 봄 또한 올 것이다..

봄이 왔어도 봄 같지 않으니

봄이 와도 봄 같지 않고 추운 것을 '춘래불사춘春來不似春'이라고 하는데 뜻밖에도 중국의 4대 미인 왕소군王昭君과 관련 있는 말이다. 왕소군은 한漢나라 원제元帝 때의 양가良家 출신 궁녀다. 한나라는 북방 강국 흉노匈奴와 화친하는 것이 절대 과제였다. 그래서 원제는 서기전 33년 흉노의 호한사呼韓邪 선우單于. 황제에게 여인을 주어 화친을 맺는데 그가 바로 왕소군이다. 원제는 그림을 보고 여인을 선택했는데 화공畵工 모연수毛延壽는 왕소군이 뇌물을 주지 않자 못나게 그려주었다. 후에 원제가 왕소군이 절세미인이라는 사실을 알자 선우에게 준 것을 후회하면서 화공 모연수를 죽였다는 일화까지 전한다.

후한 때의 문신 동방규東方虯가 〈왕소군의 원한昭君怨〉이라는 시에서 "오랑캐 땅에는 화초 없으니 봄이 와도 봄은 아니리. 저절로 허리띠 느슨해졌지 허리 날씬하게 하려던 것 아니라네胡地無花草 春來不似春 自然衣帶緩 非是爲腰身"라고 왕소군의 심정을 대신 노래한 것이 '춘래불사춘'의 유래다. 그래서 춘래불사춘은 원래 봄이 와도 고향에 가지 못하는 향수鄕愁를 뜻한다.

선조 30년(서기 1597년) 정유재란丁酉再亂 때 포로로 끌려가 일본에서 3년 동안 억류됐던 정희득鄭希得이 남긴 《해상록海上錄》에도 같은 시구가 등장한다. 정희득은 원래 자신의 억류 기록을 만 번의 죽음을 무릅썼다는 뜻에서 《만사록萬死錄》이라고 지었는데, 그의 후손이 《해상록》으로 고쳤다. 그가 일본 억류 중에 쓴 시 중에서 "고향은 천 리 밖이니 서쪽 하늘 바라봐도 꽃 지고 꽃 피는지 묘연하구나故鄕千里向西天 花落花開又渺然"라고 고향의 봄을 그리워한 구절이 있다. 그는 "옛 정원의 춘색은 관리하는 사람 없으리니 봄은 바로 왔건만 봄 같지 않네故園春色無人管 直到春來不似春"라고 노래했다. 정희득은 "돌아가고픈 마음 모두 읊어도 시는 만들어지지 않는데 초경이 지나고 삼경이 됐네. 가련하구나 창밖 구름에 걸린 달. 오히려 쓸쓸한 등불처럼 나그네 마음 비추네吟罷歸心句不成 一更更盡到三更 可憐窓外雲頭月 猶當寒燈照客情"라고 거듭 향수를 노래했다.

원元나라에서 과거에 급제해 국사원 편수관國史院編修官 같은 관직을 역임했던 목은牧隱 이색李穡도 〈남신점南新店에서〉라는 시에서 "인정은 봄 산 빛과 같지 않은데 나그네 꿈꾸는데 밤비 소리에 놀라 깨네人情不似春山色 客夢偏驚夜雨聲"라고 노래했다. 인정은 봄처럼 따뜻해야 하는데 타향의 인정은 그렇지 않다는 것이다. 기상 이변으로 봄이 아닌 봄이 몇 년째인가. 인정은 이미 삭막해졌으니 어디 간들 따뜻한 봄이 있으련만.

혀는 과연 뇌를 이길까

언제 우리나라에 커피가 들어왔는지는 정확하지 않다. 각국과 통상 조약을 맺기 시작하는 1880년대 이후 들어왔으리라 추측할 뿐이다. 최초의 커피 마니아로 유명한 이는 고종이다. 《주한일본공사관기록》 1898년 9월 25일 자는 "폐하께서는 때로 양식을 즐겨 찾으시는데 항상 커피를 먼저 찾으시는 것이 상례"라고 보고할 정도였다. 고종은 커피 때문에 목숨도 잃을 뻔했다. '김홍륙金鴻陸 독다毒茶 사건'이 그것이다. 러시아 통역관 김홍륙은 고종 35년(서기 1898년) 거액 착복 혐의로 흑산도로 유배를 가게 되자 공홍식孔洪植과 고지기庫直 출신의 서양 요리사 김종화金鍾和를 꾀어 커피에 아편을 넣게 했다. 《고종실록高宗實錄》은 김종화가 커피珈琲, 咖啡 잔에 약물을 넣었다고 전한다. 《주한일본공사관기록》은 "고종은 맛이 좋지 않다면서 아주 소량으로 두세 번 마셨지만 황태자(순종)는 거의 한두 번에 반 잔을 마셨다"라고 전한다. 커피 맛을 안 고종과 달리 냉큼 마신 황태자는 '인사불성이 됐을 정도'였고 이후 건강이 크게 나빠졌다.

커피와 관련해 빼놓을 수 없는 인물이 초대 주한 러시아 공사 카를 베베르Karl Veber의 처형인 독일 여성 손탁孫澤, Antoinette Sontag이다. 손탁은 고종 33년(서기 1896년) 고종의 '러시아 공사관 망명 사건(아관 파천)'에도 관련된 것으로 알려졌는데, 이때 손탁이 고종에게 커피 맛을 알게 했다고 추측한다. 환궁한 고종은 그녀의 서소문 정동 한옥(이화여고 자리)에 양옥 건물을 지어주는데 이것이 최초의 서구식 호텔인 손탁호텔이다. 이 호텔은 '손탁양저孫澤孃邸'라고 불리며 유명 인사의 단골 숙소가 된다. 러일 전쟁을 취재하던 마크 트웨인Mark Twain과 젊은 시절의 윈스턴 처칠Winston Churchill도 묵었다. 황현黃玹은 《매천야록梅泉野錄》에서 이토 히로부미伊藤博文가 을사늑약 체결을 위해 왔던 1905년에도 "손탁양저에 거주했다"라고 전한다. 1907년 사임한 참정대신 박제순朴齊純의 전별연이 열린 곳도, 이토 히로부미가 한국 고등관高等官을 초대한 곳도 이곳으로, 망해가는 제국의 고급 사교장 구실을 톡톡히 했다.

두 집 건너 한 집씩 커피 전문점이라고 할 정도로 커피 열풍이 거세다. 세계보건기구WHO가 커피를 휴대 전화와 함께 발암 가능성이 있는 물질(2B 등급)로 발표했지만 아랑곳하지 않는다. 건강에 좋다는 각종 연구 결과에도 전통차는 부진을 면치 못한다. 혀는 과연 뇌를 이길까? 다산茶山이라 자호自號할 정도로 차를 즐겼던 정약용이 이 모습을 본다면 무엇이라 할지 궁금하다.

한식에 불을 금한 이유

우리 선조들은 한식寒食을 설날, 단오, 추석과 함께 4절일四節日로 중시했다. 신라인 최치원崔致遠의 《계원필경桂苑筆耕》에는 전사한 장사將士들을 한식 때 위로하는 제문祭文이 남아 있어 유래가 오래됐음을 알 수 있다. "청명에 죽으나 한식에 죽으나 마찬가지"라는 속담은 동지冬至 후 105일째가 한식寒食이고, 106일째가 청명淸明이기에 나왔는데, 올해처럼 청명이 하루 먼저 오기도 하니 별 차이가 없다는 뜻이다.

한식은 불을 금하는 금화일禁火日로서 찬밥을 먹는데, 이와 관련해 여러 고사가 있다. 《사기史記》 〈진세가晉世家〉에는 진晉 문공文公과 19년간 망명 생활의 고초를 겪은 개자추가 문공 즉위 후 소외되자 면산綿山으로 들어갔다고 전한다. 뒤늦게 문공이 나오게 하려고 산에 불을 질렀지만 거부하고 타 죽었기 때문에 이날에는 화식火食을 하지 않는다고 한다. 진晉의 육홰陸翽가 편찬한 《업중기鄴中記》에는 "병주幷州 풍속에 불에 타 죽은 개자추를 애도해 3일 동안 불 때기를 금한다"라고 적고 있다. 국가에서 계절에 맞춰 새 불씨를 내려주기 전까지 불을 금하는 개화改火 때문이라는 설도 있다. 《주례周禮》에 "사철마다 나라의 불國火을 바꿔서 계절 질병時疾을 구제한다"라는 데서 나온 말이다. 불씨를 오래 쓰면 양기陽氣가 강해져 전염병癘疾이 돌기 때문에 주周나라 때는 계절마다 나라에서 불씨를 바꾸어주었다. 새 불씨를 받기 전까지 불을 금지했다는 것이다. 이때 나무를 문질러 불을 일으키는 것을 찬수鑽燧라고 하는데, 그 철의 방위색에 맞는 나무로 불을 일으켰다. 예컨대 겨울의 방위색은 검은색이다. 《태종실록太宗實錄》 6년 3월 24일 자는 "푸른 느릅나무榆와 버드나무柳는 봄에 사용하고, 붉은 살구나무杏와 대추나무棗는 여름에 사용하고, 한여름에는 황색의 뽕나무桑와 산뽕나무柘를 사용하고, 가을에는 흰 조롱나무柞와 졸참나무楢를 사용하고, 겨울에는 검은 회화나무槐와 박달나무檀를 사용했다"라고 전한다.

《형초세시기荊楚歲時記》는 "한식에는 바람이 급하기 때문에 3일 동안 불을 금했다"라고 화재 방지의 목적도 있다고 전하는데, 세종도 재위 13년(서기 1431년) 이날 불났다는 보고를 듣고 앞으로는 아침에 저녁밥까지 짓고 오후에는 불을 쓰지 말라고 명했다. 한식 성묘 때가 1년 중 가장 산불이 많다고 하니 더욱 주의해야 할 일이다.

구제역

소를 우대한 조선은 밀도살을 엄금했다. 성종 때는 밀도살자의 얼굴에 먹으로 재우宰牛라고 새겼다. 재宰는 재상의 의미도 있지만 도살의 의미도 있기에 백정을 재우군宰牛軍이라고도 부른다. 숙종 때는 강제로 극변極邊에 이주시키기도 했다. 그래도 밀도살이 없어지지 않은 이유는 수요처가 부호들이었기 때문이다. 효종의 둘째 사위인 "익평위益平尉 홍득기洪得箕의 궁노宮奴가 우금牛禁. 소 밀도살 금지을 범하고도 단속 관리를 구타했다"라는 《효종실록孝宗實錄》과 "천안군수 김득대金得大가 밀도살한 소를 시장에 내다 팔다가 파직됐다"라는 《숙종실록肅宗實錄》의 기록 등이 이를 말해준다.

《조선총독부관보》1933년 4월 10일 자가 "평북 일대에 구제역口蹄疫이 확산돼 방역 방침 엄수에 관한 평안북도 고유告諭 제1호가 발포됐다"라고 전하는 것처럼 소 전염병에 대해 일제 때부터는 구제역이라고 썼지만 조선 때는 우역牛疫. 소 전염병으로 썼다. 우역은 전쟁이나 기상 이변 등과 함께 온다는 특징이 있었다. 병자호란(서기 1636년) 때 "우역이 팔도에 퍼져 소가 멸종되려 했다"라는《인조실록仁祖實錄》의 기록이 이를 말해준다. 그때 조정에서는 도살을 살인죄처럼 사형으로 다뤄 겨우 멸종을 막았다.

현재의 구제역도 이상 한파와 함께 왔는데 조선 현종顯宗. 재위 1659~1674년 때는 더 심했다. 경신庚申 대참변으로 불렸던 현종 11~12년(서기 1670~1671년)에는 한해旱害. 가뭄, 한해寒害. 혹한, 수해水害, 냉해冷害, 풍해風害, 충해蟲害에 우역牛疫에 여역癘疫. 인간 전염병까지 팔재八災가 휩쓸어 소는 물론 "굶어 죽은 백성들이 길에 깔렸다"라는 기록이 있다. 당시에는 이유를 몰랐지만 최근에는 16~19세기 전 세계적인 소빙기小氷期의 여파가 현종 때 조선을 강타한 것으로 해석된다.

국내 최초로 구제역 바이러스가 공기로 전파된다는 사실을 확인했다는 보도가 있었다. 허균許筠도 17세기 초반에 쓴《한정록閑情錄》에서 비슷한 진단을 내놓았다.《한정록》은 허균이 광해군 6~7년에 북경에 다녀오면서 사재로 무려 4,000권의 책을 구입해 쓴 책이다.《한정록》의 〈소를 기름養牛〉 조에서 허균은 "우역의 유행은 훈김熏蒸에 서로 전염되는 수가 많으니 다른 소가 있는 곳에 데려가지 말고 나쁜 기운을 제거하면서 약을 쓰면 혹 살릴 수도 있다"라고 썼다. 허균은 또 "소의 병은 일정하지 않지만 약을 쓰는 것은 사람과 유사하다"라고도 썼으니 음미할 만한 말이 아닐 수 없다.

봄을 알리는 선비의 꽃, 매화

겨울에 피는 매화梅花는 선비의 지조를 나타내면서 봄소식을 뜻
한다. 매화 중에는 붉은 홍매紅梅가 있다. 일본 교토 대학교 명예
교수 고젠 히로시興膳宏가 쓴 《한어일력漢語日曆》에는 〈홍매〉라는 짧
은 글이 있다. 그는 매화가 나라 시대奈良時代, 710~794년 이전 중국에
서 전해졌다고 썼다. 그러나 8세기 중반 편찬된 일본 최고最古의
시가집인 《만엽집萬葉集》에는 매화에 대한 노래가 100수가 넘지만
모두 백매白梅뿐 홍매에 대한 노래는 없었다고 덧붙인다. 고젠은
중국에서도 북송北宋 때 와서야 시詩에 홍매가 묘사된다면서 왕안
석王安石, 1021~1086년의 시 〈홍매紅梅〉를 소개했다. 고젠 역시 한반도
에서 전해졌다고 써야 할 것을 중국에서 전래됐다고 쓰는 일본
학자들의 고질적 병폐에서 벗어나지 못했지만 이 글을 보니 한국
에는 언제 홍매가 전해졌을까 궁금해졌다.

　　《삼국사기三國史記》를 뒤적여보니 고구려 대무신왕大武神王 2년
(서기 41년) 가을 8월 "매화가 꽃을 피다梅花發"라는 구절은 있었지
만 홍매에 대한 기록은 없었다. 삼국에 있었으면 일본에도 전해

졌을 테고 《만엽집》에도 나왔을 것이다. 조선 후기에는 홍매를 월사매月沙梅라고 불렀다. 이는 월사月沙 이정귀李廷龜, 1564~1635년가 선조 29년(서기 1596년) 동지사冬至使의 서장관書狀官으로 명나라에 갔을 때 가져다 심은 단엽單葉 홍매紅梅를 뜻한다. 그런데 망국 후 만주로 망명했던 이건승李建昇, 1858~1924년이 전라도 구례의 매천梅泉 황현黃玹에게 쓴 편지에 "이미 말라 죽었던 집의 늙은 매화가 을사 년 가을에 다시 살아났습니다"라고 한 내용이 있다. 이 매화는 이 건승의 형 이건창李建昌이 이정귀의 집 매화를 옮겨 심은 월사매 였는데 일제에게 외교권을 빼앗긴 을사년에 다시 살아났다는 것 이다. 홍매의 재생을 망한 나라가 되살아날 징조로 여겨서 이건승 을 비롯한 강화도의 양명학자들이 만주로 망명했는지도 모른다.

월사매는 단엽 홍매지만 다엽多葉 홍매는 월사매 훨씬 이전 부터 존재했다. 13세기경의 고려 사람 이승휴李承休의 〈상유내상 시上俞內相詩〉에 "박복한 여인 하루가 일 년 같은데 홍매 모두 졌건 만 그 사람 소식 없네薄命閨中日似年 紅梅落盡沒人傳"라는 시를 보면 고려 시대 때도 홍매가 꽤 번성했음을 알 수 있다. 조선 초기 성종이 재위 18년(서기 1487년) 1월 홍매 한 가지를 내주면서 시를 지어 올리게 한 기록이 있듯이 홍매는 궁중에서도 즐겨 길렀던 꽃이 다. 봄을 알리는 선비의 꽃 매화가 생각나서 찾아본 단상이다.

황복과 제독 요리법

인간이 언제부터 복어의 제독除毒 요리법을 알게 됐는지 궁금하다. 인간이 복어에 맹독猛毒이 있다는 사실을 안 지는 오래됐다. 3세기 중후반 진晉나라 문인 좌사左思의 《오도부吳都賦》에는 유후태鮪鯸鮐라는 용어가 나온다. 후鯸 자, 태鮐 자는 모두 복어라는 뜻이다. 그 주석에 "후태어鯸鮐魚는 올챙이蝌蚪와 모양이 같은데, 큰 것은 한 척尺, 약 30센티미터이 넘으며 배는 하얗고 등은 검푸르며 황색 무늬가 있는데, 성질에 독이 있다"라고 설명하고 있다. 이 용어가 나오는 《오도부》는 오吳나라 도읍지를 읊었다는 뜻인데, 춘추 때 오나라 도읍지는 장강長江, 양자강 부근에 있는 지금의 소주蘇州였다. 11세기 때 북송北宋 사람 심괄沈括이 소주 출신이며, 그는 《몽계필담夢溪筆談》에서 "오나라 사람들은 하돈어河豚魚를 좋아하는데, 독을 만나면 왕왕 사람이 죽기도 하니 깊게 경계해야 한다"라고 썼다. 심괄이 말하는 하돈어도 복어다. 강의 돼지라는 뜻에서 하돈河豚, 또는 하저河豬라고도 쓴다. 복어의 원이름 하돈河魨과 하돈河豚의 음이 비슷한 데서 유래한 것이다.

10세기 후반 송나라 때 서적인 《태평광기太平廣記》는 "후태어는 호랑이 무늬가 있는데 시속時俗에서 잘 삶아서 먹지 않으면 반드시 죽는다"라고 말해서 이때만 해도 제독 요리법이 완전하지는 않았음을 알 수 있다. 청나라 때 명의 왕사웅王士雄이 "복어의 간, 알子, 피에 독이 있는데, 이 세 가지를 깨끗이 세척하면 먹어도 해가 없다"라고 말했다는 기록이 있다. 조선 초기 문신 서거정徐居正은 〈하돈이 이미 올라왔다는 이야기를 듣고, 유연悠然히 흥이 나서 짓다〉라는 시에서 "한강 강 위는 삼월이라 (……) 하돈이 때마침 맛있어 좋을 때로다漢江江上三月時 (……) 好是河豚方有味"라고 노래했다. 조선 초기에도 제독 요리법이 알려졌음을 알 수 있다.

서거정과 비슷한 시기 사람인 성현成俔은 《용재총화慵齋叢話》에서 김종연金宗蓮이 사람들과 음식 맛을 논하다가 우연히 복어가 사람을 죽이는 일에 말이 미쳤다고 전한다. 때마침 점심 밥상에 조기탕石首魚湯이 올라오자 동료가 "아주 맛있다"라면서 맛을 보라고 권했고 김종연이 "나를 속여서 사람을 죽이려고 하느냐"라면서 탕을 밥상 아래 내려놓아 모두가 크게 웃었다는 이야기다. 제독 요리법이 완전하지는 않았던 것이다.

임진강의 봄철 진객인 황복 어획량이 급감하고 있다고 한다. 중국 장강의 복어가 유명하듯이 한강 복어도 유명했는데 한강 복어는 모두 사라졌다. 임진강 복어도 사라지기 전에 대책이 필요하다.

영혼을 위로하는 풍속

음력 5월 5일 단오端午를 수릿날이라고도 한다. 중국 초나라 회왕懷王 때 굴원屈原이 간신들의 모함 때문에 멱라수汨羅水에 투신한 날이다. 《열양세시기洌陽歲時記》에는 이날 밥을 수뢰水瀨. 물여울에 던져 굴원의 영혼을 위로하는 풍속이 있었기 때문에 수릿날로 불렸다고 기록하고 있다. 수릿날을 우리 민족 고유의 전통으로 보는 견해로는 이날 해 먹는 쑥떡의 모양이 수레바퀴처럼 생겼기 때문이라는 설과 수리취떡을 해 먹었기 때문이라는 설이 있다.

이날 국왕이 재상宰相이나 시종侍從에게 하사하는 부채가 단오선端午扇이다. 일종의 구급약인 옥추단玉樞丹도 하사했는데 가운데 구멍을 뚫어서 오색五色으로 꿰어 패용佩用하고 다니다가 광란이나 서체暑滯가 생기면 물에 개어 마셨다. 옥추단 패용에는 무병장수를 기원하는 벽사辟邪의 뜻도 있었다.

단옷날 창포菖蒲 삶은 물에 머리를 감는 것은 남녀 모두의 풍습이었다. 씨름처럼 남성의 놀이도 있었지만 여성의 놀이가 훨씬 많은 여성의 날이 단옷날이었다. 《동국세시기東國歲時記》에는 여성들이 창포 뿌리를 깎아 비녀를 만들어 수壽 자나 복福 자를 새기고 끝에 연지를 발라 머리에 꽂아 재액을 물리치는 단오장端午粧에 대해 기록하고 있다. 아침 일찍 상추에 맺힌 이슬을 받아 세수를 하면 얼굴이 고와진다는 풍습도 있었다. 이날 여성 놀이의 하이라이트는 그네뛰기였다. 조선 성종 때 스캔들로 유명했던 어우동이 정부情夫였던 종친 수산수守山守 이기李驥를 만난 곳도 도성都城 서쪽의 그네뛰기 장소에서였다. "뉘 집 여자냐?"라는 이기의 물음에 어우동의 여종이 "내금위內禁衛의 첩妾"이라고 대답해 유혹했던 것이다.

단오가 명절이 된 가장 큰 이유는 양기陽氣가 무성한 날이기 때문이다. 또한 강릉 단오제가 대표하듯이 지방에서 더 큰 명절로 삼아왔다. 선조들은 이미 지방 시대의 도래를 예견했던 것인지도 모른다.

고향 생각

고향 생각을 '순챗국蓴羹과 농어회鱸魚膾'로 표현하기도 한다. 《진서晉書》〈장한전張翰傳〉에 나오는 말로서, 진나라 장한이 고향 오군吳郡의 순챗국과 농어회가 생각나 벼슬을 버리고 고향으로 돌아갔다는 데서 나온 말이다. 매화도 향수鄕愁라는 뜻으로 쓰인다. 당나라 송지문宋之問의 시구 중에 "내일 아침에는 고향이 바라보이는 곳에서, 활짝 핀 산 위의 매화를 응당 보리라明朝望鄕處 應見隴頭梅"라는 데에서 나온 구절이다. 그래서 숙종 때의 문신 남용익南龍翼이 일본에 통신사 종사관으로 갔을 때 "보면 고향 생각 걷잡을 수 없을까 두려우니 마을 아이에게 매화 꺾어 오지 말도록 분부하리看時恐惹鄕愁亂 分付山童莫折梅"라고 매화를 향수와 연결해 지은 시가 있다.

고향 생각이 더욱 깊어지는 때는 한식이나 추석 같은 명절이다. 병자호란 때 유명한 주전파主戰派였던 김상헌金尚憲은 〈한식날 길 가던 중 감회를 읊다寒食途中感懷〉라는 시에서 "나그네 병 봄날 상심 정 느끼기 쉬운데 고향 생각나지만 꿈속에서도 가기 어렵네旅病傷春情感易 鄕愁如醉夢歸難"라고 읊었다. 포은圃隱 정몽주鄭夢周는 공민왕 13년(서기 1364년)에 지은 〈추석에 느낀 것中秋有懷〉이라는 시에서 "오늘 밤 추석에 작년의 달은 떴지만 작년의 나그네는 아직도 돌아가지 못했네. (……) 내년은 어디에서 밝은 달 만나려나. 홀로 남쪽 창가에 앉아 시나 읊고 있구나今夜中秋去年月 去年客子猶未歸 (……) 明年何處逢明月 獨坐南窓自詠詩"라며 추석이면 더해지는 향수를 노래했다.

　　향수를 달래는 좋은 방법은 귀향하지 못한 여러 사람이 모여 함께 즐기고 지내는 것이다. 문제는 각자 집으로 헤어지고 난 다음이다. 병자호란 때 주전主戰을 주장하다가 청나라의 수도 심양까지 잡혀갔던 택당澤堂 이식李植의 〈서루에서 객을 보내며西樓送客〉라는 시도 향수에 관한 것이다. "손님도 돌아간 성루城樓의 저녁, 가을 하늘은 요새지에도 활짝 트였네. 어찌할까 사람 보내고 남은 자리, 문득 향수가 일어나는 것을客散層城暮 天空絶塞秋 那堪送人處 却起望鄕愁." 추석에도 고향에 못 가는 사람들이 적지 않으니 안타까울 뿐이다.

타향 처소

관사官舍를 공무원의 주거용 처소로 좁게 보는 것은 일본식 개념이다. 관사는 관청 자체를 뜻했다. 지방관의 주거 공간은 서헌西軒이었다. 정사를 보는 동헌東軒 서쪽에 있었기 때문이었다. 서각西閣도 같은 뜻이다. 《동국여지승람東國輿地勝覽》〈경상도 경산현慶山縣〉조에는 조선 초기 채신보蔡申保가 서헌을 수리했다는 기록이 남아 있다. 채신보는 현령 부임 한 달 만에 자식을 잃었다. 자식 잃은 서헌에서 거주하기 싫어 방황하던 중 우연히 동쪽 수풀 우거지고 큰 대나무 있는 곳에 고려 충숙왕 7년(서기 1320년)에 지었던 서헌을 발견했다. 그가 기둥을 바로 세우고 깨진 기와를 갈아서 서헌 수리를 마친 후 "가족들을 데려다 거처하기 시작했다"라고 《동국여지승람》은 기록한다. 송宋나라 악가岳珂가 편찬한 《장일화유藏一話腴》에는 명필 왕희지王羲之가 "하루도 차군此君, 대나무 없이는 살 수 없다"라고 말했다고 전하는데 채신보도 서헌에 큰 대나무가 있는 것을 따서 '차군헌此君軒'이라고 이름 지었다.

서헌을 다른 말로 연처燕處라고도 한다. 연燕 자는 제비라는 뜻 외에 편안히 쉰다는 뜻도 있다. 노자老子《도덕경道德經》26장의 "수유영관, 연처초연雖有榮觀, 燕處超然"에서 나온 말이기도 한데, '영화로운 것을 보더라도 편안한 곳에서 초연히 지낸다'는 뜻이다. 퇴근 후에는 세상사에 얽매이지 않고 서헌에서 편안히 쉬고 싶다는 뜻이 연처라는 이름에 담겨 있다. 반면《동국여지승람》은 경기도 적성積城, 파주의 서헌 이름이 혜민당惠民堂이었다고 전한다. 퇴근해서도 백성들을 보살피려는 마음을 잊지 않겠다는 뜻이다.

때로는 국왕도 편히 쉬고 싶을 때가 있었다. 정조는 3미터丈 넓이 정도의 작은 움집을 지어놓고 '마음을 모으는 움집'이라는 뜻에서 '회심와會心窩'라고 이름 지었다. 정사를 살피는 여가에 움집에 향을 피워놓고 마음의 이치를 찾고 마음을 모으는 도道를 찾겠다는 뜻이다. 정조는〈회심와명會心窩銘〉에서 "여기가 연처이니 내 마음 맑아지네于以燕處兮 澄吾心兮"라고 노래했다. 벼슬아치의 타향 처소를 여저旅邸라고도 한다. '나그네가 사는 집'이라는 뜻이다.

일부 지방 자치 단체장이 관사를 없애 세금을 아꼈다는 소식이 있었다. 타향에 잠시 머무는 벼슬아치를 위한 것이 여저이니 고향에서 벼슬 사는 사람에게는 필요 없다. 더구나 현존하는 관사 중 상당수는 식민지 시대 일본인 관료를 위한 것이었다.

연종회

조선 전기 문신 서거정徐居正의 《사가집四佳集》에는 〈한강루의 망년회 석상에서漢江樓忘年會席上〉라는 시가 있다. 망년忘年을 일본산産으로 알던 사람들은 의아하겠는데 이때의 망년은 지금과 의미가 다르다. 이규보李奎報의 《동국이상국집東國李相國集》 〈칠현설七賢說〉에 "나는 그때 열아홉 살이었는데, 오덕전吳德全이 망년우忘年友가 되는 것을 허락해 매번 그 모임에 데리고 나갔다"라는 글이 보여주듯이 '나이 차이를 따지지 않는 사귐'이 망년으로, '망년지교忘年之交'라고도 한다. 서거정이 참석한 망년회도 '나이 차이를 따지지 않는 친구 모임'이라는 뜻이다.

상촌象村 신흠申欽이 〈정사년(서기 1617년) 제석除夕에〉라는 시에서 "깊은 골짜기 속에서 오늘 밤 또 한 해를 보내누나峽裏今宵又送年"라고 읊은 것처럼 한 해를 보낸다는 의미로 송년送年이라는 말을 썼지만 송년회送年會라는 용례는 필자가 과문한 탓인지 찾아볼 수 없다. 송년회의 의미를 갖는 모임으로는 연종회年終會가 있다. 조선 후기 박사호朴思浩의 연행 기록인 《심전고心田稿》의 "무자년(서기

1828년) 12월 30일, 새벽에 보화전保和殿에서 열린 연종연年終宴에 나아갔다"라는 기록처럼 중국에서도 행했던 연회다. 조선도 연종제를 행했지만 날짜는 중국과 달라 동지부터 세 번째 미일未日에 거행했다. 이수광李晬光은 《지봉유설芝峰類說》에서 채옹蔡邕의 설을 인용해 남쪽을 뜻하는 적제赤帝는 술일戌日, 서쪽을 뜻하는 백제白帝는 축일丑日, 북쪽을 뜻하는 흑제黑帝는 진일辰日, 동쪽을 뜻하는 청제靑帝는 미일未日에 납향臘享한다고 전하고 있다. 조선은 동쪽에 속하므로 동지 후 세 번째 미일에 연종회를 연다는 뜻이다.

매년 동지 후 세 번째 미일을 찾아서 연종회를 여는 것도 생각할 만하다. 일본의 《대사천大辭泉》은 "한 해가 끝날 무렵, 그해의 고로苦勞를 잊는 것을 망년회라 한다"라고 말하는데, 매년 잊고 싶은 일이 쌓인 해가 반복되고 있다. 이런 해에는 망년회라 불러도 그르지 않을 것이다.

한 해를 보내는 마음

섣달 그믐밤을 새는 것이 수세守歲다. 고려인 이규보李奎報, 1168~1241년
의 〈수세守歲〉라는 시는 "대궐 마당 폭죽 소리 시끄럽지만 어찌하겠
나庭中爆竹奈支離"라고 대궐에서 폭죽을 터뜨렸음을 말해준다. 사귀邪鬼
를 내쫓으려는 행사다. 조선에서는 입직入直, 숙직 신하들에게 음식을
내려주었는데, 사가私家에서 음식을 지인들에게 돌리는 것이 세찬
歲饌이다.

　중국에서는 서촉西蜀 지방 풍속으로 궤세饋歲라고 했다. 이날
잠을 자면 눈썹이 희어진다는 속설이 있어서 잠자는 사람의 눈썹에
몰래 백분白粉을 발라놓기도 했다. 혼자 밤새기는 어려우므로 지인
들이 모여 함께 지샜다. 당나라 시인 두보杜甫는 〈두위 집에서 수
세하네杜位宅守歲〉라는 시에서 "사람들 모이니 마구간의 말 시끄럽
고 횃불 켜니 숲의 까마귀 흩어지는구나. 내일 아침이면 마흔도
지나는데 저녁 해는 지는구나盍簪喧櫪馬　列炬散林鴉　四十明朝過　飛騰暮景斜"
라고 읊었다. 이렇게 친척, 친구들끼리 모여서 한 해를 보내는 것
을 별세別歲라고 했다.

나이가 들수록 한 해가 가는 것이 바람 같다. 그래서 송나라 소식蘇軾은 〈수세守歲〉라는 시에서 "한 해 가는 것을 알고 싶은가? 골짜기로 달려가는 뱀과 같도다欲知垂盡歲 有似赴壑蛇"라고 노래했다. 학봉鶴峰 김성일金誠一은 일본에 사신으로 가서 지은 시에서 "긴 밤 두 눈도 깜짝이지 않지만 수세도 소용없는지 세월 꽃은 이미 살쩍에 들어섰네永夜目不瞬 守歲亦徒然 年華已添鬢"라고 노래했다. 섣달 그믐 밤을 지새웠지만 흰 머리카락이 귀밑에 자리 잡았다는 것이다. 이날 밤에 마시는 술이 도소주屠蘇酒다. 자연히 새해 첫날 아침 마시는 술도 되는데, 후한後漢의 명의 화타華佗, 또는 당唐나라 손사막孫思邈이 산초山椒, 방풍防風, 백출白朮 등을 섞어서 만들었다는 약술이다. 고려 말 가정稼亭 이곡李穀은 갑신년(서기 1344년) 원일元日, 새해 첫날에 지은 시에서 "도소주를 어찌 혼자 마시나. 새해 첫 시를 짓는데 만감이 교차하네屠蘇可獨飲 萬慮入新詩"라고 노래했고, 북송北宋의 왕안석王安石, 1021~1086년도 〈원일元日〉이라는 시에서 "폭죽 소리 속에서 마지막 밤을 보내네. 봄바람 따뜻하게 부는데 도소주를 마시네爆竹聲中一歲除 春風送暖入屠蘇"라고 노래했다. 고려와 중국에서 모두 마셨던 술이다. 앞으로 따뜻한 소식이 많아지기를 바라는 마음에 떠올려본 단상이다.

나눔으로 시작하는 새해

조선 철종 6년(서기 1855년) 연행燕行 사신의 종사관이었던 서경순徐慶淳은 중국에서 새해 첫날을 맞이하자 일행에게 "금년에는 다행히 나이를 먹지 않았다"라고 말한다. '설날에 떡국을 먹지 않았기 때문'이라는 것이다. 서경순은 《몽경당일사夢經堂日史》에서 설날 중국의 "인가나 저자는 외문外門을 굳게 닫고 외인을 통행하지 못하게 한다"라면서 "사람들이 더러 붉은 종이에 명함을 써서 문선門扇에 붙이고 간다"라고 적고 있다. 원일元日에 문을 열면 복이 달아나거나 잡귀가 들어온다고 생각했기 때문일 것이다.

　　비슷한 시기인 조선 헌종 무렵 홍석모洪錫謨가 쓴 《동국세시기東國歲時記》는 조선은 "시절 음식을 만들어두었다가 찾아온 손님들을 대접하는 것을 세찬歲饌이라 하고, 술을 세주歲酒라고 한다"라고 전하고 있다. 세찬의 대표는 역시 떡국인데, 《동국세시기》는 "흰떡白餅을 동전같이 썰어서 장국에다 넣고 쇠고기 또는 꿩고기를 넣어 끓인 다음 후춧가루를 친 것", "떡국餠湯으로 제사도 지내고 손님도 대접하므로 세찬으로서 없어서는 안 된다"라고 말하고 있다.

설음식을 준비하라고 연말에 보내는 물품도 세찬인데 조정에서는 대신大臣과 종척宗戚들에게, 문중 종가宗家에서는 어려운 일가에게 세찬을 보냈다. 《만기요람萬機要覽》에는 구사축서舊司畜署라는 부서에서 노인에게 세찬을 보냈다고 전하니 조선의 경로사상은 국가 이념이었음을 알 수 있다. 현재 설 선물을 주고받는 것은 이 세찬의 유풍이다. 세주로는 도소주屠蘇酒라는 약주가 유명했다. 조선 선조 때 문신 심수경沈守慶의 《견한잡록遣閑雜錄》에는 "설날 아침에 도소주를 마시는 것이 옛 풍습인데, 젊은이가 먼저 마시고 노인이 뒤에 마신다"라고 적고 있다. 정약용丁若鏞의 시에는 "염병 막으려고 도소주 빚는다除瘟釀屠蘇"라는 구절이 있는데, 왜 젊은이부터 마셨는지는 알 수 없다. 《삼국사기三國史記》 〈백결 선생 열전〉에는 곡식 한 톨 없었던 백결 선생이 거문고로 방아 소리를 낸 것이 세상에 전해져서 〈방아 타령〉이 됐다고 전하고 있다. 백결 같은 가난한 일가에게 세찬을 보냈던 미풍을 생각할 때다.

나무는 고요하려 하나 바람이 그치지 않는다

부모가 다 생존하신 것을 구경具慶이라 한다. 경사를 갖췄다는 뜻
이다. 부모가 사는 집을 구경당具慶堂이라고 하는 것은 이 때문이
다. 어느덧 구경의 행복을 누리는 친구를 찾기 어려운 나이가 됐
다. 부친만 살아 계신 것을 엄시嚴侍, 모친만 살아 계신 것을 자시
慈侍라 한다. 양친이 다 돌아가신 것이 영감永感이다. 영원히 슬픈
일이라는 뜻이다.

　흰 구름白雲이나 학의 머리鶴髮도 연로한 부모를 그리워하는
말이다. 신사임당이 대관령을 넘으며 지은 시 중에 "학의 머리 되
신 어머니를 강릉에 두고 (……) 흰 구름 지는 곳에 저녁 산만 푸
르네慈親鶴髮在臨瀛 (……) 白雲飛下暮山靑"라는 구절이 있다. 《당서唐書》〈적
인걸전狄仁傑傳〉에는 적인걸이 태행산太行山에 올라가서 하양河陽을
내려다보며 "내 부모님이 계신 곳이 저 구름 아래다"라고 말하자
흰 구름이 옮겨 가서 하양을 더 자세히 볼 수 있었다는 고사가 전
하는데, 흰 구름이 부모를 그리워하는 뜻으로 전이됐다.

　한겨울 얼음이 깨지면서 잉어가 뛰어올라 계모에게 바쳤다

는 진晉나라 왕상王祥과 한겨울 대숲에서 죽순을 얻었다는 맹종孟宗의 이야기는 동양 사회에서 유명한 효도 이야기다. '나무에 부는 바람風樹'도 효도에 관한 말이다. 한漢나라 한영韓嬰의 《한시외전韓詩外傳》에 "나무는 고요하려 하나 바람이 그치지 않고, 자식은 모시고 싶어 하나 어버이는 기다려주지 않는다樹欲靜而風不止 子欲養而親不待"라는 구절에서 나온 말이다.

파리 머리처럼 작은 글자도 읽는다는 승두세자蠅頭細字는 노익장의 뜻으로도, 어버이의 건강을 기뻐하는 뜻으로도 쓸 수 있다. 조선 중종 때 편찬한 《신증동국여지승람新增東國輿地勝覽》의 각 지역 효도孝道 인물을 보면 양반 사대부 못지않게 사노私奴와 사비私婢의 효행 기사가 많다. 자신을 종으로 태어나게 한 어버이에 대한 효도는 감동과 슬픔을 함께 준다.

한 백화점에서 연인에게 선물을 주는 날인 화이트데이에 대한 느낌을 조사했더니 '어머니의 흰머리' 등 가족에 대한 답변이 의외로 많았다고 한다. 화이트데이가 한국에서는 효도의 날, 가족의 날로 정착한다면 외래 문화의 주체적 수용의 좋은 예가 될 만하다.

인간도 자연의 일부다

지금은 입하立夏를 잊고 지내지만 예전에는 입춘立春, 입하立夏, 입추立秋, 입동立冬과 함께 사립四立으로서 중시했다. 임금은 각 절기마다 다섯 근교를 뜻하는 오교五郊에 각각 제사 지내는데, 입춘에는 동교東郊, 입하에는 남교南郊에서 적제赤帝와 축융祝融에게 제사 지냈다. 적제는 남방을 맡은 신으로서 적정赤精이라고도 하고, 축융은 불을 다스리는 화신火神이다. 여름에는 덥고, 겨울에는 추운 자연의 섭리를 높여서 여름 길목에서 불의 신에게 제사 지낸 것이다.

《후한서後漢書》〈제사지祭祀志〉에는 "입하일에는 남교에서 적제와 축융에게 제사 지내는데 전차의 깃발과 복식은 모두 붉은색을 사용했고, 〈주명가朱明歌〉를 불렀다"라고 전한다. 오색五色에서 붉은색은 여름 색이고, 주명朱明 또한 여름이라는 의미로도 사용한다. 우리나라도 마찬가지여서 《삼국사기三國史記》〈제사지祭祀志〉는 "신라는 입하 뒤 해일亥日에 신성 북문에서 중농신中農神에게 제사 지냈다"라고 전한다. 고려에서는 입하 때 임금에게 얼음을 바쳤다. 《고려사高麗史》정종靖宗 2년(서기 1036년) 조에 보면 정종이 "금년은 일찍 덥지 않으니 5월에 얼음을 바치라"라고 명했다. 그러자 담당 부서에서 "얼음은 춘분에 시작해서 입추 때 다하는 것이 사용법인데, 5월에 얼음을 바치면 옛 법에 어긋나서 음양을 순조롭게 하려는 뜻에 어긋난다"라고 주장해 그대로 입하에 바치게 했다.

조선 후기 서영보徐榮輔 등이 편찬한 《만기요람萬機要覽》에 따르면 입추는 불씨를 갈아서 반포하는 날이었다. 《만기요람》〈군정軍政〉형방개화刑房改火 조에 따르면 조정에서는 1년에 다섯 차례, 즉 입춘, 입하, 토왕일土旺日, 입추, 입동에 각각 불을 갈아서 각 전궁殿宮에 올리고 민간에 반포하는데, 입하에는 "살구나무 판枝에 대추나무 기둥으로 불을 일으킨다"라고 전하고 있다. 토왕일은 오행五行 중 토土의 기운이 왕성한 절기로, 한 번에 18일씩, 1년에 네 번 총 72일이 된다. 입하에는 청정반靑精飯이라고도 하는 검은 오미반烏米飯을 먹는다. 원래 도가道家에서 시작했지만 나중에는 불가佛家에서도 4월 초파일에 공양供養했다고 전한다. 민간에서는 입하에 들깨를 심었다. 현대인은 대부분의 절기를 잊고 산다. 절기에는 인간을 자연의 일부로 여겼던 선인들의 지혜가 담겨 있다.

장마

고려 말 학자 목은牧隱 이색李穡은 〈폭우행暴雨行〉이라는 시에서 "머리 돌리니 천지는 외로운 성 같은데 백만 강군이 갑자기 기습했구나回頭天地如孤城 百萬雄兵忽來襲"라고 노래했다. 폭우를 고립된 성을 기습하는 백만 강군에 비유한 발상이 기발하다. 성호星湖 이익李瀷은 〈사나운 바람獰風〉이라는 글에서 "바다 가운데 있는 신룡神龍들이 싸우다가 공중으로 날아갈 때 괴이한 바람怪風과 폭우가 생긴다"라고 보았다. 느닷없이 발생하는 바람과 폭우를 신룡들의 싸움 결과로 보았던 것이다.

원元나라 말기에서 명明나라 초기 학자인 누원례婁元禮는 《전가오행田家五行》에 각종 일기 예보 방법을 적어놓았다. 조선 후기 학자 이규경李圭景은 〈전가오행에 관한 변증설〉에서 "일본의 양안상순良顔尙順이 지은 《화한삼재도회和漢三才圖會》에도 같은 내용이 있다면서 《전가오행》을 보고 지었을 것이라고 추측"했다. 양안상순良顔尙順은 일본 에도江戶 시대 오사카의 의사였던 데라시마 료안寺島良安을 뜻한다. 이규경李圭景은 《전가오행》 등을 참고해 "작은 산에서 갑자기 구름이 일면 큰비가 오래 내리고, 산중턱에서 한 달 동안 계속해 물이 솟아오르면 산사태가 난다. (……) 초여름에 물 밑에 이끼가 생기는 것은 폭우가 있을 징조'라는 등의 기상 예보 방법을 명기해놓았다.

《삼국사기三國史記》신라 흘해왕 41년(서기 350년) 조에는 "3월에 황새가 월성月城 모퉁이에 둥지를 지었다. 4월에 큰비가 열흘 동안 내렸다'라고 적고 있다. 이 비로 관청과 민가가 떠내려가고 산이 열세 곳이나 무너졌는데, 안정복安鼎福은《동사강목東史綱目》에 이 기사를 실으면서 "황새가 둥지를 틀자 사람들이 '장차 물난리가 있을 징조'라고 말했는데, 과연 그렇게 됐다'라고 덧붙였다. 황새가 둥지를 트는 것도 물난리의 조짐이었다. 옛사람들은 재해를 잘못된 정치에 대한 하늘의 경고로 보았다. 그래서《서경書經》〈홍범洪範〉에 "임금에게 덕이 있으면 때맞춰 비가 오고 (……) 임금에게 덕이 없으면 홍수가 난다肅時雨若 (……) 狂恒雨若'라고 말했다. 폭우가 쏟아지면서 수재가 발생하자 놀란 주周 성왕成王이 쫓아냈던 주공周公을 다시 맞아들였다는 이야기도 그래서 나온다. 자연 앞에 옛사람들은 겸허했다는 뜻이다.

인간을 자연의 일부로 여기는 대신 자연을 정복 대상으로 보는 한 인재는 그치지 않으리라.

덕담과 세화

새해 소원은 누구나 복福은 부르고 화禍를 막는 것인데, 이를 이루기 위한 좋은 방법이 정초正初 덕담德談을 나누는 것이다. 《구당서舊唐書》〈신라〉 조에는 "신라에서는 새해 첫날元日을 중요하게 여겨서 서로 축하한다"라는 구절이 있는데, 이는 우리 민족의 새해 덕담의 유래가 오래됐음을 말해준다.

덕담의 출발은 임금과 백관이 새해 첫날 서로 하례하는 궁중의 하정례賀正禮다. 시로 기리는 궁중의 덕담이 연상시延祥詩, 다른 말로 신년시新年詩라고도 한다. 홍문관과 예문관 제학提學이 미리 준 운자韻字에 임금 측근의 시종신侍從臣이 시를 짓는다. 그중 잘된 것을 골라 대궐 기둥이나 문설주에 써 붙인다. 이 풍습이 민간으로 퍼진 것이 입춘에 '국태민안國泰民安' 등의 글귀를 써 붙이는 입춘문立春文이다. 바깥출입이 어려웠던 반가班家 여인들의 덕담이 낳은 산물이 문안비問安婢다. 여종을 대신 보내 친지들에게 새해 덕담을 전하는데, 이 여종이 문안비다.

그림으로 기리는 덕담이 세화歲畵다. 도화서圖畵署에서 임금에게 수명을 맡은 수성선녀상壽星仙女像이나 그날 당번을 맡은 직일신장상直日神將像을 그려서 헌상하고 각 관아에도 나누어주거나 선물로 돌렸다. 민간에서도 궁중의 이런 풍습을 본떠서 닭과 호랑이를 그려서 붙였는데, 이것이 문에서 재액을 물리친다는 뜻의 문배門排다. 중국에서는 아직도 당 태종 때의 무장 울지공尉遲恭과 진숙보秦叔寶나 문신 위정공魏鄭公의 초상을 대문에 붙여놓는다. 당 태종이 최고의 황제라는 인식의 반영인데, 고구려가 오래갔다면 태종을 꺾은 연개소문이 우리의 문배에 사용됐을지 모른다.

우리 선조들이 실제 사용한 문배는 처용상處容像이다. 신라 헌강왕憲康王 때 처용은 역신疫神과 미인 아내의 통정 현장을 목격하고도 도리어 춤추며 노래함으로써 역신이 "앞으로는 공의 모습을 그린 그림만 보아도 피하겠다"라고 말한 것이 계기가 됐다. 덕담과 세화는 모두 궁중에서 시작해 민간으로 확산됐다. 우리나라에서 청와대가 덕담의 진원지가 아니게 된 지는 오래되었다. 왜 대통령이 정쟁의 중재자가 되지 못하고 정쟁의 한복판에 들어 있는지 반성할 일이다.

바람이 매서워도 꽃은 핀다

꽃바람이 화풍花風이고, 봄을 전하는 꽃바람이 화신풍花信風이다. 꽃잎을 스쳐 지나온 바람으로 봄이 오고 가는 것을 느끼게 하는 것이 화신풍인데 모두 스물네 가지가 있었다. 북송北宋의 주휘周輝가 편찬한 《청파잡지淸波雜志》는 "초봄부터 초여름까지 모두 스물네 번의 화신풍이 부는데, 매화풍梅花風이 가장 먼저고 연화풍棟花風이 가장 나중"이라고 적고 있다. 초봄부터 초여름은 양력 1월 6~7일경의 소한小寒부터 양력 4월 20일경의 곡우穀雨까지 120일간을 가리킨다. 이때 닷새에 한 번씩 모두 스물네 번의 꽃바람이 분다는 뜻이다.

중국 고대 풍속지 《세시잡기歲時雜記》는 스물네 번의 화신풍을 모두 적고 있다. 소한에 부는 바람이 매화풍이고, 양력 3월 21일경인 춘분春分에 해당풍海棠風이 불고, 그 닷새 후에 이화풍梨花風이 불고, 곡우에 마지막으로 연화풍이 불면 양력 5월 5일경인 입하立夏로서 여름이 시작된다는 것이다. 옛사람들의 운치 있는 시간 읽기였다. 화풍에는 꽃샘바람이라는 뜻도 있다.

더 정확히는 '꽃을 시샘하는 바람'이라는 뜻의 투화풍妬花風이 있다. 고려 후기 문인 이규보李奎報는 〈투화풍〉이라는 시에서 "꽃 필 때 거꾸로 바람이 많이 부는데 사람들은 이를 꽃샘바람이라 하네花時多顚風 人道是妬花"라고 노래했다. 조선 초중기의 문신 정수강丁壽崗은 태풍 같은 꽃샘바람을 경험했다. 그의 문집인 《월헌집月軒集》에는 "하룻밤에 광풍이 불어 갑자기 모든 것을 쓸어 갔네. 새벽이 오니 모든 나무 다 뽑혀 텅 비었네. 사람들은 이 바람을 꽃샘바람이라 말하지만 나는 꽃샘바람 아니라고 말하네─夜狂風忽掃去 曉來樹樹盡成空 人言此風能妬花 我言妬花非此風"라고 읊었다. 나무를 뽑아버릴 정도의 바람이라면 꽃샘바람이 아니라 기상 이변이라는 뜻이리라.

정조는 부친 사도세자의 묘소 현룡원顯隆園을 수원 화성으로 이장하고 찾아가는 새벽길에 꽃샘추위를 만나고는 "아버지께 근친 가는 다릿가 길목에서 꽃샘바람이 새벽 안장을 흔드네几覲橋邊路 花風曉拂鞍"라는 시를 읊었다. 조선 후기 문신인 이유李濡의 시 중에 〈미친 꽃샘바람妬花狂風〉이라는 제목의 시가 있다. 해당풍이나 이화풍이 불어야 할 봄에 눈보라가 내리기도 한다. 그럴 때면 화신풍 대신 한설풍寒雪風이 매섭게 여겨지지만 꽃은 피고 봄은 올 터이며, 그런 자연과 더불어 우리는 살아갈 것이다.

삼짇날의 단상

음력으로 삼월 삼짇날(3월 3일) 치르는 불계祓禊라는 의식이 있다. 동쪽으로 흐르는 물에 묵은 때를 씻어 몸과 마음을 정결히 하던 의식이다. 원래는 음력 3월 첫째 사일巳日인 상사일上巳日에 행했다.《후한서後漢書》〈예의지禮儀志〉불계 조에 "이달(3월) 상사일에 관민官民이 다 동쪽으로 흐르는 물에 묵은 때와 병을 씻어 크게 깨끗하게 해서 재앙을 물리친다"라고 기록하고 있다. 그러다 차차 삼짇날에만 치르는 의식으로 굳어졌다. 정약용의 시구 중에 "계곡 정자에서 불계를 닦는다溪堂修祓禊"라는 시구가 있는 것은 이 의식이 조선 후기까지 행해졌음을 말해준다.

불계는 계사禊事라고도 하는데, 서예사상 유명한 왕희지王羲之의 〈난정기蘭亭記〉도 이 행사의 하나를 기록한 것이다. 진晉 목제穆帝 영화永和 9년(서기 354년) 삼월 삼짇날에 사안謝安, 손작孫綽 같은 당대의 명사 42인과 회계會稽 산음山陰의 난정蘭亭에서 계사를 행하고 곡수曲水에 술잔을 띄워 마시면서 즐긴 행사를 기록한 것이 〈난정기〉다. 흐르는 물에 잔을 띄워 잔이 오기 전에 시를 한 수 짓고 술

잔을 드는 행사를 곡수, 곡수연曲水宴, 또는 유상곡수연流觴曲水宴이
라고 부른다.

《진서晉書》〈속석束晳 열전〉에는 진 무제武帝가 삼월 삼짇날 곡
수曲水 하는 뜻을 묻자 속석이 "옛날 주공周公이 낙읍洛邑, 낙양에 성
을 쌓고 흐르는 물에 술잔을 띄웠으므로 일시逸詩에 '술잔은 물결
따라 흐르네羽觴隨波'라는 구절이 있습니다'라고 답했다는 기록이
있다. 원래는 주周나라 주공이 시작한 행사가 습속習俗된 것이다.
이 무렵 산에는 진달래가 만개해서 찹쌀가루 반죽에 진달래꽃을
붙여 지져 먹는 화전花煎이 유행했다.

조선의 미식가였던 허균許筠은 음식 비평서인《도문대작屠門大
嚼》을 썼다. 푸줏간屠門 앞을 지나가면서 입맛을 크게 다신다大嚼는
일화에서 나온 제목이다. 허균은《도문대작》에서 "서울에서 철따
라 먹는 음식으로 봄에는 쑥떡, 송편, 괴엽병槐葉餠, 두견화전杜鵑花煎,
이화전梨花煎이 있다'라고 말하는데 두견화전이 진달래꽃전이다.
이 무렵에는 화면花麵도 유행한다. 녹두 가루를 반죽해 익힌 다음
가늘게 썰어 오미잣국에 띄우고 잣도 띄운 다음에 꿀을 탄 국수
다. 봄은 누구나 오래 머무르기를 바라지만 인간의 뜻대로 되지
는 않는다. 그래서 두보杜甫는 시 〈가석可惜〉에서 "꽃잎은 무엇이
급해 저리 빨리 날리는가. 늙어가니 봄은 더디기를 바라는데花飛有
底急 老去願春遲'라고 노래했다.

자연의 순리에 순응하라

옛사람들은 매실이 어느 정도 익었는가를 기준으로 비의 이름을 지었다. 음력 3월 비를 매실이 맺는 것을 맞이한다는 뜻에서 영매우迎梅雨라고 불렀다. 시성詩聖 두보杜甫가 〈유하장군산림遊何將軍山林〉이라는 시에서 "푸르게 드리운 바람에 꺾인 죽순, 붉게 찢긴 비에 살찐 매실綠垂風折笋 紅綻雨肥梅"이라고 읊은 것이 이를 말해준다. 매실이 한창 익어가는 음력 4월에 내리는 비가 황매우黃梅雨, 음력 5월에 내리는 비가 송매우送梅雨다. 이제 매실 철이 끝났다는 뜻인데, 이것이 장맛비다. 장마를 여름비라는 뜻에서 서우暑雨, 줄기차게 내린다는 뜻에서 적우積雨, 또는 장우長雨라고도 한다.

　　"유월 장마에는 돌도 큰다"라는 속담처럼 장마는 만물을 생장하게 하지만 "가뭄 끝은 있어도 장마 끝은 없다"라는 속담처럼 오래 계속되면 가뭄보다 해가 컸다. 중국에서는 지금의 사천성四川省 서쪽을 뜻하는 서촉西蜀 지방이 비가 많이 오므로 촉우蜀雨라는 말도 있다. 두보는 〈중간왕명부重簡王明府〉라는 시에서 "강 구름은 어느 밤에야 다하며 촉천의 비는 언제나 개이려나江雲何夜盡 蜀雨幾時乾"

라고 읊었다.

재해災害 수준의 장마를 괴로운 비라는 뜻에서 고우苦雨라고
도 한다. 조선 초기 문신 서거정徐居正의 〈고우를 탄식함苦雨嘆〉이라
는 시는 "고우를 탄식하고, 고우를 탄식하노라. 내 고우를 탄식하
노니 언제나 그치려나苦雨嘆苦雨嘆 我嘆苦雨何時乾"라고 시작한다. 그의
시는 "헛되이 가슴을 쳐댄들 얻는 것이 무엇이리오. 새벽닭은 울
지 않고 다시 비만 내리는데空搥胸何可得 晨鷄無聲雨復作"라고 끝난다.

다산茶山 정약용丁若鏞도 〈고우행苦雨行〉이라는 시에서 "괴로운
비, 괴로운 비, 쉬지 않고 내리는 비. 아궁이 불 꺼져 동네 사람 시
름 많네. 아궁문에 물이 한 자 깊게 고였는데, 어린아이 돌아와선
풀잎 배를 띄우네苦雨苦雨雨不休 煙火欲絕巷人愁 竈門水生深一尺 穉子還來汎芥舟"라
고 노래했다. 음霪 자와 임霖 자는 모두 장마라는 뜻이어서 장마를
음림霪霖, 음우霪雨라고도 한다. 고려 말의 목은牧隱 이색李穡은 〈장
맛비霖雨〉라는 시에서 "삼복이 가까움을 미리 걱정하지만, 새로 올
가을도 마땅히 기다려야지預憂三伏近 應待九秋新"라고 노래했다. 장마
가 끝나면 삼복이 온다는 사실도 잊고 사는 현대인에게 삼복 뒤
의 가을까지 내다보는 혜안이 놀랍다. 자연의 순리에 순응하는
것이 선조들의 자연관이자 인간관이었다.

《가락국의 후예들》157, 307

《가체신금사목加髢申禁事目》245

《갑진만록甲辰漫錄》364, 404

《개원례開元禮》444

《개원천보유사開元天寶遺事》469

《견한잡록遣閑雜錄》495

《경국대전經國大典》75, 183, 186, 316,
　　320

　　〈병전兵典〉80

　　〈사간원〉270

　　〈아악과 속악〉320

　　〈저화〉305

　　〈적전〉51

　　〈형전刑典〉182

《경도잡지京都雜誌》358, 397

《경상도 고성부총쇄록固城府叢鎖錄》233

《경세유표》64

《경신외사庚申外史》220

《경자연행잡지庚子燕行雜識》443

《경제육전經濟六典》104

《경종수정실록景宗修正實錄》193

《경종실록景宗實錄》192

《계곡집谿谷集》433

《계원필경桂苑筆耕》361, 476

《고기古記》262

《고려도경高麗圖經》〈화상도和尙島〉410

《고려사高麗史》92, 151, 272, 359, 399,
　　412, 422, 428, 466, 499

　　〈식화지食貨志〉34, 35, 170, 272

　　〈신돈辛旽 열전〉272~273

　　〈우왕禑王〉110, 237

　　〈이공승李公升 열전〉74

　　〈이자연 열전〉307

　　〈지리지地理志〉121

　　〈최승로崔承老 열전〉180

　　〈최영 열전〉110

　　〈최충헌 열전〉22

　　〈후비 열전〉120

《고려사절요高麗史節要》118, 195, 314,
　　350, 412

《고운당필기古芸堂筆記》70

《고조선비사古朝鮮秘史》263

《고종실록高宗實錄》 417, 474

《공자가어孔子家語》 374

　〈변악해辨樂解〉 455

《공자개제고孔子改制考》 99

《관성록管城錄》 232

《관아재고觀我齋稿》 446

《관자管子》〈목민牧民〉 40

《광해군일기光海君日記》 82, 111, 152, 179

《구당서舊唐書》 262, 308, 358

　〈동이東夷 열전〉 230, 408

　〈신라〉 502

《구삼국사舊三國史》 263

《구오대사舊五代史》〈예지禮志〉 122

《구운몽九雲夢》 254

《국어國語》 54

《국조보감國朝寶鑑》 31, 33, 196, 247,
　　260, 348, 370, 458, 470, 471

《국조오례의國朝五禮儀》 268

《국지三國志》〈육적陸績전〉 427

《금사金史》〈목종영가穆宗盈歌〉 213

《기기도설奇器圖說》 259

《기묘록己卯錄》 66

《기측체의氣測體義》〈변통조목變通條目〉 185

《기하원본幾何原本》 258

《김거사집金居士集》 422

《나이트Night》 167

《난경잡영灤京雜詠》 221

《난정기蘭亭記》 506

《난중일기》 302

《남강 이승훈》 340

《남사南史》 241

《냉려잡지冷廬雜識》 102

《냉재야화冷齋夜話》 452

《노걸대老乞大》 212, 450

《노상추일기》 465

《노자老子》 108

　〈거위居位〉 150

《논어論語》 98, 204, 215

　〈공야장公冶長〉 388

　〈미자微子〉 204

　〈술이述而〉 86, 87

　〈안연顏淵〉 188

　〈옹야雍也〉 87

　〈위정爲政〉 134

　〈이인里仁〉 134, 377

　〈자로子路〉 275

　〈팔일八佾〉 86

　〈헌문憲問〉 23

《논어위찬고論語緯撰考》 77

《농가월령가農家月令歌》 425

《다산 시문집茶山詩文集》 432

《담헌서湛軒書》〈가묘다례식家廟茶禮式〉 467

《당본 십칠 첩 진자 번주唐本十七帖眞字翻註》
　415

《당서唐書》〈고구려 열전〉 358
　〈적인걸전狄仁傑傳〉 496
《당서연의唐書衍義》 308
《당의통략黨議通略》 47, 107
《대동소학大東小學》〈가언〉 365
《대명률大明律》 104, 105, 112, 132, 186
　〈간당奸黨〉 201
《대명률직해大明律直解》 104
《대사천大辭泉》 491
《대승기신론소大乘起信論疏》 285
《대장경大藏經》 344
《대청개국방략大淸開國方略》 127
《대학연의보大學衍義補》 27
《대한민국 사용후기》 131
《도덕경道德經》 36, 37, 489
《도로 및 왕국 총람》 157
《도문대작屠門大嚼》 376, 507
《도선비기道詵密記》 92
《돌베개》 339
《동각잡기東閣雜記》 297, 354
《동국 패사東國稗史》 324
《동국세시기東國歲時記》 358, 431, 457,
　467, 484, 494
《동국여지비고東國輿地備攷》〈경도京都〉
　323
《동국여지승람東國輿地勝覽》 489
　〈경상도 경산현慶山縣〉 488
　〈경주부慶州府〉 396
　〈한성부漢城府〉 78, 334, 380, 457,

　463
《동국이상국집東國李相國集》 471
　〈칠현설七賢說〉 490
《동국이상국 후집東國李相國後集》 54
《동국통감東國通鑑》 303
《동문선東文選》 407
《동사강목東史綱目》 114, 119, 308, 501
《동사록東槎錄》 409
《동의보감東醫寶鑑》 394
　〈관격증關格證〉 26
《동주집東州集》 436
《동춘당선생별집同春堂先生別集》 308
《두씨통전杜氏通典》 348
《등왕각도滕王閣圖》 435

《만기요람萬機要覽》 112, 495, 499
　〈군정軍政〉 78, 499
　〈군총軍摠 각색군各色軍〉 79
　〈백두산정계〉 357
　〈재용財用〉 250, 419
　〈훈련도감訓鍊都監〉 296
《만사록萬死錄》 473
《만엽집萬葉集》 480, 481
《만화사전滿和辭典》 213
《망명객행적록》 142
《매천야록梅泉野錄》 362, 475
《맹자孟子》〈고자 상告子上〉 196
　〈등문공滕文公〉 38

〈양梁 혜왕惠王〉 60, 132

〈이루離婁〉 59, 184

〈진심盡心〉 23, 184, 374

〈진심 상盡心上〉 187

《명가의 술夏子の酒》 96, 97

《명사明史》〈장렬제莊烈帝 본기〉 21

〈장평長平 공주 열전〉 21

《명종실록明宗實錄》 112, 419

《모시정의毛詩正義》〈소아小雅〉 122

《모시주毛詩注》〈대아大雅 문왕文王〉 133

〈상송商頌〉 133

《모택동 선집》 99

《목민심서牧民心書》 168

《몽경당일사夢經堂日史》 298, 494

《몽계필담夢溪筆談》 482

《무기가 된 역사Geschichte als Waffe》 293

《무명자집無名子集》 308

《무예도보통지武藝圖譜通志》 383

《묵자墨子》〈경상經上〉 135

〈귀의貴義〉 76

《문소만록聞韶漫錄》 442

《문종실록文宗實錄》 354

《미리엄웹스터 대학 사전Merriam - Webster's
Collegiate Dictionary》 443

《미암일기眉巖日記》 334

《민족해방운동과 나》 141

《박정희와 개발독재》 245

《박통사朴通事》 212

《발해고渤海考》 64, 439

《백범일지》 339, 347, 384

《백호전서白湖全書》 323

《변암집樊巖集》 345

《번역飜譯 경국대전經國大典》 212

《법언法言》 39

《병진정사록丙辰丁巳錄》 289

《본초강목本草綱目》 242, 390

《봉신연의封神演義》 460

《부계기문涪溪記聞》 308

《부상록扶桑錄》 214, 364

《부상일록扶桑日錄》 327

《북사北史》 411

〈물길勿吉 열전〉 410

《북정일기北征日記》 300, 301

《불씨잡변佛氏雜辨》 170

《붕당론朋黨論》 200, 278

《사가집四佳集》 490

《사기史記》 22, 25, 36, 50, 134, 292,
356

〈고조高祖 본기〉 428

〈공자 세가〉 158

〈노자老子 한비韓非 열전〉 36

〈상군商君 열전〉 38

〈송미자 세가宋微子世家〉 452

〈역서曆書〉 250

〈오기吳起 열전〉 350

〈오자서伍子胥 열전〉 90

〈오제五帝 본기〉 22

〈이사李斯 열전〉 406

〈주周 본기〉 50

〈진섭陳涉 세가〉 22

〈진시황秦始皇 본기〉 24

〈채택蔡澤 열전〉 135

〈천관서天官書〉 268

〈태사공太史公 자서自序〉 292

〈평준서平準書〉 270

〈한비韓非 열전〉 271

〈황제黃帝 본기〉 348

〈효문제孝文本 본기〉 442

《사기정의史記正義》 24, 134, 348, 428

《사기집해史記集解》 406

《사물이명록事物異名錄》〈신귀 호상귀神鬼虎
傷鬼〉 410

《사상계》 65

《사소절士小節》 196

《사시식법四時食法》 377

《사시어식경四時禦食經》 377

《사씨남정기》 64

《사원辭源》 78, 211, 424

《사해辭海》 424

《산경표》 64

《산림경제山林經濟》〈술빚기釀酒〉 438

《삼국사기三國史記》 20, 25, 64, 94, 236,
245, 262, 302, 307, 308, 399, 466,

480, 501

〈고구려 본기〉 226, 319

〈백결 선생 열전〉 495

〈백제 개로왕〉 230

〈선덕왕〉 28

〈유리 이사금儒理尼師今〉 424, 468

〈잡지雜志 제사祭祀〉 468

〈장보고張保皐 열전〉 326, 404

〈제사지祭祀志〉 498

〈최치원崔致遠 열전〉 115

《삼국유사三國遺事》 20, 64, 312, 331,
351, 445

〈가락국기駕洛國記〉 445, 469

〈탑상塔像〉 29

《삼국지三國志》 318, 319

〈고구려〉 182

〈위魏 태조太祖 본기〉 90

〈위략魏略〉 274

〈위서 무제武帝〉 319

〈촉서蜀書〉 322

《삼국지연의三國志演義》 318, 319

《삼성밀기三聖密記》 263

《삼역총해三譯總解》 212

《삼한고기三韓古記》 263

《상서尙書》 154

〈미자微子〉 60

〈주서周書〉 59

〈태서泰誓〉 133

《서경書經》 33, 59, 133, 134, 154

〈우서虞書〉 187

〈필명畢命〉 365

〈홍범洪範〉 32, 200, 501

《석문정통釋門正統》 418

《석보상절釋譜詳節》 284

《석주집石洲集》 466

《선군유사先君遺事》 193

《선조수정실록宣祖修正實錄》 21, 179, 253,
　　276, 401

《선조실록宣祖實錄》 62, 153, 179, 198,
　　240

《설문해자說問解字》 396

《성서조선》〈남강 이승훈 선생〉 341

《성소부부고惺所覆瓿藁》 376, 425

《성종실록成宗實錄》 84, 112, 159, 228,
　　266, 326, 355, 453

《성호사설星湖僿說》 64, 161, 309, 368,
　　434

　　〈모란무향牧丹無香〉 312

　　〈생재生財〉 232

　　〈설마〉 462

　　〈왜구시말倭寇始末〉 118

　　〈재상이 셋집에 살다宰臣貰屋〉 31

　　〈형법刑法〉 187

《세시잡기歲時雜記》 504

《세어世語》 319

《세조실록世祖實錄》 159, 183, 247

《세종실록世宗實錄》 40, 68, 105, 238,
　　254, 256, 419

〈오례五禮〉 51

《소년》 64

《소대기년昭代紀年》 284

《소문쇄록瑣聞瑣錄》 329

《소아론小兒論》 212

《소학小學》 365

　　〈가언嘉言〉 434

《속몽구續蒙求》 389

《속통고續通考》 161

《손자孫子》 212

　　〈모공謀攻〉 389

《송계삼조정요宋季三朝政要》 150

《송당유고松堂遺稿》 361

《송본좌전宋本佐傳》〈소공昭公〉 268

《송사宋史》〈도곡陶穀 열전〉 154

　　〈왕안석王安石 열전〉 289

《송서宋書》〈공림지孔琳之 열전〉 122

《수서隋書》 358

　　〈고구려 열전〉 218, 358

《숙종실록肅宗實錄》 107, 278, 478

《숙종실록 보궐정오肅宗實錄補闕正誤》 278

《순자荀子》〈대략大略〉 151

　　〈불구不苟〉 125

　　〈성악〉 38

　　〈애공哀公〉 23

　　〈왕제王制〉 23

　　〈정론正論〉 154

《순조실록純祖實錄》 79, 465

《술이기述異記》 407

《승정원일기承政院日記》 136, 403, 465

《시경詩經》 134

　〈당풍唐風〉 449

　〈빈풍豳風〉 437

　〈소아小雅〉 19, 265, 449

　〈정풍鄭風〉 125

　〈주송周頌〉 67

《식경食經》 377

《신당서新唐書》 262, 308, 358, 377

　〈신라〉 28

　〈예종의 여러 아들睿宗諸子〉 368

　〈왕발 열전〉 435

　〈한휴 열전〉 205

《신론新論》 376

《신선복식경神仙服食經》 377

《신선약식경神仙藥食經》 377

《신선전神仙傳》〈호공壺公〉 416

《신유사옥 죄인 이가환 등 추안辛酉邪獄罪人
　李家煥等推案》 89

《신주무원록新註無寃錄》 402, 403

《신증동국여지승람新增東國輿地勝覽》 324,
　366, 408~409, 497

　〈경주부慶州府〉 382

《심양장계瀋陽狀啓》 82, 298, 299

《심전고心田稿》 490

《심청전》 64

《십이제국귀수十二諸國貴愁》 212

《아리랑》 384

《안함로원동중삼성기安含老元董仲三聖記》
　263

《야담野談》 416

《양촌집陽村集》〈천문도지天文圖誌〉 262

《양태진외전楊太眞外傳》 306

《업중기撲中記》 476

《여동서록餘冬序錄》 309

《여유당전서與猶堂全書》 108

《역경易經》 134

《역학서언易學緖言》 210~211

《연경烟經》 432

《연극병주衍極並注》 363

《연기燕記》 216

《연려실기술燃藜室記述》 14, 248, 329

　〈과거科擧〉 426

　〈문예전고文藝典故〉 446

　〈연산〉 162~163

　〈주척周尺〉 251

《연산군일기燕山君日記》 159, 162, 327

《연원직지燕轅直指》 461

《연행일기燕行日記》 126, 463

《열양세시기洌陽歲時記》 422, 484

《열자列子》〈천서天瑞〉 374

《열하일기熱河日記》〈구외이문口外異聞〉 313

　〈4월 8일에 등을 걸다四月八日放燈〉
　466~467

《영사암기永思菴記》 372

《영조실록英祖實錄》 47, 245

《예기禮記》 134, 442

　〈곡례曲禮〉 60

　〈단궁檀弓〉 95

　〈문왕文王세자〉 268

　〈악기樂記〉 17

　〈악기주樂記注〉 268

　〈왕제王制〉 93, 446

　〈월령月令〉 469, 448

《예기 주소禮記注疏》〈곡례曲禮〉 122

《예문유취藝文類聚》 463

《예종실록睿宗實錄》 354, 355

《오경정의五經正義》 134

《오도부奧都賦》 482

《오산설림초고五山說林草藁》 170

《오자吳子》 212

《오주연문장전산고五洲衍文長箋散稿》〈물산
　변증설物産辨證說〉 430

　〈사교邪敎 배척 변증설〉 241

　〈인물에도 빛이 있다는 변증설人物有光
　辨證說〉 324

　〈제선諸膳〉 461

　〈청명주변증설淸明酒辨證說〉 438

《옥편玉篇》 396

《왕조실록王朝實錄》 283

《왜정 시대 인물 사료倭政時代人物史料》 65

《요재지이聊齋志異》 389

《요코 이야기So Far from the Bamboo Grove》
　96, 97

《용비어천가龍飛御天歌》 64, 69

《용재총화慵齋叢話》 66, 284, 324, 397,
　483

《우리 역사를 바꾼 귀화 성씨》 234

《우서迂書》 176, 177

《운명의 여진》 141

《원사元史》〈황후 기씨奇氏 열전〉 194

《월인천강지곡月印千江之曲》 284

《월헌집月軒集》 505

《위서魏書》〈물길국勿吉國 열전〉 410

《유서필지類胥必知》 464

《유편잡설類編雜說》 240

《육신전六臣傳》 24

《육전六典》 261, 413

《율곡 연보栗谷年譜》 77

《율학해이律學解頤》 186

《율해변의律解辨疑》 186

《은대조례銀臺條例》〈예전禮典〉 296

《음애일기陰崖日記》 159

《이 조국 어디로 갈 것인가》 140

《이계집耳溪集》 394

《이정전서二程全書》〈이천 선생 연보伊川先
　生年譜〉 457~458

《이충무공전서》 64

《이향견문록里鄕見聞錄》 71, 176

《인정人政》〈교인문敎人門〉 67

《인조실록仁祖實錄》 15, 479

《일본서기日本書紀》 412

《임원십육지林園十六志》〈정조지鼎俎志〉 423
《임하필기林下筆記》 370, 432
《입당구법순례행기入唐求法巡禮行記》 424

《자산어보兹山魚譜》 210, 211, 242
《자치통감資治通鑑》 264
《자편연보》 99
《장개석은 왜 패하였는가》 59
《장오인녹안贓汚人錄案》 62
《장일화유藏一話腴》 488
《장자莊子》〈열어구列御寇〉 61, 76
　　〈외물外物〉 261
　　〈전자방田子方〉 337
　　〈천하天下〉 361
《장정長征》 339
《재상서再上書》 185
《전가오행田家五行》 500
《전국책戰國策》〈초위왕楚威王〉 335
《전우치전》 64
《정조실록正祖實錄》 70, 395
《정종실록正宗實錄》 342, 343
《제왕연대력帝王年代曆》 263
《조대기朝代記》 263
《조선경국전朝鮮經國典》〈부전賦典〉 34
《조선상고사朝鮮上古史》 130, 218
《조선왕실의궤朝鮮王室儀軌》 262
《조선왕조실록朝鮮王朝實錄》 122, 399
《조선의 민속 전통》 430

《조선총독부관보》 478
《조선통치비사朝鮮統治秘史》 393
《좌전左傳》 33
《주례周禮》 60, 244, 477
《주역周易》 91
　　〈둔괘屯卦〉 91
《주역정의周易正義》 134
《주한일본공사관기록》 474
《죽서기년竹書紀年》 154
《중국 공산당 역사》 58
《중문대사전中文大辭典》 424
《중용中庸》 315
《중종실록中宗實錄》 246, 353
《증수무원록增修無寃錄》 402
《지봉유설芝峯類說》 324, 452, 491
《진서晉書》〈속석束晳 열전〉 507
　　〈식화지食貨志〉 122
　　〈양리良吏 열전〉 380
　　〈왕상王祥 열전〉 366
　　〈장한전張翰傳〉 486

《천은사 중수 상량문 泉隱寺重修上樑文〉 362
《천자문千字文》 212
《천주실의天主實義》 208, 258
《청구야담靑邱野談》 395
《청선고淸選考》 380
《청성잡기靑城雜記》 383
《청어노걸대淸語老乞大》 212

《청장관전서靑莊館全書》 446
《청장관전서》〈월령月令〉 250
《청파잡지淸波雜志》 504
《초사楚辭》〈복거卜居〉 16
《초학기初學記》 350
　　〈사민월령四民月令〉 246
《춘명일사春明逸史》 453
《춘추春秋》 18, 86, 134, 158, 289
　　〈등문공藤文公〉 158
《춘추공양전春秋公羊傳》 16
《춘추좌씨전春秋左氏傳》〈소공昭公〉 61
《춘추좌전春秋左傳》 17, 244
《충무공이순신전서忠武公李舜臣全書》 101

《태관식법太官食法》 377
《태조실록太祖實錄》 55, 234, 302, 303,
　　310, 351, 428
《태종실록太宗實錄》 75, 171, 226, 265,
　　275, 287, 311, 451, 477
《태청신선복식경太淸神仙服食經》 377
《태평광기太平廣記》 483
《택당집澤堂集》 425
　　〈표류 중국인을 송환하자 칙서를 보
　　낸 데 사은한 표문漂海唐人解送降勅謝恩表〉
　　137
《택리지擇里志》 64, 203
　　〈인심〉 165
《택풍당지澤風堂志》 327

《통문관지通文館志》 212, 223

《파멸의 씨앗Seeds of Destruction》 58~59
《팔세아八歲兒》 212
《풍토기風土記》 390
《피재길 소전皮載吉小傳》 394
《필원잡기筆苑雜記》 30

《하담파적록荷潭破寂錄》 308
《한국 호랑이는 왜 사라졌는가?》 411
《한국독립운동증언자료집》 384, 385
《한국천주교회사》 89
《한비자韓非子》 24
　　〈설의說疑〉 154
《한서漢書》 17, 183, 236, 272, 356
　　〈식화지食貨志〉 54, 272
　　〈양통梁統 열전〉 408
　　〈이연년 열전〉 454
　　〈지리지地理志〉 182
　　〈하간헌왕河間獻王 유덕劉德 열전〉 98
　　〈효무 이 부인 열전孝武李夫人列傳〉 454
《한시외전韓詩外傳》 497
《한어일력漢語日曆》 480
《한정록閒情錄》 479
　　〈소를 기름養牛〉 479
《항일혁명가 구파 백정기 의사》 346
《해동잡록海東雜錄》 293

《해사록海槎錄》 409

《해상록海上錄》 473

《허백당집虛白堂集》 247

《현릉원지顯隆園誌》 292

《형초세시기荊楚歲時記》 466, 477

《호검경虎鈐經》〈점성통론占星統論〉 268

《호곡집壺谷集》 438

《홍길동전》 64, 376

《홍재전서弘齋全書》〈경사강의經史講義〉 66

　　〈고식故寔〉 267

　　〈인서록人瑞錄〉 269

《화랑세기花郎世記》 263

《화랑세기》 (필사본) 263

《화왕계花王戒》 312

《화타 신의 비전華陀神醫秘傳》 394

《화한삼재도회和漢三才圖會》 500

《황사영 백서黃嗣永 帛書》 89

《회남왕식경淮南王食經》 377

《회남자淮南子》 456

〈만필술萬畢術〉 54

　〈태족훈泰族訓〉 135

《효경孝經》〈개종명의장開宗明義章〉 56

《효종실록孝宗實錄》 478

《후한서後漢書》 94, 226, 236

　〈곽급郭伋 열전〉 93

　〈남흉노南匈奴 열전〉 277

　〈등훈鄧訓 열전〉 277

　〈마원 열전〉 434

　〈부여〉 182, 406

　〈양진楊震 열전〉 175

　〈예의지禮儀志〉 506

　〈율력律曆〉 250

　〈장강張綱 열전〉 124

　〈제사지祭祀志〉 498

　〈허소許劭 열전〉 90

《훈민정음訓民正音》 69, 238

《흠정 사고전서欽定四庫全書》 134